全国司法职业教育"十二五"规划教材

行政法律原理与实务（第四版）

全国司法职业教育教学指导委员会　审定

主　编◎ 谢祥为

副主编◎ 徐艳群　徐明江

撰稿人◎（以撰写章节先后为序）

徐明江　高洁如　杨　斌　吕学军

叶群声　徐艳群　谢祥为

中国政法大学出版社

2023·北京

图书在版编目（ＣＩＰ）数据

行政法律原理与实务/谢祥为主编. —4版. —北京：中国政法大学出版社，2023.1
（2024.1重印）

ISBN 978-7-5764-0786-0

Ⅰ.①行…　Ⅱ.①谢…　Ⅲ.①行政法－中国－高等职业教育－教材　Ⅳ.①D923.1

中国版本图书馆CIP数据核字（2023）第014537号

书　　名	行政法律原理与实务 XINGZHENG FALÜ YUANLI YU SHIWU	
出 版 者	中国政法大学出版社	
地　　址	北京市海淀区西土城路 25 号	
邮　　箱	fadapress@163.com	
网　　址	http://www.cuplpress.com（网络实名：中国政法大学出版社）	
电　　话	010-58908435(第一编辑部) 58908334(邮购部)	
承　　印	保定市中画美凯印刷有限公司	
开　　本	720mm×960mm　1/16	
印　　张	20.75	
字　　数	350 千字	
版　　次	2023 年 1 月第 4 版	
印　　次	2024 年 1 月第 2 次印刷	
印　　数	5001～9000 册	
定　　价	58.00 元	

作者简介

　　叶群声　男，曾任江西司法警官职业学院党委书记、院长、教授，江西省教学名师，江西财经大学法学院、江西师范大学政法学院法律硕士研究生导师。著有《行政处罚法概论》（主编，江西人民出版社 2003 年版）、中国高等法律职业教育新编全景式法学案例教材系列丛书《行政诉讼法卷》（主编，法律出版社 2006 年版）、《行政处罚与刑罚的适用衔接》（《江西社会科学》2004 年第 3 期）等。

　　徐明江　男，北京市司法局副局长、副教授，中国法学会会员、中国行政法教学研究会理事。著有《行政法与行政诉讼法学》（主编，中国人民公安大学出版社 2002 年版）、《行政法原理与实务》（副主编，中国政法大学出版社 2002 年版）、《行政诉讼法理论与实务》（主编，高等教育出版社 2004 年版），发表学术论文 30 余篇。

　　谢祥为　男，江西司法警官职业学院法律系主任、教授，江西财经大学法学院法律硕士研究生导师，江西省教学名师，江西省中青年学科带头人。著有《法律原理与技术》（合著，中国政法大学出版社 2007 年版）、《行政救济法原理》（合著，中国政法大学出版社 2004 年版）、《国家追偿标准研究》（《江西社会科学》2006 年第 12 期）等。

　　吕学军　男，宁夏警官职业学院教授。著有《行政程序法学》（合著，中国政法大学出版社 2004 年 9 月第 1 版）、《治安管理处罚法教程》（主编，宁夏人民教育出版社 2014 年 2 月第 1 版）、《和谐社会视野下的行政复议能力建设》（《行政与法》2011 年第 5 期）、《公安院校行政法案例教学改革探索》（《宁夏教育》2019 年 11 期）等。

　　徐艳群　女，江西司法警官职业学院行政法教研室主任、教授，法学硕士。著有《公务员考试一本通》（副主编，吉林大学出版社 2008 年版）、《关于完善我国行政听证制度的思考》(《江西社会科学》2006 年第 2 期) 等。

高洁如 女，北京政法职业学院讲师。著有《警察行政法学案例评析》(合著，中国人民公安大学出版社 2005 年版)、《警察执法监督及行政救济案例与理论分析》(合著，群众出版社 2005 年版)、《设立专家证人制度的构想》(《政法学刊》2008 年第 2 期) 等。

杨　斌 男，山西警官职业学院讲师，法学硕士，教育硕士。著有《实用案例选编》(合著，山西人民出版社 2004 年版)、《知识产权法》(合著，法律 2006 年版)，《浅议行政合同》(《山西省委党学报》2007 年专辑)、《高职法律专业宪法课程之教学行动研究》(《山西省煤炭管理干部学院学报》2011 年 8 月第 24 卷第 3 期) 等。

出版说明

　　世纪之交，我国高等职业教育进入了一个以内涵发展为主要特征的新的发展时期。1999 年 1 月，随着教育部和国家发展计划委员会《试行按新的管理模式和运行机制举办高等职业技术教育的实施意见》的颁布，各地成人政法院校纷纷开展高等法律职业教育。随后，全国大部分司法警官学校，或单独升格，或与司法学校、政法管理干部学院等院校合并组建法律类高等职业院校举办高等法律职业教育，一些普通本科院校、非法律类高等职业院校也纷纷开设高职法律类专业，高等法律职业教育蓬勃兴起。2004 年 10 月，教育部颁布《普通高等学校高职高专教育指导性专业目录（试行）》，将法律类专业作为一大独立的专业门类，正式确立了高等法律职业教育在我国高等职业教育中的重要地位。2005 年 12 月，受教育部委托，司法部组建了全国高职高专教育法律类专业教学指导委员会，2012 年 12 月，全国高职高专教育法律类专业教学指导委员会经教育部调整为全国司法职业教育教学指导委员会，积极指导并大力推进高等法律职业教育的发展。

　　截至 2007 年 11 月，全国开设高职高专法律类专业的院校有 400 多所，2008 年全国各类高校共上报目录内法律类专业点数达到 700 多个。为了进一步推动和深化高等法律职业教育教学的改革，促进我国高等法律职业教育的质量提升和协调发展，原全国高职高专教育法律类专业教学指导委员会（全国司法职业教育教学指导委员会）于 2007 年 10 月，启动了高等法律职业教育规划教材编写工作。该批教材积极响应各专业人才培养模式改革要求，紧密联系课程教学模式改革需要，以工作过程为导向，对课程教学内容进行了整合，并重新设计相关学习情景、安排相应教学进程，突出培养学生一线职业岗位所必需的职业能力及相关职业技能，体现高职教育职业性特点。教材的编写力求吸收高职教育课程开发理论研究新成果和一线实务部门工作新经验，邀请相关行业专家和业务骨干参与编写，着力使本规划教材课程真正反映当前我国高职高专教育法律类专业人才培养模式及教学模式改革的新趋势，成为我国高等法律职业教育的精品、示范教材。

全国司法职业教育教学指导委员会

2013 年 6 月

第四版说明

　　法律教材的编写必须以法律条文为依据，特别是法律实务类教材的编写更是如此。在本教材第三次修订后，全国人大常委会于 2018 年 12 月 29 日和 2021 年 1 月 22 日分别对《中华人民共和国公务员法》和《中华人民共和国行政处罚法》进行了修改。另外，本教材引用的一些法律条文也因为法律本身的修改而产生了变化。这就要求对教材的相关内容进行修订，使教材内容与法律内容保持一致。

　　本次修订工作由谢祥为、徐艳群同志负责完成。本次修订除根据法律条文修订教材内容外，对教材中的案例素材进行了调整，吸纳了国家机构改革而产生的新成果，同时对上次修订时遗漏的内容也进行了补充。本次修订同样借鉴了部分媒体资讯，在此一并表示感谢。由于修订者的水平有限，对本次教材修订可能出现的错误，恳请读者批评指正。

作者

2021 年 6 月于南昌

第三版说明

2014 年 11 月 1 日，第十二届全国人民代表大会常务委员会第十一次会议对《行政诉讼法》进行了修订。这次修订的范围较大，内容较多，如对原来的受案范围、管辖、当事人的确定、审理程序以及判决等都作了修改；2017 年 6 月 27 日，第十二届全国人民代表大会常务委员会第二十八次会议再次对《行政诉讼法》进行修改，增加了公益诉讼。本次对教材内容的修订正是基于上述变化而进行的。

本次修订由谢祥为、徐艳群同志负责。其中第七章、第十章、第十一章由谢祥为同志负责修订；第八章、第九章、第十二章由徐艳群同志负责修订。并且，对其他章节的一些表述不准确的地方，也一并进行了修订。本次修订同样借鉴了部分媒体资讯，在此一并表示感谢。由于修订者的水平有限，对本次教材修订可能出现的错误，恳请读者批评指正。

作者

2018 年 3 月于南昌

第二版说明

　　《行政法律原理与实务》出版后，受到广大教师和学生的欢迎与厚爱。在教材出版后，由于国家制定或修改了一些重要的法律、法规，如《行政强制法》《国家赔偿法》等，教材内容出现了相对的滞后性。值此，我们对教材内容进行了部分修订。

　　本次修订由叶群声、谢祥为同志负责进行。由于修订时间仓促并限于修订者的水平，本次教材修订仍然会留下内容的错漏，恳请读者批评指正。

作　者

2013 年 2 月于南昌

编写说明

　　根据高等法律职业教育的需要，在全国高职高专教育法律类专业教学指导委员会的组织、指导下，我们编写了本书。

　　从体系上看，本书主要包括行政法基础理论、行政法主体、行政行为、行政救济等几个模块。在本书编写过程中，我们遵循高等职业教育的基本规律，紧密结合法律职业教育的特点，力求准确、简要地阐明行政法律的基本理论，融会行政法律教学与科研的最新成果，力求做到行政法律理论知识传授和岗位专业技能培养的有机统一，注重理论与实践的紧密结合。在编写风格上，为激发学生学习该课程的兴趣，本书从形式到内容都充分考虑到了高职学生的心理特征和认知水平，避免晦涩冗长的叙述和过于抽象复杂的概念，语言文字力求简洁、通俗、易懂，以便于学生学习和理解。

　　本书由主编叶群声同志拟定编写提纲。2008 年 6 月，全体编写人员在江西南昌召开了编写会议，对编写提纲进行讨论，确定了教材编写的基本原则和基本要求。在编写过程中，各位作者就教材内容之间的衔接问题进行了多方面的沟通与协调。2009 年 1 月，在北京召开了统稿会，由主编、副主编进行最后的定稿。

　　本书由叶群声同志任主编，谢祥为、徐明江同志任副主编。各章撰稿人分别为（以撰写章节先后为序）：

徐明江　第一、二章

高洁如　第三章

杨　斌　第四、五章

吕学军　第六、十三章

叶群声　第七、十二章

徐艳群　第八章

谢祥为　第九、十一章

在本书编写过程中，我们参考和借鉴了大量行政法律方面的教材、著作和网络媒体资讯，对此谨向原作者致以衷心的感谢。同时，对全国高职高专教育法律类专业教学指导委员会、各位作者所在单位以及中国政法大学出版社给予的大力支持表示诚挚的谢意。

编　者

2009 年 2 月于南昌

课程标准

课程名称：《行政法律原理与实务》

适用专业：法律文秘专业

一、前言

1. 课程性质。本课程是法律文秘专业的专业核心课程，目标是让学生掌握行政法律的基本知识，具备行政法律的认知能力和一定的诉讼参与能力。它要以法学基础理论、宪法基本知识课程的学习为基础，同时，它也是进一步学习法律文书课程的基础。

2. 设计思路。本课程是依据法律类专业培养方案中的专业知识必修课设置的。其总体设计思路是：打破以系统知识传授为主要特征的传统学科课程模式，转变为以工作岗位为中心组织课程内容，构建所需理论知识的模式。教学过程中，通过到相关单位实习和校内实训，采取工学结合的方式，发展学生的职业能力。教学效果评价采取阶段性评价和终结性评价相结合的方式，重点评价学生行政法律的认知能力和一定的诉讼参与能力。

本课程总学时为 72 学时。

二、课程目标

本课程对学生在知识方面的基本要求是：能掌握行政法和行政诉讼法的基本理论，能熟悉行政法和行政诉讼法的基本法律制度。

本课程对学生在能力方面的基本要求是：能具有一定的法律素养，具备行政法律的认知能力和一定的诉讼参与能力。

三、课程内容和要求

本课程分行政法和行政诉讼法两部分。

知识要求：能掌握行政法和行政诉讼法的基本理论，熟悉行政法和行政诉讼法的基本规定。

能力要求：具备识别行政主体、行政行为、行政诉讼的能力，具备解决行政纠纷以及参与诉讼的能力。

四、实施建议

1. 教材编写。本教材编写的总体要求是：必须依据课程的性质，充分体现课程的设计思路，科学合理地设计课程的内容，实现课程的目标。

具体要求：一是教材编写技术要规范；二是编写要符合要求。

2. 教学建议。在教学模式上，实行以学生为主体、以工作岗位为中心组织课程内容的教学模式；在教学内容上，重点讲授基本的行政法律制度，培养学生一定的法律专业素养；在教学方法上，采用知识传授和必要的实训方法，发展学生的法律识别能力和一定的诉讼参与能力；在教学手段上，充分利用多媒体教学和网络资源。

3. 教学评价。建立阶段性评价（每学期可分三阶段评价）和目标评价（知识评价和能力评价）相结合的评价机制。

目录CONTENTS

第一章　行政法概述

学习目标：

- 理解行政、行政法的基本概念和特殊属性；
- 掌握行政法律关系的主要内容和法律适用，明确行政法在法律体系中的地位，能够运用行政法的基本原则分析行政法的典型案例；
- 了解行政法的基本渊源和形式。

第一节　行政法概念

导入案例

某市网络科技公司是一家以开发、经营网络软、硬件为主的国有大型高科技公司。2015 年，该公司为了吸引高科技人才，决定购置若干套住房作为职工福利，奖励给有关技术人员。公司行政办公室为此发布了一个分房通知，并将分房条件列出。该公司高级工程师许某认为，其在该公司项目开发过程中作出了较大贡献，符合该公司的分房条件，且其家庭条件较差，但是奖励名单中却没有他。对此，其认为公司的分房决定不公平，有暗箱操作等违法情形存在。许某多次向公司行政办公室、经理和该公司上级主管部门申诉、反映，但均未获得有效解决。许某衡量再三，于 2016 年以该公司行政办公室为被告向人民法院提起行政诉讼。

本案知识点：行政法上的行政、行政法的调整对象

一、行政

行政是指一定组织对一定范围内的事务进行组织与管理的活动。国家以及其他社会组织都有其行政活动，其中国家实施的行政活动被称为"国家行政"或"公共行政"，即专门的国家机关基于公共利益对国家和社会事务的组织与管理。其他社会组织如各种企业、事业单位、社会团体等对自身事务所实施的行政活动则称为"私行政"。[1]

---

〔1〕 方世荣主编：《行政法原理与实务》，中国政法大学出版社 2002 年版，第 1 页。

行政法所涉及的行政是指国家行政，即公共行政。公共行政与私行政比较，有以下几个特点：

1. 国家性。公共行政的主体是国家行政机关和法律、法规或者规章授权的组织，而私行政的主体则可以是任何组织、单位和团体。公共行政是为实现国家目的而进行的国家管理活动，而私行政不具有此目的，其通常只是追求本团体或个人的利益。

2. 强制性。公共行政在性质上属于国家管理，是行使国家权力的活动，它的实施以国家强制力为后盾。行政主体有义务体现和实现国家意志，行政相对人有义务服从、接受和协助，行政法律关系的任何一方当事人如不履行法定义务，都要受到法律的制裁。而私行政通常是某一组织对其内部事务进行的管理活动，不具有国家强制性。

3. 广泛性。公共行政的范围和对象是国家的公共事务，包括政治、经济、军事、文化、教育、治安、外交、医疗、交通等社会诸领域。而私行政通常只涉及某一组织内部的某一方面的管理事务。

4. 执行性。公共行政是在国家职能分工的基础上，由专门的国家行政机关所实施的活动。现代国家的职能分为立法职能、行政职能、监察职能和司法职能。其中，行政职能是指由国家行政机关执行法律和决定。尽管随着社会发展的需要，行政活动已经向立法和司法领域扩展，出现了行政立法和行政司法活动，但在本质上，其基本任务仍为执行国家的法律。

5. 法律性。法治原则已成为现代国家制度的基本原则，依法行政是依法治国的必然要求，是现代行政法的基本原则。它要求一切行政活动都必须遵循法律所规定的条件、程序、方式和形式，一切违法行政活动都要受到法律的追究并承担相应的法律责任。[1]

拓展训练——养宠物不只是个人私事

张某在家中饲养了一条宠物狗，一有人经过就狂吠不止，引起邻居害怕和不满。一日，邻居李某向有关部门投诉。当地某县公安局调查后查证张某养宠物扰民属实，经警告无果后，根据法律规定对张某作出了罚款200元的处罚。张某认为，饲养宠物是个人私事，他人无权干涉，公安机关更无权对其行政处罚。

请问：饲养宠物是纯粹的个人私事吗？公安机关是否有权进行管理并处罚？

〔1〕　张正钊主编：《行政法与行政诉讼法》，中国人民大学出版社1999年版，第8页。

二、行政法

（一）行政法的概念与特征

行政法是指调整因行政活动而形成的社会关系的各种法律规范的总和。行政法的概念要从以下三个方面来把握：

1. 行政法的性质特征。[1]

（1）公法性。公法与私法的划分源自罗马法，公法调整公共利益，处理公共关系，公法的主体有一方为公共权力机关。行政法主要调整公共权力关系，即国家行政机关在行政管理和公务活动之中形成的社会关系。行政法是公法，行政活动不能以私法的原则和手段来调整，行政活动有时受到比私人活动更多的限制和强制。

（2）强制性。也称为行政法的强行性，因为行政法规定的事项多是事前作为或不作为，不得由私人违反或擅作变更。行政机关依法表示的国家意思具有公定之效力，行政相对人或利害关系人不得否认。如有争执，须依法定程序进行补救。

（3）国内性。行政法主体都是国内主体，国家与国家之间的双边关系或多边关系不属于行政法的调整范围。尽管国内行政法有时也被国际公法吸收为国际关系的法律渊源，同时国际法在有些情况下也是国内行政法的渊源，但这些并不影响行政法的国内法性质。行政法的国内性还可以延伸，如本国机关驻外国或本国公民侨居国外，原则上仍适用本国行政法，但如与所在国法律有冲突，可依照相关条约、国际法或国际惯例等规定解决。

（4）政治性。行政法是近代分权的产物，但更是限制、控制与规范权力行使的要求，因此行政法是宪法的实施法，是动态的宪法。行政法的研究领域涉及国家、国家权力、国家机关、公民、公民权利等诸多内容，此外还有政党、政策、行政行为等政治现象，因此，行政法可以认为是具有政治意义的法。此外，行政法受一国政治体制、政治变迁和政治文化的影响也很大。

2. 行政法的内容特征。

（1）广泛性。行政法调整的对象、规范的内容、行政法的主体涉及社会生活的所有领域。尽管各国对行政机关的规定不一样，但现代社会是一个行政无所不在的社会。行政活动涉及国家的国防、外交、经济、文化、教育、卫生、城乡建设等各方面的管理，因而决定了行政法的内容也必然极为广泛。

（2）变动性。社会生活的发展和变迁导致行政法调整对象和手段的变化，

---

[1] 程华、徐明江主编：《行政法与行政诉讼法学》，中国人民公安大学出版社2002年版，第7页。

相对于宪法、民法、刑法、诉讼法等部门法来说，行政法的内容经常发生变化，稳定性相对较差。社会生活发展、改革甚至革命，行政法的内容也就需要随之进行修改，如果不适时修改，势必导致行政法的滞后，影响行政权的行使。

3. 行政法的形式特征。

（1）非法典性。行政法无完整、统一的行政法典。大陆法系以法典化为主要形式特征，英美法系虽重视判例之作用，但在刑法、合同法等领域，法典化也是十分明显的。到目前为止世界上还没有一个国家制定出一部统一的、内容完整的行政法典，其主要原因就在于行政法的内容广泛并且经常发生变化。因此，行政法的表现形式具有多样性，其是以分散的法规来表现的，且法规数量无法准确统计。

（2）总和性。行政法是有关行政活动的各种法律规范之总和。在现实生活中，行政法并不是一部包罗万象的法典，它实际上是由各种各样规定行政活动的法律规范共同组成的，这些法律规范则分别规定在宪法、法律、行政法规、地方性法规、行政规章、法律解释以及有关的国际条约、国际惯例等众多的法律文件之中。行政法是这些行政法律规范的总和。

（3）一体性。在行政法中，实体法与程序法没有明显的界限，为了适用上的方便，行政法通常将实体规范与程序规范合为一体，规定在同一个法律文件之中。如《行政处罚法》，就既规定了行政处罚权的设定、行政处罚的适用原则和条件等实体内容，又规定了行政处罚的程序内容。

（二）行政法的分类和内容

1. 行政组织法、行政行为法、行政监督法和行政救济法。这是以行政法的作用为标准对行政法所作的分类：①行政组织法是关于行政机关的设置、编制、职权、职责、活动程序以及行政机关与公务员双方在录用、培训、考核、奖惩、晋升、调动中的权利义务关系等方面的规范。②行政行为法主要是规定行政主体实施行政行为的范围、方式、条件和程序及公民、法人和其他组织一方参与行政活动的方式、方法等。③行政监督法是对行政主体的行为进行监督的规范，即特定行政主体对于一般行政主体的行为进行检查督促的行政法规范。④行政救济法是规定如何对违法、不当或其他行政行为造成的后果进行补救的规范，如行政赔偿法、行政补偿法、行政复议法、行政诉讼法等。

2. 一般行政法和特别行政法。这是以行政法调整对象的范围为标准对行政法所作的分类：①一般行政法是对一般的行政关系和监督行政关系加以调整的法律规范与原则的总称，如公务员法、行政处罚法、行政组织法、行政程序法等。一般行政法调整的一般行政关系和监督行政关系的范围广，覆盖面大，具有更多的共性，通常是其他行政法规范的基础。②特别行政法是对特别的行政关系和监督行政关系加以调整的法律规范与原则的总称，如公安行政法、经济行政法、教育行政法、生态行政法等。相对于一般行政法而言，特别行政法比较具体、细致。

3. 实体行政法和程序行政法。这是以行政法的性质为依据对行政法所作的分类：①实体行政法是规定行政机关、公民一方以及国家监督机关在行政活动中各自的具有本质属性的权利义务，如税务机关与纳税人之间的征税权力和纳税义务，涉及当事人的地位、存在、资格、权能等实体内容的行政法规范的总称。②程序行政法是实施实体法的程序性行政法规范的总称，主要规定行政机关、公民一方以及国家监督机关在行政活动中各自为保障实体性权利义务得以形成和正常运行的手段性或过程性权利义务，如行政机关行使权力的方式、步骤、顺序、时限以及监督行政的程序等。

（三）行政法的地位和作用

1. 行政法的地位。行政法的地位是指行政法在一国法律体系中所处的地位。行政法在我国法律体系中的地位可以从三个方面来认识：

（1）从整体上看，行政法是一个独立的法律部门。它和刑法、民法等一样，是我国法律体系中独立的法律规范之一。它不是零散的法律规范，不是其他法律部门的组成部分，也不能涵盖其他法律部门，它所调整的社会关系与其他法律部门调整的社会关系不同，不能相互替代，也不能相互混淆。行政法作为我国法律体系中的一个独立的法律部门，它所调整的社会关系主要有三个方面：①行政权配置过程中的社会关系，这主要指权力机关在对行政主体赋予行政权力的过程中形成的权力机关与行政机关之间、行政机关相互之间对行政权的配置以及分工关系。②行政活动过程中的社会关系，这种关系也称行政关系，是行政法调整的社会关系中最主要、数量最大的部分。在行政活动过程中，各级各类行政主体之间、行政机关与公务员之间会形成内部管理关系；同时，行政主体与公民一方之间则会形成各种外部的管理关系、服务关系。行政法要对上述行政关系各方之间的权利义务作出明确规定。③对行政活动监督过程中的社会关系，这种关系也称监督行政关系。为了确保行政权的合法正当行使，法定的监督主体要对行政活动实施监督，因而，会在监督行政过程中形成各种社会关系，具体包括权力机关对行政机关的监督关系、司法机关对行政机关的监督关系、行政机关内部自身的监督关系以及公民一方对行政机关的监督关系等。行政法要明确规定监督者与被监督者各自的权利义务。

（2）从与宪法的关系上看，行政法是宪法最重要的实施法。宪法是我国法律体系中最重要的法律部门，调整着我国根本的社会关系，规定着国家制度和社会制度的根本原则和重大问题，是具有根本法性质的法律部门。刑法、民法、行政法等普通法律部门都是实施宪法的法律部门，其中行政法与宪法的关系最为密切，是宪法最重要的实施法。因为：①行政法是实施规定国家机关之间关系的宪法规范及规定国家与公民之间关系的宪法规范的部门法，它所调整的社会关系是国家生活和社会生活中最为重要的社会关系；②行政法是较全面实施宪法规范、贯彻宪法所确定的各项政策和制度的部门法，它所调整的国家生活和社会生活领域几乎涉及宪法调整的所有领域。

（3）从与其他普通法律部门的关系上看，行政法是最具社会影响的部门法。扩大国家对社会生活的干预，强化行政管理职能，是现代国家的普遍选择。行政职能的加强，必然导致调整行政关系的行政法的发展。凡是经济比较发达的国家，行政法在其国家生活中必然发挥着重要作用。随着中国特色社会主义事业的不断发展，行政法在我国的作用和影响也越来越大，成为我国最具影响力的普通部门法之一。

2. 行政法的作用。行政法与其他部门法相比，在国家生活和社会生活乃至法治建设中都具有其独特的作用，这主要包括：

（1）保障和监督行政主体有效地行使行政职权。行政主体有效行使行政职权是实现国家职能、确保国家发展的重要前提。行政法是行政主体行使行政职权的主要依据。行政法通过明确行政主体的行政职权，明确行政主体与行政相对人的关系，明确行政主体与公务员、被委托组织及个人之间的关系，明确行政主体行使行政职权的手段和程序，明确对违法行政行为或妨碍行政管理行为的法律制裁等来促进依法行政。

（2）保障公民、法人和其他组织的合法权益。我国行政法通过建立并完善规范和控制行政主体及其工作人员执行国家法律的各种规章制度，通过规定并发展公民、法人和其他组织的行政参与和行政监督，通过预防、制止和制裁侵犯或损害公民、法人和其他组织合法权益的行为，最大限度地确认、保障和实现我国宪法和法律所规定的公民、法人和其他组织所享有的政治、经济、文化、教育、人身、信仰等方面的合法权益。

（3）保障经济社会的稳定与发展，促进民主与法治。行政法通过各种行政法律规范，加强国家的经济管理、政治管理、社会管理、文化管理等基本职能，理顺各种经济关系、政治关系、社会关系、文化关系，保障改革、发展和稳定的协同有序，促进自然、社会和人类的和谐发展，实现民主法治和依法治国的根本要求。

（四）行政法的渊源和形式

行政法的渊源，又称行政法的表现形式或法律渊源，是指那些具有行政法的效力作用和意义的外在表现形式。大陆法系国家，制定法是最主要的法律渊源，而在英美法系国家，判例法则是最主要的法律渊源。

我国行政法的渊源及其具体表现形式主要包括：

1. 宪法。宪法是国家的根本法，规定国家的基本制度，是所有部门法的渊源。但行政法与宪法的关系最为密切，宪法中包含非常重要的行政法规范。主要包括：有关行政活动的基本原则的规范；有关行政机关设置及职权的规范；有关国家行政管理事务范围及基本管理制度的规范；有关公民基本权利和义务的规范以及对行政机关行政活动实施监督的规范；有关国家经济、政治、社会、文化、教育、科技、国防、外交等方针政策的规范；等等。

2. 法律。法律是指国家最高权力机关制定的规范性文件，包括基本法律和一般法律。我国宪法规定全国人民代表大会制定的法律为基本法律，如《国务院组织法》[1]《行政诉讼法》《行政处罚法》等，全国人民代表大会常务委员会制定的法律为一般法律，如《行政复议法》等。这些法律绝大多数规定了有关行政活动的事项，如行政权的设定、行政权的运作以及对行政的监督和救济等，这些都是行政法的基本组成部分。

3. 行政法规。行政法规是指国务院根据宪法、法律和国家权力机关的特别授权，按照法定程序制定和发布的具有普遍约束力的法律文件。行政法规的具体名称有"条例""规定""办法""实施细则"等。行政法规的内容都与行政活动有关，我国每年发布的行政法规数量众多，它们是行政法的主要渊源，但行政法不能等同于行政法规，行政法规也不得与宪法、法律相抵触，否则无效。

4. 地方性法规。地方性法规包括省、自治区、直辖市的人民代表大会及其常务委员会在不同宪法、法律、行政法规相抵触的情况下制定的规范性文件，以及设区的市、自治州人民代表大会及其常务委员会依法制定的规范性文件。根据《立法法》第72条的规定，设区的市、自治州人民代表大会及其常务委员会根据本市的具体情况和实际需要，在不同宪法、法律、行政法规和本省、自治区的地方性法规相抵触的前提下，可以对城乡建设与管理、环境保护、历史文化保护等方面的事项制定地方性法规。设区的市、自治州的地方性法规须报省、自治区的人民代表大会常务委员会批准后施行。地方性法规调整的社会关系十分广泛，其中与行政活动相关的规范，都是行政法的渊源。但地方性法规

---

〔1〕 即《中华人民共和国国务院组织法》，为表述方便，本书中涉及的我国法律直接使用简称，省去"中华人民共和国"字样，全书统一，不再赘述。

的法律效力低于宪法、法律、行政法规，并且只在本行政区域内有效。

5. 行政规章。行政规章分为部门规章和地方政府规章。行政规章是由特定的国家行政机关就各自领域的行政管理事项制定的具有普遍约束力的规范性文件，因而属于行政法的渊源。其中部门规章指国务院各部、委员会、中国人民银行、审计署和具有行政管理职能的直属机构，根据法律和国务院的行政法规、决定、命令，在本部门的权限范围内，制定的法律规范性文件。部门规章的法律效力低于宪法、法律和行政法规，在全国范围内有效。地方政府规章是指省、自治区、直辖市和设区的市、自治州的人民政府，根据法律、行政法规和本省、自治区、直辖市的地方性法规，制定的法律规范性文件。地方政府规章的效力低于宪法、法律、行政法规以及本地区的地方性法规，并只在本行政辖区内有效。

6. 自治条例和单行条例。自治条例和单行条例是指民族自治地方的人民代表大会依照法定权限，结合当地民族的政治、经济和文化特点所制定的规范性文件。自治区的自治条例和单行条例，报全国人民代表大会常务委员会批准后生效。自治州、自治县的自治条例和单行条例，报省或自治区的人民代表大会常务委员会批准后生效，并报全国人民代表大会常务委员会备案。自治条例和单行条例中涉及行政管理方面的内容都属于行政法的渊源。但自治条例和单行条例只在本行政区域内有效。

7. 国际条约和国际惯例。国际条约是我国同外国缔结的双边条约、多边条约和其他具有条约、协定性质的文件。国际惯例的适用前提是我国法律或国际条约中没有明确规定，但长期以来被确认和遵守。在国际条约、协定和惯例中涉及的行政法方面的内容，成为我国行政法的一个法律渊源，如《保护世界文化和自然遗产公约》等。我国参加和批准的国际条约或与其他国家签订的协定中涉及国内行政管理的，是我国行政法的渊源，但声明保留的条款除外。

8. 法律解释。法律解释是指在法律适用过程中，有权的国家机关对法律的有关概念、宗旨、界限以及如何运用等所作的解释或说明。我国法律解释包括立法解释、司法解释、行政解释和地方解释及其他解释。凡对行政法规范的法律解释都属于行政法的表现形式或法律渊源。

第二节　行政法律关系

◎ 导入案例

张某和王某是邻居，多年来一直关系不和。2017 年 3 月 16 日，张某动工翻建其住房，在挖地基的时候，王某认为张某侵占了他家的地基，双方为此争吵。在争吵过程中，张某觉得王某是故意找茬，气急之下，顺手抓起身边的铁锹，向王某的头部猛击数下，王某当场被打倒在地。此后，张某又带领家人到王某家中，砸烂了王某家的电视机、电风扇等电器及家具，价值 4000 余元。后王某被医院诊断为中度脑震荡，且头部被打出 5 处伤口，共缝合 15 针，住院共花费医疗费 3800 余元。2017 年 8 月 2 日，县公安局经调查后，按照《治安管理处罚法》的有关规定，作出了对张某治安拘留 10 日并赔偿王某全部经济损失的处罚决定。

● **本案知识点**：行政法律关系与民事法律关系的异同

一、行政法律关系的概念与特征

（一）行政法律关系的概念

人们在国家生活和社会生活中形成各种各样的社会关系，当它们被不同的法律规范调整之后，便形成了相应的法律关系，即权利义务关系。行政法律关系是指行政法对由行政活动产生的各种社会关系加以调整后所形成的权利义务关系。这一概念可以从以下几个方面进一步理解：

1. 行政法律关系是"行政法律规范""行政管理活动"与"行政社会关系"相互联系、相互依存、相互作用的结果。行政法律规范是调整因行政管理活动而形成的社会关系的各种法律规范的总和，是行政法律关系产生的前提和基础；行政管理活动是行政主体行使行政职权实现国家行政目的的各种管理活动的总和，是行政法律关系产生的桥梁和平台；行政关系是行政管理活动中形成的社会性的行政关系、行政监督关系、行政协作关系等特定社会关系的总和，是行政法调整的范围和对象。在理解行政法律关系时，务必注意上述"特定性"和"关联性"。

2. 行政法律关系是一种行政法上的权利义务关系。行政法律关系是行政法规范对特定社会关系调整后形成的法律上的权利义务关系，这种权利义务关系只能是一种行政法上的权利义务关系，而不能是其他法律所规定的权利义务关系。在行政法规范对这些特定的社会关系加以调整之前，它们只是作为一种事实的社会关系而存在，处于不规范、不统一、不稳定的自发状态。行政法规范对其中一些重要的社会关系加以调整后，明确社会关系双方当事人之间的权利和义务，从而使这些社会关系处于规范、统一和稳定的法治状态。

3. 行政法律关系不等于作为行政法调整对象的社会关系即行政管理关系或监督行政关系。这是因为：

（1）行政管理关系与监督行政关系在范围上要大于行政法律关系，立法者往往从需要与可能出发，通过制定行政法将部分行政关系或监督行政关系纳入调整范围从而形成行政法律关系。未被纳入行政法调整范围的行政关系或监督行政关系不属于行政法律关系。

（2）行政管理关系与监督行政关系是行政法调整的对象，而行政法律关系只是行政法对行政关系与监督行政关系予以调整的结果。

（3）行政管理关系与监督行政关系在未被行政法调整之前，不具有法定的权利义务内容，它是不受法律约束的，因而往往是任意、无序的，或者只是受道德、宗教等其他力量的约束。而一旦被行政法调整成为行政法律关系之后，便是具有法定权利义务内容的关系，受国家强制力保障。

（二）行政法律关系的特征

与其他法律关系比较，行政法律关系具有下列特征：

1. 行政法律关系主体的恒定性和不可转化性。在行政法律关系主体中必有一方是行政主体。因为行政职权的行使是行政关系得以发生的客观前提，没有行政职权的存在和行使，行政关系就无从产生，基于行政关系的行政法律关系也就不可能形成。行政主体是行政职权的行使者，行政法律关系总是在行政主体和另外一方当事人之间产生，不以行政主体为一方的法律关系不可能是行政法律关系。

但是，行政主体一方具有恒定性并不意味着其在行政法律关系中具有恒定的管理主体的法律身份。行政主体的恒定性只表明它们是任何行政法律关系中都不可缺少的一方，至于它们在不同行政法律关系中的法律身份却可以是多样化的，如行政立法主体、管理主体、服务主体、行政司法裁判主体、接受监督的主体、赔偿主体等。

同时，在行政法律关系主体中，作为行政权力享有者与行使者的行政主体，与作为行政权力作用对象的行政相对人之间是不能相互转化或互换位置的，行政主体不能由另外一方当事人代替，各自的法律角色和法律地位是确定的。因此，在行政诉讼中，原告只能是发生行政争议的行政法律关系中的行政相对人，被告只能是发生行政争议的行政法律关系中的行政主体。这不同于民事法律关系，在民事法律关系中，民事主体双方可以互换，在民事诉讼关系中双方可以互为原被告。

2. 行政法律关系双方权利义务的对应性和不对等性。行政法律关系主体权利义务的对应，是指主体双方相互行使权利并履行义务，不允许存在一方只行使权利而另一方只履行义务的情况。但这种权利义务的对应性并不是权利义务的对等性。权利义务的对等是指主体双方相互的权利义务是等值的或基本等值的。在行政法律关系中，无论是行政实体法律关系、行政程序法律关系、行政复议法律关系、行政裁决法律关系还是行政诉讼法律关系，法律关系的双方主体的权利义务事实上都是不对等的。

拓展训练——行政法律关系的对应但不对等性

案例一： 张三将位于上海市浦东区的一套两居室出租给某公司职员李四，双方约定月租 6000 元。

试分析， 张三和李四之间权利义务关系有何特点？

案例二： 张三驾驶机动车在信号控制的交叉路口和路段上违反红灯禁止通行的规定行驶，被公安交管部门处罚款 200 元并扣 6 分的处罚。

试分析， 张三与公安交管部门之间的权利义务关系有何特点？

3. 行政法律关系内容的法定性和重合性。在行政法律关系中，双方主体的权利、义务都由法律予以规定，主体之间不能相互约定权利、义务，不能自由选择权利和义务。主体的相当一部分都是国家机关，其拥有并行使的国家权力是不能由它们自身随意处分的，如不能放弃、转让等。如行政主体征税，对纳税人来讲，它是行政主体对其行使的一种权力；对国家来讲，它又是行政主体对国家应尽的责任即义务。行政主体不能放弃这种权力，放弃就是对国家的失职。由于行政法律关系的权利中属于国家权力的一部分不能处分，因而又使得行政法律关系双方当事人通常对权利义务的许多问题不能相互约定，如不能约定权利义务的多少、不能约定权利义务的实现方式、不能约定权利义务的具体种类等。例如，在税收法律关系中，纳税人应纳的税种、税率以及向哪个税务机关纳税等均由相关税法规定，纳税人不能自由选择，也不能与税收机关协商，双方只能依法办事。

在行政法律关系中，由于行政法律关系权利义务的法定性，行政主体的职权和职责是统一的或重合的，是一个问题的两个方面。行政主体对社会实施行政管理，对行政相对人体现为权利主体，行政管理权是行政主体的职权；而对于国家而言则体现为义务主体，该职权则体现为行政主体的职责。例如，维护治安既是公安机关的职权，又是公安机关的职责。这种行政法律关系权利义务的法定性决定了行政职权的重合性。当公安机关放弃治安职权时，就意味着失职，要受到法律的制裁。

4. 行政法律关系争议解决的特殊性和有限性。大多数的行政争议由行政机关或行政裁判机构依照行政程序或准司法程序加以解决。而进入法院系统，由法院按照司法程序裁判的行政争议要受到行政诉讼范围的限制，并非所有的行政争议都可以被提起行政诉讼。这不同于民事诉讼，几乎所有的民事纠纷都可诉至人民法院，由人民法院按照司法程序裁判。另外，由于行政法律关系权利义务的法定性，行政主体不能自由地处分行政职权，因此，行政诉讼不适用调解原则。

行政法律关系中的公民一方权利的行使不具有完全的自由性。公民一方的权利虽属于其个人，但其在行政活动中的运行，由于涉及个体利益与公共利益、个人权利与公共权力的关系，因而只是相对自由的，即在一定条件下应受行政主体的制约。行政主体在一定条件下可以依法制约公民的人身，如在公民违法时行政主体可以对其拘留；在特定环境中行政主体可以对公民进行合法的强制性人身检查，如机场安检和卫生检疫等。

二、行政法律关系的分类

（一）内部行政法律关系和外部行政法律关系

根据行政权力的作用范围不同，可以将行政法律关系分为内部行政法律关系和外部行政法律关系。内部行政法律关系，是指上下级行政机关之间、行政机关内部组成机构之间、行政机关及其工作人员之间发生的受行政法调整的行政关系。内部行政法律关系的主体之间具有上下级隶属关系，因而内部行政法律关系具有内部管理权利义务关系的特点。如上级机关对下级机关及其工作人员具有命令权，下级机关或公务员则有服从的义务；行政主体之间有着相互的工作配合关系；行政机关对其工作人员有任免、奖惩等权利。外部行政法律关系是行政主体与行政相对人之间因外部行政活动而形成的权利义务关系。外部行政法律关系体现的是国家对社会的管理关系，主体双方中一方为行政主体，另一方为公民、法人或者其他组织，双方之间没有行政隶属关系。

（二）行政实体法律关系与行政程序法律关系

以行政法律关系的属性为标准，可以将行政法律关系分为行政实体法律关系和行政程序法律关系。行政实体法律关系是决定行政法律关系主体之间具有本质属性的事实、状态和结果的权利义务关系，是目的性或结果性的权利义务关系，如治安管理机关与行政相对人之间，治安管理机关的治安管理权力和行政相对人遵守治安管理法律规范的义务。行政程序法律关系是保障行政实体性权利义务关系得以形成和正常运行的权利义务关系，是手段性或过程性的权利义务关系。如国家税务机关为了保障征税权的正常行使而具有的调查权、执行权，纳税人具有接受调查、提供证据的义务；同时，对于纳税人来讲，为了保证自己履行的是合法正当的纳税义务，纳税人有要求税务机关说明理由、举行听证活动的权利。

（三）原生行政法律关系与派生行政法律关系

以行政法律关系形成的原因和过程为标准，行政法律关系可分为原生行政法律关系与派生行政法律关系。原生行政法律关系，是指因行政权力的行使而直接形成的行政法律关系。这种行政法律关系是直接因行政主体行使行政权力而与行政相对人之间形成的一种双方法律关系，它是一种最为典型的行政法律关系，也是最为广泛的行政法律关系。这种法律关系又可以具体化为各种行政法律关系，如行政处罚法律关系、行政强制法律关系等。派生行政法律关系，是指因行政权力行使而间接引发的行政法律关系。这种行政法律关系实际上是由原生行政法律关系派生出来的一种事后救济或保障性的行政法律关系，主要包括行政复议法律关系、行政诉讼法律关系和行政赔偿法律关系。

（四）积极行政法律关系和消极行政法律关系

以行政法律关系的功能为标准，行政法律关系可分为积极行政法律关系和消极行政法律关系。积极行政法律关系是指行政主体为实现国家职能，在积极组织经济、文化事业的建设，干预社会生活时与有关行政相对人形成的权利义务关系，如行政主体在积极组织建设、调控经济活动时与市场主体之间形成的权利义务关系。消极行政法律关系是指行政主体仅为维护行政秩序、制裁违法者而与有关的行政相对人形成的权利义务关系。

三、行政法律关系的要素

（一）行政法律关系主体

行政法律关系主体，亦称行政法主体或行政法律关系当事人，它是指行政法律关系中享有权利和承担义务的组织或个人，它包括行政主体、行政公务人员、行政相对人以及行政监督主体。

（二）行政法律关系的内容

行政法律关系的内容是指行政法律关系主体相互之间的权利义务。行政法律关系的主体较为广泛，行政主体与不同的另一方主体相对应时形成多种行政法律关系，而不同类型的行政法律关系，其权利义务也各有区别。

1. 行政主体相互之间以及行政主体与其公务人员之间的权利义务。

（1）行政主体之间的权利义务。其主要包括：上级机关对下级机关具有指挥权、命令权、决定权、监督检查权、纠纷裁决权等，下级机关具有接受和服从的义务；下级机关对上级机关具有请求权、建议权、申诉权和监督权等，而上级机关则相应地具有听取建议或申诉的义务、接受监督的义务、纠正错误决定的义务等；横向同级机关之间以及纵向不同级机关之间，相互具有请求配合协助与给予配合协助的权利义务、委托与接受委托的权利义务、建议与听取建议的权利义务以及监督与接受监督的权利义务等。

（2）行政主体与公务人员之间的权利义务。公务人员是被行政主体任用和管理的内部工作人员，在与行政主体的法律关系上，他们有代表行政主体执行公务的权利，公务人员身份受保障的权利，享有一定工作待遇、工资福利待遇的权利，参加培训、学习的权利，对行政工作提出批评建议、申诉控告的权利等。与上述权利相对应，行政主体对公务人员则有保障他们实现上述权利的义务。同时，公务人员对行政主体又有服从命令和指挥的义务、忠于职守的义务、保守国家秘密和工作秘密的义务等。相应地，行政主体对公务人员则有工作上的指挥命令权、监督权、人事管理权等。

2. 行政主体与行政相对人之间的权利义务。

（1）行政主体对行政相对人的权力及行政相对人对行政主体的义务。在行政活动过程中，行政主体对行政相对人的权力包括实体上的权力和程序上的权力两类。实体上的权力主要有：制定行政相对人行为规则的权力，对行政相对人的行政命令权、行政决定权、行政裁决权、行政确认权、行政强制权、行政处罚权、行政许可权、行政指导权以及检查监督权等。程序上的权力有对行政相对人的调查取证权、强制执行权等。行政相对人对行政主体的上述权力所具有的主要义务有：不得妨碍、阻挠各种行政主体合法正常行使权力的义务，配合协助行政主体合法行使行政权力的义务，服从行政主体权力行使结果的义务，等等。

上述关系从基本特征看是一种不对等的、以行政主体为主导地位的权力与义务结构，但这并不意味着行政主体对行政相对人一方具有绝对的、无条件的支配权。事实上，除紧急状态外，这种权力义务结构是不能够单独成立的，即在正常情况下行政主体与行政相对人并不是绝对的命令、决定权力与服从义务的结构。民主制度的发展完善与行政公开、公平、公正以及行政科学化的要求，使这种权力与义务的结构必须与另一种相反的权利与义务的结构来配套运行，以后者来削弱、减少前者易于出现的专横性。这就涉及行政相对人对行政主体的权利和行政主体对行政相对人的义务问题。

（2）行政相对人对行政主体的权利和行政主体对行政相对人的义务。在行政活动过程中，行政相对人对行政主体的权利也包括实体上的权利和程序上的权利两类。行政相对人实体上的权利主要有：以各种形式和渠道参与行政管理的权利、合法权益受到保障的权利、受益的权利、受到公平对待的权利、要求并获得行政赔偿的权利等。行政相对人程序上的权利主要有：对行政活动的了解权，对行政主体作出不利于自己的处理决定的申辩权，对行政主体提出申诉、复议、诉讼的权利，等等。行政主体对行政相对人上述权利所具有的主要义务是：保障行政相对人各种合法权益得以实现的义务，保护行政相对人合法权益不受他人侵害的义务，服务并增进行政相对人利益的义务，对行政相对人作出补偿和赔偿的义务以及在行政程序中对行政相对人说明理由的义务、听取申辩意见的义务，等等。

3. 监督主体与行政主体的权利义务。监督主体是在监督行政法律关系中依法对行政主体享有国家监督权力或其他监督权利的各种主体，包括权力机关，司法机关，监察机关，行政机关自身，行政相对人，其他各社会组织、团体及个人。上述所有监督主体对行政主体的监督可分为权力性监督和权利性监督。权力性监督是运用国家权力对行政主体实施的监督，这种监督运用的是具有强制力的国家权力，因而是能直接产生法律效力、具有实质意义的监督。权利性监督是依照法律赋予的权利人对行政主体实施的监督，这种监督只是具有请求性、主张性，因而一般只具有程序意义而不具有实质意义，即不能就实质问题直接产生法律效力。因此，行政主体与不同监督主体之间的权利义务不能完全相同。

（1）权力性监督主体与行政主体之间的权利义务。权力性监督主体包括国家权力机关、国家行政机关、国家司法机关、国家监察机关。国家权力机关对行政主体的监督权力主要包括：对行政主体行政权力的撤销权或变更权，对行政权力违法运用结果的撤销权或变更权，对行政领导人员的罢免权，对行政主体行政活动的检查权、调查权、质询权，等等。国家行政机关对自身的监督权力包括：对行政权力的撤销权或改变权，对行政权力违法运用结果的撤销权或变更权，对在行政活动中违法违纪公务人员的行政处分权以及辞退权，专门的行政监察权、审计权，等等。国家司法机关对行政主体的监督权力主要有：对行政主体具体行政行为合法性的审查、裁判权，对作为具体行政行为依据的行政规章和规范性文件有效性的判断权及其适用的否定权，对行政主体申请法院强制执行决定的审查权、否定权，对行政主体的司法建议权，对行政主体所作的行政裁决的否决权，等等。国家监察机关对行政主体的监督权力主要有：对公职人员开展廉政教育，对其依法履职、秉公用权、廉洁从政从业以及道德操守情况进行监督检查；对涉嫌贪污贿赂、滥用职权、玩忽职守、权力寻租、利益输送、徇私舞弊以及浪费国家资财等职务违法和职务犯罪进行调查；对违法的公职人员依法作出政务处分决定；对履行职责不力、失职失责的领导人员进行问责；对涉嫌职务犯罪的，将调查结果移送人民检察院依法审查、提起公诉；向监察对象所在单位提出监察建议，等等。对上述国家机关的各种权力性监督具有不得干扰和妨碍的义务、配合并接受监督活动的义务、服从并执行监督权行使结果的义务。

（2）权利性监督主体与行政主体的权利义务。权利性监督主体的监督包括行政相对人，其他社会组织、团体和个人，新闻舆论机构等对行政主体的监督。在权利性监督中，监督主体有对行政主体提出批评、建议的权利，申诉、控告、揭发的权利，来信来访的权利，提出行政复议、行政诉讼的权利，要求行政赔偿的权利，等等。对于这些监督权利，行政主体有受理要求、听取情况的义务，及时给予答复的义务，复查自身行政工作的义务以及依法定程序参加行政复议和行政诉讼的义务，但没有必须按照这类监督主体的要求改变原行政处理决定的义务。从这个意义上讲，权利性监督中的权利主要是一种程序上的权利。

（三）行政法律关系的客体

行政法律关系的客体是指行政法律关系主体的权利、义务所共同指向的对象或标的，是行政法律关系主体的权利义务的表现形式。行政法律关系的客体通常包括物、人身、行为和智力成果。

1. 物。物是现实存在的、人们能够控制并支配的物质实体和智力财富。作为行政法律关系客体的物主要包括：①行政奖励物，如奖金等；②被行政确认或裁决的物，如有争议的土地、草原、森林、水面、滩涂、矿产资源等；③行政罚没物，如罚款或被没收的财物；④被保护物，如受行政主体保护的公民合法财产或公共财物、公共设施等；⑤征收征用物，如行政征收、征用的税金、规费及其他财产等；⑥救济物，如行政主体给予受救济人的一定数量的金钱或生活、生产物资；⑦公益物，如行政主体为社会及行政相对人提供的公园、道路、桥梁设施等；⑧行政活动保障物，如行政主体进行行政管理所具有的一定的物质保障等。

2. 人身。人身是行政法律关系主体的身体和身份，是行政法律关系主体在人格关系、身份关系上所体现的、与其自身不可分离并受法律保护的利益。在行政处罚法律关系中，人身就成为行政主体行使行政拘留权的客体。此外，在行政救助法律关系、行政奖励法律关系、行政确认法律关系、行政强制法律关系中，人身都可成为行政法律关系的客体。

3. 行为。行为是指行政法律关系主体的活动，包括作为和不作为。如行政相对人的服从行为，可以是行政管理法律关系的客体；行政主体的服务行为，可以是行政服务法律关系的客体；行政主体受监督的行为则是行政监督法律关系的客体；等等。

4. 智力成果。智力成果是人们从事智力活动所取得的非物质财富，包括著作、科学发明、技术成果等。如在行政许可法律关系、行政确认法律关系中，行政主体行使许可权、确认权及保护义务所指向的对象都是智力成果。此外，信息等无形的智力成果也可能成为行政法律关系的客体。

四、行政法律关系的产生、变更与消灭

（一）行政法律关系的产生

行政法律关系的产生，是指法定事由出现后，行政法律关系的主体之间按行政法规定的权利义务模式形成的必然的权利义务关系。行政法律关系的产生必须具备两个条件：

1. 法律依据。行政法律规范是行政法律关系产生的法律依据。行政法律关系是基于行政法律规范的确认和调整而在当事人之间发生的法律关系，双方当事人的权利义务是行政法上的权利义务。因此，没有行政法律规范的确认和调整，双方当事人就不可能具有行政法上的权利义务，也就不可能形成行政法律关系。例如，治安管理机关与公民之间的治安管理法律关系是治安管理法律确认和调整的结果，没有治安管理法律就不可能形成治安管理法律关系。

2. 事实依据。行政法律事实是行政法律关系产生的事实依据。行政法律事实是由行政法律规范规定的能够引起行政法律关系产生、变更和消灭的客观现象。法律事实包括法律事件和法律行为。法律事件分为社会事件和自然事件，都是不以人们的意志为转移的事件。社会事件即社会变革，自然事件是自然的变化，其中自然变化是产生行政法律关系较常见的原因。如人的出生、衰老就是人的自然变化，而人的出生能导致户口登记法律关系的产生，人的衰老能导致社会保障行政法律关系的产生。法律行为是产生行政法律关系的最主要的法律事实，但这种法律行为一定只能是行政法预先规定的行为。例如，法律规定违反治安管理法的行为要受到治安管理处罚，这就确定了只有违反治安管理法的行为才能引起治安处罚法律关系的产生，而其他行为则是不能的。行政主体、行政相对人和监督主体的法律行为都能引起行政法律关系的产生，如行政主体合法造成公民损失的行政行为能导致行政补偿法律关系的产生，违法造成公民损害的行政行为能导致行政赔偿法律关系的产生。

（二）行政法律关系的变更

行政法律关系的变更，是指行政法律关系产生后，因构成该行政法律关系的要素发生局部变化而发生的变化。行政法律关系可能因构成它的主体、内容和客体的局部变化而发生变化。

1. 行政法律关系主体的变化。行政法律关系主体发生变化包括两种情况：①主体在数量上的变化，如构成行政法律关系主体的人数的增加或减少；②主

体的接替，即原行政法律关系主体被更换，更换后的主体继续享有原主体的权利、承担原主体的义务。

2. 行政法律关系内容的变化。行政法律关系内容的变化，即行政法律关系主体权利义务的变化。包括：①法律规范的修改引起主体权利义务的改变；②法律规定的期限届满引起主体权利义务的改变；③自然灾害的发生引起主体权利义务的变化；等等。

3. 行政法律关系客体的变化。行政法律关系发生后，以另外一种客体替代其客体，导致行政法律关系的变更。原行政法律关系客体必须具有可替代性，才能发生行政法律关系客体的变化。特定人的作为、不作为等行政法律关系客体不能被变更。发生行政法律关系客体变更的情形主要有：①与特定人的人身没有联系的财物，这种物可以由同等价值的其他物代替；②与特定人的人身没有联系的作为，这种作为只具有体力的内容，可以由他人的作为行为代替。

（三）行政法律关系的消灭

行政法律关系的消灭是指原行政法律关系的终止或不复存在，包括主体、客体和内容即权利义务的消灭。但其核心应是主体双方原有权利义务的消灭。

1. 行政法律关系消灭的一般原因。

（1）主体双方之间因已产生的行政法律关系存在没有意义或没有必要而终止。

（2）原产生的行政法律关系已完成而使其消灭。原产生的行政法律关系权利得以实现或义务已被履行完毕，则该行政法律关系因完成而得以消灭。

（3）原适用的行政法律关系模式已取消使行政法律关系消灭。行政法律关系产生时得以适用的行政法律关系模式，因客观形势变化而被废除，由此使已产生的行政法律关系也随之消灭。

（4）行政相对人放弃权利使行政法律关系消灭。在行政法律关系主体各方中，具有国家权力的行政主体、国家监督机关都不能放弃自己的权力，因为这些权力是国家赋予的，不能随意处分。因此，行政主体和国家监督机关不能通过放弃自己的权力而使行政法律关系消灭。但行政相对人的权利属于他们自己，他们可以自主地处分自己的权利。一旦他们放弃权利就免除了行政主体对他们原有的义务，从而消灭了双方的权利义务关系。

2. 行政法律关系消灭的具体原因。

（1）行政法律关系内容即权利义务的消灭。权利义务不存在则行政法律关系就不复存在了。权利义务这一要素的消灭，通常是由于已适用的行政法律关系模式被废除、权利义务已行使或履行完毕以及行政相对人放弃自己的权利等。

权利义务的消灭是行政法律关系人为的消灭，即人们有意识、有目的地消灭已产生的行政法律关系。

（2）因主体消灭使权利义务归于消灭。行政法律关系主体的消灭，不一定必然导致行政法律关系的消灭。主体的消灭可以形成行政法律关系的变更和消灭两种情况：①原主体消灭后，有新的主体承接原主体的权利义务，即权利义务并没有消灭，则行政法律关系只是变更而不是消灭；②原主体消灭后，没有主体承接或不能有承接主体，则权利义务随之消灭。不能有承接主体的情况，如行政主体与某行政相对人有处罚与受处罚的权利义务，在义务未履行前该行政相对人死亡，但其他任何人都不能承接该行政相对人受处罚的义务，此时双方的权利义务就随主体的消灭而消灭。不能有承接主体的权利义务都是与原主体特定人有密不可分关系的权利义务，他人不能代替，在此情况下，主体消灭只能使权利义务随之消灭。主体的消灭导致权利义务的消灭，属于客观的消灭，即是客观原因导致的、不以人的意志为转移的消灭。

（3）因客体的消灭使原权利义务也归于消灭。行政法律关系客体的消灭也不一定必然导致行政法律关系的消灭。客体的消灭也可以形成行政法律关系的变更和消灭两种情况。如果原客体消灭后，能以另一种客体代替原客体，则原权利义务仍可实现而并没有消灭，行政法律关系只是发生变更；如果原客体消灭后，他物不能取代原客体，则原权利义务无法实现，只能随之消灭。原行政法律关系的客体消灭后其他物不能代替的情况，如行政主体与某行政相对人之间原有没收某一特定违禁物的权利义务关系，在没收前该物因为火灾而灭失，该物是其他物不能取代的，此时没收的权利义务已不能存在，只能随该特定物的消灭而消灭。客体的消灭导致权利义务的消灭，也属于自然的消灭，即是客观原因导致的、不以人的意志为转移的消灭。

第三节 行政法的基本原则

▷ 导入案例

廖某的房屋位于某县工业园二期拓展区工程项目拆迁范围，2015年该县拆迁办与廖某签订《房屋拆迁补偿安置协议》，此后其房屋被拆迁。2018年，相关部门在工业园区内竞买了一块地用于廖某建房，但廖某认为该地块上方有高压线经过不能建房，于是廖某没有在规定时间内签订国有土地使用权出让合同和缴纳相关费用。2020年，当地供电公司运维检修部出具函件给该县安全生产委员会，认为若廖某在安置地建房，正好位于 110 千伏导线正下方，对输电线稳定运行及居民的人身安全构成重大安全威胁，恳请该委员会督促廖某另行选址建房。廖某为此提起行政诉讼，请求法院判令某县政府在工业园安全区域为其提供安置地。市中级人民法院经审理认为，廖某的诉讼请求实质上是要求该县政府履行其对廖某土地安置问题的书面意见。当地供电公司运维检修部出具的函件说明，该县政府提供给廖某的安置地存在重大安全隐患。故廖某要求县政府将土地另行安置在安全区域的理由成立，判决责令县政府重新为廖某提供安置地。

◉ **本案知识点**：行政合法性原则；行政合理性原则

一、行政合法性原则

法治政府建设是全面依法治国的重点任务和主体工程，行政合法性原则是法治政府建设的重要原则，它要求行政机关在行使行政职权时，必须符合法律法规的规定，做到主体、权限、程序、责任法定化。

（一）行政合法性原则的前提和基础

1. 遵守宪法精神。宪法是国家的根本大法，行政合法性原则首先必须遵守宪法精神。其中核心是要保护人权，维护公民的基本权利和自由。[1] 保护人权是法治的最终目的，以人为本，一切以人为出发点是人权的核心要求，因此行政法治在兼顾各种价值的同时，最终目的是保障人权。依法行政、依法办事是对人权的积极保障；控制滥用自由裁量权是对人权的消极保障；政府对违法侵权行为承担法律责任则主要是对人权的事后保障。[2]

2. 权力服从法律。法律至上，一切行政行为以行政职权为基础，行政职权来自于法律的授予，行政权与行政行为以法律为根本依据。法律至上说明法律具有最高的权威，一切行政权力不论是最高国家行政权力还是普通行政权力，都应以法律为根据，权力绝对服从法律的权威。

3. 行政主体合法。行政主体能以自己的名义拥有和行使行政职权并承担相应的法律责任，行政主体必须具有合法的资格：①实施行政行为的主体必须是依法成立的行政机关或者是法律、法规或者规章授权的组织；②行政主体的设立、变更和撤销必须依据国家宪法和有关组织法的规定。

4. 行政职权合法。一切行政行为都以行政职权为基础，无职权便无行政。

---

〔1〕 姜明安主编：《行政法与行政诉讼法》，北京大学出版社、高等教育出版社 1999 年版，第 46 页。

〔2〕 姜明安主编：《行政法与行政诉讼法》，北京大学出版社、高等教育出版社 1999 年版，第 47 页。

行政主体拥有行政职权，是其进行行政管理的先决条件。行政职权合法主要包括行政职权设立合法、行政职权授予合法、行政职权拥有合法、行政职权变化合法等。

（二）行政合法性原则的运行和要求

1. 行政行为依据合法。行政行为必须依据法律，行政行为只能在法定范围之内依照法律规定实施。行政主体不能任意地采取行动，只能在法律授权的范围内采取措施。法律规定了各个行政主体的职责和权限、行政活动的方式和手段，行政主体只能依据法律规定行事，法定权限以外的行为是无效的行为。

行政机关的活动和公民的活动的区别在于：对于行政机关而言，只有法律规定才得为之，行政机关的各项活动都必须有法律依据，依法律规定而为之；对于公民而言，只要法律未明文禁止的，公民都可为之，法律明令禁止的，公民才不得为之。这主要是因为行政机关是公共权力机关，为了防止行政权力的滥用，需要通过法律设定行政权力的界限。没有法律的授权，行政机关不能剥夺或限制公民的权利，也不得为公民设定或增加义务。

2. 行政行为内容合法。行政行为的内容必须符合法律规定。这主要包括以下内容：①行政行为必须有充分确凿的证据；②行政行为不得超越法定权限。

拓展训练——行政行为的内容要合法

张某在家中饲养了一条宠物狗，一有人经过就狂吠不止，引起邻居害怕和不满。一日，邻居李某向有关部门投诉。当地某县公安局调查后查证张某养宠物扰民属实。据此，县公安局根据《治安管理处罚法》第75条"饲养动物干扰他人正常生活的，处警告；警告后不改正的，或者放任动物恐吓他人的，处200元以上500元以下罚款"的规定，裁决给予张某警告，并处以1000元罚款的处罚。

请问：本案中某县公安局对张某的处罚行为是否符合行政合法性原则？理由是？

3. 行政行为程序合法。行政行为必须符合法定程序，法定程序主要包括法定的行政行为的方式、步骤、顺序和时限等。凡是法律规定有行政行为程序的，实施行政行为就必须按法定程序进行，否则就属于行政程序上的违法。程序合法还要求行政行为必须公正公平，它要求：①行政机关不得成为自己案件的法官；②行政机关在处理纠纷时不能偏听偏信，应给予当事人同等的辩论机会；③行政机关在对当事人作出不利的行政决定之前，应通知当事人并给予其发表意见的机会；④说明理由；⑤不单方接触，防止偏听偏信或先入为主。

4. 行政运行依法公开。行政透明公开是现代行政法进步的表现。政府行为除特殊情况以外，应一律依法公开进行，阳光作业。它要求：①行政立法公开。行政立法的参加者和制定程序应公开，广泛听取人民群众的意见。制定成熟的法律、法规、规章，应向全社会公布。②行政行为公开。除涉及国家秘密和公民隐私的情况外，行政处理应一律公开，面向舆论、面向社会，不能搞幕后交易、暗箱操作。③行政信息和情报公开。[1] 行政机关制定的法规、规章、政策，作出的行政决议、决定，发布的行政命令、指示，实施的行政执法、行政裁决、行政复议行为，除法律、法规明确规定应予保密的以外，均应公开报道。

5. 行政处理公正合法。行政处理公正合法是行政合法性原则的内在要求和关键内容。它要求：①行政行为最终应与行政法的目的相一致；②行政主体在行使职权时应兼顾公共利益与行政相对人的利益；③平等对待行政相对人，不搞差别待遇；④依法办事，执法公正；⑤行政程序也应公正。

（三）行政合法性原则的保障和救济

1. 违法行政行为无效。违法行政行为包括"违权行政行为"和"越权行政行为"两种情况。"违权行政行为"是指行政行为与法律法规的明文规定相抵触，有法不依，违法行政，侵犯了管辖范围，违反了法定程序，等等。[2] "越权行政行为"是行政主体超越法定职权而为或不为的行政行为。"越权无效"被认为是行政法的中心思想和主要武器，行政主体不能在职权范围以外行事，越权行政比违权行政范围更广。

2. 违法行政必须承担法律责任。行政主体必须依法承担与其职权相应的法律责任，不依法行政、超越职权范围或违反法定程序的，应当追究违法行政主体的法律责任，因此行政问责制度必须尽快完善。

3. 违法行政必须得到法律救济。违法行政对行政相对人造成损害的，应及时、公正地得到法律救济。"无救济即无权利"，只有救济才能有效地制约和监督行政主体。"只有国家权力的行使被限定在宪法和法律的范围内，公民的权利非经正当的法律程序和充分证明不受剥夺，一切非法的侵害都能得到公正、合理、及时的补偿。"[3] 违法行政法律救济的途径有行政复议、行政补偿、行政赔偿、行政诉讼等。

（四）行政合法性原则的意义和价值

行政合法性原则要求行政机关的活动必须严格依法办事。坚持行政合法性

〔1〕 姜明安主编：《行政法与行政诉讼法》，北京大学出版社、高等教育出版社1999年版，第52页。

〔2〕 罗豪才主编：《行政法学》，北京大学出版社2001年版，第27页。

〔3〕 张文显：《法哲学范畴研究》，中国政法大学出版社2001年版，第156页。

原则，有利于保护行政相对人的合法权益，有利于监督行政机关依法行使行政职权，有利于推进依法治国。

二、行政合理性原则

行政合理性原则，是指行政主体的行政活动在合法的基础上做到平等、合理、公正、适当，特别是在实施自由裁量权时，在法定限度内要合情、合理、合法。行政合理性原则可以从以下三方面理解。

（一）行政合理性原则的客观基础

1. 行政事务的复杂性。随着社会的发展，行政管理的范围在逐步扩大，特别是行政管理的专业性、技术性因素增多，行政管理与其他管理的相互联系与相互影响日趋密切，国际因素对我国行政管理的影响和要求日益复杂。

2. 行政立法的局限性。立法机关没有足够的时间和必要的专业知识来制定切实可行的、详尽的、周密的法律。愈来愈多的行政管理领域、行政事务需要政府灵活地处理，行政机关就享有法定范围内的自由裁量权。

3. 行政裁量的必然性。自由裁量权是指在法律积极明示或消极默许的范围内，行政主体自由斟酌，选择自己认为正确的行为的权力。即法律对某种行为只规定了一个范围或幅度，在这个范围或幅度内，行政主体对自己行为的方式、种类、数额等自行选择。但是，行政自由裁量并不意味着行政主体可以任意裁量，它同样要受到一定的约束。自由裁量行为要根据客观实际情况，在适度的范围内，符合社会大多数人的公平正义观念而实施。

（二）行政合理性原则的主观前提

1. 行政行为必须符合法律的目的。任何法律的制定都基于一定的社会需要，为了达到某种社会目的，所有的法律规范也都围绕于、服务于该项目的。行政主体在行使自由裁量权时，必须符合有关法律法规的目的，若与法律目的不符合，即构成违反合理性原则。

2. 行政行为必须具有合理的动机。行政行为的动机必须符合法律的要求，出于正当的动机。所谓正当动机，是指作出某一行政行为，在其最初的出发点和动机诱因上，不得违背社会公平观念或法律精神。如行政机关进行罚款的动机不是制裁违法行为，而是增加财政收入、改善工作人员的福利待遇，这就是不正当的动机。动机正当要求行政机关不能以执行法律的名义，将自己的偏见、歧视、恶意等强加于公民和社会组织。

3. 行政行为必须符合信赖保护的原则。所谓行政信赖保护原则，是指公民、法人或其他组织对行政主体及其行政行为已经产生信赖利益并因其正当性而应当得到保护时，行政主体不得随意变更，如果变更，必须补偿相对方的信赖损失。信赖保护原则要求行政主体原则上不得增加或制定对行政相对人具有溯及力的法律规范，也不得随意撤销或废止已经生效的具体行政行为。

（三）行政合理性原则的具体要求

1. 平等性。平等原则是重要的宪法原则，它要求行政主体在行使行政职权时，同等情况同等对待，不同情况区别对待，特殊情况特别对待。在行政立法上，应当对调整的对象进行合理分类，防止因分类不合理而产生歧视；在行政执法上，必须超越形式意义上的平等，实现本质的、动态的、正义的平等；在行政司法上，必须坚持实体公正与程序公正的内在统一，必须坚持行政效率与社会效率的辩证统一。应当注意的是，平等不等于平均。[1]

2. 比例性。比例原则是行政合理性原则的基本要求之一，它要求行政主体在行使自由裁量权时，在全面衡量公益与私益的基础上选择对行政相对人侵害最小的适当方式进行；行政手段的选择以达到行政目的为限，不能超过必要限度。

拓展训练——行政合理性原则的比例性

杭州市西湖区市场监督管理局接到群众举报称，方某的炒货店存在违反广告法的行为。后经调查认为，方某炒货店在经营场所内外及包装袋上发布广告，并使用"最好""最优""最香""最特色""最高端"等绝对化宣传用语，违反《广告法》的规定，遂作出责令停止发布使用绝对化用语的广告，并处罚款20万元的行政处罚决定。方某炒货店认为该行政处罚决定认定事实不清、适用法律错误、罚款数额过高，提起行政复议申请。杭州市市场监督管理局作出维持处罚的行政复议决定。该炒货店仍不服，诉至杭州市西湖区人民法院。

请问：你认为该案中罚款20万元的行政处罚决定是否合理？

3. 惯例性。惯例是在行政活动中经久形成的既定做法，经实践检验为正确有效。行政主体在通常情况下应当遵守，除非有充分的理由，在没有充分理由的情况下，不得违背。

4. 相关性。行政行为必须考虑相关的因素。一项行政行为的作出涉及多种因素，合理的行政行为应当考虑到相关因素，不能顾此失彼，也不应该考虑那些与行政行为无关的因素。

5. 参与性。为了使行政行为更加合理有效，行政主体在行政管理过程中，除法律规定的程序外，应当尽可能地为行政相对人提供参与行政活动的机会，

[1] 张树义：《行政法与行政诉讼法学》，高等教育出版社2007年版，第34页。

从而确保行政相对人实现行政程序权利，同时也可以使行政活动更加符合社会公共利益。行政相对人的行政程序参与权利主要包括获得通知权、陈述权、申请权和抗辩权等。[1]

6. 合理性。这里的"合理性"是相对狭义的，主要是指行政行为要符合"事理"（即事物的客观规律）、"常理"（即日常生活中一般人都能理解并普遍遵守的准则）、"物理"（即客观存在的物理属性）、"情理"（即行政相对人的情绪理智）等。

行政合法性原则与行政合理性原则同是行政法基本原则的主要内容，两者之间有着密切的联系：行政行为不仅要合法，也要合理。两者的区别在于：①合法性原则是合理性原则的基础和前提，没有合法性就谈不上合理性；②合理性原则是合法性原则的补充和发展，合理性是合法性的补充和更高要求；③合法性原则是性质的标准，是对行政行为质的要求，合理性原则是精度上的标准，是对行政行为量的要求。两者互相作用，不可分割。

本章小结

本章由行政法概念、行政法律关系、行政法的基本原则构成。

行政是指一定组织对一定范围内的事务进行组织与管理等活动。行政法是调整因行政活动而形成的社会关系的各种法律规范的总和。行政法是一个独立的法律部门，是宪法最重要的实施法，是最具社会影响的部门法。行政法对于保障和监督行政主体有效行使行政职权，保障公民、法人和其他组织的合法权益，保障经济社会的稳定与发展和促进民主与法治发展具有重要的意义。我国行政法的渊源及其具体表现形式主要包括宪法、法律、行政法规、地方性法规、行政规章、自治条例和单行条例、国际条约和国际惯例、法律解释等。行政法律关系是指行政法对由行政活动产生的各种社会关系加以调整后所形成的权利义务关系。行政法的基本原则是指贯穿于全部行政法之中，任何行政法律法规都必须遵循和贯彻的指导思想与基本准则，它是行政法的基础和灵魂，行政法律规范则是这些基本原则的具体体现。行政法有两个基本原则：一是行政合法性原则；二是行政合理性原则。

---

[1]　张树义：《行政法与行政诉讼法学》，高等教育出版社 2007 年版，第 42 页。

实务训练

一、示范案例

案情：2016 年 6 月 25 日，某区人民政府洪山街道办事处将其闲置的临街房屋一间租给李某开办服装店，租金一年为 8800 元。一年后街道办事处以临街房屋已增值为由，要求李某增缴租金 300 元。李某不同意，双方因租金问题发生纠纷。2017 年 7 月 12 日，街道办事处主任指示所属该办事处的城市监察分队 4 名执法工作人员，佩带执法标志将李某的服装店查封，同时对李某处罚款 600 元。李某不服，2017 年 7 月 20 日，以街道办事处对自己违法采取行政强制措施和行政处罚为由，向区人民法院提起行政诉讼。法院经审理认定，洪山街道办事处既无法律依据，也无法定职权对李某实施查封和罚款，最后依据《行政处罚法》《行政诉讼法》的有关规定，判决撤销街道办事处的行政行为。

问：①本案中产生了哪几种法律关系？其中哪些是行政法律关系？②街道办事处的查封和罚款行为是否违背了行政法的基本原则？为什么？③本案中出现的行政法的渊源有哪些？

分析：①本案中产生了一种民事法律关系和四种行政法律关系。其中街道办事处与公民李某之间因交纳房屋租金所产生的争议，属出租人与承租人之间的民事法律关系；街道办事处与公民李某之间形成的行政强制和行政处罚关系则是两种行政管理法律关系；而李某对街道办事处提起的行政诉讼以及区人民法院对街道办事处行政行为的审理判决则又形成了两种行政监督法律关系。②街道办事处的查封和罚款行为已违背了行政合法性原则。行政合法性原则要求行政机关的行政行为必须依据法律，必须具有法定职权。而在本案中，街道办事处对公民实施查封和罚款，既没有法律依据，也没有法定职权。③本案中出现的行政法的渊源有《行政处罚法》和《行政诉讼法》等法律，它们属于行政法渊源中的法律。

二、习作案例

2017 年 9 月，张某与王某（系亲表兄妹关系）在征得各自父母的同意后到民政部门办理结婚登记手续。民政部门予以拒绝，并告知两人不予办证的原因是法律规定了禁止近亲结婚，以保证子孙后代的健康。为了顺利结婚，女方当即到医院做了绝育手术，并且向医院索要了绝育手术证明。2018 年 1 月，张某和王某再次来到婚姻登记部门要求办理结婚登记，但婚姻登记部门仍然拒绝。张某和王某认为，女方已经做了绝育手术，并由医院出具了绝育手术证明，已经决定以后不生育，即不会造成法律规定的"影响子孙后代健康"的情况，婚姻登记部门仍然不予办理结婚登记，实属刁难，干涉了婚姻自由。在经过行政复议仍被拒绝登记后，2018 年 5 月 27 日，两人向某人民法院起诉民政局婚姻登记部门，要求其为原告二人办理结婚登记手续。2018 年 8 月 22 日，法院作出了驳回原告诉讼请求的判决。

参考答案

问：本案中存在哪些行政法律关系？指出上述法律关系的主体、客体、内容以及引起法律关系产生的法律事实。

复习与思考

1. 如何理解行政？
2. 什么是行政法？行政法有哪些特征？
3. 我国行政法的渊源有哪些？
4. 我国行政法有何地位和作用？
5. 行政法律关系的性质和要素是什么？
6. 举例分析行政合法性原则与行政合理性原则有哪些联系和区别？

自测习题及参考答案

自测习题

参考答案

第二章　行政法主体

学习目标：

- 理解行政主体、行政机关、法律法规或者规章授权的组织、受委托组织的概念；
- 掌握行政主体的构成要件，明确行政职权、行政职责的相关内容，能够运用行政主体知识分析具体案情、解决现实生活中出现的行政法律问题；
- 了解公务员与行政相对人的权利与义务。

第一节　行政主体

导入案例

2015 年 4 月 15 日，北京某饭店向中国银行北京支行开具了一张转账支票，不慎盖错出票人印章。北京支行以支票印章不符为由，对饭店罚款人民币 1000 元，且直接从饭店在该支行的存款账户中扣除，只给饭店出具了一张特种转账支票凭据。该饭店对中国银行北京支行的处罚行为不服而提起行政诉讼。

本案知识点： 行政主体的资格条件；行政主体的概念；行政机关的概念

一、行政主体的概念

行政主体是指享有行政权力、能以自己的名义行使行政职权并能独立承担由此产生的法律责任的社会组织。

（一）行政主体的构成要件

根据行政主体的概念，可以归纳出行政主体的三个构成要件，只有同时具备下列三个条件，才能成为行政主体。这三个条件是：

1. 享有行政权力。国家权力可以划分为立法权、司法权、行政权等，行政主体必须享有行政权，否则，不是行政主体。国家行政机关具有宪法、组织法规定的行政权，可以成为行政主体；企事业组织和社会团体经法律法规的特别授权行使国家行政权时，也可以成为行政主体。

2. 能以自己的名义行使行政权。如被委托的组织虽然在委托范围内也可以行使国家行政权，实施某些行政行为，但它们不是以自己的名义实施的，而是以委托它的行政机关的名义实施的，因而被委托的组织不属于行政主体。

3. 能够独立承担法律责任。行政主体要对其所实施的行政行为承担法律责任，也就是说，如果行政相对人对该行政行为不服，可以该组织为被申请人或被告提起行政复议或行政诉讼。

（二）行政主体的概念辨析

1. 行政主体与行政法律关系主体。行政主体不同于行政法律关系主体。行政法律关系主体是指享有行政法上的权利义务的主体，指行政法律关系的双方当事人。行政法律关系的主体范围要大于行政主体范围，不仅仅包括行政主体，还包括行政相对方和行政法律监督主体等。

2. 行政主体与行政机关。行政机关是最重要的行政主体，但行政主体与行政机关不能简单地等同。行政主体不仅仅包括行政机关，还包括被授权的组织。

此外，并非所有的行政机关都能成为行政主体，如政府某些临时设置的机关只负责管理内部事务，并不对外行使职权，也不承担相应的责任，不能成为行政主体。行政机关也不是在任何场合都能成为行政主体，当行政机关从事民事活动时，是民事主体而不是行政主体。

3. 行政主体与公务员。国家的行政管理活动虽然是通过各个公务员的公务行为得以实现的，但公务员并不是行政主体。这是因为公务员不具备行政主体的构成要件，公务员所实施的公务行为是以国家机关的名义实施的，所产生的法律后果和责任由国家行政机关承担。

（三）行政职权和行政职责

1. 行政职权。行政职权是国家行政权的表现形式，是行政主体实施国家行政管理活动的权能。不同的行政主体，其行政职权范围也不同。总体来讲，可以归纳为以下几个方面：

（1）制定行政规范权。主要是指行政机关的行政立法（制定行政法规、规章）和制定其他行政规范（包括行政规范性文件）的行政职权。

（2）行政调查权。它是指行政主体针对某项行政管理事务的有关事实或争议，通过法定方式对有关行政相对人和组织机构进行专门的调查了解，以掌握真实情况和必要证据，便于作出相应处理的行政职权。

（3）行政决策权。行政主体有权依法对其所辖领域和范围内的行政管理事项进行决策。

（4）行政决定权。它是指行政主体就某一行政管理事项作出决定或命令，从而产生、变更和消灭某种行政法律关系的职权，具体表现为行政确认权、行政奖励权、行政处分权等。

（5）行政命令权。它是指行政主体通过一系列的行政决定，命令行政相对人作出一定行为或不作出一定行为的职权。

（6）行政执行权。行政主体行使行政执行权，有关组织或个人有协助执行或提供方便的义务，而行政主体负有严格依法履行公务的义务。

（7）行政检查权。即行政主体依法对行政相对人履行法定义务的情况进行监督检查的权力。行政检查权是一种常规性和强制性的了解有关情况的权力，检查对象不得拒绝或隐瞒有关情况，否则会直接导致行政处罚等后果。

（8）行政强制权。即行政主体对拒不履行法定义务的行政相对人依法采取一定的强制执行措施或在某些紧急情况下对行政相对人采取一定强制处置措施的职权。前者是行政强制执行，后者是行政强制措施。

（9）行政处罚权。行政主体依法对行政相对人违反行政管理秩序的行为予以某种处罚的职权。根据《行政处罚法》的规定，行政主体可实施训诫罚、财产罚、行为罚和人身罚等行政处罚行为。

（10）行政司法权。包括行政裁决权和行政复议权等。行政裁决权是指行政主体依法对与行政管理事项密切相关的平等主体之间发生的民事纠纷，居中进行判断和裁决的职权，是一种行政司法权。行政复议权是指行政复议机关根据行政相对人的申请，依照法定程序对引起争议的行政行为是否合法、合理进行审查，最后作出处理决定、加以法律救济的职权，是一种行政司法权，也是一种行政监督与救济权。

另外，行政主体在行使行政职权时，还享有行政优先权和行政受益权。行政优先权是指行政主体在行使行政职权时所享有的种种职务上和行为上的优先条件。行政优先权主要包括先行处置权、获得社会协助权和推定有效权。行政受益权是指行政主体从国家所享受到的各种物质优益条件，如财政经费、办公条件、交通工具等。行政优先权和行政受益权虽然不属于行政职权，但它与行政职权密切相关，是行政主体行使行政职权的保障条件。

2. 行政职责。行政职责是指行政主体在行使职权过程中必须承担的法定义务，其具体内容包括：

（1）积极行使行政权力。行政权是国家通过法律、法规等形式赋予行政主体的一项权力。这一权力的取得和行使，与国家和社会公共利益关系极大。因此，行政主体应当积极行使行政权力，不能作任何形式的处分，否则即构成渎职，应当承担相应的法律责任。

（2）合法行使行政权力。行政主体在行使行政权时必须按照法律所规定的条件，严禁违法行使行政权力。合法行使行政权主要表现在：行使行政权的事实清楚、证据确凿，适用法律法规正确，符合法定程序，等等。

（3）合理行使行政权力。行政权力的合理行使实质上就是要求行政主体实施行政权力不但要符合法律的规定，而且还要符合人类的理性以及公正等价值观念。为此，行政主体在实施行政权力时不能滥用权力，不能出于不正当的目的作出显失公正的决定。

二、行政机关

（一）行政机关的概念

行政机关，是指依据宪法和有关组织法的规定设置，行使国家行政职权，负责对国家各项行政事务进行组织、指挥、管理和监督的国家机关。这一概念的含义是：

1. 行政机关是国家机关，是由国家设置并代表国家行使国家职权的机关。这使它与政党组织、社会组织和社会团体相区别。

2. 行政机关是行使国家行政职能的国家机关。这使它与立法机关、司法机关和监察机关相区别。立法机关、司法机关、监察机关虽然也都是国家机关，但立法机关行使的是国家立法职能，司法机关行使的是国家司法职能，监察机关行使的是国家监察职能，而行政机关行使的则是国家行政职能，即执行法律、管理国家各项行政事务的职能。

3. 行政机关是依宪法或行政组织法的规定而设置的，是行使国家行政职能的国家机关。这使它与法律、法规或者规章授权的组织相区别。法律、法规或者规章授权的组织不是依据宪法或行政组织法设置的，它们行使一定的职权是基于具体法律、法规或者规章的授权。因此，行政机关是固定的、基本的行政主体，而法律、法规或者规章授权的组织只有在行使其所授职权时才具有行政主体的地位。[1]

（二）行政机关与相关概念的关系

1. 行政机关与行政组织的关系。行政组织是为实现对社会公共事务的有效管理，由国家按照宪法、组织法和法律规定的条件和程序设立并负责国家行政事务管理的特殊社会组织。行政组织包括行政机关和行政机构，行政机关是行政组织的一种。

2. 行政机关与行政机构的关系。行政机构是指构成国家行政机关的内部各单位，是为行政机关行使行政权服务的，行政机关是联结各行政机构的综合体。

---

〔1〕 姜明安主编：《行政法与行政诉讼法学》，北京大学出版社、高等教育出版社 1999 年版，第 92 页。

行政机关属于行政主体，而行政机构不属于行政主体，因为其对外不能以自己的名义发布决定或命令，其行为的一切法律后果皆归属于其所属的行政机关。

（三）我国现行行政机关体系

1. 中央行政机关。

（1）国务院。中华人民共和国国务院，即中央人民政府，是最高国家权力机关的执行机关，是最高国家行政机关。

国务院实行总理负责制。总理负责领导国务院的工作，副总理和国务委员协助总理工作。国务院工作中的重大问题，必须经国务院常务会议或全体会议讨论决定，国务院常务会议和国务院全体会议由总理召集和主持。

（2）国务院各部（委员会）。国务院各部（委员会），是负责国家行政管理某一方面事务或某些职能的工作机构，是国务院的组成部分。国务院各部部长、各委员会主任负责本部门的工作，召集和主持部务会议或者委员会会议、常务会议，讨论决定本部门工作的重大问题。各部、各委员会根据法律和国务院的行政法规、决定、命令，在本部门的权限范围内，发布命令、指示和规章。

（3）国务院直属机构。根据宪法和有关法律的规定，国务院可以根据工作需要和精简的原则设立若干直属机构，主管某项专门业务。

（4）国务院各部（委员会）管理的国家局。国务院各部（委员会）管理的国家局是国务院设立的若干行政主管职能部门，如国家信访局（由国务院办公厅管理）、国家林业和草原局（由自然资源部管理）等。

（5）国务院的办公室和办事机构。国务院的办公室和办事机构是协助总理处理专门事项的机构，如国务院研究室、国务院港澳事务办公室等。

其中，依据行政主体的三个构成要件，国务院、国务院各部（委员会）、国务院的直属机构、国务院各部（委员会）管理的国家局具有行政主体资格，而国务院的办公室和办事机构在通常情况下不具有行政主体资格，因为其不能以自己的名义行使行政权，不能独立承担法律责任。

拓展阅读——中央人民政府组织机构

拓展阅读

2. 地方行政机关。

（1）地方人民政府。地方各级人民政府是地方各级人民代表大会的执行机关，是地方各级国家行政机关。根据宪法和有关组织法的规定，按照行政区域的划分，我国地方各级人民政府分为省（自治区、直辖市）、市（自治州、直辖市的区）、县（自治县）、乡（镇）四级。地方各级人民政府实行首长负责制。地方各级人民政府对本级人民代表大会和上一级国家行政机关负责并报告工作。县级以上的地方各级人民政府在本级人民代表大会闭会期间，对本级人民代表大会常务委员会负责并报告工作。全国的地方各级人民政府都是国务院统一领导下的国家行政机关，都服从国务院的管理。

（2）地方政府的工作部门。地方各级人民政府根据工作需要和精简的原则，设立必要的工作部门。自治区、直辖市的人民政府的各工作部门受人民政府统一领导，并且依照法律或者行政法规的规定受国务院主管部门的业务指导或者领导。自治州、县、自治县、市、市辖区的人民政府的各工作部门受人民政府统一领导，并且依照法律或者行政法规的规定受上级人民政府主管部门的业务指导或者领导。

（3）地方政府的派出机关。省、自治区人民政府在必要时，经国务院批准可设立若干行政公署作为其派出机关。县、自治县的人民政府在必要的时候，经省、自治区、直辖市的人民政府批准，可以设立若干区公所，作为它的派出机关。市辖区、不设区的市的人民政府，经上一级人民政府批准，可以设立若干街道办事处，作为它的派出机关。

地方人民政府、地方人民政府的工作部门、地方人民政府的派出机关享有行政权力，能以自己的名义行使行政权，能够独立承担法律责任，都属于行政主体。

拓展训练——街道办事处能否作为行政主体

周某在重庆市某街道新华村拥有房屋。2015 年 6 月 30 日，渝北区政府征地办公室、渝北区政府两路街道办事处共同对周某户作出《征地拆迁通知》，载明："经重庆市人民政府渝府地〔2012〕1695 号与渝府地〔2013〕1760 号文批准，依法征收你组集体土地，请你户于 2015 年 7 月 3 日前自行拆除征地范围内的房屋及地上构（附）着物，逾期未拆除所造成的损失自行负责。"2015 年 6 月中旬，渝北区政府两路街道办事处通知重庆江北国际机场扩建指挥部告知施工单位尽快将周某户的房子拆除，随后施工单位项目部于 2015 年 7 月 2 日在渝北区政府两路街道办事处的指挥下将周某户房屋进行了拆除。周某对拆除行为不服，提起诉讼。

参考答案

请问：本案中，谁是拆除行为的行政主体？理由是？

三、法律、法规、规章授权的组织

（一）概念界定

法律、法规、规章授权的组织是指依法律、法规、规章授权而行使特定行政职能的组织。一般情况下，行政职权应由行政机关行使，但在特定条件下，通过授权性法律法规将行政职权授予特定组织享有和行使，行政机关内设机构或派出机构及其他组织也能成为行政职权的独立行使者和责任承担者，即享有行政主体资格。

（二）授权方式

法律、法规、规章授权的方式主要包括两种：①由宪法和行政组织法以外的单项法律、法规、规章的明确规定直接授予，如《植物检疫条例》（1983 年国务院发布，1992 年、2017 年修订）第 3 条第 1 款规定："县级以上地方各级农业主管部门、林业主管部门所属的植物检疫机构，负责执行国家的植物检疫任务。"②由特定行政机关依据单项法律、法规、规章的明确授权性规定而间接授予，例如，《公路法》第 8 条第 4 款规定："县级以上地方人民政府交通主管部门可以决定由公路管理机构依照本法规定行使公路行政管理职责。"

（三）法律、法规、规章授权组织的类型

1. 行政机关。法律、法规、规章赋予行政机关行使其本身行政职能以外的某项或某一方面的行政职权的一部分或全部，则该行政机关的行政职权范围扩大，行政职权内容增多。

2. 行政机构。其本身是作为行政机关的内部机构而存在的，不能以自己的名义独立对外行使行政权。但是，行政机构可以根据法律、法规、规章的授权，成为行政主体。被授权的行政机构包括以下三种类型：

（1）依照法律、法规、规章的授权规定而直接设立的专门行政机构。例如，依据《专利法》设立的专利局复审和无效审理部、依据《商标法》设立的商标评审委员会等。

（2）行政机关的内部机构。行政机关的内部机构一般不能以自己的名义行使职权，但是如果法律法规规章对内部机构有授权的，则可以成为授权组织，可以独立行使行政职权。

（3）政府职能部门的派出机构。政府中的职能部门根据工作需要在一定区域内设立的工作机构，代表该职能部门从事一定范围内的某些行政事项的管理工作，如公安派出所、税务所等，在法律、法规、规章授权的条件下，也能行使相应的行政职权。

3. 其他社会组织，包括企业单位、事业单位、社会团体和群众性组织。通过法律、法规、规章授权，其他社会组织可以获得行政主体资格，成为行政主体。

（四）法律、法规、规章授权组织的法律地位

法律、法规、规章授权组织在被授权的范围内以自己的名义自主地行使行

政职权，承担相应的行政职责，即被授权的组织在授权范围内取得行政主体资格。

但应区别两种情况：①对行政机关的内设机构和派出机构以及其他组织的授权，使其成为行使某方面或某项行政职权的新的行政主体；②如果法律、法规、规章授权的组织在授权行为之前已具有行政主体资格，则是其职权范围扩大、职权内容增多，从职权范围和内容上看也就如同形成了一个新的行政主体。

（五）法律、法规、规章授权组织与行政机关的区别

法律、法规、规章授权组织（企业单位、事业单位，也可以是社会团体或群众性组织）在授权范围内虽然可以行使行政职能，但它与行政机关存在一定的区别，主要是：

1. 主体性质不同。法律、法规、规章授权组织，在一般情况下只是民事主体，享有民事权利，承担民事义务。法律、法规、规章授权组织只有在行使被授予的行政职能的时候，才能成为行政主体，享有行政职权，承担行政职责。行政机关本身就是最重要的行政主体，本来就享有行政职权，承担行政职责。

2. 行政职能行使的依据不同。被授权的其他社会组织行使行政职能是依据具体的法律、法规、规章；行政机关行使行政职能的依据是宪法、行政组织法或与行政机构改革有关的法律文件。

3. 行政职能产生的时间不同。法律、法规、规章授权组织首先是民事主体，被具体的法律、法规、规章授权后，才享有相应的行政职能；行政机关依据宪法、行政组织法或与行政机构改革有关的法律文件建立，自建立之日起就享有宪法、行政组织法或与行政机构改革有关的法律文件赋予的行政职能。

4. 行政职责的范围不同。对于法律、法规、规章授权组织，法律、法规、规章是将某项或某一方面的行政职权的一部分或全部，通过法定方式授予某个组织行使。因此，一般来讲，法律、法规、规章授权组织享有的是特定的行政职责，范围通常是比较窄的；对于行政机关而言，宪法、行政组织法或与行政机构改革有关的法律文件授予其行使相应的行政职权，范围通常是比较宽的。

四、受委托组织

（一）受委托组织的概念

1. 受委托组织的含义。受委托组织是指受行政主体的委托行使一定行政职能的组织。

委托行政主体对受委托组织实施的行政行为负有监督的义务，受委托组织在委托范围内，以委托行政机关的名义实施行政行为，委托行政机关对受委托组织在委托范围内行为的后果承担法律责任。

《行政处罚法》第 20 条规定："行政机关依照法律、法规、规章的规定，可以在其法定权限内书面委托符合本法第二十一条规定条件的组织实施行政处罚。行政机关不得委托其他组织或者个人实施行政处罚。委托书应当载明委托的具体事项、权限、期限等内容。委托行政机关和受委托组织应当将委托书向社会公布。委托行政机关对受委托组织实施行政处罚的行为应当负责监督，并对该行为的后果承担法律责任。受委托组织在委托范围内，以委托行政机关名义实施行政处罚；不得再委托其他组织或者个人实施行政处罚。"

《行政许可法》第 24 条规定："行政机关在其法定职权范围内，依照法律、法规、规章的规定，可以委托其他行政机关实施行政许可。委托机关应当将受委托行政机关和受委托实施行政许可的内容予以公告。委托行政机关对受委托行政机关实施行政许可的行为应当负责监督，并对该行为的后果承担法律责任。受委托行政机关在委托范围内，以委托行政机关名义实施行政许可；不得再委托其他组织或者个人实施行政许可。"

2. 受委托组织的特点。

（1）受委托组织的职权来源是行政主体的委托行为。受委托组织在行政主体委托的范围内行使行政职权，并接受委托行政主体的监督。

（2）委托者与委托对象之间是一种外部（横向）关系性质的专项代理关系。如果是根据行政组织法和公务员法关于行政职能、职务的规定，行政机关责成其下属部门和公务员具体行使行政职权、实施行政管理，则属于一种行政机关内部的职务关系，不属于行政委托。

（3）受委托组织不具有行政主体资格。这是因为受委托组织在委托范围内，以委托行政机关的名义实施行政行为，委托行政机关对受委托组织在委托范围内行为的后果承担法律责任。

3. 受委托组织与法律、法规、规章授权组织的区别。

（1）法律依据不同。行政授权必须以法律、法规、规章的明文授权规定为依据。行政委托也必须依法进行，但只要不违背法律精神和法律目的，即可实施委托。

（2）形式不同。行政授权必须符合法定的方式。行政委托的方式，都是行政主体在行政管理活动中，以较具体的委托决定来进行的，有关行政委托事项的范围、职权内容、委托时间、委托人和被委托人之间的关系等，都将在委托决定中予以明确。

（3）法律后果不同。行政授权的法律后果，使被授权的组织取得了所授予行政职权的主体资格，成为该项行政职权的法定行政主体。行政委托的对象可以是另一行政主体，也可以是其他社会组织，但均不会因此而发生职权和职责的转移，被委托组织也不能因此而取得行使被委托职权的行政主体资格。

（二）受委托组织的条件

《行政处罚法》第 21 条对受委托组织的条件进行了规定，这一规定对其他领域受委托组织的条件有一定的借鉴作用。

1. 依法成立并具有管理公共事务职能。也就是说接受委托进行行政处罚的组织首先必须是依法成立的具有管理公共事务职能的组织。一般是指为国家社会创造或改善生产条件，从事为工农业生产服务活动，为满足人民教育、卫生等事业需要而设立的不以营利为目的的单位。

2. 有熟悉有关法律、法规、规章和业务并取得行政执法资格的工作人员。行政执法资格是依法通过省级以上行政主管部门的考试、考核认定的一种资格或资质，对执法范围有着严格的限制。被委托的组织必须拥有熟悉有关的法律、法规、规章和业务并取得行政执法资格的工作人员，才能保证依法行使职权，严谨有效地实施行政处罚。

3. 需要进行技术检查或者技术鉴定的，应当有条件组织进行相应的技术检查或者技术鉴定。也就是说，对违法行为需要进行技术检查或者技术鉴定的，应当有条件组织进行相应的技术检查或者技术鉴定，即必须具有技术检查或技术鉴定的设备和水平等。

第二节 公务员

▷ 导入案例

某铁路公安民警宋某着便服到某火车站排队买票时，听见一男青年（李某，20 岁，某公司临时工）喊"谁要去广州的车票"，宋某即上前查问。李某说"我喊着玩呢"。宋某连续将李某摔倒在地。围观群众向该火车站站前联防办公室报告。值班民警史某带领联防员王某赶到现场，见李某嘴部出血，前胸部有抓痕。民警史某与联防员王某将李某和宋某带到站前派出所进行调查，在核实宋某的民警身份后由史某陪其去购票，查明李某不是票贩子后对其进行批评教育。不久，李某以宋某非法执行公务为由将其所属公安局诉至法院。

◉ **本案知识点**：公务员的概念；公务员法律地位；公务员法律关系

一、公务员概述

（一）公务员的概念

公务员，是指依法履行公职、纳入国家行政编制、由国家财政负担工资福利的工作人员。公务员是干部队伍的重要组成部分，是社会主义事业的中坚力量，是人民的公仆。

公务员须同时具备三个要件，缺一不可：①依法履行公职；②纳入国家行政编制；③由国家财政负担工资福利。公务员除了行政系统的公务员，还包括政党系统的公务员、权力机关的公务员、政治协商会议系统的公务员、司法机关的公务员等。

（二）公务员的条件、义务和权利

1. 公务员的条件。根据《公务员法》第 13 条规定，公务员应当具备下列条件：①具有中华人民共和国国籍；②年满 18 周岁；③拥护中华人民共和国宪法，拥护中国共产党领导和社会主义制度；④具有良好的政治素质和道德品行；⑤具有正常履行职责的身体条件和心理素质；⑥具有符合职位要求的文化程度和工作能力；⑦法律规定的其他条件。

拓展训练——公务员的条件

刘某应聘某街道办事处文秘岗岗位，经考核笔试第一名，面试第一名。但在随后的政治审查中，人事主管部门发现刘某两年前与一位女同事发生过婚外"一夜情"，被县纪委处以党内警告处分，决定对其不予录用。刘某认为，因自己的一次过错行为就判定自己终身品行不端而无法从事公务员工作，是对他的人格歧视，且拒绝录用没有法律依据，遂将人事主管部门诉至法院，要求撤销其行政行为。

参考答案

请问：本案中刘某是否符合公务员录用条件？为什么？

2. 公务员的义务。根据《公务员法》第 14 条规定，公务员应当履行下列义务：①忠于宪法，模范遵守、自觉维护宪法和法律，自觉接受中国共产党领导；②忠于国家，维护国家的安全、荣誉和利益；③忠于人民，全心全意为人民服务，接受人民监督；④忠于职守，勤勉尽责，服从和执行上级依法作出的决定和命令，按照规定的权限和程序履行职责，努力提高工作质量和效率；⑤保守国家秘密和工作秘密；⑥带头践行社会主义核心价值观，坚守法治，遵守纪律，恪守职业道德，模范遵守社会公德、家庭美德；⑦清正廉洁，公道正派；⑧法律规定的其他义务。

3. 公务员的权利。从内容构成方面分析，国家公务员的权利基本上可以归纳为三个方面：①政治权利；②物质经济保障权利；③文化教育权利。

所谓国家公务员的政治权利，是指法律规定国家公务员参与国家政治生活的民主权利和政治上表达个人见解和意愿的自由。它是公民政治权利的延伸，包括结社自由、言论自由、批评建议权和申诉控告权等。

所谓国家公务员的物质经济保障权利，是指国家公务员依法享有物质经济利益方面的权利。主要有领取法定劳动报酬、享受法定保险福利待遇、法定休假等权利。

所谓国家公务员的文化教育权利，是指国家公务员参加政治理论和业务知识培训的权利。这是提高公务员自身政治素质和业务素质、提高工作能力的需要。

根据《公务员法》第15条的规定，公务员的权利共有八项：①获得履行职责应有的工作条件；②非因法定事由和非经法定程序不被免职、降职、辞退或者处分；③获得工资报酬和享受福利、保险待遇的权利；④参加培训的权利；⑤对机关工作和领导人员提出批评和建议的权利；⑥提出申诉和控告的权利；⑦申请辞职的权利；⑧法律规定的其他权利。

（三）公务员的类型

公务员的类型按照公务员职位的性质、特点和管理需要，划分为综合管理类、专业技术类和行政执法类等类别。国务院根据《公务员法》，对于具有职位特殊性，需要单独管理的，可以增设其他职位类别。各职位类别的适用范围由国家另行规定。

（四）公务员的职务与职级

国家实行公务员职务与职级并行制度，根据公务员职位类别和职责设置公务员领导职务、职级序列。

公务员领导职务根据宪法、有关法律和机构规格设置。公务员领导职务层次分为：国家级正职、国家级副职、省部级正职、省部级副职、厅局级正职、厅局级副职、县处级正职、县处级副职、乡科级正职、乡科级副职。

公务员职级在厅局级以下设置。综合管理类公务员职级序列分为：一级巡视员、二级巡视员、一级调研员、二级调研员、三级调研员、四级调研员、一级主任科员、二级主任科员、三级主任科员、四级主任科员、一级科员、二级科员。综合管理类以外其他职位类别公务员的职级序列，根据《公务员法》由国家另行规定。

（五）公务员的法律地位

公务员在不同的法律关系中，其地位也不同。

公务员代表行政机关行使行政职权，与行政相对人产生法律关系时，公务员以行政机关的名义行使行政职能，由行政机关承担相应的法律后果。也就是说，行政相对人对行政行为不服，应以行政机关为被告提起行政诉讼，而不是以公务员为被告提起行政诉讼。公务员代表行政机关行使行政职权时，行政机关拥有的职权、职责和优先权一概溯及公务员，而行政机关的职责、权限同样约束公务员。但是行政机关有权对公务员分享和承担的行政机关的职权、优先权、职责、权限等进行再分配。公务员在实施行政管理活动中，在形式上必须以行政机关的名义，按照行政机关的意志行事。行政机关对公务员的过错行为承担相应的法律责任，即先由行政机关对公务员个人的过错承担责任，然后依据公务员过错的程度，行政机关再追究公务员的责任。

公务员与行政机关发生内部行政法律关系时，一般由行政机关内部处理，不能提起行政诉讼。公务员对工资待遇、考核、奖惩、晋升等不服的，公务员作为一方当事人，行政机关作为另一方当事人，公务员与行政机关之间产生的是内部行政法律关系。

公务员非处于公务员地位时，可以成为行政相对人，与行政主体产生行政法律关系，对行政行为不服，可依法提起行政复议或行政诉讼。

二、公务员法律关系

公务员法律关系，是指一般公民经过法定程序成为公务员，基于其所担任的职位而与国家之间构成的权利义务关系。

（一）公务员法律关系的发生

公民经过法定程序成为公务员，从而与国家发生公务员法律关系。在我国，法定形式有以下几种：

1. 考任制，指国家公务员管理机关根据统一标准，按照公开考试、择优录用的办法任用国家公务员的形式。录用担任主任科员以下及其他相当职务层次的非领导职务公务员，采取公开考试、严格考察、平等竞争、择优录用的办法。公务员录用考试采取笔试和面试的方式进行，考试内容根据公务员应当具备的基本能力和不同职位类别分别设置。招录机关根据考试成绩确定考察人选，并对其进行报考资格复审、考察和体检。

2. 聘任制，它是一种通过聘任和应聘双方签订聘约，聘请人员担任公务员职务的任免形式。合同期内，在法律的监督和保护下，双方履行各自的责任和义务。聘任制主要适用于专业性较强的职位（如金融、财会、法律、信息技术等）、辅助性职位（如书记员、资料管理员、数据录入员和勤杂工）等。前面所列职位涉及国家秘密的，不实行聘任制。机关聘任公务员，应当按照平等自愿、协商一致的原则，签订书面的聘任合同，确定机关与所聘公务员双方的权利义务。

3. 选任制，指由法定选举人投票，经多数通过，决定公务员职务的任免。我国《宪法》第101条第1款规定："地方各级人民代表大会分别选举并且有权罢免本级人民政府的省长和副省长、市长和副市长、县长和副县长、区长和副区长、乡长和副乡长、镇长和副镇长。"

4. 委任制，指由有任免权的机关按照公务员管理权限直接委派其辅助人员或执行人员担任一定公务员职务的任免形式。我国公务员的委任制包括各级国家权力机关对领导职务序列公务员的提名、任命，也包括政府各部门领导机关对本单位各级行政负责人和普通公务员的委任。《宪法》第62条第5项规定："根据中华人民共和国主席的提名，决定国务院总理的人选；根据国务院总理的提名，决定国务院副总理、国务委员、各部部长、各委员会主任、审计长、秘书长的人选……"

5. 调任制，是指行政机关以外的工作人员调入国家行政机关任职，是公务员交流制度的一种。《公务员法》第70条规定："国有企业、高等院校和科研院所以及其他不参照本法管理的事业单位中从事公务的人员，可以调入机关担任领导职务或者四级调研员以上及其他相当层次的职级。调任人选应当具备本法第十三条规定的条件和拟任职位所要求的资格条件，并不得有本法第二十六条规定的情形。调任机关应当根据上述规定，对调任人选进行严格考察，并按照管理权限审批，必要时可以对调任人选进行考试。"

（二）公务员法律关系的变更

公务员法律关系的变更是指由于发生某些事实或行为，致使公务员职务关系发生变化的情形。主要包括晋升、降职、交流、撤职、领导成员的辞职或引咎辞职五种情形。

1. 晋升，是指公务员由低层职位转移到高层职位。公务员晋升职务，应当具备拟任职务所要求的思想政治素质、工作能力、文化程度和任职经历等方面的条件和资格。公务员晋升职务，应当逐级晋升。特别优秀的或者因工作特殊需要的，可以按照规定破格或者越一级晋升职务。

2. 降职，是指公务员由高层职位转移到低层职位。公务员在定期考核中被确定为不称职的，按照规定程序降低一个职务层次任职。

3. 交流，是指公务员可以在公务员和参照《公务员法》管理的工作人员队伍内部交流，也可以与国有企业和不参照《公务员法》管理的事业单位中从事公务的人员交流。交流的方式包括调任、转任。其中，只有转任引起公务员法律关系的变更。公务员在不同职位之间转任应当具备拟任职位所要求的资格条件，在规定的编制限额和职数内进行。

4. 撤职，是指国家机关撤销公务员职务，但保留其公务员资格的处分形式。受撤职处分的，按照规定降低级别，受处分的期间为 24 个月。对公务员的撤职处分，应当做到事实清楚、证据确凿、定性准确、处理恰当、程序合法、手续完备。处分决定机关认为对公务员应当给予撤职处分的，应当在规定的期限内，按照管理权限和规定的程序作出处分决定。处分决定应当以书面形式通知公务员本人。

5. 领导成员的辞职或引咎辞职。担任领导职务的公务员，因工作变动依照法律规定需要辞去现任职务的，应当履行辞职手续。担任领导职务的公务员，因个人或者其他原因，可以自愿提出辞去领导职务。领导成员因工作严重失误、失职造成重大损失或者恶劣社会影响的，或者对重大事故负有领导责任的，应当引咎辞去领导职务。领导成员应当引咎辞职或者因其他原因不再适合担任现任领导职务的，本人不提出辞职时，应当责令其辞去领导职务。领导成员的辞职或引咎辞职，引起的不是公务员法律关系的消灭，而是公务员法律关系的变更，因为辞去的是现在的领导职务，而非解除公务员法律关系。

（三）公务员法律关系的消灭

公务员法律关系的消灭是指由于发生某些事实或行为致使公务员法律关系不能继续存在。公务员法律关系的消灭主要有死亡、丧失国籍、辞退、辞职、离休和退休等情况。

第三节　行政相对人

◖ 导入案例

　　某富翁英年早逝，留下大笔遗产。富翁妻子与富翁母亲张某展开了遗产争夺大战。富翁妻子提起民事诉讼，以富翁母亲张某为被告，要求分割富翁遗产。法院受理后，在审理结束前，富翁母亲张某向法院提起行政诉讼，起诉婚姻登记机关，要求法院确认婚姻登记机关对其已故儿子与儿媳的"结婚登记"行政行为无效。

◉ 本案知识点：行政相对人的概念；行政相对人的权利

一、行政相对人的概念

　　行政相对人，是指在具体的行政法律关系中与行政主体相对应的另一方当事人，即在行政关系中处于被管理地位的公民、法人或其他组织。行政相对人具有以下法律特点：

1. 行政相对人在行政管理关系中具有相对性，即任何个人或组织只有在行政管理法律关系中，才具有行政相对人的地位。如果不是处于行政管理法律关系中，而是处于其他法律关系中，就不具有行政相对人的地位。

2. 行政相对人在行政管理法律关系中也是行政法律关系主体。行政相对人是与行政主体相对应的另一方当事人，行政相对人与行政主体都是行政法律关系主体。

3. 在权利义务上，行政相对人不享有国家行政权，但这并不意味着他们只有义务而没有权利。行政相对人享有一系列实体上、程序上的权利，也承担法律规定的义务。

二、行政相对人的分类

对行政相对人可以从不同的角度作不同的分类。

（一）个人类行政相对人与组织类行政相对人

这是根据行政相对人的状态来划分的。我国公民、在中国境内的外国人（包括无国籍人）属于个人类行政相对人，国家机关、企业、事业单位、社会团体、在中国境内的外国组织、其他非法人组织等属于组织类行政相对人。划分个人类行政相对人与组织类行政相对人的重要意义在于，在一定条件下，行政主体的特定行政行为只适用于某类行政相对人，如限制人身自由的行政行为只能针对个人而不能针对组织实施。

（二）国内行政相对人与国外行政相对人

这是根据行政相对人的涉外因素来划分的。国内行政相对人是指中国的各种组织和公民，后者是指在中国境外的外国人和组织。划分国内行政相对人与国外行政相对人的意义在于，在个别情况下，有的行政行为针对国内行政相对人，而有的行政行为针对国外行政相对人。如根据《行政诉讼法》第99条第2款规定："外国法院对中华人民共和国公民、组织的行政诉讼权利加以限制的，人民法院对该国公民、组织的行政诉讼权利，实行对等原则。"

（三）受益性行政相对人和受限性行政相对人

这是根据行政行为对行政相对人产生的影响来划分的。受益性行政相对人是指通过某一事件或行为，行政主体对之授予权益或减免义务的公民、法人或其他组织，如行政救助、行政许可的行政相对人。受限性行政相对人是指通过某一事件或行为被行政主体剥夺、限制权利或科以义务的公民、法人或其他组织，如行政处罚的受罚人。

（四）普通行政相对人和特定行政相对人

这是从行政主体对行政相对人应当履行的义务角度来划分的。行政主体对行政相对人应当履行的义务可以分为两类：①对所有的公民、法人或其他组织应当履行的普遍性义务，如保护其人身或财产安全，包括对社会公共利益和国家利益的维护，这时所有的公民、法人或其他组织都是行政相对人，称为普通行政相对人；②对特定身份的公民、法人或其他组织应当履行的特定义务，这时只有具备特定身份的公民、法人或其他组织才是行政相对人，称为特定行政相对人。这种划分方式对突破我国行政诉讼的受案范围具有极其重要的意义。目前，我国的行政诉讼只局限于特定行政相对人，《行政诉讼法》第2条第1款规定："公民、法人或者其他组织认为行政机关和行政机关工作人员的行政行为侵犯其合法权益，有权依照本法向人民法院提起诉讼。"作为行政诉讼原告提起诉讼必须基于具体行政行为，即特定行政相对人，而普通行政相对人则无行政诉权。

拓展训练——产权人、搭建人，谁为行政处罚相对人？

黄山市屯溪区城管执法局认定吴某位于仙人洞南路的部分房屋为违法建筑物，对吴某作出限期自行拆除的行政处罚决定书。经查明，吴某是该处房屋的产权人，违法建筑物是前业主搭建的。吴某认为自己是产权人，但并非违法建设行为人，黄山市屯溪区城管执法局对自己进行行政处罚搞错了对象，自己不能成为违法建设的处罚人。

请问：本案中，吴某和前业主，谁应该为违法建筑行为承担法律责任，成为行政处罚的相对人？理由是？

三、行政相对人的范围

（一）国家组织

国家行政机关、国家权力机关、国家审判机关、国家检察机关、国家军事机关等，在以下情形下它们可以成为外部行政相对的一方：①当它们以"机关法人"的身份参与民事活动时，适用法人在行政法上的地位；②当它们进行非职权性活动，而这些活动又属于行政机关的管辖范围时，国家组织处于行政相对人的地位。

（二）社会组织

社会组织是国家组织以外的结合体，包括企业、事业单位和社会团体等。企业单位、事业单位、社会团体在行政法律关系中，都可以成为行政相对人。

（三）中华人民共和国公民

中华人民共和国公民是指具有中华人民共和国国籍的人。公民在行政法律关系中一般以行政相对人的身份出现。

（四）外国组织和外国人

外国组织和外国人依法也可以成为我国行政法律关系中的行政相对人。

四、行政相对人的法律地位

行政相对人的法律地位是通过与行使行政权力一方的权利义务关系体现的。行政相对人一方的权利义务可以概括为以下几方面。

（一）行政相对人的权利

1. 参与行政管理权。指行政相对人通过法定形式、法定途径参与行政管理的权利。包括通过建议、参加讨论、报刊舆论及评议等活动形式，对国家政策、法规和规章的制定、重大决策、管理体制改革、如何提高行政管理活动的社会效益与行政效率、国家公务员的评价等，依法发表看法和意见，提出批评。随着民主与法治的发展，行政相对人的参政权利会越来越广泛。

2. 要求提供管理服务方面的权利。具体包括：①受益权，即指行政相对人有依法要求行政主体实施一定行为以满足自己某种利益的权利，如依法要求实施某种社会优待、享受某种社会福利或政府补贴等；②要求颁发证照权和登记权，即指行政相对人有要求行政主体实施一定行为以确认其某种资格或法律事实，准其从事某方面行为的权利，如颁发许可证、营业执照或商标注册、户口登记等；③先行要求履行某种职责的权利，即要求主管机关制止、纠正某种违法行为或对该违法行为实施制裁，或者对某些危险状态进行排除，等等。

3. 有关涉及处理行政相对人权益时的权利。具体是指行政机关将作出涉及处理行政相对人权益的行为时，行政相对人所享有的权利。具体包括：①了解权，即有权了解有关事实、情节及有关的法律、法规依据及理由；②申辩权，即对有关事实、情节辩解、反驳的权利；③听证权，即对有关的案件事实、证据，要求行政主体以听证会形式予以说明并允许行政相对人申辩、质证的权利；④要求回避权，即要求因某种因素可能影响处理决定公正性的行政公务人员回避的权利。

4. 控告、检举、揭发权。是指行政相对人对行政主体和行政公务人员执行职务过程中的违法行为和现象，享有向有关机关和相关部门进行检举、揭发、控告的权利，并且享有不被打击报复和其他法律规范所规定的受到保护的权利。

5. 申请复议、提起诉讼或请求赔偿的权利。即行政相对人对于行政主体和行政公务人员行使职权和实施的职务行为，认为其违法并侵犯其合法权益请求保护和救济的权利。

（二）行政相对人的义务

行政相对人在行政法上的义务，总的来讲，就是要遵守国家行政管理秩序。具体而言，主要表现为遵守行政法律规定、服从行政决定、协助行政管理等。

本章小结

本章由行政主体、公务员和行政相对人构成。

行政主体是指享有行政权力、能以自己的名义行使行政权、作出影响行政相对人权利义务的行政行为，并能独立承担由此产生的法律责任的社会组织。行政主体不仅包括行政机关，还包括法律、法规、规章授权的组织。公务员，是指依法履行公职、纳入国家行政编制、由国家财政负担工资福利的工作人员。同时，不能忽视行政法律关系的另一重要主体——行政相对人，它是指在具体的行政法律关系中与行政主体相对应的另一方当事人，即在行政关系中处于被管理地位的公民、法人或其他组织。

实务训练

一、示范案例

案情：河南省焦作市某大酒店设施齐全，环境舒适，因而成为不少来焦作参加会议、观光旅游的宾客的下榻之所。2007年6月初，某大酒店为进一步提高服务质量，方便旅客出行，特意在酒店大堂显示屏上转载了《焦作日报》刊登的天气预报，及时报告短期气象信息。2007年7月11日，焦作市气象局执法人员对全市各大宾馆、商场、车站等处刊播气象预报的现象进行了专项检查。在检查过程中，执法人员发现某大酒店在未经许可的情况下，擅自在电子显示屏上转载媒体上发布的天气预报，便当即通知其在7日内停止转载。但某大酒店仍继续转载。针对这一情况，2007年7月19日，焦作市气象局下达了停止违法行为通知书，责令某大酒店于2007年7月29日前予以改正，否则将依法进行行政处罚。然而，某大酒店仍然坚持这种做法，没有按期改正。2007年9月12日，焦作市气象局对某大酒店作出了气象行政执法行政处罚决定书，决定给予其警告并处5000元罚款。某大酒店负责人无法接受这一行政处罚决定，该酒店以焦作市气象局处罚不当为由，一纸诉状将其告上了法庭，强烈要求法院撤销焦作市气象局作出的处罚决定。[1]

问：焦作市气象局是否属于行政主体？

分析：焦作市气象局属于行政主体。判断一个组织是否是行政主体，其标准主要有三：①享有行政权力；②能以自己的名义行使行政权力；③能够独立承担法律责任。在实践中，行政主体主要包括行政机关以及法律、法规、规章授权的组织。气象局从性质上讲不属于国家行政机关，而属于政府直属事业单位。因此，要解决气象局的行政主体资格问题，首先就要解决法律、法规、规章是否对其存在授权情况。

《气象法》第5条第1款规定："国务院气象主管机构负责全国的气象工作。地方各级气象主管机构在上级气象主管机构和本级人民政府的领导下，负责本行政区域内的气象工作。"根据《气象法》制定的《气象预报发布与传播管理办法》第4条规定："国务院气象主管机构和国务院有关部门应当按照职责分工，共同做好全国气象预报发布与传播工作，并加强监督管理。""地方各级气象主管机构和县级以上地方人民政府有关部门应按照职责分工，共同做好本行政区域内的气象预报发布与传播工作，并加强监督管理。"同时该办法第12条又规定，对违反该办法规定，非法发布气象预报的，向社会传播气象预报不使用当地气象主管机构所属气象台提供的最新气象预报的行为，由气象主管机构按照权限责令改正，给予警告，可以并处5万元以下罚款。

从上述情况来看，法律法规对气象主管机构进行了授权，从而使气象主管部门成为法律、法规、规章授权的组织，可以以自己的名义行使权力并独立承担法律责任。因此，焦作市气象局具有行政主体资格，可以作为行政主体。

二、习作案例

某省某市某医院在原告居民楼附近建设和准备建设带有放射源及射线装置的CT机、X射线机等医疗器械。该市39位居民诉称，省生态环境厅对某医院的申请作出的相关行政批复，证据不足，程序违法，适用法律错误，并向国家生态环境部申请行政复议。2019年3月，国家生态环境部作出行政复议决定书，维持省生态环境厅的上述批复。居民们不服，向某市中级人民法院提起行政诉讼，要求省生态环境厅撤销相关的行政批复。

一审法院认为，省生态环境厅作为环境保护行政主管部门，有权对某市某医院的环境影响评价文件进行审批。某市某医院在《环境影响报告书》编制过程中，按规定依据相关证据对建设项目可能产生的影响进行了全面评估。省生

---

[1] "气象行政官司：酒店转载天气预报被罚5000元"，载法律图书馆网，http://www.law-lib.com。

态环境厅审查并组织专家进行了现场勘验，技术评审事实清楚，证据充分，适用法律法规正确，程序合法。据此，某市中级人民法院对该案作出一审判决，驳回原告39人的诉讼请求。

　　问：在本案件中，省生态环境厅属于哪种类型的行政主体，是行政机关还是法律、法规或者规章授权组织？

参考答案

复习与思考

1. 什么是行政主体？
2. 法律、法规或者规章授权组织与行政机关存在哪些区别？
3. 受委托组织的法定条件包括哪些？
4. 公务员法律关系发生变更的原因包括哪些？
5. 简述行政相对人的分类。

自测习题及参考答案

自测习题　　　　参考答案

第三章 行政行为

学习目标：
- 理解行政行为效力的内容、生效规则；
- 掌握行政行为的概念、分类及其应用特征，明确行政行为的无效、撤销和废止的法律后果及相互区别，能够运用行政程序的基本原则和基本制度分析行政行为的法律效力；
- 了解行政程序的价值。

第一节 行政行为概述

导入案例

上海市财政局近日发布两份针对政府采购评审专家的处理通知，其中包括取消违法犯罪专家的资格，通报批评部分违纪专家。上海市财政局发出的通知明确，鉴于俞某某因犯受贿罪被徐汇区人民法院依法判处有期徒刑，根据财政部、监察部《政府采购评审专家管理办法》第11条和《上海市政府采购评审专家和评审工作管理办法》第7条第2项的规定，取消俞某某政府采购评审专家资格。此外，《关于对部分政府采购评审专家通报批评的处理决定》提出，上海市财政局于2014年11月13日至11月27日按规定分批对政府采购评审专家开展了专题培训，每批培训时间为半天。其间部分评审专家在签到后即擅自离开或者早退，未能完整参加培训，违背了财政部、监察部《政府采购评审专家管理办法》第18条规定和《上海市政府采购评审专家和评审工作管理办法》第12条规定。为进一步加强政府采购评审专家管理，严肃培训纪律，确保培训效果，上海市财政局决定对67位相关评审专家给予通报批评。

本案知识点：行政行为的概念；行政行为的特征

一、行政行为的概念

行政行为是指行政主体运用行政权对行政相对人所实施的一切具有法律意义、产生法律效果的行为。行政行为必须同时具备下列三个条件，该行为才是行政行为。

1. 行政行为是行政主体的行为，即行政机关或法律、法规、规章授权的组织所实施的行为。一切非行政主体的组织和个人（企事业单位、社会团体、公民个人等）实施的行为均不是行政行为。

2. 行政行为是行政主体行使行政权的行为。行政主体的行为并不一定都是行政行为，例如，行政机关购买办公用品，行政主体依据民事权利作出的购买行为是民事行为而非行政行为。因此，判断行政主体的行为是不是行政行为，关键还要看该行为是依据何种权力作出的。行政主体依据行政权力作出的行为可能是行政行为，行政主体依据民事权利作出的行为一定不是行政行为。

3. 行政行为必须对行政相对人的权利义务产生法律影响。例如，行政处罚，行政相对人的权利受到限制、剥夺或被科以新的义务；行政给付，行政相对人被赋予一定的物质权益或与物质相关的权益；行政确认，行政相对人的权利义务是否存在以及存在的范围等得到确认。对行政相对人的权利义务不产生法律影响的行政活动，如单纯的建议、劝告等不是行政行为。

拓展训练——行政行为的概念

刘先生驾车由东向西行驶，在距离路口约200米处，刘先生发现路面5个车道中的4个车道拥挤不堪，但靠近双黄线的车道没有车辆，随即驶入，等候交通信号灯轮换。此时一名交警上前告知刘先生违反了交通规则，处罚款200元并扣2分。交警表示，该路段4个车道是直行车道，靠近双黄线的车道此前是车辆左转的专用道，但因道路施工，车辆不能左转，所以相关部门已用一个箭头指示机动车应向右侧4条车道变道，而刘先生恰恰驶入靠近双黄线的那个车道。面对处罚，刘先生有些不服。他认为，左转的"箭头"用黑色涂掉了，虽然"头"改了，"尾巴"却还在，地面上仍留有长长的直线，远看是直行的地标线，导致他驶入禁行车道。于是刘先生提起行政诉讼，要求法院撤销交警支队作出的罚款200元并扣2分的行政处罚。

参考答案

请问：本案中交警支队作出的罚款200元并扣2分的处罚是否是行政行为？

二、行政行为的特征

（一）服务性

行政行为的服务性是现代民主行政的体现和要求，也是由我国的国体（人民民主专政制度）和政体（人民代表大会制度）所决定的。在我国，行政主体及其工作人员都是人民的公仆，都是为人民服务的，因此，其所作出的行政行为也就具有服务性质。行政行为的这一特点要求行政主体改变高高在上的作风，增强行政行为的可接受性，真正做到以民为本，服务百姓。

（二）从属法律性

行政权力来源于法律，行政主体行使行政权力必须符合法律的规定，并且全程地接受法律的监督，而不能凌驾于法律之上或游离于法律之外。如果行政行为违反法律规定，行政主体必须承担相应的法律责任，这是依法行政的要求，也是法治社会的必然。

（三）单方性

一般来说，行政行为以行政主体单方意思表示即可成立，无须征得行政相对人一方的同意。这与民事行为不同，民事行为是须经当事人双方意思表示一致方能成立的行为。行政行为的单方性，不仅表现在行政主体依职权作出的行为，如行政处罚等，也表现在行政主体依行政相对人的申请而作出的行为，如行政许可等。这些行为虽然是在行政相对人申请的前提下作出的，但行政主体是否满足行政相对人的要求，并不受行政相对人的意思表示所左右，而是取决于行政主体。

在当代，行政行为的单方性随着行政法的发展也有所突破。行政合同作为现代行政的一种方式，越来越多地应用到行政管理当中，这种行政行为并不表现为单方性，而须经当事人双方意思表示一致方能成立。行政合同行为是行政行为单方性特点的例外表现。

（四）强制性

行政行为是行政主体代表国家，以国家的名义实施的行为，因此以国家的强制力为保障，要求行政相对人服从和配合，如果行政相对人不服从，行政主体可以强制其执行，也可以通过其他方式强制执行。这与民事行为不同，民事行为以双方当事人自愿为前提。

当然，现代行政行为形式多种多样，有的行政行为，如行政指导，并不具有强制性的特点，恰恰相反，以非强制性为特征。

（五）非营利性

行政主体的行政行为并不以营利为目的，正如前面所讲，行政主体及其工作人员的宗旨是为人民服务，所以行政行为表现出无偿性的特点。

但是，行政行为的非营利性也有例外情况，行政行为也有收取费用的情形。一般来讲，为了保障资源的共享以及国家管理的需要，行政主体也会收取一定的费用，但这并不是出于营利的目的。

第二节 行政行为分类

◎ 导入案例

某市司法局干部刘某，法律专业本科学历，35 岁，身体健康。2013 年，刘某向其所在的司法局报名参加国家司法统一考试。该局以稳定司法局干部队伍为由，拒绝向刘某颁发准考证。刘某立即向当地人民法院提起诉讼，请求法院判决司法局向其颁发准考证。

◉ **本案知识点**：行政行为的类型

一、抽象行政行为和具体行政行为

以行政相对人是否特定为标准，行政行为可分为抽象行政行为和具体行政行为。抽象行政行为是指行政主体针对不特定行政管理对象实施的行政行为，其体现为制定行政规范性文件，包括行政立法和制定一般行政规范性文件。具体行政行为是指行政主体针对特定行政相对人实施的行政行为，其主要体现为具体行政决定，如行政处罚行为、行政强制执行行为等。

具体行政行为和抽象行政行为之分，在我国行政法实践中具有重要意义。根据《行政诉讼法》和《行政复议法》的相关规定，[1] 行政相对人对具体行政行为不服，可以依法直接提起行政复议或者行政诉讼；而对抽象行政行为不服，行政相对人不可以直接提起行政复议或者行政诉讼。行政相对人对行政行为所依据的规定不服，可根据《行政复议法》第 7 条、《行政诉讼法》第 53 条对该规定提出审查申请。

判断一个行政行为是抽象行政行为还是具体行政行为，主要从以下四个方面界定：

1. 对象是否特定。具体行政行为所指向的对象，即行政相对人，都是明确的、特定的，抽象行政行为则是适用于不特定多数人的普遍性规则。

2. 是否可以反复适用。具体行政行为只能适用一次，而抽象行政行为作为普遍性规定，是可以反复适用的。

3. 是否具有溯及力。除了行政许可是对未来具有约束力的具体行政行为以外，其他具体行政行为一般都是针对已经发生的事实行为，而抽象行政行为是约束人们将来可能发生的行为。

---

〔1〕《行政诉讼法》第 12、13 条，《行政复议法》第 6 条。

4. 能否直接进入执行程序。具体行政行为具有直接的执行力，而抽象行政行为则不然，必须以一个具体行政行为为中介，才能进入执行程序。

二、羁束行政行为和自由裁量行政行为

以行政行为受法律、法规拘束程度的不同为标准，行政行为可分为羁束行政行为和自由裁量行政行为。羁束行政行为是指法律、法规对行政行为的条件、范围、内容及方式方法等作出具体而明确的规定，行政主体只能严格执行而没有自由裁量余地的行政行为。自由裁量行政行为是指法律、法规对行政行为的条件、范围、内容或方式方法未作硬性规定，或作出一定的弹性规定，行政主体可以在法定范围内根据自己的主观判断灵活作出的行政行为。

之所以如此，是因为行政行为种类繁多，差别较大，行政法规范对某些法律事实能够在立法上作出统一的规定，行政主体可以严格按照行政法规范实施行政管理。而对某些法律事实则无法在立法上作出统一的规定，需要行政主体根据具体情况自行裁量决定法律的适用。

需要注意的是，羁束行政行为和自由裁量行政行为的划分是相对的。羁束行政行为通常也存在一定的自由裁量成分，法律不可能对行政行为在所有情况下的所有处置方法全部作出全面的规定；自由裁量行政行为也存在一定的羁束成分，法律不可能允许行政主体作无限制的自由裁量。

羁束行政行为与自由裁量行政行为的划分决定了人民法院监督行政行为的范围。羁束行政行为只受行政合法性原则的约束，自由裁量行政行为主要受行政合理性原则的约束。人民法院审理行政案件是对具体行政行为合法性的审查，而非合理性的审查。[1] 换句话讲，对于行政行为的羁束成分，行政相对人可向法院提起行政诉讼；对于行政行为的自由裁量成分，如非显失公正的行政处罚行为，行政相对人向法院提起的行政诉讼，法院不予受理。

三、依职权行政行为和依申请行政行为

以行政主体能否主动采取行政行为为标准，行政行为可分为依职权行政行为和依申请行政行为。依职权行政行为，是指行政主体可以依职权主动采取的行政行为。依申请行政行为，是指行政主体必须根据行政相对人的申请才能作出的行政行为。

这种分类有利于分析行政行为的实施条件，有助于法院对行政行为的审查判断。二者的区别为：

1. 实施条件不一致。依职权行政行为的实施不依赖于行政相对人的申请，

---

〔1〕《行政诉讼法》第6条规定："人民法院审理行政案件，对行政行为是否合法进行审查。"

而依申请行政行为的实施以行政相对人的申请为前提条件。

2. 举证责任要求不一致。《行政诉讼法》第38条规定："在起诉被告不履行法定职责的案件中，原告应当提供其向被告提出申请的证据。但有下列情形之一的除外：（一）被告应当依职权主动履行法定职责的；（二）原告因正当理由不能提供证据的。在行政赔偿、补偿的案件中，原告应当对行政行为造成的损害提供证据。因被告的原因导致原告无法举证的，由被告承担举证责任。"由此可见，在行政主体不作为的案件中，行政相对人对依申请行政行为不服的，应当提供其在行政程序中曾经提供申请的证据材料；对依职权行政行为不服，则不必提出这类证据材料。

四、要式行政行为和不要式行政行为

以是否必须具备法定形式为标准，行政行为可分为要式行政行为和不要式行政行为。要式行政行为指法律、法规规定必须具备某种书面文字或特定意义的符号的行政行为，例如，《行政处罚法》规定，行政处罚裁决必须采用书面形式。不要式行政行为是指法律、法规未规定一定的具体方式或形式，而允许行政机关根据情况自行选择适当方式或形式实施的行政行为。要式行政行为必须遵守法律、法规对其形式上的要求，否则便构成形式违法；而不要式行政行为则不会因"形式"而违法。

五、授益行政行为和不利行政行为

以其内容对行政相对人是否有利为标准，行政行为可分为授益行政行为和不利行政行为。授益行政行为是指设定或确认权益以及减免义务的行政行为；不利行政行为是指设定或确认义务，或者限制、剥夺、拒绝确认其权益的行政行为，又称负担行政行为。

现代行政对于行政相对人而言，并不都是一种带来不利后果（如行政处罚、行政强制等）的管理行为，在许多方面，还是会存在带给行政相对人有利后果（如行政许可、行政奖励等）的管理行为。

当然，授益行政行为和不利行政行为的区分不是绝对的。例如，甲某、乙某两方打架，甲某把乙某打伤，公安部门对甲某处以罚款200元，并责令甲某赔偿乙某医疗费用。这个案件中，甲某认为不应当赔偿乙某医疗费用，而乙某认为甲某还应当赔偿其误工损失费。公安部门的行政处罚决定既没有完全满足甲某的愿望，也没有完全满足乙某的愿望。一方面，对于同一个行政相对人，行政行为可能既是受益的又是不利的。罚款200元和赔偿医疗费用的决定对甲某是不利的，而不赔偿误工损失费的决定对甲某有利。另一方面，行政主体作出的某个行政行为可能具有涉及利害关系人或者第三人的结果，行政行为对利害关系人或者第三人可能是受益的也可能是不利的。公安部门对甲某的处罚决定涉及乙某的利益，罚款 200 元和赔偿医疗费用的决定对乙某是有利的，而不赔偿误工损失费的决定对乙某是不利的。由此可见，授益行政行为和不利行政行为的划分是相对而言的。

六、单方行政行为、双方行政行为和多方行政行为

以行政法律关系当事人各方的意思表示与行政行为效力关系的不同为标准，行政行为分为单方行政行为、双方行政行为和多方行政行为。单方行政行为是指以行政主体单方意思表示即可成立，无须征得行政相对人一方同意的行政行为，它是传统的行政行为。双方行政行为是指须经当事人双方意思表示一致方能成立的行为，如行政合同行为。多方行政行为是双方行为的延伸，它是指须经三方或三方以上当事人意思表示一致才能成立的行政行为。

单方行政行为、双方行政行为、多方行政行为的划分，有利于分析行政行为的成立规则。单方行政行为只要有行政主体单方意思表示即可成立，而双方行政行为、多方行政行为仅有行政主体单方意思表示是不能成立的，需双方或多方合意方可成立。

七、内部行政行为和外部行政行为

以行政行为适用和其效力适用对象的范围为标准，行政行为可分为内部行政行为和外部行政行为。内部行政行为是指行政主体对其内部的组织和个人采取的行政行为，这种行政行为的效力不及于社会组织和公民，因此，内部行政行为实际上是国家行政机关内部的管理行为。外部行政行为是指行政主体对公民、法人或其他组织所作出的行政行为。

划分内部行政行为与外部行政行为的意义在于，根据《行政诉讼法》和《行政复议法》的相关规定，[1] 行政相对人对外部行政行为不服，可以依法直接提起行政复议或者行政诉讼；而对内部行政行为不服，行政相对人不可以提起行政复议或者行政诉讼。

判断一个行政行为是内部行政行为还是外部行政行为，主要从以下四个方面界定：

1. 从行政行为的主体上判断。内部行政行为只能由行政机关实施，而外部行政行为由行政主体实施，既包括行政机关，也包括被授权的组织及受委托的组织和个人；内部行政行为只能针对其内部的组织和个人采取，而外部行政行为是针对公民、法人或其他组织所作出的。

---

〔1〕《行政诉讼法》第 12、13 条，《行政复议法》第 6 条。

2. 从行政行为所针对的事项性质上判断。内部行政行为的内容都是关于内部组织关系、隶属关系、人事关系等方面的，而外部行政行为的内容都是关于社会管理等方面的。

3. 从行政行为的内容上判断。内部行政行为影响行为对象的职务、职责、职权、福利等，而外部行政行为影响行政相对人应当享有的权利或应当履行的义务。

4. 从行政行为的法律依据上判断。内部行政行为适用内部行政规范，只能采用法定的内部手段和方式进行，而外部行政行为适用外部行政规范，能够采用相应的法律、法规所规定的各种手段和方式进行。

八、作为行政行为和不作为行政行为

以行为方式为标准，行政行为可分为作为行政行为和不作为行政行为。作为行政行为是指行政主体以积极的作为方式表现出来的行政行为，如行政处罚、行政强制执行等。不作为行政行为是指行政主体以消极不作为方式表现出来的行政行为，如对行政相对人的请求不予答复等。

拓展训练——不作为行政行为

某市突降大雨，30 多岁的黄某刚好骑车在街上。当他蹚水经过京广路和永安街交叉口时，突然坠入排水窨井内，溺水死亡。黄某家人事后查明，这个窨井当时没有盖子，这是发生悲剧的主要原因。某市市政管理处认为，无证据证明窨井盖是其工作人员打开，责任不在己方。

参考答案

请问：谁该对黄某的死亡承担法律责任？为什么？

需要注意的是，不作为行政行为并不是指行政主体没有进行任何的行为，而是没有做法律要求行政主体应当进行的行为。如行政主体将社会救济金挪用，行政主体的行为表现为行政不作为，因为其未按要求将社会救济金发放给符合条件的行政相对人，但行政主体本身进行了一定的行为，即挪用社会救济金。

依据其他标准，行政行为还可以作出其他的分类。以是否附有条款为标准，行政行为分为附条款行政行为和无附条款行政行为；以是否需要其他行政行为作为补充为标准，行政行为分为独立行政行为和需补充行政行为；以行政职权来源为标准，行政行为分为自为行政行为、授权行政行为和委托行政行为；以行政行为是否合法为标准，行政行为分为合法行政行为和违法行政行为；等等。

第三节 行政行为效力

○ **导入案例**

王某因琐事与邻居赵某发生冲突，情急之下把赵某的衣服撕破。某公安局民警孙某接到群众报警后赶到现场，并向王某、赵某及围观群众了解了事情的来龙去脉。当时，王某问民警孙某："这个事会怎么处理？"孙某回答说："罚款200元，但是我今天没带处罚决定书，明天你到我局里来取处罚决定书，然后到银行交罚款。"王某不服，第二天并没有到公安局去取处罚决定书，而是直接向人民法院提起行政诉讼，请求将罚款变更为50元。

● **本案知识点**：行政行为效力的内容；行政行为的生效；行政行为撤销的条件；行政行为撤销的法律后果

一、行政行为效力的内容

行政行为效力是指行政行为所发生的法律效果。一般来讲，行政行为效力的内容包括公定力、确定力、拘束力和执行力。

（一）公定力

行政行为的公定力是指行政行为一经作出，除非有重大、明显的违法情形，即假定其合法有效，任何机关、组织、个人未经法定程序，均不得否定其法律效力。

公定力不仅是对行政相对人而言的，也是对其他机关、组织和个人而言的，要求一切机关、组织和个人对行政主体所作出的行政行为表示尊重，行政行为除非有重大、明显的违法情形，在经法定程序由法定机关使其失效前，都可对其作合法的推定。

需要指出的是，公定力是一种经推定或假设的法律效力，并不意味着行政行为真正合法与否。具体行政行为不一定都合法，因此，国家法律允许行政相对人对其认为是违法的具体行政行为申请行政复议或提起行政诉讼，复议机关或人民法院对违法的行政行为有权撤销或变更。

（二）确定力

确定力是指已生效的行政行为，非法定原因或非经法定程序不得随意更改和撤销。

确定力是一种对行政主体和行政相对人双方而言的法律效力。无论是行政主体，还是行政相对人，非法定原因或非经法定程序不得随意更改和撤销已生效的行政行为。

1. 对行政主体的确定力，被称为实质确定力，体现在三个方面：

（1）行政行为一经作出，即具有相对稳定性，非经法定程序不得撤销或变更。目的是防止行政主体任意更改或撤销已生效的行政行为，导致行政相对人权益受到损害。

（2）行政行为一经作出，其效力不受作出行政行为的原行政主体变动的影响，也不受原行政人员变动的影响。即使作出行政行为的原行政主体被撤销，已生效的行政行为也不会因此被更改或被撤销；原行政人员辞职、晋升、降职、交流、撤职等，已生效的行政行为也不会因此被更改或被撤销。

（3）行政主体要改变或撤销已发生确定力的具体行政行为，必须经过与作出该具体行为同样的程序。

2. 对行政相对人的确定力，被称为形式确定力，要求行政相对人不得任意请求改变已生效的行政行为，体现在两个方面：

（1）行政相对人在超过行政复议期限或行政诉讼起诉期限后，对该行政行为申请行政复议或提起行政诉讼，复议机关或人民法院不予受理。

（2）即使在行政复议或行政诉讼期间，行政相对人非经法定程序，也不得终止履行该行政行为所确定的义务，否则将受到法律的制裁。

需要注意的是，确定力是相对的，而非绝对的，也就是说，基于法定事由，经过法定程序，行政行为可以依法被改变。一方面，行政相对人可以在法定救济期限内通过行政复议或行政诉讼请求救济；另一方面，行政主体自身发现行政行为确有违法情形，可依法改变，并且对由此给行政相对人带来的损失依法承担相应的赔偿责任。

（三）拘束力

拘束力，是指行政行为一经作出，其内容对相关人员或组织产生法律上的约束效力，有关组织或人员必须遵守和服从。

行政行为的拘束力既针对行政主体，又针对行政相对人。针对行政主体的拘束力表现为，行政主体对于自己作出的行政行为，无论该行政行为是对行政相对人科以义务，还是赋予行政相对人权益，都要保证其实现，即义务得到及时履行，权益得到保障。针对行政相对人的拘束力表现为，行政相对人要受该行政行为的约束，严格遵守、服从和执行该行政行为，履行该行政行为确定的义务，不得作出与该行政行为相抵触的行为，也不得作出违反该行政行为有关要求的行为。

（四）执行力

执行力是指已生效的行政行为要求行政主体和行政相对人对其内容予以实

现的法律效力。

行政行为的执行力既针对行政主体，又针对行政相对人。人们提到行政行为的执行力往往注意到的是对行政相对人产生的法律效力，而忽视对行政主体产生的法律效力。行政主体作出受益行政行为后，如果行政主体不执行该行政行为，行政相对人的权益将难以实现。在这种情况下，行政相对人既可以申请行政主体履行该行政行为，也可以通过申请行政复议或提起行政诉讼，请求行政复议机关或人民法院责令该行政主体履行已生效的行政行为。这是执行力对行政主体产生的效力，这种效力不容忽视。同样，执行力也对行政相对人产生法律效力，要求行政相对人自觉、全面地履行已生效行政行为为之确定的义务，如其拒绝履行、拖延履行或不完全履行，行政主体可以依法采取行政强制措施或依法申请人民法院强制执行，保障已生效的行政行为内容得到实现。

并不是所有的行政行为都需要执行行为或强制措施才能实现，有些行政行为得到行政主体和行政相对人的自觉履行，那么，这部分行政行为是否具有执行效力呢？答案是肯定的，因为执行力是潜在于行政行为内部的法律效力，不能把执行力等同于执行行为或强制措施。未采用执行行为或强制措施的行政行为，它们的执行力是潜在的、内部的，该行政行为一旦未得以实施，潜在的、内部的执行力将付诸实施。

二、行政行为的生效规则

行政行为的生效规则是指行政行为在什么情况下开始生效的规则。主要有以下几种：

（一）即时生效

即时生效是指行政行为一经作出即具有效力，对行政相对人立即生效。这种情况，一般来说，作出行政行为的时间和行政行为发生效力的时间是一致的，一般适用于紧急情况下所作出的需要立即实施的行为。例如，对醉酒的人实施人身约束，人身约束行为一经作出，立即生效。

（二）送达生效

送达生效是指表达行政行为内容的法律文书，一经送达给行政相对人，即发生法律效力。送达包括直接送达、留置送达、转交送达、邮寄送达、公告送达、委托送达等方式。行政主体将行政行为告知行政相对人，并为行政相对人所接受，但并不意味着必须得到行政相对人的同意，行政相对人的同意与否并不影响行政行为的生效。例如，行政处罚决定书，被送达给行政相对人后，即使行政相对人对处罚决定有异议，行政处罚行为也已经产生法律效力。

拓展训练——行政行为的生效规则

惠州市辖下龙门县化工厂未经批准擅自向本县一河流内设置排污口，排放大量工业废水，造成严重环境污染，县环保局责令化工厂迅速纠正违法行为，并报经市环保局批准，对该化工厂处以 9 万元的罚款，行政处罚自送达之日起发生法律效力。县化工厂于 9 月 1 日收到行政处罚决定书，查找相关法条，认为县环保局对化工厂处以 9 万元的处罚明显违法，于 10 月 8 日申请行政复议。

请问： 本案行政处罚决定适用何种生效规则？自哪天开始生效？县化工厂申请行政复议是否影响行政处罚决定的生效？

（三）告知生效

告知生效是指行政机关将行政行为的内容采取公告或宣告等有效形式，使行政相对人知悉、明了行政行为的内容，该行政行为对行政相对人便开始生效。与受领生效不同，告知生效所适用的对象是不特定的多数人和住所地不明确的具体的行政相对人。在这种情况下，行政行为的内容无法一一告知或难以具体告知，所以采用发布公告、通告、布告等方式，使行政相对人了解行政行为的内容。

（四）附条件生效

附条件生效，是指行政行为的生效附有一定的期限或其他条件，在所附期限到来或条件消除时，行政行为才开始生效。如《行政许可法》于 2003 年 8 月 27 日通过并发布，但并非立即生效，而是到 2004 年 7 月 1 日才生效。

三、行政行为的失效规则

（一）行政行为的无效

无效行政行为是指因具有重大、明显的瑕疵或法定的无效情形，无需有权机关确认并宣告，自始不发生法律效力的行政行为。

1. 行政行为无效的条件。如果行政行为具备下述情形，行政相对方可视其为无效行政行为，有权国家机关可宣布该行政行为无效：

（1）行政行为具有特别重大的违法情形，如政府命令有爆炸危险而停止供气的煤气供应站恢复供气。

（2）明显违法的情形，如某县政府作出行政决定，规定其所作出的拆迁行为属终局行为，不得诉讼，即违反了行政诉讼法的相关规定。

（3）行政行为的实施将导致犯罪，如某乡政府为招待外商，下令村民捕杀国家珍稀保护动物。

（4）不可能实施但对行政相对人产生影响的行政行为，如某市政府为发展旅游事业，改善住宿条件，命令该市所有宾馆、饭店在 3 日内将蹲式厕所全部改造成抽水马桶式厕所，而工作量至少需要 10 天。

（5）行政主体受行政相对人的胁迫所作的行政行为，如行政机关工作人员在行政相对人的威胁或强迫下而颁发许可证的行政行为。

（6）行政主体不明确身份或明显超越相应行政主体职权的行政行为，如行政主体实施行政行为不表明身份，在行政决定上不署相应行政主体的名称、不加盖有效公章或公安机关吊销营业执照等明显越权行为。[1]

2. 行政行为无效的法律后果。

（1）行政行为自始不发生法律效力，即行政行为自成立之日起就不具备法律效力，这是从时间上界定无效行政行为的效力。

（2）行政相对人可不受该行政行为的拘束。若该行政行为对行政相对人科以义务，行政相对人可以不履行该行政行为为其确定的义务，对此不承担法律责任；若该行政行为对行政相对人赋予权益，行政相对人可漠视其权利的存在，对此不承担法律责任。

（3）行政行为被申请认定无效或依职权认定无效，不受法定期限的限制。行政相对人可在任何时候请求有权国家机关，如行为机关、行为机关的上级机关、人民法院宣布该行为无效，有权国家机关也可在任何时候宣布相应行政行为无效，不受申请复议期限和起诉期限的限制。

（4）行政行为被宣布无效后，被无效行政行为所改变的状态应尽可能恢复原状，行政主体通过该行为从行政相对人处所获取的一切（如罚没款物等）均应返还相对方；对行政相对人科以的一切义务均应取消；对行政相对人所造成的一切实际损失，均应赔偿。同时，行政主体通过相应无效行政行为所给予行政相对人的一切权益，均应依法收回。

（二）行政行为的撤销

行政行为的撤销，是在其具备可撤销的情形下，由有权国家机关作出撤销决定后而使之失去法律效力。

1. 行政行为撤销的条件。

（1）行政行为合法要件缺损。合法的行政行为必须具备五个要件：主体合法、内容合法、权限合法、形式合法、程序合法，缺一不可。某行政行为只要缺损其中一个要件，如主体不合法（如行政机关委托事业单位实施行政许可，不符合法律规定，因为行政机关只能委托其他行政机关实施行政许可），或者内

---

〔1〕 姜明安主编：《行政法与行政诉讼法》，北京大学出版社、高等教育出版社 1999 年版，第 159~160 页。

容不合法（如对不具备申请资格或者不符合法定条件的申请人准予行政许可），或者权限不合法（如超越法定职权作出准予行政许可的决定），或者形式不合法（如行政处罚未开具行政处罚决定书），或者程序不合法（如违反法定程序作出准予行政许可的决定），该行政行为就是可撤销的行政行为。

（2）行政行为不适当。"不适当"是指相应的行政行为具有不合理、不公正、不符合现行决策、不合时宜、不合乎有关善良风俗习惯等情形。

需要注意的是，轻微而明显的瑕疵，如打印错误、计算错误、自动化设备出现的错误等，不能导致行政行为被撤销。

2. 行政行为撤销的法律后果。

（1）行政行为自撤销之日起失去法律效力，撤销的效力可一直追溯到行政行为作出之日。但根据社会公益的需要或行政相对人是否存在过错等情形，撤销也可仅使行政行为自撤销之日起失效。

（2）行政行为被撤销所造成的损失，根据过错原则确定承担方。行政行为被撤销，如果是因为行政主体的过错（如行政机关工作人员滥用职权、玩忽职守作出准予行政许可的决定），那么，由此造成行政相对人的一切实际损失应由行政主体予以赔偿。行政行为的撤销，如果是因行政相对人的过错（如其通过虚报、瞒报有关材料而获取行政主体的某种批准、许可行为等），或行政主体与行政相对人的共同过错（如行政行为是在行政相对人行贿，行政机关工作人员受贿的情况下作出的）所引起的，行政行为撤销效力通常要追溯到行政行为作出之日。行政主体通过相应行政行为已给予行政相对人的利益均要收回；行政相对人因行政行为撤销而遭受到的损失由其本人负责；国家或社会公众因已撤销的行政行为所受到的损失，应由行政相对人依其过错程度予以适当赔偿；行政主体或其工作人员对导致行政行为撤销的自身过错则应承担内部行政法律责任。

3. 行政行为无效与行政行为撤销的区别。

（1）失去法律效力的时间不同。行政行为无效，行政相对人从始至终不受该行为的拘束，不履行该行为为其确定的义务，并且对这种不履行不承担法律责任。行政行为被撤销，行政行为只是在被撤销之后失去法律效力，在此之前仍然对行政相对人有拘束力，行政相对人如在此之前不履行相应的法律义务，仍要承担法律责任。

（2）法律救济期限不同。行政行为无效，行政相对人可在任何时候请求有权国家机关，如行为机关、行为机关的上级机关、人民法院宣布该行为无效。行政行为被撤销，行政相对人要求撤销行政行为，通常只能在法定期限内通过申请行政复议或提起行政诉讼提出请求。

（3）行为后果不同。行政行为被宣布无效后，被行政行为改变的状态应尽可能恢复到行为以前的状态。行政行为被撤销后，一般来说，被行政行为改变的状态也应尽可能恢复到行为以前的状态，但根据社会公共利益的需要或行政相对人是否存在过错等情形，也可保留现有状态，即撤销的效力不追溯到行政行为作出之日，所造成的损失，根据过错原则确定承担方。

（三）行政行为的废止

1. 行政行为废止的条件。行政行为具有确定力，一经作出即不得被随意废止，只在某些法定情形下，才能依法定程序废止。行政行为废止的条件通常有：

（1）行政行为所依据的法律、法规、规章、政策等被有权机关依法修改、废止或撤销，相应行政行为如继续实施，则与新的法律、法规、规章、政策相抵触。

（2）国际、国内或行政主体所在地区的形势发生重大变化，原行政行为的继续实施将有碍社会政治、经济、文化的发展，甚至给国家和社会利益造成重大损失。

（3）行政行为已完成原定目标、任务，实现了国家的行政管理目的，从而没有继续实施的必要。

（4）行政行为附废止期限或废止条件，一旦废止期限到来或废止条件具备，其效力即终止。

（5）行政行为针对的事项已不复存在或情况有了较大变化。如赋予公民、法人或其他组织特定资格的行政许可，当该公民死亡或者丧失行为能力的、法人或者其他组织依法终止的，行政许可行为即被废止。

2. 行政行为废止的法律后果。

（1）行政行为废止后，其效力自行为废止之日起失效，原则上，行政主体在行为废止之前通过相应行为已给予行政相对人的利益不再收回；行政相对人依原行为已履行的义务亦不能要求行政主体予以补偿。

（2）行政行为的废止如果是因法律、法规、规章、政策的废除、修改、撤销或形势变化而引起的，且此种废止给行政相对人的合法利益造成了损失，行政主体应当对该损失予以适当补偿。如《行政许可法》第8条规定："公民、法人或者其他组织依法取得的行政许可受法律保护，行政机关不得擅自改变已经生效的行政许可。行政许可所依据的法律、法规、规章修改或者废止，或者准予行政许可所依据的客观情况发生重大变化的，为了公共利益的需要，行政机关可以依法变更或者撤回已经生效的行政许可。由此给公民、法人或者其他组织造成财产损失的，行政机关应当依法给予补偿。"

3. 行政行为废止与行政行为撤销的区别。

（1）失去法律效力的时间不同。行政行为废止后，其效力自行为废止之日起失效。行政行为撤销，自撤销之日起失去法律效力，撤销的效力可一直追溯到行政行为作出之日，但根据社会公共利益的需要或行政相对人是否存在过错等情形，撤销也可仅使行政行为自撤销之日起失效。

（2）行为后果不同。行政行为废止之后。原则上，行政相对人在行为废止之前通过相应行政行为已得到的利益不再收回；行政相对人依原行为已履行的义务亦不能要求行政主体予以补偿。行政行为撤销，行政主体通过相应行为已给予行政相对人的利益均要收回，行政相对人因履行原行为所受的损失，如果行政行为被撤销是因为行政主体的过错，那么应由行政主体予以赔偿。

第四节 行政程序

导入案例

2015年9月15日15点，某县烟草专卖局进行市场检查，在零售户林某超市内查获香烟"中华"软盒14条、"中华"硬盒10条、"苏烟"软盒15条。在执法过程中，执法人员配带了《行政执法证》，表明了身份，并制作了调查笔录和勘验笔录。零售户林某拒绝签名，随行的某县公安局干警郑某某及某县电视台记者梁某作为见证人在以上法律文书上签名见证。县烟草专卖局工作人员当场查扣了上述香烟。经立案审查，县烟草专卖局于2015年10月12日作出《行政处罚决定书》。但因国庆长假，行政处罚事先告知书与行政处罚决定书同时送达。林某不服该县烟草专卖局行政处罚决定，以办案程序违法为由起诉某县烟草局，要求法院撤销县烟草专卖局的行政处罚。

本案知识点：行政程序的概念；行政听证制度；信息获取制度

一、行政程序概述

（一）行政程序的概念

行政程序是指行政主体的行政行为在时间和空间上的结合形式，即指行政行为所应遵循的方式、步骤、顺序以及时限等的总和。

（二）行政程序的特征

1. 行政程序的法定性。它是指用于规范行政行为的程序，一般应通过预设的立法程序法律化，使其具有控制行政权力合法、正当运作的强制力量，也就是要求行政程序应该依法开展。对行政程序的法定性，应当注意以下两点：①并不是任何行政行为的程序都有必要法定化，只有那些能够对行政行为产生控制功能的程序，才有必要成为法定程序；②行政程序的法定性意味着无论是行政主体还是行政相对人，在进行行政法律活动时都必须遵守预定的行政程序，任何违反行政程序的行为，都将产生对行为人不利的法律后果，尤其是对行政主体而言，遵守法定行政程序更具有法治意义。

2. 行政程序的多样性。行政行为性质上的差异性导致所遵守的行政程序在客观上呈现出多种行政程序并存，并各自调整行政行为的格局。对行政程序的多样性，应该注意以下几点：①行政程序的多样性增加了行政程序法典化的难度；②行政程序的多样性并不否认在不同性质的行政行为中客观上有着相同或基本相同的行政程序的内容或基本原则；③行政程序的多样性，要求我们既要关注各种行政行为之间共同遵守的行政程序，又要关注不同性质的行政行为所具有的特殊的行政程序。

3. 行政程序的分散性。它是指因通过多种法律形式规定行政程序，从而使行政程序分散于众多的、具有不同效力等级的法律文件之中。它表现为：在统一的行政程序法典之外还存在着单行的规定行政程序的专门法律文件；在某些行政实体法中又规定了若干行政程序规范。[1]

（三）行政程序的功能

1. 限制行政权力的恣意行使，遏制腐败现象的发生。行政程序为行政权力的行使设定了严格的规则，行政权力尤其是行政自由裁量权的行使被限定了只能按事先设计好的公正合理的程序进行，这对限制行政权力的恣意行使，遏制腐败现象的发生具有重要意义；另一方面，行政程序所遵守的一些原则和确立的行之有效的制度，如公开、公正、公平等原则的运用，说明理由、听证等制度的实施，会最大限度地限制行政权力的恣意行使，遏制腐败现象的发生。

2. 保护行政相对人的程序性权利。程序权利和实体权利都是公民的权利，不可偏废。一方面，我国过去长期存在"重实体、轻程序"的情况，其结果只能是实体权利也难以得到保障，因为实体权利需要通过相应的程序加以保障，公民在行政领域的权益也需行政程序加以保障。另一方面，通过运用行政程序制度，允许行政相对人参与到行政行为作出的过程中，行政过程就不是单方面的"命令—服从"模式了，而是融入了民主因素，这使得行政过程更加民主。

3. 提高行政效率。行政程序的各个环节一般都有时间的限制，也有一定的

---

〔1〕 应松年主编：《行政法与行政诉讼法学》，法律出版社 2005 年版，第 350~351 页。

行政行为顺序的要求，甚至在必要时行政程序格式化，这些均有利于行政效率的提高。

4. 减轻法院司法审查的负担。在行政主体作出行政行为的过程中，如果让当事人有机会参与其中表明意见，甚至对该决定的形成产生影响，那么该项决定在正式作出之后就比较有可能让当事人接受，避免大量行政争议案件的发生，从而减轻法院的负担。

二、行政程序基本原则

(一) 公开原则

公开原则是指除涉及国家秘密、商业秘密或者个人隐私外，行政程序的行使应向行政相对人和社会公开，以保护行政相对人的合法权益，监督行政权力的行使。

公开原则应当包含如下主要内容：①行政依据公开。如《行政处罚法》第5条第3款规定："对违法行为给予行政处罚的规定必须公布；未经公布的，不得作为行政处罚的依据。"《行政处罚法》第44条规定："行政机关在作出行政处罚决定之前，应当告知当事人拟作出的行政处罚内容及事实、理由、依据，并告知当事人依法享有的陈述、申辩、要求听证等权利。"②行政资讯公开。行政主体根据行政相对人的申请，应当及时、迅速地提供其所需要的行政资讯，除非涉及国家秘密、商业秘密以及个人隐私等法律禁止公开的事项。③设立听证制度。行政听证制度是行政主体在作出影响行政相对人合法权益的决定前，由行政相对人表达意见、提供证据的程序以及行政主体听取意见、接受证据的程序所构成的一种法律制度。④行政决定公开。指行政主体在作出影响行政相对人合法权益的行政决定之后，应当及时将行政决定的内容以法定形式向行政相对人公开。行政决定公开包括向行政相对人公开决定结论和向社会公众公开决定结论。

(二) 公正原则

公正原则是指行政机关在实施行政行为时，要在程序上平等地对待行政相对人，排除各种可能造成不平等或存在偏见的因素。公正原则有利于树立行政行为的威信，行政主体只有公正地行使行政权，才能得到行政相对人和社会的信赖，保障行政行为所确立的义务得到及时履行。

公正原则包括以下内容：①行政主体在行政程序方式、步骤、空间和时限的适用上对相同情况下的行政相对人给予同等对待，同等处理，不同情况应合理地区别处理，保证行政程序适用前后的统一协调；②行政主体要公正地查明一切与作出行政决定有关的事实情况；③行政主体在作出影响行政相对人权益的决定时要排除偏见，如实行回避、审裁分离、禁止单方面接触制度等。

（三）参与原则

参与原则是指行政主体在作出行政行为过程中，应尽可能地为行政相对人提供参与行政管理的各种条件和机会。

参与原则包括以下内容：①行政相对人有了解行政行为内容并要求说明理由的权利；②行政主体在作出行政行为之前，应当举行听证，广泛听取各方面的意见和建议；③行政相对人有权知道可以采取何种救济途径保护自己的合法权益。

参与原则确保行政相对人在行政程序方面的独立人格。行政行为虽然具有单方性，其成立与生效无须征得行政相对人的同意，但行政相对人作为行政法律关系中的当事人，是其中不可缺少的组成部分，应当享有参与行政管理的权利。

（四）效率原则

效率原则是指行政程序的设立与采取应当有利于行政效率的最大化。

效率原则包含以下几层含义：①行政程序的设定要考虑时间性，保证简便、快捷、经济地实现行政目的；②要求行政相对人在法定的时限内维护自己的权利，逾期则不对其主张的权利进行保护；③要求行政主体在法定的时限内处理该行政案件，作出行政决定，逾期不处理将承担相应的法律责任；④在符合法定条件时，行政主体可选择采用简易程序；⑤行政相对人不服行政行为，申请行政复议或提起行政诉讼期间，除非法律有特别规定，行政行为不停止执行。

在不损害行政相对人合法权益的前提下，效率原则有利于行政效率的提高，也有利于行政相对人权利的保障。

三、行政程序的基本制度

（一）行政听证制度

行政听证制度是指行政主体在作出影响行政相对人合法权益的决定前，由行政机关告知决定理由和听证权利，行政相对人表达意见、提供证据以及行政主体听取意见、接纳证据的程序所构成的一种法律制度。

听证制度的基本内容是：

1. 通知。通知是行政机关将有关听证的事项在法定期限内告知利害关系人，以使利害关系人有充分的时间准备参加听证。

2. 公开听证。听证必须公开，但听证如涉及国家秘密、商业秘密或个人隐私的，听证也可以不公开进行。

3. 申请回避。申请人、利害关系人认为主持人与该行政行为事项有利害关系的，有权申请回避，以确保听证的公正性。

4. 申辩和质证。审查该行政行为的工作人员应当提供审查意见的证据、理由，申请人、利害关系人可以提出证据，并进行申辩和质证，从而使案件事实更加真实可靠，行政决定更趋于公正、合理。

5. 制作笔录。听证过程必须以记录的形式保存下来，行政机关应尊重听证笔录的效力，并以笔录作为作出行政决定的依据。

（二）行政回避制度

行政回避制度是指行政机关的公务员在行使职权过程中，因其与所处理的行政事务有利害关系，为保证实体处理结果和程序进展的公平性，依法终止其职务的行使并由他人代理的一种法律制度。

我国《行政处罚法》《行政许可法》等都对回避制度进行了规定。《行政处罚法》第43条第1款规定，执法人员与案件有直接利害关系或者有其他关系可能影响公正执法的，应当回避。《行政许可法》第48条第1款第3项规定，行政机关应当指定审查该行政许可申请的工作人员以外的人员为听证主持人，申请人、利害关系人认为主持人与该行政许可事项有直接利害关系的，有权申请回避。

回避包括两种情形：①自行回避。当执法人员发现自己与当事人有直接利害关系时，主动要求回避。②申请回避。当事人发现执法人员与其有直接利害关系时，有权依法向有关机关申请该执法人员回避。

行政主体的任何一项职权都要由具有自然人特性的国家公务员来行使，而每个国家公务员都生活在一定的社会关系中。社会关系的复杂性使他们在行使职权、处理法律事务过程中，经常会遇到本人与其所处理的案件之间存在着一定的利害关系的情况，这就需要回避制度来保证行政行为的公正性。

（三）说明理由制度

说明理由制度是指行政主体在作出影响行政相对人合法权益的行政行为时，除法律有特别规定外，必须向行政相对人说明该行政行为的事实依据、法律依据以及进行自由裁量时所考虑的政策、公益等因素的一种法律制度。

说明理由制度包括以下主要内容：

1. 说明理由的主体。说明理由的主体应为行政主体，主要是行政机关，也包括法律、法规、规章授权的组织。

2. 说明理由的时间。行政主体在作出影响行政相对人合法权益的行政行为的同时应说明理由。《行政许可法》第38条第2款规定："行政机关依法作出不予行政许可的书面决定的，应当说明理由……"

3. 说明理由的对象。主要是行政相对人。

4. 说明理由的具体情形，即行政主体在什么情况下负有说明理由的义务。行政主体在作出对行政相对人合法权益产生不利影响的行政行为时，一般必须说明理由，但又不排除特殊情形下免除说明理由的义务。

5. 说明理由的内容包括：①行政行为的合法性理由，包括证明行政行为合法性的事实根据和法律依据，特别是要说明作出行政行为的法律依据；②行政行为的正当性理由，包括证明行政行为自由裁量正当的事实依据和法律依据。

说明理由制度有利于事后行政行为的执行，说明理由让将要受到行政行为决定影响的当事人了解决定作出的理由，可增强人们对决定合理性的信心，可使人们增强对决定的信服程度，避免对立。同时，说明理由制度也有利于保障行政行为的公正性，行政主体为自己作出的决定说明理由，在一定程度上，促使行政主体行使职权时减少恣意、专断、偏私等不利影响。

（四）信息获取制度

信息获取制度，是指行政相对人通过法定的程序从行政主体那里获得各种有助于其参与行政程序，维护自身合法权益或公共利益所需的信息资料，如法律无禁止性规定，行政主体应当无条件提供的一种法律制度。

2007 年国务院通过的《政府信息公开条例》（于 2019 年进行修订）规定了信息获取制度，其主要内容包括：

1. 信息获取的范围。对符合下列基本要求之一的政府信息，行政机关应当主动公开：①涉及公民、法人或者其他组织切身利益的；②需要社会公众广泛知晓或者参与的；③反映本行政机关机构设置、职能、办事程序等情况的；④其他依照法律、法规和国家有关规定应当主动公开的。对于县级以上各级人民政府及其部门，还规定了应该重点公开的内容：财政预算、决算报告；行政事业性收费的项目、依据、标准；突发公共事件的应急预案、预警信息及应对情况；环境保护、公共卫生、安全生产、食品药品、产品质量的监督检查情况。

2. 信息获取的方式。行政机关应当将主动公开的政府信息，通过政府公报、政府网站、新闻发布会以及报刊、广播、电视等便于公众知晓的方式公开，而且应当在国家档案馆、公共图书馆设置政府信息查阅场所，并配备相应的设施、设备，为公民、法人或者其他组织获取政府信息提供便利条件。

3. 信息获取的监督机制。各级人民政府应当建立健全政府信息公开工作的考核制度、社会评议制度和责任追究制度，定期对政府信息公开工作进行考核、评议；政府信息公开工作的主管部门和监察机关负责对行政机关信息公开的实施情况进行监督检查；建立政府信息公开工作年度报告制度；公民、法人或者其他组织认为行政机关不依法履行政府信息公开义务的，可以向上级行政机关、监察机关或者政府信息公开工作主管部门举报，收到举报的机关应当予以调查处理；行政机关违反条例规定，不履行政府信息公开义务的，应当承担法律责任。

拓展训练——信息获取制度

解某于9月1日向某镇政府申请公开征地建设的相关文件。投递邮件清单显示，某镇政府于次日便收到了该申请，但一直未给予解某任何答复。故解某于12月1日诉至人民法院。在审理过程中，被告某镇政府辩称其未收到过原告解某提交的《政府信息公开申请》，不存在逾期答复的情形。法院经审理查明，原告解某提交政府信息公开申请，根据投递邮件清单可以证实被告某镇政府于次日便收到了该申请。

参考答案

请问：本案中镇政府是否负有公开征地建设相关文件的法定义务？

（五）审裁分离制度

审裁分离制度，是指要将行政机关以及同一行政机关内部的调查取证及控告的职能与裁判职能分开，将这两种职能分属于不同的机关或不同的机构、由不同的工作人员掌握和行使的一种法律制度。

审裁分离制度能加强权力制约，防止行政机关及其工作人员以权谋私或滥用权力，侵犯行政相对人的权益，同时也有利于行政决定的公正、准确。在行政程序中，如果审查案件的人同时又具有对案件作裁决的权力，那么，行政相对人的合法权益就难以获得保障。

审裁分离的基本模式有两种，即内部审裁分离和审裁完全分离。内部审裁分离是指在同一行政主体内部由不同的机构或人员分别行使案件调查、审查权与裁决权的一种制度；审裁完全分离是指行政案件的调查、审查权与裁决权，分别交给两个相互完全独立的机构来行使的一种制度。

本章小结

行政行为，是行政主体运用行政权对行政相对人所实施的一切具有法律意义、产生法律效果的行为。根据不同的标准，可将行政行为分为具体行政行为和抽象行政行为、羁束行政行为和自由裁量行政行为、内部行政行为和外部行政行为等。除非有法律特别规定的情形，否则行政行为一经作出即发生法律效力。一般说来，行政行为的效力包括公定力、确定力、拘束力和执行力。行政程序是行政行为在时间和空间上的结合形式，是行政行为应当遵循的方式、步骤、顺序以及时限的总和。

实务训练

一、示范案例

案情：河南省首例因考试作弊引发的受教育权诉讼案。原告董某时年23岁，原是郑州大学材料工程学院2001级的一名学生。2003年3月2日，读大二的董某在《概率论与数理统计》课程补考时作弊，被监考老师发现。3月6日，董某向学校呈交检查，并多次向老师作出检讨，希望学校给其一个改过自新的机会。但郑州大学仍然以严肃校纪为由，于2003年4月4日对董某和替考者作出"勒令退学"的处分。2003年12月3日，董某把母校告上法庭，请求依法撤销或变更学校作出的处分决定。[1]

问：本案应如何处理？

分析：首先要弄清被告行为的性质是内部行政行为还是外部行政行为，如果被告的行为是内部行政行为，那么本案件就不属于行政诉讼的受案范围。原告在校期间与被告存在管理与被管理的特殊行政关系，且被告对原告的处分已侵犯原告的受教育权，故该行政行为不是内部管理行为，原告、被告之间因"勒令退学"引发的争议属于法院行政诉讼的受案范围。

其次要查清被告作出的行为是否存在违法情形。该案中，学校作出处分决定后，并未将决定送达，也没有告诉学生其享有申辩、申诉权，更没有将处分送报有关部门备案，属于行政程序违法。

行政程序是指行政主体的行政行为在时间和空间上的结合形式，即指行政行为所应遵循的方式、步骤、顺序以及时限的总和。

被告的行为未履行相应程序，因此，应当撤销被告郑州大学对原告董某作出的"勒令退学"的处分决定。

二、习作案例

2007年3月初，网上各大论坛开始流传一个帖子，题目是"中国最牛的钉子户"。一个被挖成10米深大坑的楼盘地基正中央，孤零零地立着一栋二层小

---

〔1〕 林建杨：　"河南：　'学生作弊被开除案'法院判学校败诉"，载新华网，http://www.xinhuanet.com。

楼，犹如大海中的一叶孤舟。重庆网友将其命名为"中国最牛的钉子户"。该房屋当时的评估价是240多万元（货币安置），双方在协商过程中，开发商曾作出让步，如果杨某愿意选择货币方式安置，开发商愿意补偿其350万元。但杨某的妻子吴某在多次协商中，一直坚持要实物，并且要求还给她的房屋必须是原位、原朝向，最高时吴某的要求曾一度高达500多万元。后经多次协商，双方仍未能达成一致意见。早在2005年2月，拆迁人曾向九龙坡区房管局提出拆迁行政裁决，要求裁决该"钉子户"限期搬迁。九龙坡区房管局又在多次协调无效的情况下，决定召开拆迁行政裁决听证会，于2007年1月5日在《重庆晚报》上登报通知被申请人拆迁听证会的时间、地点。2007年1月8日14：30召开了鹤兴路片区拆迁听证会，被拆迁人未到场参加。听证会后，双方经过多次协商仍未达成协议，九龙坡区房管局于2007年1月11日下达了拆迁行政裁决书。2007年1月16日送达时，被拆迁人阅后拒绝签收。九龙坡区房管局于是依法向九龙坡区人民法院提交了《先予强制执行申请书》。

问：试从行政行为效力的角度，分析九龙坡区房管局的拆迁行政裁决行为。

🔍 复习与思考

1. 何为行政行为？其特征有哪些？
2. 抽象行政行为与具体行政行为有何区别？
3. 如何区分内部行政行为和外部行政行为？
4. 行政行为无效、被撤销、被废止的法律后果分别是什么？
5. 行政程序的基本原则有哪些？

自测习题及参考答案

自测习题

参考答案

第四章 抽象行政行为

学习目标：
- 理解行政立法和行政规定的概念和特点；
- 掌握行政立法的基本原则、体制和程序，明确行政立法的主体及其立法权限，能够运用行政立法体制理论分析行政立法主体制定和发布的规范性文件的法律效力；
- 了解对行政立法和行政规定的监督。

第一节 行政立法

导入案例

从 2008 年 1 月 1 日起，河北省政府的立法将全程向广大群众公开，所有政府规章，从制定立法项目、立法草案到立法生效，都将通过媒体向全社会公开，广大群众均可以提出修改或废止建议。据悉，按照河北省政府关于推进依法行政的要求，立法公开的内容包括公开向社会征集立法项目建议、公开向社会征求对立法草案的意见等。对报请省政府常务会议讨论的规章和地方立法草案，在经省政府法制办会审研究定稿后，全部在报纸和政府网站上刊出，公开征求人民群众和社会各界的意见。向省政府常务会议报告立法草案审查意见时，一并对采纳情况作出说明。省政府规章经签署公布后，将于公布之日起 30 日内在相关媒体上全文刊登或播发消息，以进一步扩大省政府规章的公开范围。

◉ **本案知识点**：行政立法的概念；行政立法的程序

一、行政立法的概念

（一）行政立法的概念

行政立法有广义和狭义之分。广义的行政立法是指国家权力机关和行政机关依法定权限和法定程序制定有关行政管理规范性法律文件的活动。狭义的行政立法是指特定的国家行政机关依法定权限和程序制定行政法规、规章的活动。本书所称的"行政立法"是从狭义上说的。

（二）行政立法的特征

在我国，行政立法这一活动既不同于权力机关的立法行为，也不同于一般行政机关制定其他规范性文件的行为，同时又区别于对行政事务作出具体处理的一般行政行为。行政立法具有如下特征：

1. 行政立法主体是特定的。在我国，并不是所有的行政主体都有权进行行政立法。何种行政主体具有立法权取决于宪法、立法法以及行政组织法的明确规定。在实践中，国务院、国务院各部委以及具有行政管理职能的国务院直属机构，省、自治区、直辖市人民政府以及设区的市、自治州的人民政府可以行使行政立法权。主体的特定性是行政立法最基本的特征，它将行政立法与其他国家机关的立法活动区别开来。

2. 行政立法是从属性立法。所谓从属性立法，是指行政立法必须在宪法、法律规定的具体权限范围内进行，行政立法的内容和范围不得与权力机关立法的内容和范围相冲突。这主要是因为行政机关是由权力机关产生的，并对其负责、受其监督，是权力机关的执行机关，行政机关的立法是对权力机关立法的延伸和具体化。另外，从法制统一的角度而言，行政立法也必须与权力机关的立法保持一致。

3. 行政立法是一种抽象行政行为。行政立法是制定和发布行政法规和行政规章的活动，其内容不是针对特定人、特定事和一次适用的，而是针对非特定人、非特定事，具有普遍性和反复适用性。

4. 行政立法具有适应性、灵活性和多样性。行政立法要根据社会的发展变化，不断地进行废、改、立，以满足社会发展和行政管理的需要。行政立法的适应性和灵活性主要表现为执行性行政立法、补充性行政立法和创制性行政立法。同时，行政立法主体的多层次性决定了行政立法在形式上的多样性。具体表现在：行政法规和行政规章可以根据所调整社会关系的不同，采取多种多样的发布方式，如国务院发布，国务院批准主管部门发布，主管部门直接发布或者联合发布等。同时，行政法规和行政规章在名称上也具有多样性，如行政法规有"条例""规定""办法"等名称。[1]

5. 行政立法在程序上相对简便、快捷。行政立法同权力机关的立法一样，都要经过一定的法定程序，但行政立法同权力机关的立法相比具有简便、快捷的特点。这是由行政立法的目的，即准确、高效地执行权力机关通过立法确立下来的基本准则和大政方针所决定的。行政立法的这种简便和快捷表现在，行

〔1〕 方世荣、石佑启主编：《行政法与行政诉讼法》，北京大学出版社2005年版，第183页。

政法规和行政规章草案的提出没有法律草案那样严格，同时两者的通过也较法律容易。

6. 行政立法具有不可诉性。按照我国的现行政体和我国《行政复议法》《行政诉讼法》的规定，行政立法行为不属于行政复议和行政诉讼的受案范围。行政相对人不能就行政立法行为提起行政复议和行政诉讼。

二、行政立法的性质

（一）行政立法的"立法性"

1. 行政立法的"立法性"表现在：①行政立法是特定国家行政机关代表国家，以国家的名义为社会主体制定行为规则的活动；②行政立法所产生的规范性文件属于法的范畴，具有法的基本特征，即普遍性、规范性和强制性；③行政立法必须遵循行政立法程序，行政机关制定行政法规和规章必须经过起草、审议、公布等行政立法程序，行政首长或行政机关工作人员个人不能进行行政立法。

2. 行政立法与权力机关的立法的区别。行政立法虽然具有从属立法的性质，但行政立法毕竟不同于权力机关的立法。二者有着重要的区别：①立法权的来源不同。权力机关立法权来源于人民的授权，由《宪法》直接加以规定；行政立法权来源于宪法、法律的规定和有权机关的授权。②立法的主体不同。权力机关立法的主体是有立法权的人民代表大会及其常委会；而行政立法的主体是有权制定和发布行政法规和行政规章的行政机关。③立法的客体不同。权力机关立法的客体，即法律所调整的对象，通常是有关国家政治、经济、文化生活的基本制度和重大问题；行政立法的客体，即行政法规和规章调整的对象，通常是有关国家社会、经济、文化管理事务的具体问题。④立法的程序不同。权力机关立法的程序比行政立法的程序正式、严格，更注重民主；行政立法的程序简便、灵活，更注重效率。⑤立法的形式也有区别。权力机关立法通常以"法典"或"法"的形式颁布；行政立法通常以"条例""规定""办法"等形式颁布。

（二）行政立法的"行政性"

1. 行政立法的"行政性"表现在：①立法主体的"行政性"。行政立法的主体是特定的行政机关。②立法内容的"行政性"。行政立法的内容主要是行政管理事务或与行政管理有关的事务，所调整的对象是行政关系。③立法目的的"行政性"。行政立法的主要目的是执行和实施权力机关制定的法律，实现行政管理职能。

2. 行政立法与具体行政行为的区别。行政立法虽然具有"行政"性质，但它不同于具体的行政行为。二者的区别主要表现在：①享有行政立法权的行政机关是由法律特别规定的，不是所有的行政机关都享有行政立法权；而实施具体行政行为的行政机关却无须法律特别规定，所有行政机关都有实施一定具体行政行为的权力。②行政立法的对象具有普遍性，而具体行政行为的对象具有特定性。③行政立法具有反复适用性，通常能多次适用，行政法规和行政规章在未明确废止或撤销以前，均必须遵照执行；而具体行政行为的效力则通常是一次性的，行政惯例虽可参考，但没有必须遵守的约束力。④行政立法的程序正式、严格；而具体行政行为的程序较行政立法程序简单、灵活。⑤行政立法必须以正式法律文件的形式公开发布；而具体行政行为则可以采取一般的书面形式，有时还可以采取口头形式。

三、行政立法的分类

（一）一般授权立法和特别授权立法

依据行政立法所授权力的来源不同，行政立法可分为一般授权立法和特别授权立法。

一般授权立法是指行政机关直接依据《宪法》和组织法的授权制定行政法规和规章的活动。例如，《宪法》第 89 条、第 90 条第 2 款，《地方各级人民代表大会和地方各级人民政府组织法》第 60 条和《立法法》第 65 条均对行政机关的立法权限作了明确规定。

特别授权立法指行政机关依据特定法律的授权或依据国家权力机关通过的专门决议的授权，制定规范性法律文件的活动。如 1984 年，国务院根据全国人大常委会《关于授权国务院改革工商税制和发布有关税收条例（草案）的决定》制定了有关改革工商税制的若干行政法规。《著作权法》第 64 条规定："计算机软件、信息网络传播权的保护办法由国务院另行规定。"

（二）中央行政立法和地方行政立法

依据行使行政立法权的主体不同，行政立法可分为中央行政立法和地方行政立法。

中央行政立法指国务院制定行政法规和国务院各部（委员会）以及具有行政管理职能的直属机构制定部门规章的活动。它调整全国范围内的普遍性问题和必须由中央统一作出规定的重大问题，如全国性环境保护问题、交通问题、资源问题和国家安全问题等。中央行政立法所制定的行政法规和行政规章在全国范围内具有法律效力。

地方行政立法指各省、自治区、直辖市人民政府及设区的市、自治州的人民政府制定地方政府规章的活动。地方行政立法既要根据地方的实际情况，将中央行政立法的规定具体化，确定实施细则和执行办法；同时还要对有关地方的特有问题作出规定或根据地方性法规制定规章，如有的省或自治区就有关本地区的草原问题、水利管理问题等制定相应的地方政府规章，以调整地区性的特殊社会关系。地方行政立法制定的地方政府规章只在本辖区发生法律效力。

（三）执行性行政立法和创制性行政立法

依据行政立法的内容、目的和功能不同，行政立法可分为执行性行政立法和创制性行政立法。

执行性行政立法是指行政机关为了执行或者实施特定法律、法规的规定而进行的立法。执行性行政立法本身并不创设新的法律制度，而是执行法律、法规已经创设的法律制度，使之更加具体明确，更具操作性。执行性行政立法制定的行政法规、行政规章的名称一般为"实施细则""实施条例""实施办法"等。

创制性行政立法是指行政机关为了填补法律、法规的空白或者变通法律、法规的个别规定以实现行政职能而进行的立法，如国务院颁布的《物业管理条例》等。[1]

四、行政立法的原则

（一）合法原则

合法原则是指特定行政机关在制定行政法规和行政规章时要严格按照法律的规定进行。具体包括以下几个方面：①行政立法必须依照法定权限进行，不能越权立法；②行政立法的内容必须符合宪法、法律、法规的规定，下位法不得同上位法相冲突；③行政立法必须严格按照法定程序进行。

（二）民主原则

民主原则是指特定行政机关在制定行政法规、行政规章时应通过各种方式广泛听取各方面的意见，保障人民充分参与行政立法活动。具体包括以下几个方面：①行政立法草案应通过各种媒体公布，并附以行政立法的目的、立法的时间、人民参与的程序、办法和期限，以便让人民群众充分地参与行政立法；②在行政立法的起草过程中，特定行政机关应采取座谈会、论证会、听证会等形式广泛听取人民群众的意见和建议；③对已经通过的行政法规和行政规章，尤其是直接关系公民基本权利义务的行政法规和行政规章，应特别规定公布和实施的时间。

---

〔1〕 胡锦光、刘飞宇主编：《行政法与行政诉讼法》，中国人民大学出版社 2005 年版，第 82 页。

（三）法制统一原则

法制统一原则是指特定的行政机关必须从国家整体利益出发，严格按照法定职权、法定程序制定行政法规和行政规章，坚决反对部门垄断主义和地方保护主义，同时不允许出现行政法规和行政规章与权力机关制定的法律相矛盾、相冲突的情况。

（四）协调原则

协调原则是指特定行政机关在行政立法时应从社会整体利益出发，协调各利益主体的行为，正确处理好保障人民群众利益和实现行政管理目标的关系，协调好稳定和发展的关系，社会公平和行政效率的关系，各种利益主体的利益需求和利益冲突关系，以引导、促进或强制个人目标和行为符合社会整体的发展目标，达到实质上的利益平衡和社会公正。

五、行政立法的体制

（一）行政立法体制的概念

行政立法体制是指国家行政立法机关的体系以及行政立法机关之间的立法权限。行政立法机关体系是指由享有行政立法权的行政机关共同构成的一个系统，它不同于行政机关体系。

（二）我国的行政立法机关及其立法权限的划分

1. 国务院。国务院制定行政法规的权限是同国务院的职权相一致的。按照我国《立法法》第 65 条规定，国务院制定行政法规的立法权限包括行使《宪法》第 89 条规定的国务院行政管理职权的事项以及为执行法律的规定需要制定行政法规的事项。前者是根据《宪法》第 89 条的授权而制定行政法规；后者则是根据法律的授权而制定行政法规。

国务院根据法律授权制定行政法规的事项包括：①为执行法律制定综合性的实施细则、实施条例和实施办法，对法律实施中的各种问题作出较全面、具体的规定。如《著作权法实施条例》《税收征收管理法实施细则》等。②为实施法律的某一项制度或者具体规定而制定的专门规定。当法律整体操作性较强，但某一制度或者规定过于具体不宜由法律作出规定时，留待国务院进行规定；或者因情况复杂，法律只能作出原则性规定时，由国务院作进一步规定。如《立法法》第 83 条规定："国务院部门规章和地方政府规章的制定程序，参照本法第三章的规定，由国务院规定。"国务院于 2001 年 11 月 16 日通过的《规章制定程序条例》即是对此的落实。[1] ③对法律实施的过渡、衔接问题和相关问

---

〔1〕 王连昌、马怀德主编：《行政法学》，中国政法大学出版社 2007 年版，第 117 页。

题作出相应的规定。如《著作权法》第6条规定，民间文学艺术作品的著作权保护办法由国务院另行规定。国务院为落实以上规定而制定的行政法规就属于对法律实施的过渡、衔接问题制定的行政法规。

2. 国务院各部（委员会）和具有行政管理职能的直属机构。根据《立法法》第80条的规定，国务院各部、委员会、中国人民银行、审计署和具有行政管理职能的直属机构，可以根据法律和国务院的行政法规、决定、命令，在本部门的权限范围内，制定规章。部门规章的权限范围包括两个方面：①部门规章规定的事项应当属于执行法律或者国务院的行政法规、决定、命令的事项；②在本部门的权限范围内对上述事项作出规定。

3. 省、自治区、直辖市和设区的市、自治州的人民政府。根据《立法法》第82条的规定，省、自治区、直辖市和设区的市、自治州的人民政府，可以根据法律、行政法规和本省、自治区、直辖市的地方性法规，制定规章。地方政府规章可以对以下事项作出规定：①为执行法律、行政法规、地方性法规的规定需要制定规章的事项。②属于本行政区域的具体行政管理事项，如有关重要行政程序方面的事项（如工作规范、办事流程），有关行政机关自身建设（如公务员工作纪律、廉政建设等）以及不涉及创设公民权利和义务的有关秩序、公共事务的具体制度（如公园、博物馆的管理规定等），等等。设区的市、自治州的人民政府制定地方政府规章的权限，限于城乡建设与管理、环境保护、历史文化保护等方面的事项。

（三）行政立法的位阶以及冲突解决规则

行政立法包括行政法规、部门规章和地方政府规章，它们在法律效力上并不相同。行政法规的效力高于部门规章和地方政府规章；省、自治区人民政府制定的规章的效力高于本行政区域内设区的市、自治州人民政府制定的规章；部门规章之间、部门规章与地方政府规章之间具有同等效力。

同一位阶的法律规范发生冲突时，遵循以下规则予以解决：①同一行政机关制定的行政法规、行政规章，特别规定优于一般规定，新的规定优于旧的规定。②行政法规之间对同一事项规定不一致时，由国务院裁决。③地方性法规和部门规章之间对同一事项规定不一致，不能确定如何适用时，由国务院提出意见，国务院认为应当适用地方性法规时，应当适用地方性法规；国务院认为应当适用部门规章时，应当提请全国人大常委会裁决。④部门规章之间、部门规章与地方政府规章之间对同一事项规定不一致时，由国务院裁决。

六、行政立法的程序

（一）规划

行政立法规划是指司法行政机关根据国民经济、社会发展编制一定时期内的行政立法计划。制定行政法规立法规划的具体过程是：国务院司法行政机关根据党中央、国务院的重大决策和工作部署，会同有关部门初步确定行政法规立法项目，在征求有关部门意见的基础上，由国务院司法行政机关综合研究、协调论证、统一提出意见，形成行政立法5年规划或年度立法计划草案，报国务院领导审批。立法规划草案经国务院批准后，由国务院司法行政机关负责组织实施。制定部门规章立法规划的具体过程是：国务院各部门和有关地方政府司法行政机关向各单位征求意见，并对各单位建议制定的规章项目进行研究论证，经审查后形成规章制定计划，报经制定机关首长审批后，由司法行政机关组织实施。

（二）起草

起草是指国务院、国务院各部门和有关地方政府的主管机关对列入行政立法规划并需要制定的行政法规和行政规章拟定草案。如果草案内容涉及多个部门业务的，则由司法行政机关或者由主管部门负责、其他部门参加的起草小组共同起草。在起草过程中，起草单位可以根据需要吸收有关专家（法学家、管理专家、技术专家）或者社会团体的代表参加。起草时要广泛地进行调研，充分收集相关资料，力求做到内容客观、必要、可行，形式完整，结构严谨。

（三）听取公众意见

听取公众意见是指起草行政法规和行政规章时，应当征求公众的意见，特别是利害关系人和有关专家（法学家、管理专家、技术专家）的意见。听取公众意见的形式主要包括座谈会、论证会、听证会和网络、信函、电子邮件等。其中座谈会一般由起草单位邀请企业、个人、其他组织和有关部门参加，听取他们对行政立法的必要性、行政立法所要解决问题的意见和建议。论证会是由起草单位邀请有关专家、学者对行政立法草案有关内容的合理性、可行性和操作性等进行论证和质证。听证会则是行政机关在作出某项决定之前，听取有关利害关系人陈述、申辩的一种制度。无论是何种形式，起草单位都要记录在案，并进行整理、归纳、分析、存档。对于涉及其他主管部门的业务或者与其他部门关系密切的规定，应当与有关部门协商一致。经充分协商不能取得一致意见时，应当在上报草案时专门提出并说明情况和理由。

（四）审查

审查是指起草单位将拟定好的行政法规或者行政规章草案及其说明、各方面对草案主要问题的不同意见和其他有关资料，送交相应的司法行政机关进行审议核查的制度。草案的说明内容主要包括行政立法的背景、必要性和可行性，行政立法的条件是否成熟，行政立法过程以及草案的主要内容，等等。其他有关资料主要包括国内外相关行政立法及政策，有关草案主要问题的统计资料、会议记录、调研报告，等等。司法行政机关对草案的必要性、可行性，草案是否符合党和国家的方针、政策及法律规定，草案是否在本机关权限范围内，草案的立法技术是否规范以及草案报送的资料、说明是否完备进行审查后（必要时进行修改），直接向政府或有关部门提出审查报告或草案修改稿。该审查报告应当对草案主要问题作出说明，如必要性与可行性问题、重要制度的内容与理由等。

（五）通过

通过是指行政法规或者行政规章在审查完毕后，交由主管部门正式会议讨论表决的制度。行政法规要经过国务院全体会议或者常务会议审议通过；部门规章要经过部委常务会议或者委员会会议审议通过；地方政府规章要提交地方政府常务会议或者全体会议通过。行政法规和行政规章通过的具体形式是：如果会议对草案没有实质性的不同意见，则决定通过；如果会议对草案重要问题有不同意见，则决定不通过或者修改后再审议；如果对草案个别细节内容有不同意见，而对主要内容没有不同意见，可采取原则通过，然后对个别细节内容进行修改和完善，再报送政府首长审批决定。

（六）签署

签署是行政首长对会议决定通过的行政法规、行政规章签署姓名。行政法规应当由国务院总理签署；部门规章应当由部长或者委员会主任签署；地方政府规章应当由省长、自治区主席、直辖市的市长或者设区的市的市长、自治州的州长签署。只有经过签署的行政法规、行政规章才是符合法定形式的行政法规、行政规章。

（七）公布

公布是指将已经签署的行政法规、行政规章公之于众的制度。它是行政法规、行政规章生效的必要条件。没有公布的行政法规、行政规章对公民、法人或者其他组织不产生法律效力，也不能作为行政机关执法的依据。公布应当以"国务院令""人民政府令"等形式公布，而且应当及时在相应的载体上刊登，如政府公报、相应范围内发行的报纸和电台、电视、网站等新闻媒体，其中以政府公报为标准文本。

（八）备案

备案是将公布的行政法规、行政规章上报法定机关备审备查。备案的意义在于有利于加强对行政法规、行政规章的监督管理；有利于行政法律规范本身的内在统一和协调；有利于社会主义法制的统一。根据《立法法》第98条的规定，行政法规、地方性法规、自治条例和单行条例、规章应当在公布后的 30 日内报有关机关备案。其中，行政法规报全国人民代表大会常务委员会备案；部门规章和地方政府规章报国务院备案；地方政府规章应当同时报本级人民代表大会常务委员会备案；设区的市、自治州的人民政府制定的规章应当同时报省、自治区的人民代表大会常务委员会和人民政府备案；根据授权制定的法规应当报授权机关备案。

拓展训练——行政立法的监督

2003 年 5 月 14 日，华中科技大学的俞江、中国政法大学的腾彪和北京邮电大学的许志永 3 位法学博士将一份"关于审查《城市流浪乞讨人员收容遣送办法》的建议书"传真至全国人大常委会法制工作委员会。3 位博士认为，国务院 1982 年颁布的《城市流浪乞讨人员收容遣送办法》，与中国宪法和有关法律相抵触。因此，作为中华人民共和国公民，他们建议全国人大常委会审查《城市流浪乞讨人员收容遣送办法》。

请问： 1. 三博士有权通过建议对我国的行政法规进行监督吗？

2. 行政立法的监督的形式有哪些？

3. 行政法规的监督程序是什么？

第二节　行政规定

◯ 导入案例

2016 年 3 月，深圳市民樵某向深圳市公安局车辆管理所申请办理驾驶执照被拒绝，被拒绝的原因是樵某没有提交驾驶学校的培训记录。车辆管理所的依据是 2006 年广东省公安厅、交通厅联合下发的《关于进一步加强机动车驾驶人培训、考试工作的通知》。该文件规定，自 2006 年 11 月 15 日起，除部队驾驶证或者境外驾驶证换领机动车驾驶证外，其他初次申请驾驶证或者增加准驾证的，必须持有驾校出具的《驾驶培训记录》方可以预约考试。2016 年 5 月，樵某向深圳市南山区法院提起行政诉讼；同年 11 月，深圳市南山区法院作出判决，被告广东省深圳市公安局交通警察支队车辆管理所作出的不受理原告申领机动车驾驶证申请的具体行政行为违法。

● **本案知识点**：行政规定的概念；行政规定的法律效力

一、行政规定的概念

行政规定是指各级各类国家行政机关为实施法律、行政法规、行政规章，按照法定程序和权限制定的具有普遍约束力的规范。行政规定具有以下特点：

1. 行政规定的制定主体具有广泛性。除了享有行政法规、行政规章制定权的国家行政机关外，其他行政机关也可以在各自的权限范围内，依照法定程序制定行政规定。国务院，国务院各部（委员会）以及所属的局、司、办，省、自治区、直辖市人民政府以及所属的厅、局、办和设区的市人民政府及其所属部门，不设区的市、县人民政府及其下属机关，乡、镇人民政府都可以成为行政规定的制定主体。

2. 行政规定具有普遍约束力和反复适用力。行政规定作为抽象行政行为，对所管辖的行政区域内的公民、法人或其他组织具有普遍约束力并且能反复适用。

3. 行政规定具有从属性。行政规定的制定应以行政法规、规章为依据，不得与行政法规、规章相抵触。同时，下级的行政规定不得与上级的行政规定相抵触。

4. 行政规定是行政机关发布的对社会进行管理，规范公民、法人或其他组织的政令。它与具体行政行为一样，是行政机关对社会实施管理的手段，但具体行政行为的管理功能通常是直接实现的，而行政规定的管理功能通常是间接实现的，规范性文件确定的规则、要求，大多要通过具体行政行为才能实现。规范性文件既规范公民、法人或其他组织的行为，也规范行政机关本身的行为。行政机关依据规范性文件实施具体行政行为，实现对社会的管理，保障法律、法规、规章在相应行政区域内的执行。

二、行政规定与行政立法的区别

行政规定同行政立法一样都属于抽象行政行为，都具有普遍约束力和反复适用力，但是二者存在着本质的区别。具体表现在以下几个方面：

1. 主体不同。行政规定制定的主体是各级各类国家行政机关；行政法规、规章制定的主体是宪法、法律规定的享有行政立法权的国家行政机关。

2. 效力不同。行政法规、行政规章的效力高于行政规定。行政规定应当以法律、行政法规、行政规章为依据，不得同法律、行政法规、行政规章相抵触。

3. 内容不同。行政规定无权设定公民、法人或其他组织的权利和义务；而行政法规、行政规章在法定权限内可以设定公民、法人或其他组织的权利和义务。

4. 程序不同。行政法规、行政规章制定的程序较为严格、正式；而行政规定制定的程序则相对简易。

拓展训练——是行政立法还是行政规定？

广州某小区物业公司的员工甲为物业管理需要创建小区管理微信群。业主乙和丙都是该微信群的成员。2020 年 8 月 23 日至 9 月 3 日，乙丙因养狗发生争论，双方在微信群频繁发布恶意辱骂言论。甲认为建群的目的是管理和服务小区，业主在群里吵架和自己没什么关系，因此没有进行制止。乙认为物业公司未阻止丙的辱骂言论，使其名誉受到极大的贬损，故将物业公司诉至法院，要求赔礼道歉、恢复名誉。广州互联网法院审理认为，丙在微信群内发表侵害乙名誉权的言论，应依法承担侵权责任。物业公司因违反了《互联网群组信息服务管理规定》第 9 条规定，未尽到管理义务也承担相应的法律责任。

请问：本案中《互联网群组信息服务管理规定》的是何种性质的法律文件？

参考答案

三、行政规定的种类和形式

（一）行政规定的种类

1. 享有行政立法权的行政机关发布的行政规定。这类行政规定是享有行政立法权的行政机关发布的，但不属于行政立法的范畴，因为它们不具有行政立法的法定标准。例如，国务院的行政法规必须经国务院常务会议审议，经国务院总理签署，以国务院令发布，并且使用条例、规定、办法等法定名称。国务院的文件如果不具备这些要件，就不是行政法规，而是行政规定。地方人民政府的规章，必须经享有规章制定权的相应地方人民政府常务会议或全体会议讨论、决定，经相应政府首长签署，以相应政府令形式发布。不具备这些要件，同样不属于行政规章，而是行政规定。

2. 不享有行政立法权的国务院工作部门发布的行政规定。这类行政规定在实践中被视为行政规章。国务院的直属机构和某些国家局，宪法和组织法并未赋予其规章制定权。但国务院的某些法规或规范性文件（如有关规章发布、备案的规范性文件）将之纳入规章的范畴，与国务院部（委员会）规章统称"部门规章"。在实践中，这类规章（如国家税务总局、国家市场监督管理总局、海关总署等发布的规范性文件）的作用并不低于国务院部（委员会）的规章，人民法院在办理具体案件时也多是将之视为规章予以"参照"适用的。

3. 不享有行政立法权的地方人民政府发布的行政规定。这类规定的主体最为广泛。在各级地方人民政府中，目前只有省、自治区、直辖市人民政府、设区的市人民政府享有规章制定权，其他数以千计的不设区的市、县和数以万计的乡、镇人民政府均只能发布行政规定。

（二）行政规定的表现形式[1]

1. 行政指令。根据国务院 2000 年 8 月 24 日颁布的《国家行政机关公文处理办法》，行政机关发布指示性和规定性相结合的措施，多用"指令"。

2. 行政命令。行政机关公布重要行政法规和规章，采取重大强制性行政措施，任免、奖励有关人员，撤销下级机关不适当的决定用"命令"。这种命令既可以在具体行政行为中使用，也可以在抽象行政行为中使用。

3. 行政决定、决议。国家行政机关对重要事项或重大行动作出周密安排，多用"行政决定"的形式。国家行政机关会议讨论通过的有关贯彻执行的事项，多采用"行政决议"的形式。此外，还有"指示""布告""通告""通报"等形式。

4. 规定、办法等。行政机关制定行政法规、行政规章以外的具有普遍约束力的规范性文件，如地方人民政府的工作部门或办事机构制定发布规范性文件、其他没有规章制定权的地方人民政府制定规范性文件时，使用"规定""办法""细则""标准""说明"等形式。

四、行政规定的法律效力

（一）行政规定在行政管理领域的效力

1. 行政规定对行政相对人具有拘束力和强制执行力。行政规定一经颁布，公民、法人或者其他组织必须服从、遵守，对相应文件所确定的义务必须履行。行政相对人违反行政规定，不履行相应义务，行政机关可以依法对其采取强制措施，强制其遵守和履行，或依法对其处以行政处罚，追究其行政法律责任。

2. 行政规定对行政机关具有确定力，对具体行政行为具有适用力。一方面，行政规定一经颁布，行政机关非经法定程序不得任意撤销、改变或废止；另一方面，作为发布行政规定的行政机关在实施具体行政行为时也必须遵守该规定，否则将承担相应的法律责任。

3. 部分行政规定是行政复议机关审理复议案件以及人民法院审理行政案件的依据。复议机关审理复议案件，不仅要以法律、法规、规章为依据，还要以上级行政机关依法制定和发布的具有普遍约束力的决定、命令为依据。根据《行政复议法》第 27 条的规定，复议机关在审查具体行政行为时，认为其依据

---

〔1〕 马怀德主编：《中国行政法》，中国政法大学出版社 2007 年版，第 70~71 页。

不合法，复议机关有权处理的，应当在 30 日内依法处理；无权处理的，应当在 7 日内按照法定程序转送有权处理的国家机关依法处理。

（二）行政规定在行政诉讼领域的效力

1. 行政规定可以作为行政诉讼当事人论证行政行为违法或合法的根据。原告提起行政诉讼，认为行政行为违法，可以以相应具体行政行为违反、未适用或错误适用有关的规定为理由，也可以以行政行为所适用的规范性文件本身违法为理由。同样，被告应诉也可以以相应行政行为是根据有关规范性文件作出的，且相应规范性文件符合法律、法规、规章的规定为理由，反驳原告的指控。

2. 根据《行政诉讼法》第 64 条的规定，人民法院在审理行政案件过程中，经审查认为国务院部门和地方人民政府及其部门制定的规范性文件不合法的，不作为认定行政行为合法的依据，并向制定机关提出处理建议。但是，如果人民法院审查认为上述规范性文件合法的，则应当判定驳回原告诉讼请求。

3. 人民法院审理行政案件，可以在裁判文书中引用合法有效的规章及其他规范性文件。与此同时，法院对自己认为违法的文件，应向相应文件的发布机关及其上级行政机关提出司法建议，要求其予以撤销或变更。

五、行政规定的监督

（一）行政机关内部的监督

行政机关内部的监督主要采取行政复议和备案的方式。上级行政机关在行政复议和备案过程中，发现下级行政机关制定的行政规定的内容与法律、行政法规、行政规章相抵触时，有权改变或撤销下级行政机关的行政规定。

（二）其他国家机关的监督

全国人大常委会有权撤销国务院制定的同宪法、法律相抵触的行政法规、决定和命令。地方各级人民代表大会及其常委会有权撤销本级人民政府的不适当的决定和命令。人民法院对行政规定的监督主要是对行政规定进行鉴别、评价和判断，人民法院在审查具体行政行为合法性的同时，要对作出具体行政行为所依据的行政规定的合法性进行评判。

（三）公众和舆论的监督

公众和舆论的监督主要采取建议和提出意见的方式进行。

本章小结

本章的抽象行政行为主要由行政立法和行政规定构成。

行政立法是指特定的国家行政机关依法定权限和程序制定行政法规、规章等活动。行政立法既具有立法的性质，又具有行政的性质。行政立法可分为一般授权立法和特别授权立法，中央行政立法和地方行政立法，执行性立法和创制性立法。行政立法的原则有合法原则、民主原则、法制统一原则和协调原则。行政立法的程序包括规划、起草、听取公众意见、审查、通过、签署和备案。行政立法的权限如下：国务院可以制定行政法规；国务院各部（委员会）、中国人民银行、审计署可以制定部门规章；省、自治区、直辖市人民政府以及设区的市、自治州的人民政府可以制定地方政府规章。

行政规定是指各级各类国家行政机关为实施法律、行政法规、行政规章，按照法定程序和权限制定的具有普遍约束力的规范。行政规定可分为三类：享有行政立法权的行政机关发布的行政规定、不享有行政立法权的国务院工作部门发布的行政规定和不享有行政立法权的地方人民政府发布的行政规定。行政规定的表现形式有行政指令、行政命令、行政决定、决议、规定、办法等。行政规定的程序制定相对简便。对行政立法和行政规定的监督有行政机关内部的监督、其他国家机关的监督和公众舆论的监督。

实务训练

一、示范案例

案情：甲市人民政府在召集有关职能部门、城市公共交通运营公司（以下简称城市公交公司）召开协调会后，下发了甲市人民政府《会议纪要》，明确规定：城市公交公司的运营范围界定在经批准的城市规划区内；城市公交公司在城市规划区内开通的线路要保证正常运营，免缴交通规费；在规划区范围内，原由交通部门负责的对城市公交公司违法运营的查处，交由建设部门负责。《会议纪要》下发后，甲市城区交通局按照《会议纪要》的要求，中止了对城市公交公司违法运营的查处。田某、孙某和王某是经交通部门批准的三家运输经营户，他们运营的线路与《会议纪要》规定免缴交通规费的城市公交公司的两条运营线路重叠，但依《会议纪要》，不能享受免缴交通规费的优惠。三人不服，向法院提起诉讼，要求撤销《会议纪要》中关于城市公交公司免缴交通规费的规定，并请求确认市政府《会议纪要》关于中止城区交通局对城市公交公司违法运营查处的内容违法。

问：甲市人民政府《会议纪要》所作出的城市公交公司免缴交通规费的内容是否属于行政诉讼的受案范围？为什么？

分析：要解决《会议纪要》作出的城市公交公司免缴交通规费的内容是否

属于行政诉讼的受案范围，就必须解决甲市人民政府下发《会议纪要》的行为是否属于抽象行政行为，如果是抽象行政行为则不属于行政诉讼的受案范围。本案中，《会议纪要》作出的规定不具有普遍约束力，其针对的对象具有特定性，因此不属于抽象行政行为。实际上，该《会议纪要》相当于决定免除城市公交公司特定义务的具体行政行为，依法属于行政诉讼的受案范围。

二、习作案例

2002 年 5 月，江苏省南京市某化工厂（以下简称化工厂）接到江宁区建设局下属部门某发展公司的拆迁通知，双方因分歧太大未能达成拆迁补偿协议，化工厂只好依法向区建设局提起行政裁决申请。同年 7 月 31 日，江宁区建设局依据 1996 年制定的《江宁县城镇房屋拆迁管理暂行办法》（以下简称《暂行办法》），裁决某发展公司给予化工厂拆迁补偿安置费用 135 万余元。区建设局依据的《暂行办法》，是 1996 年依据南京市的拆迁办法制定的。2000 年 3 月，南京市制定了新的拆迁办法，同时废止 1996 年的拆迁办法。2001 年 11 月 1 日国务院《城市房屋拆迁管理条例》施行 1 个月后，南京市据此再次制定了新的拆迁办法并颁布实施，而江宁区政府却一直坚持沿用 7 年前的《暂行办法》。按南京市 2001 年的拆迁办法核算，应补偿化工厂 447 万元；按南京市 2000 年的拆迁办法，应补偿 303 万元；而按江宁区 1996 年的《暂行办法》，却只须补偿 135 万元。2003 年 3 月 24 日，化工厂向南京市中级人民法院提起行政诉讼，状告南京市江宁区政府不按上位法规定及时修改房屋拆迁管理办法，致使自己损失惨重的行政"立法不作为"。

参考答案

问：法院该如何解决该纠纷？

复习与思考

1. 如何理解行政立法的性质？
2. 行政立法在形式权限上是如何划分的？
3. 如何理解行政法规的效力等级？
4. 行政法规和行政规章有何区别？
5. 行政规定与行政立法有何区别？
6. 如何理解行政规定的法律效力？

自测习题及参考答案

第五章　具体行政行为

学习目标:

- 理解行政许可、行政处罚、行政强制的概念、特点和基本原则;
- 掌握行政许可的设定、行政处罚与行政强制的种类,明确行政许可、行政处罚和行政强制的程序要求,能够运用行政许可、行政处罚和行政强制的基本原则及程序规定解决行政许可、行政处罚和行政强制在实践中存在的法律问题;
- 了解行政处罚的实施、管辖和适用。

第一节　行政许可

◎ 导入案例

2016 年 3 月 20 日,某村矿产公司向某市地质矿产局申请颁发采矿许可证。矿产公司在申请登记表中注明,该矿隶属于镇经贸委,企业性质为集体,负责人为王某。同年 9 月,陈某伙同该矿承包人李某一同填写《某市乡镇矿山采矿许可证变更换发申请登记表》,仿造王某签字骗取了村委会、镇政府盖章后,申请变更该企业法定代表为刘某,并逐级上报。经查实,该表中"申请单位或个人"一栏空白,无申请人。在"变更原因"一栏中谎称:"因原法定代表人已调至其他岗位",虚构变更主体信息。2016 年 9 月 25 日,该市地质矿产局局长签署意见同意,并换发采矿许可证。

◉ 本案知识点: 行政许可的概念;便民原则;行政许可的程序

一、行政许可的概念和特征

行政许可,是指行政主体根据公民、法人或者其他组织的申请,经依法审查,准予其从事特定活动的行政行为。行政许可具有以下特征:

1. 行政许可是法律对一般禁止事项的解除行为。行政许可以法律的限制为前提。这里的"限制"表明:①法律限制的是一般人从事某项活动;②法律对从事某项活动的主体仅仅是限制而不是禁止,如果法律绝对禁止行政相对人从事某项活动,如走私、贩毒等,那么行政相对人同样无法获得许可;③行政许可是对特定行政相对人的法律限制的解除，它是一种授权性行政行为，目的在于赋予申请人以某种权利、资格或权能，包括对行政相对人权利的赋予和对行政相对人义务的免除。

2. 行政许可是外部行政行为。根据《行政许可法》第2条和第3条第2款的规定，行政许可是行政主体对行政相对人进行的一种管理行为，是行政主体管理经济和社会事务的外部行为。由于人事、财政、外事机关对立法机关、司法机关和行政机关的人事、财务、外事等事项的审批是内部行政行为，因而不属于行政许可。

3. 行政许可是依申请行政行为。行政主体作出行政行为必须以行政相对人的申请为前提，一般来说，没有行政相对人的申请，行政主体不主动为之。因为行政相对人没有提出申请，不提交相关资料和手续，行政主体无法知道行政相对人有无从事相关活动的意思表示，是否具备从事某种活动的条件，因而就不可能去审查并作出行政许可的决定。

4. 行政许可是授益行政行为。行政许可是行政主体通过颁发许可证、执照等形式赋予行政相对人从事某种行为的权利，或者参与某种活动的资格，或者免除行政相对人某种义务，其目的是使行政相对人通过行政许可而获取某种物质利益或者精神利益。这与行政主体对行政相对人科以义务或者限制与剥夺行政相对人某种权利的行政处罚明显不同。

5. 行政许可是要式行政行为。行政许可必须采取书面形式。行政许可的形式主要是许可证、资格证、资质证、执照、检验检测检疫印章、批准文书以及其他证明文件。行政许可行为必须遵循一定的程序，并以明示、正规的书面形式作出，否则不能产生法律效力。

二、行政许可的种类

（一）普通许可和特别许可

以行政许可的范围为标准，可以分为普通许可和特别许可。普通许可是指行政主体对符合行政许可一般条件的许可申请人给予的行政许可，如驾驶许可等。特别许可是指除了普通许可的条件外，还附加了特别限制的行政许可，如持枪许可，只有符合法律规定的特殊人员方可申请持枪许可。

（二）排他性许可和非排他性许可

以行政许可享有的程度为标准，可以分为排他性许可和非排他性许可。排他性许可是指某一行政许可申请人获得行政许可后，其他人均不能再获得该行政许可，如无线电频率许可等。非排他性许可是指只要具备法定条件，任何人都可以申请并获得的行政许可。大部分的行政许可均为非排他性许可。

（三）独立证书许可和附文件许可

以行政许可能否单独使用为标准，可以分为独立证书许可和附文件许可。独立证书许可是指行政许可证件已经具备了所有许可的内容而无需其他文件补充说明的行政许可，如林木采伐许可证等。附文件许可则是由于特殊条件的限制，需要附加相关文件加以说明的行政许可，如商标许可等。

（四）权利性许可和附义务许可

以行政许可是否附加义务为标准，可以分为权利性许可和附义务许可。权利性许可是指申请人获得行政许可后不承担作为义务，可以放弃被许可的事项，且不需要承担法律责任的行政许可，如持枪证等。附义务许可是指行政许可申请人获得行政许可后，还需要承担在一定期限内从事许可事项的义务，否则要承担相应法律责任的行政许可，如烟草、盐业特种商品的生产许可和专卖许可等。

（五）长期许可和附期限许可

以行政许可的存续时间为标准，可以分为长期许可和附期限许可。长期许可是指被许可人获得行政许可后，可以长期使用的行政许可，除非被许可人放弃或因法定事由被终止，如教师资格证等。附期限许可是指只能在一定的期限内有效，逾期将失去效力的行政许可，如出、入境许可等。

（六）行为许可和资格许可

以行政许可的内容为标准，可以分为行为许可和资格许可。行为许可是指行政主体根据行政相对人的申请，对符合法律规定的，允许其从事某种活动的行政许可，如生产许可证等。资格许可是指行政主体根据行政相对人的申请，通过考试考核的形式对合格者发放证明文件，允许其享有某种资格或者证明其具备某种能力的行政许可，如教师资格证等。

三、行政许可的基本原则

（一）许可法定原则

许可法定原则是指在设定和实施行政许可时，必须依照法定的权限、范围、条件和程序进行。这项原则包括两个方面：

1. 依照法定的权限、范围、条件和程序设定行政许可。其具体含义有：①应当严格按照《行政许可法》规定的权限设定行政许可。在我国，享有行政许可设定权的行政机关只有国务院和省级人民政府，其他行政机关都无权设定行政许可。②应当严格按照《行政许可法》规定的范围设定行政许可。如《行政许可法》第12条和第13条，分别规定了6类可设定许可的事项和4类可以不设许可的事项。有权行政机关只能按照以上规定设定，否则为无效行政许可。

③应当严格按照《行政许可法》规定的条件设定行政许可。④应当严格按照《行政许可法》和其他法律、行政法规规定的程序设定行政许可。

2. 依照法定的权限、范围、条件和程序实施行政许可。其具体含义有：①实施行政许可的主体及权限应当合法。②实施行政许可应当符合《行政许可法》和其他法律、行政法规和规章规定的条件。③实施行政许可应当符合《行政许可法》和其他法律、行政法规和规章规定的程序，如《行政许可法》中关于行政许可的申请、受理、审查、决定和行政许可的期限、变更延续等行政许可的程序性规定，只有这些程序内容符合《行政许可法》的规定，行政机关才能实施相应的行政许可，否则即属于违反法定程序。[1]

（二）公开、公平、公正原则

1. 公开原则。行政公开是行政主体在设定和实施行政许可时，除涉及国家秘密、商业秘密和个人隐私外，必须向行政相对人及社会公开与行政职权有关的事项。未经申请人同意，行政机关及其工作人员、参与专家评审等的人员不得披露申请人提交的商业秘密、未披露信息或者保密商务信息，法律另有规定或者涉及国家安全、重大社会公共利益的除外；行政机关依法公开申请人前述信息的，允许申请人在合理期限内提出异议。通过行政公开，行政相对人可以有效地参与行政许可，以维护自己的合法权益；社会民众可以有效地监督行政主体依法行使行政许可权。行政许可公开的基本要求是：①设定行政许可的过程是公开的，从行政许可的必要性、可行性，到行政许可可能产生效果的评估，都要广泛听取意见，允许并鼓励公众参与。②凡是行政许可的规定都必须公布，未经公布的，不得作为实施行政许可的依据。

2. 公平原则。公平原则是指行政主体应平等地对待行政相对人，给予行政相对人平等的机会，使其享有同等的权利和履行相应的义务。在实施行政许可过程中，不得区别对待，做到不偏私、不歧视，不能对相同的事项作出不同的处理或者对不同的事项作出相同的处理。

3. 公正原则。公正原则是指行政主体和行政相对人之间应当达到实质上的平等。它要求行政主体和行政相对人在适用法律上的平等和权利义务上的对等。例如，行政主体在设定行政许可时要正确、充分考虑行政相对人的相对弱势地位和其他相关因素；在行政许可实施过程中，行政主体工作人员办理与自己有密切联系的行政许可时，应当遵循"自己不做自己的法官"的原则，主动回避；在作出不利于行政相对人的行政许可决定时，应当听取行政相对人的陈述和

---

〔1〕 姜明安主编：《行政许可法条文精释与案例解析》，人民法院出版社 2003 年版，第 15~16 页。

申辩。

（三）便民原则

便民原则是指行政主体在实施行政许可时，应当尽量为行政相对人提供便利，尽可能简化手续、使用方便快捷的途径，从而使行政许可申请人以最低的投入实现许可目的。对此，《行政许可法》作了许多规定，例如，经国务院批准，省、自治区、直辖市人民政府根据精简、统一、效能的原则，可以决定一个行政机关行使有关行政机关的行政许可权；行政许可需要行政机关内设的多个机构办理的，该行政机关应当确定一个机构统一受理行政许可申请，统一送达行政许可决定；申请人可以委托代理人提出行政许可申请；行政许可申请可以通过信函、电报、传真、电子数据交换和电子邮件等方式提出。

（四）效率原则

效率原则是指行政主体在实施行政许可时应当按照法律规定的时限及时办理许可事项，不得无故拖延，使行政许可的实施能以最小的经济投入获取最大的社会效果。如《行政许可法》中的集中行使行政许可权制度、统一办理行政许可制度、电子政务制度、当场决定制度等。

（五）权利保障原则

权利保障原则又称法律救济原则，指行政主体在实施行政许可时，必须保障行政相对方的救济权利。公民、法人或者其他组织对行政机关实施行政许可，享有陈述权、申辩权；有权依法申请行政复议或者提起行政诉讼；其合法权益因行政机关违法实施行政许可受到损害的，有权依法要求赔偿。

（六）信赖保护原则

信赖保护原则是指行政机关应当确保其管理活动的明确性、稳定性和连贯性，从而树立和保护行政相对人对行政机关及其管理活动真诚信赖的原则。[1]信赖保护原则的基础是公众对国家和国家权力合法性的信任，这种信任是政府维护公共安全、社会稳定的重要条件。法律对社会公众的信任必须进行保护，这也是建设诚信政府、责任政府的重要内容。信赖保护主要包括：①行政相对人基于对行政主体的行政许可行为的合法性与有效性的信赖而与行政机关合作，这种对行政机关的信赖应当受到保护。②行政相对人因行政主体的行政行为而获得的利益，应当受到保护。行政机关不能随意撤销自己的行政行为，一旦因撤销行政行为而给行政相对人造成损失，应当承担责任。③第三人因为不知道行政许可行为有瑕疵而与行政相对人发生某种法律关系，由于行政主体对行

---

〔1〕 王连昌、马怀德主编：《行政法学》，中国政法大学出版社 2007 年版，第 199 页。

相对人的授益行为而给第三人带来的利益，应当受到保护。但是，如果行政相对人主观上有恶意，其从行政主体取得的因授益行为而获得的利益不受保护。

四、行政许可的设定主体和范围

（一）行政许可的设定主体

1. 全国人民代表大会及其常委会。全国人民代表大会及其常委会作为国家最高权力机关，是设定行政许可的法定机关，其可以通过制定法律的形式设定各种形式的行政许可。

2. 国务院。国务院作为国家最高行政机关，可以通过制定行政法规设定法律尚未设定的行政许可事项。行政法规可以在法律设定的行政许可事项范围内，对实施该行政许可作出具体规定。必要时，国务院可以采取发布决定的方式设定行政许可事项。实施后，除临时性行政许可事项外，国务院应当及时报请全国人民代表大会及其常委会制定法律或者自行制定行政法规。除此以外，其他行政规定一律不得设定行政许可事项。

3. 有权地方人民代表大会及其常委会。省、自治区、直辖市人民代表大会及其常委会，设区的市、自治州人大及常委会，可以通过制定地方性法规设定法律、行政法规尚未设定的行政许可事项。地方性法规可以在法律、行政法规设定的行政许可事项范围内，对实施该行政许可作出具体规定，但不得增设行政许可。

4. 省级人民政府。对于尚未制定法律、行政法规和地方性法规的，因行政管理的需要，确需立即实施行政许可的，省、自治区、直辖市人民政府规章可以设定临时性的行政许可。临时性的行政许可实施满 1 年需要继续实施的，应当提请本级人民代表大会及其常委会制定地方性法规。

地方性法规和省、自治区、直辖市人民政府规章，不得设定应当由国家统一确定的公民、法人或者其他组织的资格、资质的行政许可，不得设定企业或者其他组织的设立登记及其前置性行政许可；其设定的行政许可，不得限制其他地区的个人或者企业到本地区从事生产经营和提供服务，不得限制其他地区的商品进入本地区市场。

（二）行政许可的范围

1. 可设定行政许可的事项。按照《行政许可法》的规定，下列事项可以设定行政许可：①直接涉及国家安全、公共安全、经济宏观调控、生态环境保护以及直接关系人身健康、生命财产安全等的特定活动，需要按照法定条件予以批准的事项；②有限自然资源的开发利用、公共资源配置以及直接关系公共利益的特定行业的市场准入等，需要赋予特定权利的事项；③提供公众服务并且直接关系公共利益的职业、行业，需要确定具备特殊信誉、特殊条件或者特殊技能等资格、资质的事项；④直接关系公共安全、人身健康、生命财产安全的重要设备、设施、产品、物品，需要按照技术标准、技术规范，通过检验、检测、检疫等方式进行审定的事项；⑤企业或者其他组织的设立等，需要确定主体资格的事项；⑥法律、行政法规规定可以设定行政许可的其他事项。

2. 排除设定行政许可的事项。按照《行政许可法》的规定，下列事项不设行政许可：①公民、法人或者其他组织能够自主决定的；②市场竞争机制能够有效调节的；③行业组织或者中介机构能够自律管理的；④行政机关采用事后监督等其他行政管理方式能够解决的。

五、行政许可的实施

（一）行政许可实施的概念

行政许可的实施是指行政主体根据行政相对人的申请，依法进行审查，决定是否准予其从事某种特定活动的过程，是实现行政许可的关键环节。

（二）行政许可的实施主体

1. 行政机关。行政许可由具有行政许可权的行政机关在其法定职权范围内实施。行政机关是行政许可中最重要的实施主体。经国务院批准，省、自治区、直辖市人民政府根据精简、统一、效能的原则，可以决定一个行政机关行使有关行政机关的行政许可权。行政许可需要行政机关内设的多个机构办理的，该行政机关应当确定一个机构统一受理行政许可申请，统一送达行政许可决定。行政许可依法由地方人民政府两个以上部门分别实施的，本级人民政府可以确定一个部门受理行政许可申请并转告有关部门分别提出意见后统一办理，或者组织有关部门联合办理、集中办理。

2. 法律、法规授权的组织。法律、法规授权的具有管理公共事务职能的组织，在法定授权范围内，以自己的名义实施行政许可。

3. 受委托的组织。行政机关在其法定职权范围内，依照法律、法规、规章的规定，可以委托其他行政机关实施行政许可。委托机关应当将受委托行政机关和受委托实施行政许可的内容予以公告。委托行政机关对受委托行政机关实施行政许可的行为应当负责监督，并对该行为的后果承担法律责任。受委托行政机关在委托范围内，以委托行政机关名义实施行政许可，并不得再委托其他组织或者个人实施行政许可。

4. 专业技术组织。对直接关系公共安全、人身健康、生命财产安全的设备、设施、产品及物品的检验、检测、检疫，除法律、行政法规规定由行政机关实施的以外，应当逐步由符合法定条件的专业技术组织实施。专业技术组织及其有关人员对所实施的检验、检测、检疫结论承担法律责任。

六、行政许可的程序

（一）一般程序

1. 申请与受理。行政许可是依申请行政行为，因此只有行政相对人提出行政许可申请才能启动行政许可程序。根据《行政许可法》的规定，公民、法人或者其他组织从事特定活动，依法需要取得行政许可的，应当向行政机关提出申请。申请书需要采用格式文本的，行政机关应当向申请人提供行政许可申请书格式文本，申请书格式文本中不得包含与申请行政许可事项没有直接关系的内容。申请人可以委托代理人提出行政许可申请，但是依法应当由申请人到行政机关办公场所提出行政许可申请的除外。行政许可申请可以通过信函、电报、电传、传真、电子数据交换和电子邮件等方式提出。

行政主体收到行政相对人的申请后，应当根据下列情况分别作出处理：①申请事项依法不需要取得行政许可的，应当即时告知申请人不予受理；②申请事项依法不属于本行政机关职权范围的，应当即时作出不予受理的决定，并告知申请人向有关行政机关申请；③申请材料存在可以当场更正的错误的，应当允许申请人当场更正；④申请材料不齐全或者不符合法定形式的，应当当场或者在5日内一次告知申请人需要补正的全部内容，逾期不告知的，自收到申请材料之日起即为受理；⑤申请事项属于本行政机关职权范围，申请材料齐全、符合法定形式，或者申请人按照本行政机关的要求提交全部补正申请材料的，应当受理行政许可申请。

2. 审查与决定。审查是行政主体受理行政许可申请后，对申请人申请材料的内容进行合法性检查和核实。申请人提交的申请材料齐全、符合法定形式，行政机关能够当场作出决定的，应当当场作出书面的行政许可决定。根据法定条件和程序，需要对申请材料的实质内容进行核实的，行政机关应当指派两名以上工作人员进行核查。行政机关对行政许可申请进行审查时，发现行政许可事项直接关系他人重大利益的，应当告知该利害关系人。申请人、利害关系人有权进行陈述和申辩，行政机关应当听取申请人、利害关系人的意见。

行政机关对行政许可申请进行审查后，除当场作出行政许可决定的外，应当在法定期限内按照规定程序作出行政许可决定。申请人的申请符合法定条件、标准的，行政机关应当依法作出准予行政许可的书面决定。行政机关依法作出不予行政许可的书面决定的，应当说明理由，并告知申请人享有依法申请行政复议或者提起行政诉讼的权利。

3. 期限。除可以当场作出行政许可决定的以外，行政机关应当自受理行政许可申请之日起 20 日内作出行政许可决定。20 日内不能作出决定的，经本行政机关负责人批准，可以延长 10 日，并将延长期限的理由告知申请人。但是，法律、法规另有规定的，依照其规定。行政许可采取统一办理或者联合办理、集中办理的，办理的时间不得超过 45 日；45 日内不能办结的，经本级人民政府负责人批准，可以延长 15 日，并将延长期限的理由告知申请人。依法应当先经下级行政机关审查后报上级行政机关决定的行政许可，下级行政机关应当自其受理行政许可申请之日起 20 日内审查完毕。但是，法律、法规另有规定的，依照其规定。行政机关作出准予行政许可的决定，应当自作出决定之日起 10 日内向申请人颁发、送达行政许可证件，或者加贴标签，加盖检验、检测、检疫印章。

4. 听证。听证程序是指行政主体作出行政许可决定之前，给利害关系人提供发表意见提出证据的机会，由相关当事人对特定事项进行质证、辩驳的程序，其实质是听取利害关系人的意见。按照《行政许可法》的规定，法律、法规、规章规定实施行政许可应当听证的事项，或者行政机关认为需要听证的其他涉及公共利益的重大行政许可事项，行政机关应当向社会公告，并举行听证。如果行政许可直接涉及申请人与他人之间重大利益关系的，行政机关在作出行政许可决定前，应当告知申请人、利害关系人享有要求听证的权利；申请人、利害关系人在被告知听证权利之日起 5 日内提出听证申请的，行政机关应当在 20日内组织听证。申请人、利害关系人不承担行政机关组织听证的费用。听证必须遵循法定的程序。

5. 变更与延续。被许可人要求变更行政许可事项的，应当向作出行政许可决定的行政机关提出申请；符合法定条件、标准的，行政机关应当依法办理变更手续。被许可人需要延续依法取得的行政许可的有效期的，应当在该行政许可有效期届满 30 日前向作出行政许可决定的行政机关提出申请。但是，法律、法规、规章另有规定的，依照其规定。行政机关应当根据被许可人的申请，在该行政许可有效期届满前作出是否准予延续的决定；逾期未作决定的，视为准予延续。

（二）特别程序

实施行政许可的特别程序，主要包括以下内容：①特许，即行政主体按照法律规定授予行政相对人某种权利或设定某种权利能力、行为能力的行政许可；②认可，即行政主体对行政相对人的申请是否具备特定技能的认定；③核准，即行政主体对行政相对人的设备和产品是否具备特定技术标准、技术规范进行的判断和确定；④登记，即行政主体确立行政相对人是否具备特定主体资格、特定身份的许可；⑤有数量限制的许可，即由于客观条件的限制，在一定地域范围和时期内，行政主体只能发放一定数量的行政许可。有数量限制的行政许可，两个或者两个以上申请人均符合法定条件、标准的，行政机关应当根据受理行政许可申请的先后顺序作出准予行政许可的决定。但是，法律、行政法规另有规定的，依照其规定。

拓展训练——开办幼儿园该如何申请行政许可？

某大型小区已经建有一所幼儿园甲，为满足需要某区人民政府拟在小区内再建一所幼儿园。A、B、C 先后向有关部门乙提出申请。后有人举报幼儿园甲存在问题，有关部门乙进行调查，发现甲根本不符合《幼儿园管理条例》规定的开办幼儿园的申请条件，是由于主管审批的工作人员 D 和 E 玩忽职守批准了甲的申请。

　　请问：1. 开办幼儿园需要哪些行政许可证？
　　　　　2. 开办幼儿园的许可属于哪种类型的行政许可？
　　　　　3. 乙根据 A、B、C 的申请批准谁的申请？为什么？
　　　　　4. 对该工作人员 D 和 E 应作何处理，为什么？

参考答案

第二节　行政处罚

◯ **导入案例**

2016 年 3 月 3 日，江西省鹰潭市生态环境局接到群众反映，在该市东湖、沿江路等周边闻到刺鼻味道。该局执法人员现场巡查时候发现，某建设集团有限公司雇请的人员在该公司承建的某工程施工工地西南侧，大量焚烧做防水施工时废弃的塑料盒及塑料薄膜，产生有毒有害烟尘和恶臭气体，对周边环境造成严重污染。2016 年 5 月 24 日，鹰潭市生态环境局作出行政处罚，决定对某建设集团有限公司处以 10 万元的罚款。某建设集团有限公司不服该处罚决定，提起行政诉讼。

◉ **本案知识点**：行政处罚的概念；行政处罚的基本原则；行政处罚的种类

一、行政处罚的概念及特征

行政处罚是指行政机关依法对违反行政管理秩序的公民、法人或者其他组织，以减损权益或者增加义务的方式予以惩戒的行为。行政处罚具有以下特征：

1. 行政处罚的主体是特定的行政主体。根据《行政处罚法》的规定，行政处罚的主体只能是具有行政处罚权的行政机关或者法律、法规授权的具有管理公共事务职能的组织，其他主体均不得行使行政处罚权。

2. 行政处罚的目的是保障和监督行政机关有效实施行政管理，维护公共利益和社会秩序，保护公民、法人或者其他组织的合法权益。

3. 行政处罚的前提是行政相对人实施了违反行政法律规范但尚未构成犯罪的行为。

4. 行政处罚的性质具有惩戒性。行政处罚是以减损相对人权益或者增加相对人义务为内容，从而达到预防、警戒和制止违法行为的目的。行政处罚的这些内容体现了很强的惩罚性和制裁性。该特点区别于赋予行政相对人权益的行政行为，如行政奖励、行政许可等。

5. 行政处罚是一种具体行政行为。行政处罚是享有行政处罚权的行政主体针对特定违反行政法律规范的行政相对人而采取的制裁行为；行政处罚只能适用一次，不能反复适用。

二、行政处罚与相关概念的区别

（一）行政处罚与行政处分

1. 行政处罚是对实施了违反行政管理秩序的行政相对人所给予的制裁；行政处分是对违反政纪的国家公务员的惩戒。

2. 行政处罚属于外部行政行为，行政相对人不服的可以提起行政诉讼；行政处分属于内部行政行为，被处分者不服只能申诉，不能提起行政诉讼。

3. 行政处罚的主体是享有行政管理权的行政机关或法律、法规授权的组织；行政处分的主体是公务员所属的行政机关或监察机关。

4. 行政处罚的对象既可以是公民个人，也可以是法人或其他组织；行政处分的对象一般只能是公务员个人或公务员群体。

（二）行政处罚与刑罚

行政处罚与刑罚都是行为人对其违法行为造成的法律后果所承担的责任，两种处罚都是国家剥夺违法行为人某些权利的强制手段，都属于公法的范畴。但行政处罚与刑事处罚毕竟不同，其区别表现在以下几个方面：

1. 行为性质不同。行政处罚与刑罚虽然都属于公法责任的范畴，但行政处罚是行政主体行使行政职权的表现形式，其性质是行政行为；刑罚是司法机关运用司法职权作出的行为，其性质是司法行为。

2. 实施处罚的主体不同。行政处罚是由有行政管理权限的行政机关或法律、法规授权的组织实施；而刑罚的实施主体是人民法院。

3. 适用的条件不同。行政处罚一般情况下适用于违反行政管理法规但"尚未构成犯罪"的违法行为；而刑罚适用于已经构成犯罪的违法行为。当某种行为既违反了行政法律规范又触犯了刑事法律规范，可以对其实施两种处罚，但必须是针对两种不同的权利形式。

4. 作出处罚决定的程序不同。行政处罚是按照行政程序作出的；刑罚须根据刑事诉讼程序作出。

5. 处罚的种类不同。按照《行政处罚法》的规定，行政处罚的种类主要包括警告、通报批评；罚款、没收违法所得、没收非法财物；暂扣许可证件、降低资质等级、吊销许可证件；限制开展生产经营活动、责令停产停业、责令关闭、限制从业；行政拘留；法律、行政法规规定的其他行政处罚。而刑法所规定的刑罚则主要包括管制、拘役、有期徒刑、无期徒刑和死刑五种主刑以及各种附加刑。

三、行政处罚的基本原则

（一）处罚法定原则

处罚法定原则是指公民、法人或者其他组织违反行政管理秩序的行为，应当给予行政处罚的，应当由法律、法规、规章规定，并由行政机关按照法定程序实施。它包含四层意思：①处罚设定权法定，即有权国家机关在各自的权限范围内，设定行政处罚的行为、种类和幅度；②处罚依据法定，即只有在法律、法规、规章明确规定的情况下才能实施行政处罚，法无明文规定不处罚，行政处罚没有依据的，行政处罚无效；③处罚主体法定，即只有法律、法规、规章赋予行政处罚权的行政主体才能进行行政处罚，其他主体都无权进行行政处罚。行政处罚的实施主体不具有行政主体资格的，行政处罚无效；④处罚程序法定，行政处罚必须遵守行政处罚法的程序规定，违反法定程序构成重大且明显违法的，行政处罚无效。

（二）公正、公开原则

处罚公正原则是指设定与实施行政处罚要公平正直，不得偏私。这是处罚法定原则的进一步延伸和补充，处罚公正原则体现在实体公正与程序公正两个方面：①实体上的公正。行政处罚无论是设定还是实施都要过罚相当，与违法行为的事实、性质、情节以及社会危害程度相适应。②程序上的公正。行政主体在实施行政处罚时，必须在法定的范围或幅度内，恰当地行使自由裁量权，充分尊重当事人程序上所拥有的独立人格与尊严不受侵犯的权利。同时，处罚公正原则还要求实行职能分离、罚缴分离以及听证、回避等制度。

处罚公开原则是指行政处罚的设定与实施要向社会公开。公开原则有两项基本要求：①设定行政处罚的法律、行政法规、行政规章要公开。未经公布的不能作为行政处罚的依据。②实施处罚的程序必须公开。行政主体在实施处罚时，应当表明执法身份，告知当事人作出处罚决定的事实、理由、法律依据以及当事人依法享有的权利；要充分听取当事人的意见，不能拒绝当事人的陈述与申辩；在符合法定条件时，还要举行听证会。

（三）处罚与教育相结合原则

处罚与教育相结合原则意味着行政主体在对违反行政法律规范的行政相对人实施处罚的同时，要对其进行批评教育，使其自觉守法，而不能单纯以处罚为目的。处罚主要是给行政相对人产生强大的威慑作用，抑制并预防其将来再次侵害行政管理秩序；教育主要是从行政相对人的思想、内心方面引起其重视，避免类似的事情再次发生。二者只有有机地结合起来才能最大限度地实现行政管理的目标。教育必须以处罚为后盾，教育代替不了处罚，处罚也不是最终目的，二者不可偏废。

（四）权利保障原则

权利保障原则又称法律救济原则，是指行政处罚机关在对行政相对人实施行政处罚时，应保障行政相对人的合法权益，保障相对人的救济权利。公民、法人或者其他组织对行政机关所给予的行政处罚，享有陈述权、申辩权；对行政处罚不服的，有权依法申请行政复议或者提起行政诉讼。公民、法人或者其他组织因行政机关违法给予行政处罚受到损害的，有权依法提出赔偿要求。

（五）一事不再罚原则

一事不再罚原则是指对违法行为人的同一个违法行为，不得以同一事实和同一依据，给予两次或两次以上的处罚。一事不再罚作为行政处罚的原则，目的在于防止重复处罚，体现过罚相当的法律原则，以保护行政相对人的合法权益。《行政处罚法》第29条"对当事人的同一个违法行为，不得给予两次以上罚款的行政处罚。同一个违法行为违反多个法律规范应当给予罚款处罚的，按照罚款数额高的规定处罚"的规定，即是一事不再罚原则的具体体现。正确理解这一原则应当注意：①同一行政主体对同一违法行为，不得给予两次以上的处罚；②不同行政主体对同一违法行为，依据不同法律、法规可以同时实施行政处罚。但是，如果都是给予罚款处罚的，则应按照罚款数额高的规定处罚，而不得给予两个罚款处罚。③违法行为构成犯罪的，行政主体必须将案件移交司法机关追究刑事责任，行政处罚不能取代刑事责任。但是，违法行为构成犯罪的，人民法院判处拘役或者有期徒刑时，行政机关已实施了行政拘留的，应当依法折抵相应的刑期；人民法院判处罚金时，行政机关已实施了罚款的，应折抵相应的罚金。

四、行政处罚的种类和设定

（一）行政处罚的种类

1. 警告、通报批评。

警告是指行政主体依法对违法行为人实施谴责和告诫。目的是通过对违法者的声誉和精神造成一定的社会影响，对其形成心理压力，进而促使其认识到自己行为的违法性和社会危害性，最终纠正自己的违法行为，不再继续违法。警告主要以书面形式作出，特殊情况下也可以口头形式作出。警告是最轻的行政处罚种类，它一般适用于公民，也可以适用于法人或其他组织。

通报批评是指行政主体在一定范围内对行政相对人的违法事实予以公开、公布，使被处罚人声誉和信誉受到负面影响并造成损害的一种行政处罚形式。通报批评与警告虽然都是对违法行为人通过书面形式予以谴责和告诫，指明其违法及危害，避免再犯，但两者有一定区别：①警告适用范围更广泛。警告既可适用于自然人，也可适用于法人或其他组织；而通报批评一般适用于法人或其他组织而不适用于自然人。②处罚的内容不同。警告主要是对被处罚人在精神上造成一定损害；而通报批评则是对被处罚人的荣誉或信誉造成损害。③处罚形式不同。警告既可书面形式，有时也可口头形式作出；而通报批评只能是书面形式，通过报刊、政府文件、广播电视、网络媒体等在一定范围内公开、公布，造成的社会影响大。

2. 罚款、没收违法所得、没收非法财物。

罚款是指行政主体依法强迫违法行为人在一定期限内缴纳一定数量金钱的处罚方式。它是行政处罚中运用最广泛，但存在问题最多的处罚方式。行政法律规范一般规定了罚款数额的幅度，行政主体必须在法定罚款数额的幅度内，按照公平、公正的原则作出决定，防止滥用自由裁量权。

没收违法所得、没收非法财物是指行政主体依法对违法行为人的违法所得、非法财物收归国有的处罚方式。其中违法所得是指违法者因违法行为而获取的不应归于他的财产，违法所得只需确定其来自于违法行为，即可予以没收；非法财物是违法者所占有和使用的违法工具、物品及违禁品等，如违法行为所用工具（赌博机）、违法财物（赌资），非法财物必须根据法律法规的规定才能予以没收。没收违法所得、非法财物和罚款都属于财产罚，但是前者是针对非法获得的收入或者用于非法活动的财物，后者是针对合法取得的财产。

3. 暂扣许可证件、降低资质等级、吊销许可证件。

暂扣许可证件是指行政主体依法通过暂时扣押的方式，中止违法行为人已经取得的权利或资格，并在一定期限内限制其从事某项生产或经营活动权利的处罚方式。吊销许可证件是指行政主体依法通过吊销的方式，完全终止违法行为人已经取得的许可权利或资格，剥夺其从事某项许可活动的处罚方式。

降低资质等级是指行政主体依法对违法行为人作出的资质的质量等级予以降低，使其从业范围和经营能力受到影响的一种处罚方式。行政相对人根据生产经营或者执业活动的需要，依法应取得一定的资质条件，并且不同的资质等级所允许的活动范围是不同的。降低资质等级后，将直接影响行政相对人的从业范围和能力。比如按照《建筑法》第74条的规定，建筑施工企业在施工中偷工减料的，责令改正，处以罚款；情节严重的，责令停业整顿，降低资质等级或者吊销资质证书。

4. 限制开展生产经营活动、责令停产停业、责令关闭、限制从业。

限制开展生产经营活动、限制从业是指行政主体依法作出的限制或禁止行政相对人在一定区域和时间内从事某种活动或提供某种服务的处罚方式。前者主要针对法人或者其他组织，后者则针对自然人较多。

责令停产停业是指行政主体依法责令违法行为人停止生产、经营活动，从而限制或剥夺其从事工商业活动的处罚方式。它不直接限制或剥夺违法行为人的财产，而是对其科以不作为义务。它不具有永久性，一旦违法行为人在限期内改正了自己的违法行为，就可以恢复生产、经营活动。

责令关闭是指行政主体对违法行为人比较严重的违反行政法律规范的行为作出的责令其关闭，禁止其继续存在、不得恢复生产经营活动的处罚方式。责令关闭是一种比较严重的行政处罚。

上述处罚种类在环境保护领域存在较多，例如，《大气污染防治法》第99条规定，未依法取得排污许可证排放大气污染物的，由县级以上人民政府生态环境主管部门责令改正或者限制生产、停产整治，并处10万元以上100万元以下的罚款；情节严重的，报经有批准权的人民政府批准，责令停业、关闭。

5. 行政拘留。行政拘留是指公安机关依法对违法行为人在一定期限内限制其人身自由的处罚方式。它只能由公安机关决定和执行，期限为1~15天。行政拘留处罚合并执行的，最长不超过20日。行政拘留是行政处罚种类中最为严厉的处罚方式。

6. 法律、行政法规规定的其他行政处罚。法律、行政法规规定的其他行政处罚，这是一个弹性条款，目的是防止法律、行政法规在行政处罚种类设定上的漏洞。但是，要注意的是，这里的"法律、行政法规"是就狭义上而言的。法律是专指全国人民代表大会及其常委会依照法定程序制定的规范性文件，而行政法规则是国务院按照其立法权限和相应的程序制定和发布的规范性文件。

（二）行政处罚的设定

行政处罚的设定是指有权国家机关依法在法律、行政法规、行政规章中创设行政处罚的活动。根据《行政处罚法》的规定，法律、行政法规、地方性法规、行政规章可以设定行政处罚，其他规范性文件不得设定行政处罚。具体法律规范的设定权限如下：

1. 法律。法律可以设定各种行政处罚，其中限制人身自由的行政处罚只能由法律设定。

2. 行政法规。行政法规可以设定除限制人身自由以外的行政处罚。法律对违法行为未作出行政处罚规定，行政法规为实施法律，可以补充设定行政处罚。拟补充设定行政处罚的，应当通过听证会、论证会等形式广泛听取意见，并向制定机关作出书面说明。行政法规报送备案时，应当说明补充设定行政处罚的情况。

法律对违法行为已经作出行政处罚规定，行政法规需要作出具体规定的，必须在法律规定的给予行政处罚的行为、种类和幅度的范围内规定。

3. 地方性法规。地方性法规可以设定除限制人身自由、吊销营业执照以外的行政处罚。法律、行政法规对违法行为未作出行政处罚规定，地方性法规为实施法律、行政法规，可以补充设定行政处罚。拟补充设定行政处罚的，应当通过听证会、论证会等形式广泛听取意见，并向制定机关作出书面说明。地方性法规报送备案时，应当说明补充设定行政处罚的情况。

法律、行政法规对违法行为已经作出行政处罚规定，地方性法规需要作出具体规定的，必须在法律、行政法规规定的给予行政处罚的行为、种类和幅度的范围内规定。

4. 部门规章。国务院部门规章可以在法律、行政法规规定的给予行政处罚的行为、种类和幅度的范围内作出具体规定。

尚未制定法律、行政法规的，国务院部门规章对违反行政管理秩序的行为，可以设定警告、通报批评或者一定数额罚款的行政处罚。罚款的限额由国务院规定。

5. 地方规章。地方规章可以在法律、法规规定的给予行政处罚的行为、种类和幅度的范围内作出具体规定。

尚未制定法律、法规的，地方政府规章对违反行政管理秩序的行为，可以设定警告、通报批评或者一定数额罚款的行政处罚。罚款的限额由省、自治区、直辖市人民代表大会常务委员会规定。

五、行政处罚的实施、管辖和适用

（一）行政处罚的实施主体

行政处罚的实施主体是指依法有权实施行政处罚的主体。按照《行政处罚法》的规定，行政处罚的实施主体主要包括以下几类：

1. 行政机关。《行政处罚法》第 17 条规定："行政处罚由具有行政处罚权的行政机关在法定职权范围内实施。"行政机关属于行政主体，但行政机关并不一定都能成为行政处罚主体。行政机关成为行政处罚主体的前提是按照法律法规的规定，可以行使行政处罚权。因此，没有行政处罚权的行政机关不能实施行政处罚。

2. 法律、法规授权的组织。《行政处罚法》第 19 条规定："法律、法规授权的具有管理公共事务职能的组织可以在法定授权范围内实施行政处罚。"法律、法规基于行政管理的实际需要，往往将行政处罚权授予非行政机关如事业单位、社会团体行使。这些社会组织也因为法律、法规的授权而成为行政主体，可以在授权范围内以自己的名义行使行政处罚权。

3. 行政机关委托的组织。行政机关可以根据法律、法规、规章的规定，委托符合法定条件的组织行使行政处罚权。根据《行政处罚法》第 21 条的规定，受委托组织必须符合下列条件：①依法成立并具有管理公共事务职能；②有熟悉有关法律、法规、规章和业务并取得行政执法资格的工作人员；③需要进行技术检查或者技术鉴定的，应当有条件组织进行相应的技术检查或者技术鉴定。

4. 综合执法机构。综合执法机构的设立，是为了防止在不同的法律法规对同一事项都规定行政处罚的情况下，产生多头处罚、重复处罚的情形。《行政处罚法》第 18 条规定："国家在城市管理、市场监管、生态环境、文化市场、交通运输、应急管理、农业等领域推行建立综合行政执法制度，相对集中行政处罚权。国务院或者省、自治区、直辖市人民政府可以决定一个行政机关行使有关行政机关的行政处罚权。限制人身自由的行政处罚权只能由公安机关和法律规定的其他机关行使。"因此，一旦发生行政处罚权重合，经国务院或者相应的省级人民政府决定，综合执法机构可以行使相应的行政处罚权。

（二）行政处罚的管辖

1. 地域管辖。地域管辖是指不同地区的行政主体间对违法行为在行政处罚上的权限与分工。《行政处罚法》第 22 条规定："行政处罚由违法行为发生地的行政机关管辖。法律、行政法规、部门规章另有规定的，从其规定。"

2. 级别管辖。级别管辖是指不同级别的行政主体间对违法行为在处罚上的权限与分工。《行政处罚法》第 23 条规定"行政处罚由县级以上地方人民政府具有行政处罚权的行政机关管辖。法律、行政法规另有规定的，从其规定。"

3. 管辖权转移。《行政处罚法》第 24 条第 1 款规定："省、自治区、直辖市根据当地实际情况，可以决定将基层管理迫切需要的县级人民政府部门的行政处罚权交由能够有效承接的乡镇人民政府、街道办事处行使，并定期组织评估。决定应当公布。"这就是行政处罚的管辖权转移。根据该条款，省、自治区、直辖市可以决定将原本属于县级人民政府部门的行政处罚权转移给乡镇人民政府和街道办事处。

4. 指定管辖。指定管辖是指当出现不能依照法律规定确定管辖时，由上级行政主体以决定的方式将行政处罚案件指定给下级行政主体管辖。《行政处罚法》第 25 条第 2 款规定："对管辖发生争议的，应当协商解决，协商不成的，报请共同的上一级行政机关指定管辖；也可以直接由共同的上一级行政机关指定管辖。"

(三) 行政处罚的适用

1. 不予行政处罚。不予行政处罚是指当事人的行为虽然构成违法，但由于行为人的年龄或精神状态未达到法律所规定的条件，而不给予行政处罚。不予行政处罚具有如下特点：①不予行政处罚的前提是当事人的行为构成违法，如果当事人的行为不构成违法，则行政机关在任何情况下都不得对当事人施以行政处罚；②不予行政处罚的界限是违法主体的认知能力、精神状态或者违法行为的社会危害性未达到法律所规定的条件；③不予行政处罚的后果只是不承担行政法律责任，而对于该行为所引起的其他责任则不一定可以免除；④对不予行政处罚的当事人应加强法治教育。

根据《行政处罚法》的规定，不予行政处罚主要适用于以下几种情形：①不满 14 周岁的人有违法行为的；②精神病人、智力残疾人在不能辨认或者不能控制自己行为时有违法行为的；③违法行为轻微并及时改正，没有造成危害后果的；④违法事实不能成立的；⑤当事人有证据足以证明没有主观过错的，不予行政处罚，法律、行政法规另有规定的，从其规定。另外，初次违法且危害后果轻微并及时改正的，可以不予行政处罚。

2. 不再给予行政处罚。不再给予行政处罚主要是针对行政处罚时效而言的，即一旦超过了行政处罚的法定时效，行政机关就不再对行为人实施行政处罚。《行政处罚法》第 36 条第 1 款规定："违法行为在二年内未被发现的，不再给予行政处罚；涉及公民生命健康安全、金融安全且有危害后果的，上述期限延长至五年。法律另有规定的除外。"这意味着：①行政处罚时效的前提是违法行为未被发现，如果违法行为已经被发现，但行为人外逃的，不受时效的限制；②行政处罚的时效一般为 2 年，但如果违法行为涉及公民生命健康安全或者金融安全并产生了危害后果的，则行政处罚的时效为 5 年。超过上述期限的，不再给予行政处罚；③如果其他法律另有规定的，则按照其他法律规定的时效执行。如《治安管理处罚法》第 22 条第 1 款规定："违反治安管理行为在六个月内没有被公安机关发现的，不再处罚。"《税收征收管理法》第 86 条规定："违反税收法律、行政法规应当给予行政处罚的行为，在五年内未被发现的，不再给予行政处罚。"

　　另外，根据《行政处罚法》的规定，行政处罚的时效从违法行为发生之日起计算；违法行为有连续或者继续状态的，从行为终了之日起计算。

　　3. 从轻或减轻处罚。从轻处罚是指行政主体在法定范围和额度内对违法行为人适用较轻的处罚；减轻处罚是指行政机关在法定的处罚幅度最低限以下，对违法行为人适用行政处罚。在理解从轻或减轻处罚时，应当注意：①从轻或减轻处罚是法定情节。也就是说，行政机关从轻或减轻处罚是行政机关的义务而非权利。正是基于此种考虑，《行政处罚法》在规定从轻或减轻处罚时，使用了"应当"一词。②从轻或减轻处罚并非是一种并列关系。行政机关对一个违法行为不能同时适用从轻和减轻处罚，而只能选择其中的一种。③对于从轻或减轻处罚的条件，法律作出了明确规定。只有具备了法定条件之一的，行政机关才可以从轻或减轻处罚。

　　按照《行政处罚法》的规定，当事人有以下情形之一的，应当依法从轻、减轻处罚：①已满 14 周岁不满 18 周岁的未成年人有违法行为的；②违法行为人主动消除或减轻违法行为危害后果的；③当事人受他人胁迫有违法行为的；④当事人配合行政主体查处违法行为有立功表现的；⑤法律、法规、规章规定其他依法从轻、减轻处罚的。需要注意的是，《行政处罚法》第 31 条还规定了"尚未完全丧失辨认或者控制自己行为能力的精神病人、智力残疾人有违法行为的，可以从轻或者减轻行政处罚"。这是行政主体根据实际情况酌情从轻或者减轻处罚的情形。

　　4. 从重处罚。从重处罚是指行政主体在法定范围和额度内对违法行为人适用较重的处罚。根据《治安管理处罚法》第 20 条的规定，从重处罚的情形有以下几种：①有较严重后果的；②教唆、胁迫、诱骗他人违反治安管理的；③对报案人、控告人、举报人、证人打击报复的；④6 个月内曾受过治安管理处罚的。新修改的《行政处罚法》增加了"从重"处罚的唯一情形，即"发生重大传染病疫情等突发事件，为了控制、减轻和消除突发事件引起的社会危害，行政机关对违反突发事件应对措施的行为，依法快速、从重处罚"。

六、行政处罚的程序

（一）行政处罚决定程序

1. 简易程序。简易程序，又称当场处罚程序，它是指行政主体依法对某些情节轻微的违法行为给予当场处罚的程序。它最大的特点是简便易行，不需要经过复杂的调查，能及时解决违法行为，能极大地提高行政效率。按照我国《行政处罚法》第51条的规定，适用简易程序的条件是：①违法事实确凿，即违法事实清楚，证据充分确凿；②处罚有法定依据，即必须是法律、行政法规、行政规章明文规定可以处罚的；③处罚较轻，即对公民处以200元以下、对法人或者其他组织处以3000元以下罚款或者警告的。当然简易程序仍然要遵循一定的步骤，具体包括：①出示执法证件；②说明理由；③告知权利；④制作笔录；⑤制作处罚决定书；⑥交付处罚决定书；⑦备案。

2. 一般程序。一般程序是指除法律特别规定应适用简易程序以外的，行政处罚通常使用的程序。一般程序较为严格、复杂，适用范围广泛。一般程序的基本步骤包括：①立案。立案是行政处罚一般程序的起点。它需要填写立案报告表，报单位主要负责人签批，并指派专人承办案件的调查取证工作。②调查取证。调查人员应当向当事人或者有关人员出示证件。当事人或者有关人员应当如实回答询问，并协助调查或者检查，不得阻挠。询问或者检查应当制作笔录。行政机关在收集证据时，可以采取抽样取证的方法。在证据可能灭失或者以后难以取得的情况下，经行政机关负责人批准，可以先行登记保存，并应当在7日内及时作出处理决定。执法人员与当事人有直接利害关系的，应当回避。③初步决定。调查终结，行政机关负责人应当对调查结果进行审查，根据不同情况，分别作出初步决定。对情节复杂或者重大违法行为应给予较重行政处罚的，行政机关的负责人应当集体讨论决定。有下列情形之一，在行政机关负责人作出行政处罚的决定之前，应当由从事行政处罚决定法制审核的人员进行法制审核；未经法制审核或者审核未通过的，不得作出决定：涉及重大公共利益的；直接关系当事人或者第三人重大权益，经过听证程序的；案件情况疑难复杂、涉及多个法律关系的；法律、法规规定应当进行法制审核的其他情形。行政机关中初次从事行政处罚决定法制审核的人员，应当通过国家统一法律职业资格考试取得法律职业资格。④说明理由并告知权利。行政机关在作出行政处罚决定之前，应当告知当事人作出行政处罚决定的事实、理由及依据，并告知当事人依法享有的权利。⑤听取当事人陈述和申辩。当事人有权进行陈述和申辩。行政机关必须充分听取当事人的意见，对当事人提出的事实、理由和证据，应当进行复核；当事人提出的事实、理由或者证据成立的，行政机关应当采纳。

⑥作出处理决定并送达当事人。行政机关应当自行政处罚案件立案之日起90日内作出行政处罚决定。法律、法规、规章另有规定的，从其规定。行政处罚决定书应当在宣告后当场交付当事人；当事人不在场的，行政机关应当在7日内依照《民事诉讼法》的有关规定，将行政处罚决定书送达当事人。

3. 听证程序。听证程序是指行政主体在作出某些行政处罚决定前，组织调查人员、案件当事人和利害关系人参加听证会，听取各方面的意见，由各方提供证据并相互质证的活动。听证程序不是一个单独的程序，它是一般程序中的特殊程序。其目的是保证行政处罚的公正、合理，能更好地保护行政相对人的合法权益。按照我国《行政处罚法》第63条的规定，听证程序适用于作出较大数额罚款；没收较大数额违法所得、没收较大价值非法财物；降低资质等级、吊销许可证件；责令停产停业、责令关闭、限制从业；其他较重的行政处罚以及法律、法规、规章规定的其他情形。听证程序的基本步骤包括：行政机关作出较大数额罚款等行政处罚决定之前，应当告知当事人有要求举行听证的权利；当事人要求听证的，行政机关应当组织听证。当事人不承担行政机关组织听证的费用。听证应当遵循法定的程序。

（二）行政处罚执行程序

行政处罚执行程序是指享有行政处罚权的行政主体为保证行政处罚决定所规定的义务得以实现而实施的行政强制执行的程序。根据行政行为的效力理论，只要行政机关作出了行政处罚，就应当立即执行。即便是被处罚人申请行政复议或者提起行政诉讼，行政处罚也不能停止执行，除非出现了法律所规定的或其他可以停止执行的法定情形。

另外，在罚款的执行方面，《行政处罚法》规定了罚缴分离的执行方法，即作出行政处罚决定的行政主体和收缴罚款的机构彼此分离，其目的在于限制滥用行政处罚权，保护行政相对人的合法权益。当然，《行政处罚法》也从我国的实际情况出发，规定了一些可以当场收缴罚款的情形。包括：①依法给予100元以下罚款的；②不当场收缴事后难以执行的；③边远、水上、交通不便地区的当事人到指定的银行或者通过电子支付系统缴纳罚款确有困难，经当事人提出的。对于到期不履行法定义务的当事人，《行政处罚法》规定了具体措施：①到期不缴纳罚款的，每日按罚款数额的3%加处罚款，加处罚款的数额不得超出罚款的数额；②根据法律规定拍卖被查封、扣押的物品或者划拨冻结的存款以抵缴罚款；③依照《中华人民共和国行政强制法》的规定申请法院强制执行。

拓展训练——故意毁损人民币受行政处罚

一女子廖某骑一辆装有溯水的自行车与周女士的私家车剐蹭，周女士当即要求廖赔偿200元。廖某只有30.6元，却被周女士一气之下撕碎。接到围观群众报警后，广州市公安局越秀区分局依照我国《中华人民共和国人民币管理条例》第42条规定："故意毁损人民币的，由公安机关给予警告，并处1万元以下的罚款"，对周女士作出罚款9000元的决定。警方认为，作出9000元的处罚是合适的，也可对社会产生警示作用。

请问：1. 你对警方观点有何评价（以行政法的基本原则视角）？

2. 广州市公安局越秀区分局北京派出所能否对周女士作出罚款9000元的决定？为什么？

3. 周女士能否要求听证？为什么？

4. 广州市公安局越秀区分局针对周女士的违反行为，适用哪种行政处罚程序？

第三节 行政强制

导入案例

福建省闽侯县某镇某村村民林某，未经审批，在其坐落于湖边的房屋外建造围墙及停车棚。2020年5月13日，闽侯县某镇人民政府作出《清违公告》，并于当日组织相关职能部门对林某房屋外的围墙及车棚进行强制拆除。林某不服，提起行政诉讼，请求确认该镇政府强制拆除其房屋外围墙及停车棚的行为违法。

本案知识点：行政强制执行的概念；行政强制执行的程序

一、行政强制的概念及特征

行政强制是指行政主体为了实现公共目的，保障行政管理的顺利进行，依法采取强制手段迫使拒不履行行政法律规范规定的义务的行政相对人履行义务或达到与履行义务相同的状态，或者为了维护社会秩序、保护他人的合法权益对行政相对人的人身、财产采取的强制性具体行政行为的总和。行政强制具有以下特点：

1. 行政强制具有强制性。行政强制是国家强制力在行政管理领域内的反映和具体化，它的存在是基于行政管理的需要。如果国家没有行政强制力作为最后的保障，那么国家、社会就难以持续、健康地发展，国家的行政就无从谈起。

2. 行政强制的主体是行政主体。实施行政强制的主体必须是法律、行政法规明确规定的。如果没有法律、行政法规的明确规定，行政主体必须向人民法院申请强制执行，但这并不影响行政主体作为行政强制主体的地位。

3. 行政强制的对象是行政相对人。行政强制是针对拒不履行行政法律规范规定的义务的行政相对人，或者为了维护社会秩序、保护他人的合法权益对行政相对人的人身、财产作出的强制性具体行政行为。

4. 行政强制的目的是实现一定的行政目的，保障行政管理的顺利进行，保障国家、社会和他人的合法权益免受侵害。

为了规范行政强制的设定和实施，保障和监督行政机关依法履行职责，维护公共利益和社会秩序，保护公民、法人和其他组织的合法权益，全国人大常委会制定了《行政强制法》。根据该法的规定，行政强制包括行政强制措施和行政强制执行。

二、行政强制的基本原则

（一）*法定原则*

法定原则是指行政强制权的设定及其实施必须依法进行，不得违反法律规定。没有法律规定或授权，不得设定行政强制；对于依法享有强制权的行政机关及其他机关，必须严格按照法律规定行使行政强制权。根据《行政强制法》第4条规定："行政强制的设定和实施，应当依照法定的权限、范围、条件和程序。"具体来看，行政强制法定原则包括设定法定和实施法定两个方面：

1. 设定法定。是指行政强制的设定权由法律规定，它涉及行政机关限制、剥夺或其他影响公民、法人或者其他组织权利的正当性和权限问题。行政强制作为一种激烈的行政管理手段，其设定至关重要。根据《行政强制法》的规定，行政强制原则上只有全国人民代表大会及其常委会制定的法律才有权设定，行政法规和地方性法规能否具有或具有什么样的设定权，有赖于法律的明确授权。除法律、行政法规和地方性法规外，其他任何规范性文件不得设定对公民、法人或者其他组织不利的行政强制行为。

2. 实施法定。对依法设定的行政强制，享有行政强制权的机关必须依照法律规定的权限、范围、条件和程序行使该权力。具体包括：①权限法定。行政机关及相关主体实施行政强制必须遵循权限法定的要求，没有行政强制权的机关和组织不得实施行政强制；②范围法定。对享有行政强制权的行政机关及相关主体，应严格按照法律事先规定的权限范围实施；③条件法定。行政强制权的行使皆需要具有一定的条件，行政机关行使行政强制权的条件均应由法律、法规明确规定，行政机关及其有权机关只有在符合法律规定的条件时，方能行使行政强制权，实施行政强制，否则构成违法；④程序法定。行政强制合法不仅包括结果合法，而且包括程序合法，二者缺一不可。

（二）适当性原则

适当性原则也称为合理性原则，是指设定和实施行政强制应当适当、合理，符合比例原则。适当性原则是在合法性原则基础上对行政机关提出的更高要求，目的是防止行政自由裁量走向肆意。《行政强制法》第5条规定："行政强制的设定和实施，应当适当。采用非强制手段可以达到行政管理目的的，不得设定和实施行政强制。"也就是说，行政强制必须是在采用其他方法不足以有效实现行政管理目的的前提下才加以设定和实施。同时，适当性原则也是实现《行政强制法》规定的"保障和监督行政机关依法履行职责，维护公共利益和社会秩序，保护公民、法人和其他组织的合法权益"这一立法目的客观要求。

（三）教育与强制相结合的原则

教育与强制相结合原则是指行政机关在实施行政强制之前，必须告诫当事人，说服、教育当事人依法自觉遵守法律，履行法定义务，经说服教育后当事人仍不自觉遵守法律或履行法定义务的，方可实施行政强制。《行政强制法》第6条规定："实施行政强制，应当坚持教育与强制相结合。"教育行政相对人自觉守法，自觉履行法定义务，不仅可以达到行政执法的目的，也可以提高行政执法机关的执法效能。当然，坚持教育与强制相结合原则，并不意味着说服教育是所有行政强制的前置条件，更不能理解为可以以教育来替代行政强制。教育与强制是相互促进、相互依存的关系。比如在制作行政强制决定前要催告，实施行政强制时要说明理由和依据，经催告当事人自动履行的，应当立即停止强制执行。

（四）权利保障原则

权利保障原则又称法律救济原则，是指行政机关对行政相对人实施行政强制时，应保障行政相对人的合法权益，保障行政相对人的救济权利。《行政强制法》第8条规定："公民、法人或者其他组织对行政机关实施行政强制，享有陈述权、申辩权；有权依法申请行政复议或者提起行政诉讼；因行政机关违法实施行政强制受到损害的，有权依法要求赔偿。公民、法人或者其他组织因人民法院在强制执行中有违法行为或者扩大强制执行范围受到损害的，有权依法要求赔偿。"

三、行政强制措施

（一）行政强制措施的概念

行政强制措施，是指行政机关在行政管理过程中，为制止违法行为、防止证据损毁、避免危害发生、控制危险扩大等情形，依法对公民的人身自由实施暂时性限制，或者对公民、法人或者其他组织的财物实施暂时性控制的行为。

行政强制措施具有以下法律特征：①行政强制措施只能由行政主体作出，人民法院不能成为实施行政强制措施的主体。②行政强制措施的对象是不特定的。一旦出现危及社会公共利益的紧急状态，行政主体就可以直接实施行政强制措施，不管行政相对人是否负有法定义务，行政相对人必须服从。③行政强制措施的前提是出现紧急状态，且无法期待行政相对人自动履行，此时可采取行政强制措施。④行政强制措施的实施必须有具体法律的实体授权。

（二）行政强制措施的种类和设定

1. 行政强制措施的种类。

（1）限制公民人身自由。限制公民人身自由的行政强制措施是指特定的行政机关为预防或制止违法行为或危害社会的状态，实施的限制行政相对人的人身自由的行政强制方法。这类强制措施的实施主体仅限于公安、国家安全、海关等行政机关，其内容是对违法行为人的人身自由实行暂时性的限制。根据现有法律的规定，限制人身自由的行政强制措施主要包括强制戒毒、强行驱散、强行带离现场、强制隔离、强制治疗、强制约束等。

（2）查封场所、设施或者财物。查封是行政机关对违法行为的场所或者违法行为人的设施、财产实行就地封存，以防止有关人员对场所进行破坏，或者对设施、财产任意使用、处分的行政行为。查封场所的目的，是保护违法行为的原始现场，使行政机关能够及时收集证据，从而作出正确的行政决定；而查封设施或者财物的目的，则主要是保障行政决定的执行和行政相对方的金钱、财产给付义务的履行，防止行政相对人在行政决定强制执行前转移、隐瞒或毁坏其可供执行的财产。被查封的财产包括动产和不动产。

（3）扣押财物。扣押财物是行政主体强制扣押行政相对方的财产，限制其继续对之进行占有和处分。扣押与查封的区别是：查封的财产一般是不易移动或者没有必要转移于行政机关处所的物品，所以将之留在原地查封；而扣押的财产一般是可转移的，且有必要从相对方处所转移的物品，或者是行政主体在执法检查监督中现场查获的与相对方实施违法行为有关的物品。[1]

（4）冻结存款、汇款。冻结存款、汇款是指行政主体在对行政相对人作出具体行政行为前，为防止行政相对人转移资金，以保证今后具体行政行为的执行，通知金融机构冻结行政相对人的存款或者汇款。

---

〔1〕 罗豪才主编：《行政法学》，北京大学出版社 2005 年版，第 279 页。

（5）其他行政强制措施。除上述行政强制措施外，有些法律规定了其他种类的行政强制措施，如《人民警察法》第17条第1款规定："县级以上人民政府公安机关，经上级公安机关和同级人民政府批准，对严重危害社会治安秩序的突发事件，可以根据情况实行现场管制。"但要注意的是，"其他行政强制措施"必须符合《行政强制法》有关行政强制措施设定权的规定，否则即属违法的行政强制措施。

2. 行政强制措施的设定。根据《行政强制法》的规定，能够设定行政强制措施的规范性文件包括法律、行政法规和地方性法规，而且这三种规范性文件的设定权是与其效率的高低相适应的。行政规章及其以下的规范性文件则无行政强制措施的设定权。

（1）法律。《行政强制法》第10条第1款规定："行政强制措施由法律设定。"这表明：①行政强制措施由法律加以设定，除非有法律的特别规定，否则其他规范性文件不得设定行政强制措施；②法律可以设定任何形式的行政强制措施，无论是对人身自由施行的行政强制措施抑或对物品、场所施行的行政强制措施，法律都可以设定。

（2）行政法规。行政法规原则上不得设定行政强制措施，除非满足两个条件：①尚未制定法律；②属于国务院行政管理职权事项的情况，才可以设定行政强制措施。根据《行政强制法》的规定，行政法规不得设定限制公民的人身自由以及冻结存款、汇款的行政强制措施。因此，行政法规可以设定的行政强制措施包括查封场所、设施或者财物，扣押财物以及应当由法律规定的行政强制措施以外的其他行政强制措施。

（3）地方性法规。与行政法规一样，地方性法规同样只有在尚未制定法律、行政法规，并且属于地方性事务的情况下，才可以设定行政强制措施。但与行政法规不同的是，地方性法规只能设定查封场所、设施或者财物以及扣押财物两种行政强制措施，除此之外的任何行政强制措施，地方性法规都不能设定。

（三）行政强制措施的程序

1. 行政强制措施程序的一般规定。根据《行政强制法》的规定，行政强制措施由法律、法规规定的行政机关在法定职权范围内实施，行政机关不得将行政强制措施权委托给其他主体行使。依据《行政处罚法》的规定行使相对集中行政处罚权的行政机关，可以实施法律、法规规定的与行政处罚权有关的行政强制措施。行政强制措施应当由行政机关具备资格的行政执法人员实施，其他人员不得实施。

行政机关实施行政强制措施应当遵守下列规定：①实施前须向行政机关负

责人报告并经批准。如果情况紧急，需要当场实施行政强制措施的，行政执法人员应当在 24 小时内向行政机关负责人报告，并补办批准手续。行政机关负责人认为不应当采取行政强制措施的，应当立即解除；②由两名以上行政执法人员实施；③出示执法身份证件；④通知当事人到场；⑤当场告知当事人采取行政强制措施的理由、依据以及当事人依法享有的权利、救济途径；⑥听取当事人的陈述和申辩；⑦制作现场笔录；⑧现场笔录由当事人和行政执法人员签名或者盖章，当事人拒绝的，在笔录中予以注明；⑨当事人不到场的，邀请见证人到场，由见证人和行政执法人员在现场笔录上签名或者盖章；⑩法律、法规规定的其他程序。

依照法律规定实施限制公民人身自由的行政强制措施，除应当履行上述程序外，还应当遵守下列规定：①当场告知或者实施行政强制措施后立即通知当事人家属实施行政强制措施的行政机关、地点和期限；②在紧急情况下当场实施行政强制措施的，在返回行政机关后，立即向行政机关负责人报告并补办批准手续；③法律规定的其他程序。

2. 查封、扣押程序。

（1）查封、扣押的一般规定。查封、扣押应当由法律、法规规定的行政机关实施，其他任何行政机关或者组织不得实施。查封、扣押限于涉案的场所、设施或者财物，不得查封、扣押与违法行为无关的场所、设施或者财物；不得查封、扣押公民个人及其所扶养家属的生活必需品。当事人的场所、设施或者财物已被其他国家机关依法查封的，不得重复查封。

（2）查封、扣押决定书。依照法律法规规定对财物实施查封、扣押的，行政执法人员必须按照行政强制措施的一般程序办理，并把查封、扣押决定书当场交付当事人。查封、扣押决定书应当载明下列事项：①当事人的姓名或者名称、地址；②查封、扣押的理由、依据和期限；③查封、扣押场所、设施或者财物的名称、数量等；④申请行政复议或者提起行政诉讼的途径和期限；⑤行政机关的名称、印章和日期。

（3）查封、扣押的期限。查封、扣押的期限不得超过 30 日；情况复杂的，经行政机关负责人批准，可以延长，但是延长期限不得超过 30 日。法律、行政法规另有规定的除外。延长查封、扣押的决定应当及时书面告知当事人，并说明理由。对物品需要进行检测、检验、检疫或者技术鉴定的，查封、扣押的期间不包括检测、检验、检疫或者技术鉴定的期间。检测、检验、检疫或者技术鉴定的期间应当明确，并书面告知当事人。检测、检验、检疫或者技术鉴定的费用由行政机关承担。

（4）查封、扣押的解除。行政机关采取查封、扣押措施后，应当及时查清事实，在法定的期限内作出处理决定。对违法事实清楚、依法应当没收的非法财物予以没收；法律、行政法规规定应当销毁的，依法销毁；应当解除查封、扣押的，作出解除查封、扣押的决定。按照法律的规定，有下列情形之一的，行政机关应当及时作出解除查封、扣押的决定：①当事人没有违法行为；②查封、扣押的场所、设施或者财物与违法行为无关；③行政机关对违法行为已经作出处理决定，不再需要查封、扣押；④查封、扣押期限已经届满；⑤其他不再需要采取查封、扣押措施的情形。解除查封、扣押应当立即退还财物；已将鲜活物品或者其他不易保管的财物拍卖或者变卖的，退还拍卖或者变卖所得款项。变卖价格明显低于市场价格，给当事人造成损失的，应当给予补偿。

3. 冻结存款、汇款程序。

（1）冻结存款、汇款的主体。冻结存款、汇款应当由法律规定的行政主体作出决定，其他任何行政机关或者组织不得采取冻结存款的行政强制措施。有权机关也不得委托其他行政机关或者组织作出冻结存款的决定。法律规定以外的行政机关或者组织要求冻结当事人存款、汇款的，金融机构应当拒绝。

（2）冻结存款、汇款的一般规定。冻结存款、汇款的数额应当与违法行为涉及的金额相当；已被其他国家机关依法冻结的，不得重复冻结。冻结存款应当书面通知金融机构。金融机构接到行政机关依法作出的冻结通知书后，应当立即予以冻结，不得拖延，不得在冻结前向当事人泄露信息。

（3）冻结存款、汇款决定书。依照法律规定对存款、汇款实施冻结的，作出决定的行政机关应当在 3 日内向当事人交付冻结决定书。冻结决定书应当载明下列事项：①当事人的姓名或者名称、地址；②冻结的理由、依据和期限；③冻结的账号和数额；④申请行政复议或者提起行政诉讼的途径和期限；⑤行政机关的名称、印章和日期。

（4）冻结存款、汇款决定的解除。自冻结存款、汇款之日起 30 日内，行政机关应当作出处理决定或者作出解除冻结决定；情况复杂的，经行政机关负责人批准，可以延长，但是延长期限不得超过 30 日。按照《行政强制法》的规定，有下列情形之一的，行政机关应当及时作出解除冻结决定：①当事人没有违法行为；②冻结的存款、汇款与违法行为无关；③行政机关对违法行为已经作出处理决定，不再需要冻结；④冻结期限已经届满；⑤其他不再需要采取冻结措施的情形。行政机关作出解除冻结决定的，应当及时通知金融机构和当事人。金融机构接到通知后，应当立即解除冻结。行政机关逾期未作出处理决定或者解除冻结决定的，金融机构应当自冻结期满之日起解除冻结。

四、行政强制执行

（一）行政强制执行的概念

行政强制执行，是指行政机关或者行政机关申请人民法院，对不履行行政决定的公民、法人或者其他组织，依法强制履行义务的行为。行政强制执行的特征包括：①行政强制执行以行政主体和法院为执行主体；②行政强制执行以已生效的具体行政行为所确定的义务为执行内容；③行政强制执行的目的在于迫使行政相对人履行义务或用代执行等方式达到与履行义务相同之状态，最终确保行政法上秩序的实现；④在执行条件上，行政强制执行必须以行政相对人逾期不履行已经生效的具体行政行为所确定的义务为前提。

（二）行政强制执行的方式和设定

1. 行政强制执行的方式。

（1）加处罚款或者滞纳金。加处罚款或者征收滞纳金统称为执行罚，是指有关行政主体在行政相对人逾期拒不履行法定义务时，对行政相对人处以财产上新的制裁，以迫使行政相对人自觉履行法定义务的行政强制执行方式。例如，《行政处罚法》第72条规定，到期不缴纳罚款的，每日按罚款数额的3%加处罚款；《税收征收管理法》第32条规定，纳税人未按照规定期限缴纳税款的，扣缴义务人未按照规定期限解缴税款的，税务机关除责令限期缴纳外，从滞纳税款之日起，按日加收滞纳税款万分之五的滞纳金。

（2）划拨存款、汇款。划拨存款、汇款是指行政主体通知银行从行政相对人的存款或者汇款中强行划拨其拒不缴纳的某种款项。《社会保险法》第63条规定，用人单位逾期仍未缴纳或者补足社会保险费的，社会保险费征收机构可以向银行和其他金融机构查询其存款账户；并可以申请县级以上有关行政部门作出划拨社会保险费的决定，书面通知其开户银行或者其他金融机构划拨社会保险费。

（3）拍卖或者依法处理查封、扣押的场所、设施或者财物。拍卖是有关国家机关对已经被查封、扣押的场所、设施、财物以公平竞争的形式出价，确定被拍卖财产的价金，并将其出卖给最高价格的买进人的一种强制执行措施。对于不适宜拍卖的，可以采取其他处理方式进行处理。

（4）排除妨碍、恢复原状。排除妨碍是指权利人行使其权利受到不法阻碍或妨害时，行政机关可以要求加害人排除或请求人民法院强制排除，以保障权利正常行使的措施。恢复原状是指受害人所遭受的合法权益的损失由行政机关或者申请人民法院加以恢复，使其回到被侵害以前的状态。

（5）代履行。代履行，是指义务人不履行法律法规等规定的或者行政行为所确定的可代替作为义务时，由行政强制执行机关或第三人代为履行，并向义务人征收必要费用的行政强制执行方法。代履行只适用于义务人应当履行的作为义务，并且这种作为义务是能够由第三人代替履行的。对于不作为义务，或者虽是作为义务但不能由第三人代为履行的，则不能使用代履行的方式强制执行。

（6）其他强制执行方式。这是《行政强制法》对行政强制执行方式所作的一种弹性规定。事实上，在上述五种执行方式中，还存在着其他的强制执行方式。如《海关法》第 60 条规定，进出口货物的纳税义务人，超过 3 个月仍未缴纳税款的，经直属海关关长或者其授权的隶属海关关长批准，海关可以书面通知其开户银行或者其他金融机构从其存款中扣缴税款，即强制扣缴。但要注意的是，只有全国人大及其常委会加以规定的"其他强制执行方式"才是有效的，其他任何国家机关规定的强制执行方式一律无效。

2. 行政强制执行的设定。行政强制执行由法律设定。法律没有规定行政机关强制执行的，作出行政决定的行政机关应当申请人民法院强制执行。这表明，行政强制执行只能由法律设定，其他任何规范性文件均不得设定行政强制执行。这与行政处罚的设定、行政许可的设定和行政强制措施的设定具有较大区别。

（三）行政强制执行程序

1. 行政强制执行程序的一般规定。

（1）催告。对于当事人在法定期限内不履行义务的，具有强制执行权的行政机关可以依法强制执行，没有行政强制执行权的行政机关可以自期限届满之日起 3 个月内，申请人民法院强制执行。但在作出强制执行决定前或者申请人民法院强制执行前，行政机关应当事先催告当事人履行义务。催告应当以书面形式作出，并载明下列事项：①履行义务的期限；②履行义务的方式；③涉及金钱给付的，应当有明确的金额和给付方式；④当事人依法享有的陈述权和申辩权。当事人收到催告书后有权进行陈述和申辩。行政机关应当充分听取当事人的意见，对当事人提出的事实、理由和证据，应当进行记录、复核。当事人提出的事实、理由或者证据成立的，行政机关应当采纳。

（2）作出决定。经催告，当事人逾期仍不履行行政决定，且无正当理由的，行政机关可以作出强制执行决定。强制执行决定应当以书面形式作出，并载明下列事项：①当事人的姓名或者名称、地址；②强制执行的理由和依据；③强制执行的方式和时间；④申请行政复议或者提起行政诉讼的途径和期限；⑤行政机关的名称、印章和日期。在催告期间，对有证据证明有转移或者隐匿财物迹象的，行政机关可以作出立即强制执行决定。

2. 金钱给付义务的执行程序。行政机关依法作出金钱给付义务的行政决定，当事人逾期不履行的，行政机关可以依法加处罚款或者滞纳金。加处罚款或者滞纳金的标准应当告知当事人。但是，应当注意的是，加处罚款或者滞纳金的数额不得超出金钱给付义务的数额。如果加处罚款或者滞纳金超过30日，经催告当事人仍不履行的，具有行政强制执行权的行政机关可以强制执行；没有行政强制执行权的行政机关应当申请人民法院强制执行。但是，当事人在法定期限内不申请行政复议或者提起行政诉讼，经催告仍不履行的，在实施行政管理过程中已经采取查封、扣押措施的行政机关，可以将查封、扣押的财物依法拍卖抵缴罚款。

3. 代履行的程序。

（1）代履行的条件。行政机关依法作出要求当事人履行排除妨碍、恢复原状等义务的行政决定，当事人逾期不履行，经催告仍不履行，其后果已经或者将危害交通安全、造成环境污染或者破坏自然资源的，行政机关可以代履行，或者委托没有利害关系的第三人代履行。

（2）代履行的要求。①代履行前送达决定书，代履行决定书应当载明当事人的姓名或者名称、地址，代履行的理由和依据、方式和时间、标的、费用预算以及代履行人；②代履行3日前，催告当事人履行，当事人履行的，停止代履行；③代履行时，作出决定的行政机关应当派员到场监督；④代履行完毕，行政机关到场监督的工作人员、代履行人和当事人或者见证人应当在执行文书上签名或者盖章。代履行的费用按照成本合理确定，由当事人承担。但是，法律另有规定的除外。当然，代履行不得采用暴力、胁迫以及其他非法方式。

如果需要立即清除道路、河道、航道或者公共场所的遗洒物、障碍物或者污染物，当事人不能清除的，行政机关可以决定立即实施代履行；当事人不在场的，行政机关应当在事后立即通知当事人，并依法作出处理。

4. 申请人民法院强制执行的程序。

（1）提出申请。行政机关向人民法院申请强制执行，应当提供下列材料：①强制执行申请书；②行政决定书及作出决定的事实、理由和依据；③当事人的意见及行政机关催告情况；④申请强制执行标的情况；⑤法律、行政法规规定的其他材料。

（2）决定受理。人民法院接到行政机关强制执行的申请，应当在5日内作出是否受理的裁定。行政机关对人民法院不予受理的裁定有异议的，可以在15日内向上一级人民法院申请复议，上一级人民法院应当自收到复议申请之日起15日内作出是否受理的裁定。

（3）裁定执行。人民法院对行政机关强制执行的申请进行书面审查，对符合法律规定，且行政决定具备法定执行效力的，人民法院应当自受理之日起 7 日内作出执行裁定。但是，人民法院发现行政决定具有下列情形之一的，在作出裁定前可以听取被执行人和行政机关的意见，并且应当自受理之日起 30 日内作出是否执行的裁定：①明显缺乏事实根据的；②明显缺乏法律、法规依据的；③其他明显违法并损害被执行人合法权益的。裁定不予执行的，应当说明理由，并在 5 日内将不予执行的裁定送达行政机关。行政机关对人民法院不予执行的裁定有异议的，可以自收到裁定之日起 15 日内向上一级人民法院申请复议，上一级人民法院应当自收到复议申请之日起 30 日内作出是否执行的裁定。因情况紧急，为保障公共安全，行政机关可以申请人民法院立即执行。经人民法院院长批准，人民法院应当自作出执行裁定之日起 5 日内执行。

拓展训练——扣押车辆合不合法？

2021 年 3 月 22 日早上 8 点，李某在小区倒车时，不小心把邻居张某（72 岁）碰倒，李某得知张某当时说没啥问题就上班去了。晚上，太原市公安局交警支队迎泽区二大队派出警察郭某和"辅警"叶某（警校学生于某实习期间身穿辅警服装）进行调查。二人告知李某他们已经调取了小区的监控录像，询问李某当时发生的情况后暂扣了李某的轿车，但并未出具扣押决定书。4 月 25 日，郭某通知李某到交警大队取票据到长风停车场取车，未出具解除扣押决定书。李某去了停车场取车时被告知要缴纳一个月的停车保管费 340 元。

　　请问：1. 本案中扣车行为的性质该如何认定？说明理由。

　　　　　2. 停车保管费 340 元由谁来承担？说明理由。

　　　　　3. 本案存在哪些违法之处？

参考答案

本章小结

本章具体行政行为主要由行政许可、行政处罚以及行政强制构成。

行政许可是指行政主体根据公民、法人或者其他组织的申请，依法准予其从事特定活动的行政行为。全国人民代表大会及其常委会、国务院、有权地方人民代表大会及其常委会和省级人民政府是行政许可的设定主体。行政许可的程序包括一般程序和特殊程序。

行政处罚是指行政机关依法对违反行政管理秩序的公民、法人或者其他组织，以减损权益或者增加义务的方式予以惩戒的行为。行政处罚的种类主要包括警告、通报批评；罚款、没收违法所得、没收非法财物；暂扣许可证件、降低资质等级、吊销许可证件；限制开展生产经营活动、责令停产停业、责令关闭、限制从业；行政拘留；法律、行政法规规定的其他行政处罚。行政处罚的程序包括行政处罚的决定程序和行政处罚的执行程序。

行政强制是指行政主体为了实现公共目的，保障行政管理的顺利进行，依法采取强制手段迫使拒不履行行政法律规范规定的义务的行政相对人，履行义务或达到与履行义务相同的状态，或者为了维护社会秩序、保护他人的合法权益对行政相对人的人身、财产采取的强制性具体行政行为的总和。行政强制分为行政强制措施和行政强制执行两大类。

实务训练

一、示范案例

案情：郭某是运煤司机，某日运煤经过 309 国道某交通检查站时，执勤人员宋某（身着交通警察制服，佩带执勤袖章）对郭某实施了行政处罚。宋某递给郭某一份处罚决定书，其全部内容是：根据有关规定，罚款 20 元。决定书印着某省某市交通大队的印章。郭某问其被罚的原因，宋某告知是因为超载所致。郭某辩称自己只拉半车煤，不算超载，不予配合。宋某以郭某态度不好为由对郭某又进行了再次罚款 20 元。郭某怕争辩下去，又要罚款，只好交了 40 元钱后离去，宋某未出具收据。

问：请指出该处罚不当之处。

分析：①罚款决定没有事实根据。②未向当事人郭某说明理由和告知权利，直接给予处罚。③不听取郭某的陈述和申辩。④本案是适用简易程序，即当场处罚程序进行的罚款，其处罚决定书只有罚款数额和行政机关印章两项，其他事项没有载明；决定书中"根据有关规定"的字样不能作为处罚依据，处罚依据应明确具体，写明根据哪部法律、法规的哪一条款。⑤实施处罚没有告知当事人复议或诉讼的救济途径。⑥当场收缴罚款未向当事人郭某出具收据。行政机关及其执法人员现场收缴罚款的，必须向当事人出具省、自治区、直辖市财政部门统一制发的罚款收据；不出具财政部门统一制发的罚款收据的，当事人有权拒绝缴纳罚款。

二、习作案例

2017 年 4 月 9 日早晨 6 时许，刘某驾驶轻型厢式货车在运输途中因超载被江苏省沭阳县公安局交通巡逻警察大队处以罚款 200 元的处罚；上午 10 时因驾驶安全设施不全的机动车，被江苏省宝应县公安局交通巡逻警察大队处以罚款 200 元的处罚；同日下午 14 时许，刘某从扬州往镇江方向行驶至扬溧高速 57 公里处，遇镇江市公安局交通巡逻警察支队沪宁高速公路大队的执勤民警例行检查，再次因超载被罚款 2000 元。刘某不服，认为镇江市公安局交通巡逻警察沪宁高速公路大队的行政处罚违反了"一事不再罚"原则，遂向江苏省镇江市润州区人民法院提起行政诉讼，要求撤销镇江市公安交通巡逻警察支队沪宁高速公路大队作出的对其罚款 2000 元的行政处罚决定。

问：镇江市公安局交通巡逻警察沪宁高速公路大队对刘某的处罚是否违反了一事不再罚原则？为什么？

复习与思考

1. 行政许可的事项有哪些？哪些主体可以设定行政许可事项？
2. 什么是行政处罚？行政处罚的种类有哪些？
3. 行政处罚一般程序的具体内容是什么？
4. 什么是行政强制？行政强制包括哪些？
5. 试比较规范性文件对行政许可、行政处罚和行政强制的设定权。

自测习题及参考答案

第六章　行政复议

学习目标：
- 理解行政复议的基本原则；
- 掌握行政复议的含义和特征，明确行政复议的范围、管辖和程序，能够运用法律解决行政复议的范围、管辖和程序问题，参与和解决行政争议；
- 了解行政复议参加人的种类及其特征。

第一节　行政复议概述

导入案例

欣欣公司长期不为职工曹某缴纳社会养老保险金，曹某向区人力资源与社会保障局举报。2015 年 12 月 20 日，区社保局向欣欣公司送达《限期缴纳养老保险金决定书》，责令欣欣公司为曹某缴纳养老保险费 2 万元。12 月 28 日，区社保局又向曹某送达《告知书》，称曹某举报属实，并要求他本人缴纳社会养老保险费的个人缴纳部分计 4000 元。曹某对区社保局的《限期缴纳养老保险金决定书》不服，直接向法院起诉，法院的生效判决未支持曹某的诉讼请求。曹某对《告知书》也不服，于 2016 年 8 月 24 日向市人力资源与社会保障局申请复议。市社保局作出不予受理的决定。

本案知识点：行政复议的概念；行政复议的基本原则

一、行政复议的概念

行政复议，是指公民、法人或者其他组织认为行政主体的具体行政行为侵犯其合法权益，依法向行政复议机关提出复议申请，由受理机关按照法定程序对具体行政行为的合法性和适当性进行审查并作出处理决定的法律活动。行政复议具有以下几个特征：

1. 行政复议是行政机关的行政行为。行政复议作为行政机关系统内部自我监督的一种重要形式，通常是上级行政机关对下级或其所属的行政机关作出的违法或者不当的具体行政行为实施的一种监督和纠错的行为。从这个意义上说，行政复议既是一种行政内部救济，又是一种监督行政行为。

2. 行政复议是依行政相对人申请而产生的行政行为。行政复议只能由作为行政相对人的公民、法人或其他组织提起，行政主体不能主动提起行政复议。因此，行政复议是一种依申请而非依职权的行政行为。

3. 行政复议是以行政争议为处理对象的行政行为。行政争议是指行政主体在行政管理过程中因实施具体行政行为而与行政相对人发生的纠纷，其争议的核心是具体行政行为是否合法、适当。行政复议只处理行政争议，不解决民事争议和其他争议。行政复议作为一种解决行政争议的途径，是行政相对人维护其合法权益的一种重要救济手段或途径。行政复议机关主要对引起争议的具体行政行为进行审查，附带审查抽象行政行为中的其他规范性文件，但不审查行政法规和规章。行政相对人如认为行政法规、规章违法，只能按照《立法法》的规定，通过其他途径解决。

4. 行政复议是一种行政司法行为。行政复议实质上是一种行政行为，但从公正解决行政争议的要求出发又具有准司法性，主要表现在：①行政复议权与司法权的行使一样，都必须遵循"不告不理"的规则，即如果没有行政相对人依法提出复议申请，也就没有行政复议程序的开始；②在行政复议中，复议机关作为第三者对行政机关和行政相对人之间的行政纠纷进行审查并作出裁决，其地位类似于法院在司法审判中的地位；③行政复议机关在复议过程中要适用严格的法定程序，带有强烈的司法程序的色彩；④行政复议的最终目的是解决行政争议，其内容和实质就是解决争议，而解决争议就是司法行为的功能。因而行政复议也是一种行政司法行为或称为"准司法行为"。

拓展训练——知情权的救济

某区人民政府收到了陈某向其邮寄的关于申请公开涉案项目的征收土地公告的信息公开申请。某区人民政府作出了《政府信息公开告知书》，告知陈某其申请事项的公开主体应该是该区自然资源和规划局。陈某认为，根据《土地管理法》等相关规定，某区人民政府应当向其公开其申请内容，某区人民政府的答复内容违反了法律法规规定，侵害了其知情权。

请问：陈某不服某区人民政府作出的《政府信息公开告知书》，能否申请行政复议？

参考答案

二、行政复议的基本原则

(一) 合法原则

合法原则是依法行政的基本内涵，也是对行政复议的必然要求。合法原则是指行政复议机关及其工作人员在行政复议活动中应按照法定的权限和程序，对行政相对人申请复议的具体行政行为和有关的抽象行政行为进行审查，并依法作出行政复议决定。其内容主要包括：

1. 行政复议的主体合法。行政复议机关应当是依法成立并享有行政复议权的行政机关，其对受理的行政争议案件享有管辖权。

2. 行政复议的依据合法。行政复议机关在审理行政复议案件时据以判断行政行为合法性与合理性的依据，不仅包括法律、行政法规、地方性法规、自治法规、规章，也包括上级行政机关依法制定和发布的具有普遍约束力的决定、命令等其他规范性文件。但无论何种规范性文件，都必须是现行有效而且合法的。

3. 行政复议的程序合法。公正的程序不仅可以使复议决定更加科学、合理，而且可以使复议当事人及社会公众感受到法律的正义，增强复议决定的权威性。[1] 行政复议不仅要求行政复议机关在行政复议活动中遵守实体法规定，而且要严格按照行政法律、法规规定的程序进行，尤其是在受理行政复议申请、审查具体行政行为及作出行政复议决定等各个环节中，必须遵循法定的步骤、方式、顺序和时限。

(二) 公正原则

所谓公正，就是指公平正直，没有偏私。合法是公正的前提，公正是合法的必要补充。公正是行政复议制度的生命力所在。公正原则要求行政复议机关正确行使自由裁量权，在法定幅度和范围内做到不偏不倚，不畸轻畸重。在行政复议中，公正原则主要包括：

1. 申请人认为审理行政复议案件的工作人员与本案有利害关系，可能影响公正审理的，有权要求审理人员回避。

2. 在行政复议过程中，行政复议机关不能偏袒下级行政机关，应当公正地对待复议双方当事人，给申请人和被申请人同样的陈述理由、进行质证的机会，听取他们的意见，根据案件的事实、性质、情节作出公正的复议决定。

(三) 公开原则

公开原则，是指行政复议活动应当公开进行，增加透明度，使当事人与社

---

〔1〕 袁明圣、罗文燕主编：《行政救济法原理》，中国政法大学出版社 2004 年版，第 59 页。

会各界充分了解，保障申请人切实享有和行使复议权利，有利于行政复议机关依法公正地作出复议决定。这一原则主要包括：

1. 公开行政资讯。一切与行政复议有关的材料，包括行政复议所依据的法律规范和所适用的具体条款必须公开，让申请人和其他行政相对人知晓。

2. 公开行政复议的过程。申请人、被申请人和第三人只有了解了行政复议的程序，才能依法行使权利，陈述案件事实，提供证据材料，进行质证、辩解，积极参与行政复议程序。

3. 公开行政复议的结果。行政复议的决定一经作出要及时公开并送达当事人，以避免暗箱操作，导致腐败。

（四）及时原则

行政复议符合行政行为的特点，因此相比行政诉讼而言，更为注重效率。及时原则又叫效率原则，是指行政复议机关应当在法定的期限内尽快完成对复议案件的审查，并作出复议决定。行政复议的及时原则主要包括：

1. 受理行政复议申请要及时。《行政复议法》第 17 条规定，行政复议机关收到行政复议申请后，应当在 5 日内进行审查并作出是否受理的决定。

2. 审理行政复议案件和作出复议决定要及时。行政复议机关受理复议案件后，应抓紧调查取证、收集材料，进行审理。《行政复议法》第 31 条规定，行政复议机关应当自受理申请之日起 60 日内作出行政复议决定；但是法律规定的行政复议期限少于 60 日的除外。

3. 督促当事人及时履行行政复议决定。根据《行政复议法》第 32 条的规定，被申请人不履行或者无正当理由拖延履行行政复议决定的，行政复议机关或者有关上级行政机关应当责令其限期履行。根据《行政复议法》第 33 条规定，申请人逾期不起诉又不履行行政复议决定的，或者不履行最终裁决的行政复议决定的，由行政机关强制执行或者申请人民法院强制执行。

（五）便民原则

便民原则是指在行政复议活动中，复议机关应当尽量给行政复议申请人即公民、法人或者其他组织提供便利条件，最大限度地节省他们的人力、物力和财力，以确保他们切实行使复议权利以维护自己的合法权益。其主要体现在：

1. 在申请的形式上，申请人既可以书面形式提出申请，也可以口头方式提出申请。有条件的行政复议机构可以接受以电子邮件形式提出的行政复议申请。

2. 在管辖上，选择管辖的形式体现了便民原则。申请人对县级以上地方各级人民政府工作部门的具体行政行为不服的，既可以向该部门的本级人民政府申请复议，也可向上一级主管部门申请复议。

3. 在审理形式上，以书面审理为主、其他方式审理为例外的原则极大地方便了当事人，降低了行政成本。

4. 在收费上，行政复议机关受理行政复议申请，不向申请人收取任何费用。

第二节　行政复议范围

○ **导入案例**

2011 年 9 月 20 日，朱某某等 13 人向杭州市政府邮寄《政府信息公开申请表》，要求公开"收回、注销江干区彭埠镇新风村农村集体土地承包经营权证以及经承包人认证情况"的信息。杭州市政府于 2011 年 9 月 29 日作出《政府信息补正申请通知书》，告知朱某某等 13 人补充、更正所需信息内容的准确描述以后，再行申请。朱某某等 13 人于 2011 年 10 月 12 日向杭州市政府邮寄《申请信息公开补正回复书》，告知"我们认为申请信息内容已十分明确，不需再重新进行补充或者描述"。杭州市政府于 2011 年 10 月 18 日作出《政府信息补正申请通知书》，告知朱某某等 13 人："鉴于本机关难以根据你们的申请确定具体的信息内容，请你们补充、更正所需信息内容的准确描述以后，再行申请。"朱某某等 13 人对杭州市政府的上述行为不服，欲申请行政复议。

● **本案知识点**：行政复议的范围

一、行政复议范围的概念

行政复议范围，是指法律规定的行政复议机关受理并解决行政争议案件的权限范围，即公民、法人或者其他组织认为行政机关作出的具体行政行为侵犯其合法权益，依法向行政复议机关请求重新审查的范围。行政复议范围的大小不仅决定了哪些行政行为可以成为行政复议的对象，而且直接关系到行政复议机关实行内部监督的范围和行政相对人的合法权益能够得到行政救济的程度。因此，行政复议范围是行政复议制度中必不可少的核心内容之一。

我国《行政复议法》在确立复议范围的标准时结合我国行政复议制度发展的现状，最大限度地保护行政相对人的合法权益，符合行政机关与其他国家机关在处理行政案件上的合理分工。在确立复议受案范围的方式上，采用了混合式，又称为结合式，即对行政复议范围的规定既有概括式规定，又有列举式规定。

二、可申请复议的具体行政行为

（一）对行政机关作出的行政处罚决定不服的

行政处罚是指行政机关依法对违反行政管理秩序的公民、法人或者其他组织，以减损权益或者增加义务的方式予以惩戒的行为。根据我国《行政处罚法》的规定，行政处罚分为警告、通报批评、罚款、没收违法所得、没收非法财物、暂扣或者吊销许可证、降低资质等级、责令停产停业、限制从业、责令关闭、行政拘留等种类。行政处罚是一种使受处罚人承担不利法律后果的制裁行为。违法实施行政处罚会损害行政相对人的合法权益，因此行政相对人对行政处罚行为不服的可以申请行政复议。

（二）对行政机关作出的行政强制措施决定不服的

行政强制措施是指为了预防、制止或控制危害社会行为的发生，依法采取的限制特定对象的人身、财产和行为的强制性手段。行政强制措施包括两个方面：①限制人身自由的行政强制措施，如强制带离现场、强制约束、强制传唤、强制拘留、强制遣返、强制隔离、强制治疗、强制戒毒等；②对财产的强制措施，如查封、扣押、冻结等。行政相对人对上述行政强制措施决定不服的，可以申请行政复议。

（三）对行政机关作出的有关许可证、执照、资质证、资格证等证书变更、中止、撤销的决定不服的

行政许可是指行政机关根据公民、法人或者其他组织的申请，经依法审查，准予其从事特定活动的行为。行政许可是一种赋权行为，获得许可的相对方因此取得了从事某项活动的权利或资格，而且以许可证、执照、资质证、资格证等各种各样的证书出现。许可的变更、中止、撤销都是对行政相对人已取得的证书或执照的变动，从而使原有权利发生变化，关系到行政相对人的合法权益能否得到维护，对其不服的有权申请行政复议。

（四）对行政机关作出的关于确认不动产的所有权或者使用权的决定不服的

行政确权是行政机关对当事人之间就财产所有权或使用权的归属发生的争议予以确认裁决的行为。我国对土地、矿藏、水流、森林、山岭、草原、荒地、滩涂、海域等自然资源的管理，往往要经过行政机关依有关法律法规确定权属后，有关公民、法人或者其他组织才享有所有权或使用权，经合法确认的权益方受法律保护。行政主体对土地等自然资源权属的确认往往影响较大，违法或不当行使确认裁决权力，势必会造成当事人较大的损失，甚至影响社会的稳定。

拓展训练——政府收回土地使用权的行为引发行政争议

2009 年，孙某经石市罗县政府批准，取得 15.8 亩集体荒地使用权，开发养

鱼。随后，孙某投入大量人力物力进行开发。2019 年 2 月，罗县政府作出的《关于收回孙某土地使用权的决定》，要收回孙某使用的全部土地，用于建设废旧物资交易市场；对收回土地按照评估价格进行补偿。孙某认为，罗县政府的收回土地决定程序、内容违法，评估土地也没有听取孙某的意见，严重侵犯了孙某的合法权益。于 2019 年 5 月 6 日向石市人民政府提起行政复议，请求撤销该决定。

请问： 孙某对罗县政府所作的决定不服可以申请复议吗？

（五）认为行政机关侵犯合法的经营自主权的

经营自主权是公民、法人及其他经济组织依法享有的自主支配和使用其人力、物力和财力，自行组织生产、经营、供销等活动不受干涉的权利。行政机关侵犯经营自主权主要影响到相对方的财产权，通常表现为多种形式，如行政机关强制企业合并、变更企业名称、改变企业性质、转让知识产权等。

（六）认为行政机关变更或者废止农业承包合同，侵犯其合法权益的

农业承包合同是农民与所属的集体经济组织签订的有关农业生产方面的合同，双方依合同各自享有一定的权利和义务，主要包括土地承包合同、荒地承包合同、林地承包合同等。实践中，一些基层行政机关无视法律的权威和农民的利益，随意变更、废止农业承包合同。承包合同当事人对行政机关行为有异议，认为侵犯自己合法权益的，有权依法申请行政复议。

（七）认为行政机关违法要求履行义务的

行政机关没有法律依据或违反法律规定设定义务，属于违法要求履行义务，通常表现为违法集资、违法征收财物、乱收费、乱摊派等。这在实质上构成了对行政相对人合法权益的侵犯，行政相对人如有异议，可以申请行政复议。

（八）认为行政机关不依法办理行政许可等事项的

公民、法人或者其他组织认为其符合条件，申请行政机关颁发许可证、执照、资质证、资格证等证书，或者申请行政机关审批、登记有关事项，行政机关没有依法办理的，可以申请行政复议。所谓"没有依法办理"，既包括行政机关明确表示对行政相对人申请的事项不予许可，也包括行政机关在法定期限内对相对方的申请不作任何表示的不作为行为。

（九）认为行政机关不履行保护人身权、财产权、受教育权等法定职责的

行政机关作为权力机关的执行机关，其法定职责之一就是保护公民人身权、财产权、受教育权等宪法、法律赋予公民的合法权利。行政机关没有依法履行职责，主要表现为拒绝履行或者不予答复两种情形，行政相对人均可以申请行

政复议。

（十）认为行政机关不依法发放抚恤金、社会保险金或者最低生活保障费的

依法获得抚恤金、社会保险金或者最低生活保障费是公民的经济权利，行政机关应按法定条件予以发放，不能拒绝发放或者随意克扣。如果不能依法履行法定职责，公民有权申请行政复议。

（十一）认为行政机关的其他具体行政行为侵犯其合法权益的

《行政复议法》采用概括的方式作为列举式的补充，行政相对方认为以上所列情形之外的具体行政行为侵犯其合法权益的，可以申请行政复议。这为我国行政复议受案范围的逐步扩大奠定了法律基础，也更加有利于全面保护公民、法人及其他组织的合法权益。

三、附带申请复议的抽象行政行为

根据《行政复议法》第7条的规定，公民、法人或者其他组织在对具体行政行为申请复议时，可以一并向行政复议机关提出对具体行政行为所依据的规章以下的抽象行政行为的审查申请。这一规定有以下含义：

1. 对抽象行政行为提出复议审查请求，是以对具体行政行为的复议申请为前提。只有在对具体行政行为申请复议的同时，才可以一并提出对有关抽象行政行为进行审查的申请，而不能单独就抽象行政行为提出复议申请。申请人在对具体行政行为提出行政复议申请时，尚不知道该具体行政行为所依据的抽象行政行为的，可以在行政复议机关作出行政复议决定前向行政复议机关提出对该抽象行政行为的审查申请。

2. 可以进行复议审查的抽象行政行为的范围，仅限于规章以下的抽象行政行为。主要包括：①国务院部门的规定；②县级以上地方各级人民政府及其工作部门的规定；③乡、镇人民政府的规定。国务院部（委员会）规章和地方人民政府规章的审查依照法律、行政法规另行办理。

拓展训练——规范性文件的复议审查

某省市场监督管理局对违法经营的商家甲依据市政府规章和本市市场监管局的规定，作出了暂扣营业执照和罚款的处罚。甲不服，向某省市场监管局申请行政复议，并申请审查本市市场监管局的规定。某省市场监管局在审查过程中，发现不仅市市场监管局的规定不合法，而且市政府的某些规章也有不合法的问题。

请问：1. 甲有权提出审查规范性文件合法性吗？

2. 省市场监管局如何处理以上案件中规范性文件问题？

参考答案

四、行政复议的排除事项

我国《行政复议法》除了明确规定属于行政复议范围的各类行政案件之外，还规定了行政复议机关不能受理的事项，具体有以下两类：

（一）不服行政机关作出的行政处分或者其他人事处理决定的

行政处分是行政机关对其工作人员作出的警告、记过、记大过、降级、撤职、开除等惩戒决定。其他人事处理决定是行政机关对工作人员作出的录用、考核、奖励、辞退、职务升降、职务任免等决定。就性质而言，行政机关所作的行政处分或者其他人事处理决定均属于内部行政行为。根据我国法律法规的规定，工作人员对所属行政机关所作的行政处分或者其他人事处理决定不服的，应当向本行政机关、上级行政机关、监察机关、人事部门提起内部申诉，而不能申请行政复议。

（二）不服行政机关作出的对民事纠纷的调解或者其他处理行为的

通常情况下，民事纠纷是可以通过仲裁机构或人民法院处理的。鉴于有些民事纠纷与行政管理关系密切，且专业性、技术性较强，我国法律规定了行政机关先行调解和处理民事纠纷的制度。行政机关调解、处理民事纠纷是一种居间行为，行政机关以第三人的身份为民事争议双方当事人调停、斡旋，促使当事人友好协商，达成协议，从而解决纠纷。由于行政机关的先行调解、处理行为不是争议的最终裁决程序，主要起过滤纠纷和提高效率的作用，因而当事人不服行政机关对民事纠纷的调解、处理行为的，只能依法向仲裁机构申请仲裁或者向人民法院提起诉讼。

第三节　行政复议主体与管辖

▶ 导入案例

张某经营一家熟食店，为谋取暴利，经常向无证商贩购买低价猪肉，加工成熟食后进行销售。2017 年 7 月经群众举报，市卫生局对该熟食店进行检疫调查。结果发现张某经营的熟食制品中有 3 个品种、7 批次细菌严重超标，对食用者的身体健康构成较大危害。因此，市卫生局根据《食品卫生法》之规定，对张某处以 5000 元罚款，销毁所有不合格熟食制品，没收违法所得 2000 元，并吊销张某食品卫生许可证的行政处罚。2017 年 8 月，张某所在区的工商管理局以熟食店违法经营为由，又对张某进行了查处，决定罚款 6000 元并吊销熟食店的营业执照。张某认为自己因为出售不合格食品一事已被卫生局罚了款，工商局不应该再进行处罚。于是，张某不服欲申请行政复议。

◉ **本案知识点**：行政复议的管辖

一、行政复议机关与行政复议机构

行政复议机关是依照法律规定承担行政复议职能，受理复议申请，依法对被申请的行政行为进行审查并作出决定的行政机关。行政复议机关享有行政复议权，但并非所有的行政机关都有行政复议权，如乡（镇）政府就无此权力。我国的行政复议机关主要是县级以上（含县级）各级人民政府以及依法履行行政复议职责的各级人民政府的职能部门，法律、法规或者规章授权的组织不能成为行政复议机关。行政复议机关是一个独立的行政主体，能以自己的名义对外行使职权，并能以自己的名义独立承担相应的法律后果。

行政复议机构是行政复议机关内部设立的专门负责处理复议案件的机构，复议机构一般是复议机关内部负责法制工作的机构。行政复议机构代表行政复议机关具体办理行政复议事项，但在行政法上的地位与行政复议机关相比仍存在区别。行政机构是行政机关的内设机构，不具有行政主体资格，不能独立对外行使权力，它只能以行政复议机关的名义对外行使职权，其行为后果由行政复议机关承担。

在行政复议中，行政复议机构应当履行下列职责：①受理行政复议申请；②向有关组织和人员调查取证，查阅文件和资料；③审查申请行政复议的具体行政行为是否合法与适当，拟定行政复议决定；④处理或者转送对《行政复议法》第 7 条所列有关规定的审查申请；⑤对行政机关违反《行政复议法》规定的行为依照规定的权限和程序提出处理建议；⑥办理因不服行政复议决定提起行政诉讼的应诉事项；⑦依照《行政复议法》第 18 条的规定转送有关行政复议申请；⑧办理《行政复议法》第 29 条规定的行政赔偿等事项；⑨按照职责权限，督促行政复议申请的受理和行政复议决定的履行；⑩办理行政复议、行政应诉案件的统计和重大行政复议决定的备案事项；办理或者组织办理未经行政复议直接提起行政诉讼的行政应诉事项；研究行政复议工作中发现的问题，及时向有关机关提出改进建议，重大问题及时向行政机关报告；法律法规规定的其他职责。

二、行政复议管辖

行政复议管辖，是指不同行政复议机关之间受理行政复议案件的权限和分工，即某一具体行政案件应由哪一个行政机关来行使行政复议权。管辖是行政复议机关复议活动发生的基础，也是其复议活动合法化的前提。[1] 确定行政复

〔1〕　张树义：《行政法与行政诉讼法学》，高等教育出版社 2002 年版，第 149 页。

议的管辖，通常要考虑提高行政复议工作效率和方便行政相对人参加复议等因素，科学地确定行政复议管辖机关，以有利于及时、公正地处理行政争议，维护行政相对人的合法权益，促进行政机关依法行政。根据《行政复议法》的规定，行政复议管辖有以下几种：

（一）对政府工作部门的行为不服的行政复议管辖

1. 对县级以上（含县级）地方各级人民政府工作部门的具体行政行为不服的，由申请人选择，可以向该部门的本级人民政府申请复议，也可以向上一级主管部门申请复议。这是基于行政管理体制的特点确定管辖的。我国行政机关是按照层级隶属设置，各级政府分别设立若干工作部门。对于作出具体行政行为的县级以上人民政府的工作部门来说，上一级政府部门和本级人民政府都有对行政案件的复议管辖权。

拓展训练——对政府工作部门行政行为不服的复议管辖

甲市居民张某驾车前往乙市，在乙市前进区与后海区居民李某的车相撞，并将李某打伤。乙市前进区公安分局作出决定：扣留张某的汽车，并罚款 300 元，后经监测发现张某系"毒驾"，又对其强制戒毒。张某对公安机关处罚不服，准备申请行政复议。

请问：张某对行政处罚不服可以向哪些机关申请行政复议？阐述理由。

2. 对海关、金融、外汇管理等实行垂直领导的行政机关和国家安全机关的具体行政行为不服的，向其上一级主管部门申请行政复议。《行政复议法》这样规定主要是因为：①海关、金融、外汇管理等部门的工作性质较为特殊，专业性、技术性较强，决定了实行垂直领导的管理体制；国家安全机关的工作涉及国家安全和国家秘密。②为了加强国家经济宏观调控，减少地方保护主义的影响。

拓展训练——垂直领导行政机关的复议管辖

甲市张某去乙地海关提取一批国外进口的香料。在此过程中，张某被乙地海关以《海关法》"涉嫌走私"为由扣留。扣留 3 日后，乙地海关认定张某行为虽然存在违反海关监管规定的行为，但其违法行为情节轻微，决定免于处罚。

请问：张某可以向乙地海关所在地的市人民政府申请行政复议吗？

3. 申请人对经国务院批准实行省以下垂直领导的部门作出的具体行政行为

不服的，可以选择向部门的本级人民政府或者上一级主管部门申请复议；省、自治区、直辖市另有规定的，依照省、自治区、直辖市的规定办理。

（二）对地方各级人民政府的行为不服的行政复议管辖

根据我国宪法与组织法的规定，地方上下级政府之间是领导与被领导的关系。上级人民政府领导下级人民政府的工作，有权改变或撤销下级人民政府的具体行政行为。因此，《行政复议法》规定，对地方各级人民政府的具体行政行为不服的，向上一级地方人民政府申请行政复议。在实践中，省、自治区人民政府设立的派出机关是指省、自治区人民政府经国务院批准设立的行政公署。行政公署虽不是一级政府，却享有独立的财政经费和人事管理权，发挥和体现了一级人民政府的功能。所以《行政复议法》规定，对省、自治区人民政府依法设立的派出机关所属的县级地方人民政府的具体行政行为不服的，向该派出机关申请行政复议。

（三）对国务院部门或省级政府的具体行政行为不服的行政复议管辖

对国务院部门或者省、自治区、直辖市人民政府的具体行政行为不服的，向作出该具体行政行为的国务院部门或者省、自治区、直辖市人民政府申请行政复议。对行政复议决定不服的，可以向人民法院提起行政诉讼；也可以向国务院申请裁决，国务院依照《行政复议法》的规定作出最终裁决。申请人对两个以上国务院部门共同作出的具体行政行为不服的，可以向其中任何一个国务院部门提出行政复议申请，由作出具体行政行为的国务院部门共同作出行政复议决定。行政法律法规作这样的规定，主要是使国务院摆脱繁杂的日常性的行政管理事务，更好地履行决策职责，维护作为最高行政机关应有的权威与公信力。

拓展训练——国务院裁决行政争议

高某是安徽省蚌埠市龙子瑚区李楼乡汪圩村的一位农民。因为土地征收问题不服安徽省人民政府《关于蚌埠市2010年第三批次城市建设用地的批复》（皖政地【2010】286号，以下称皖政地【2010】286号批复），在向安徽省人民政府申请行政复议后，对安徽省人民政府作出的行政复议决定（皖行复【2011】63号）仍然不服，依法向国务院申请裁决。安徽省政府的【2010】286号征地批复被国务院撤销。农民最终告赢省政府。

请问：高某能否向国务院申请裁决行政争议？

参考答案

（四）对派出机关、派出机构和被授权组织的具体行政行为不服的行政复议管辖

1. 对县级以上地方人民政府依法设立的派出机关的具体行政行为不服的，向设立该派出机关的人民政府申请复议。地方人民政府设立的派出机关包括：省、自治区人民政府经国务院批准设立的行政公署；县、自治县经省级人民政府批准设立的区公所；市辖区、不设区的市人民政府经上一级人民政府批准设立的街道办事处。

2. 对人民政府工作部门依法设立的派出机构依照法律、法规或规章规定，以自己的名义作出的具体行政行为不服的，向设立该派出机构的部门或者该部门的本级人民政府申请行政复议。经法律、法规和规章授权，派出机构，如公安派出所、税务所等，可具有行政主体资格，以自己名义行使行政职权，作出行政行为。

3. 对法律、法规授权的组织的具体行政行为不服的，分别向直接管理该组织的地方人民政府、地方人民政府工作部门或国务院部门申请行政复议。根据我国的法律规定，被授权组织本身不是行政机关，因为国家管理和社会生活的实际需要，法律、法规授予其一定的行政管理职权，从而具有了行政主体资格，如卫生防疫站、学校等。

（五）对共同行政行为不服的行政复议管辖

对两个或两个以上行政机关以共同名义作出的具体行政行为不服的，向其共同上一级行政机关申请行政复议。需要注意的是，同一具体行政行为的主体是两个或两个以上的行政机关。

（六）对被撤销的行政机关的具体行政行为不服的行政复议管辖

对被撤销的行政机关在撤销前所作出的具体行政行为不服的，向继续行使其职权的行政机关的上一级行政机关申请复议。《行政复议法》这一规定充分保障了公民、法人或其他组织的复议申请权。这是因为行政机关被撤销后，其作出的行政行为依然对行政相对人具有法律效力，行政相对人应当获得救济的权利。

（七）转送管辖和指定管辖

转送管辖指接受行政复议申请的县级地方人民政府，对不属于自己受理范围的行政复议申请，应当在法定期限内转送有关复议机关。具体来说，就是当行政相对人不服派出机关、派出机构、被授权组织、共同行政机关、被撤销行政机关作出的具体行政行为，可以直接向具体行政行为发生地的县级地方人民政府提出行政复议申请，该地方人民政府对属于其他行政复议机关受理的申请，

应当在接到行政复议申请之日起 7 日内转送有关行政机关，并告知申请人。

指定管辖是指某一行政复议案件由上级行政机关或同级人民政府指定某一行政机关管辖。指定管辖往往是因为管辖发生争议且协商不成时，由它们的上级行政机关指定管辖。

（八）复议与诉讼管辖的衔接

公民、法人或者其他组织申请行政复议，行政复议机关已经依法受理的，或者法律法规定应当先向行政复议机关申请行政复议，对行政复议决定不服再向人民法院提起行政诉讼的，在法定行政复议期限内不得向人民法院提起行政诉讼。公民、法人或者其他组织向人民法院提起行政诉讼，人民法院已经依法受理的，不得申请行政复议。

第四节 行政复议参加人

◎ **导入案例**

袁某因对某区政府作出的《建设用地批准书》不服，向行政复议机关申请行政复议，并请求责令某区政府赔偿损失 50 000 元。袁某认为，朱某并非农村居民，不具有申请集体土地建造房屋的资格，故区政府作出的《建设用地批准书》不符合法律规定。区政府认为，袁某与《建设用地批准书》无利害关系，没有申请行政复议的主体资格。朱某虽为城镇居民，但其翻建老屋系其父继承所得，其本人常住该村，因此，具有申请宅基地建造房屋的资格。复议机关经审理后认为，朱某系城镇居民，没有申请建设房资格，被申请人作出《建设用地批准书》违法，应当予以撤销，但对申请人提出的行政赔偿请求未予支持。申请人、第三人收到复议决定书后均未提起诉讼。

◉ **本案知识点**：行政复议参加人

一、行政复议申请人

行政复议申请人，是指认为行政机关的具体行政行为侵犯其合法权益，依法以自己名义向行政复议机关申请复议，要求对该具体行政行为进行审查并作出裁决的公民、法人或其他组织。

行政复议是一种依申请行为，没有行政复议申请人的申请，行政复议程序就不能启动。因此，《行政复议法》和《行政复议法实施条例》对于如何确定行政复议申请人的资格作了明确规定。通常情况下，行政复议申请人应当具备以下条件：

1. 申请人必须是作为行政相对人的公民、法人或其他组织。在行政管理中，行政相对人相比行使国家行政权力的行政主体而言处于被管理的地位，为保障行政相对人的合法权益，法律赋予其在受到行政机关具体行政行为侵害时，行使行政复议申请权予以救济的权利。行政主体不能作为申请人，只能作为被申请人。

2. 申请人必须是认为具体行政行为侵害了其合法权益的行政相对人。这包含了两层意思：①申请人与被申请复议的具体行政行为之间有法律上的利害关系，才有必要申请复议；②申请人主观上"认为"就可以行使复议申请权，但这种主观认识需要经行政复议机关审查后，才能确认具体行政行为是否客观上构成侵权。

3. 申请人必须以自己的名义申请复议。目的是保护自己的合法权益，而不是为了保护他人权益。

关于行政复议申请人资格的确认，还须注意以下几种特殊情况：①有权申请行政复议的公民死亡的，其近亲属可以申请行政复议。这里的近亲属包括配偶、父母、子女、兄弟姐妹、祖父母、外祖父母、孙子女、外孙子女，其法律地位等同于有权申请复议的公民，不属于代理人。②有权申请行政复议的法人或其他组织终止，承受其权利义务的法人或其他组织可以申请行政复议。③合伙企业申请行政复议的，应当以核准登记的企业为申请人，由执行合伙事务的合伙人代表该企业参加行政复议；其他合伙组织申请行政复议的，由合伙人共同申请行政复议。不具备法人资格的其他组织申请行政复议的，由该组织的主要负责人代表该组织参加行政复议；没有主要负责人的，由共同推选的其他成员代表该组织参加行政复议。④股份制企业的股东大会、股东代表大会、董事会认为行政机关作出的具体行政行为侵犯企业合法权益的，可以以企业的名义申请行政复议。⑤同一行政复议案件申请人超过5人的，推选1~5名代表参加行政复议。

二、行政复议被申请人

行政复议被申请人与申请人相对应，是指申请人认为其实施了侵犯自己合法权益的具体行政行为，并由复议机关通知参加复议的行政主体。

行政复议被申请人应具备以下条件：

1. 被申请人必须是行政主体。只有具备了行政主体资格，才能成为被申请人，以自己的名义独立承担法律后果。从这个意义上讲，被申请人包括行政机关，法律、法规授权的组织。

2. 被申请人必须实施了申请人认为侵犯其合法权益的具体行政行为。正是由于具体行政行为引发了行政争议，从而产生了行政复议的救济方式。

3. 被申请人必须由行政复议机关通知参加复议活动。由于作为复议对象的具体行政行为是由被申请人作出的，因此，即便被申请人认为存在错误，也只需通过法定程序予以纠正即可，而无须通过申请行政复议加以解决。当然也就不存在主动参加行政复议的问题。

根据《行政复议法》和《行政复议法实施条例》的有关规定，行政复议被申请人的确定主要有以下几种情况：①公民、法人或者其他组织对行政机关的具体行政行为不服申请复议的，作出具体行政行为的行政机关是被申请人。②法律、法规授权的组织作出的具体行政行为引起的行政复议，该组织是被申请人。③行政机关委托的组织作出的具体行政行为引起的行政复议，委托的行政机关是被申请人。④两个或两个以上行政机关以共同名义作出同一具体行政行为的，共同作出具体行政行为的行政机关是共同被申请人；行政机关与法律、法规授权的组织以共同的名义作出具体行政行为的，行政机关和法律、法规授权的组织为共同被申请人；行政机关与其他组织以共同名义作出具体行政行为的，行政机关为被申请人。⑤下级行政机关依照法律、法规、规章的规定，经上级行政机关批准作出具体行政行为的，批准机关为被申请人。⑥对人民政府依法设立的派出机关的具体行政行为不服的，该派出机关是被申请人；行政机关设立的派出机构、内设机构或者其他组织，未经法律、法规授权，对外以自己名义作出具体行政行为的，该行政机关为被申请人。⑦作出具体行政行为决定的行政机关被撤销的，继续行使其职权的行政机关为被申请人。

拓展训练——行政复议的参加人

张某等数十名工人分别开车或步行到某公司门口聚集讨要工程款。该市公安局认为张某举着带有影响该公司声誉标语的木牌，用车辆堵住公司门前道路，期间虽然经人劝阻，车辆不再堵门，但仍有大量人员聚集在该公司门前道路，该行为已经扰乱了企业的秩序，对其作出了行政处罚决定。张某认为自己讨要工程款的行为有法可依，特向复议机关申请行政复议，请求依法撤销市公安局作出的行政处罚决定书。

参考答案

请问：1. 请列出本案相关主体的法律地位。

　　　2. 复议机关能否支持张某的复议请求？

三、行政复议第三人

行政复议第三人是指同申请的具体行政行为有利害关系，为维护自己的合法权益依申请或经复议机关通知参加复议的公民、法人或其他组织。公民、法人或者其他组织作为第三人参加行政复议，应当具备以下条件：

1. 必须与申请复议的具体行政行为有利害关系。这是因为具体行政行为在客观上涉及和影响了第三人的权利与义务，第三人有必要通过参加行政复议进行救济。

2. 必须以维护自己的合法权益为目的，以自己的名义参加行政复议。第三人具有独立的法律地位，既不依附于申请人，也不依附于被申请人，在行政复议中享有与复议申请人或被申请人基本相同的复议权利和义务。

3. 必须在行政复议程序已经开始，但尚未结束前参加到行政复议过程中。第三人参加复议的方式主要有两种：①通过申请参加复议；②经复议机关通知参加复议。

从行政复议的实践来看，行政复议第三人主要有以下几种情形：①行政处罚案件中的被处罚人或受害人。被处罚人和受害人中有一方不服行政处罚行为申请行政复议，另一方可作为第三人参加复议。②行政处罚中的共同被处罚人。其中有一部分人申请行政复议，其他的被处罚人可作为第三人参加行政复议。③在行政确权案件中主张权利的人。如在土地确权、专利确权案件中，被驳回请求的人申请复议，被授予权利的人或者其他被驳回请求的人，可以作为第三人参加行政复议；在申请发明专利权的两人中，其中一人被批准授予专利权，另外一人被驳回，被驳回的一人提起复议，被批准授予专利权的人可以作为第三人。④两个或两个以上的行政机关基于同一事实作出相互矛盾的具体行政行为，行政相对人对其中一个具体行政行为不服申请行政复议，其他行政机关可以作为第三人参加行政复议。如村委会获得林业局审批将公路上的树木砍伐，公路局对村委会作出处罚，村委会申请行政复议，林业局是第三人。⑤行政机关越权处罚被申请行政复议时，越权的行政机关是被申请人，被越权的行政机关可以作为第三人参加行政复议。⑥行政裁决案件的一方当事人。被裁决民事纠纷的一方当事人不服行政裁决申请行政复议的，另一方当事人可以作为第三人参加行政复议。⑦其他与被申请的具体行政行为有利害关系的行政相对人。如某新闻出版管理机关，以某书店出售非法出版物为由，对其进行处罚，该书店不服，申请行政复议，并称所售出版物是从某正规出版社购进的，该出版社可以作为第三人。

四、行政复议代理人

行政复议代理人是指在行政复议中以被代理人的名义行使复议权利，代理他人进行复议的人。

关于行政复议代理人，需注意行政法律法规规定的以下情形：

1. 有权申请行政复议的公民为无民事行为能力人或者限制民事行为能力人的，其法定代理人可以代为申请行政复议。

2. 申请人、第三人可以委托 1~2 名代理人代为参加行政复议。申请人、第三人委托代理人的，应当向行政复议机构提交授权委托书，授权委托书应当载明委托事项、权限和期限。公民在特殊情况下无法书面委托的，可以口头委托。口头委托的，行政复议机构应当核实并记录在卷。申请人、第三人解除或者变更委托的，应当书面报告行政复议机构。

第五节　行政复议程序

导入案例

甲公司与乙公司于 2014 年 11 月签订《委托加工合同》，约定由乙公司提供药品批准文号，甲公司按《中华人民共和国药典》标准和 GMP 管理生产药品。药品监督管理部门批复同意乙公司委托甲公司生产批复许可的三种药品。但甲公司超出了药品监督管理部门的批复范围，生产了其他种类药品。2015 年 11 月 27 日，药品监督管理局决定对乙公司擅自委托甲公司加工生产超出批复范围的药品一案予以立案查处，并于 2016 年 10 月作出行政处罚决定，认定甲公司未经批准擅自接受乙公司委托加工生产非法药品共 26 批次总计 661 260 瓶，违反了《中华人民共和国药品管理法》第 13 条和第 72 条的规定，决定没收封存扣押药品，没收违法所得 756 259.84 元，并处 756 259.84 元罚款。甲公司对该处罚决定不服提出行政复议申请。经复议机关审查，行政复议机关认为药品监督管理局办案期限从 2015 年 11 月到 2016 年 10 月，长达 1 年时间，大大超出了《药品监督行政处罚程序规定》第 24 条规定的期限，属于违反法定程序，遂作出了撤销药品监督管理局的行政处罚决定的复议决定。

本案知识点：行政复议的审查；行政复议决定

一、行政复议的申请

（一）行政复议申请的概念和条件

行政复议申请是公民、法人或其他组织认为行政主体的具体行政行为侵犯其合法权益，依法向行政复议机关提出请求，要求对被申请复议的具体行政行为进行审查并作出决定。行政复议是一种依申请行为，必然要以行政相对人的申请为前提，没有行政相对人的申请，行政复议机关就不能主动复议。因此，行政复议申请是行政复议程序的首要环节。

申请人申请行政复议必须满足一定的条件，具体包括：

1. 申请人符合资格。即申请人是认为具体行政行为侵犯其合法权益的公民、法人或其他组织。

2. 有明确的被申请人。行政相对人提起行政复议申请，必须明确指出实施侵权具体行政行为的主体，如果被申请人不明确，复议机关不予受理，复议活动也无法进行。

3. 有具体的复议请求和事实根据。复议请求是申请人提出的主张，即向行政复议机关明确要求所要依法保护的具体权益和提供的具体救济。事实根据是指申请人申请行政复议的复议请求所根据的事实。具体讲，就是要提出证明行政机关作出具体行政行为的材料，如行政处罚决定书、罚款收据等。

4. 属于申请复议的范围和受理复议机关管辖。公民、法人或其他组织申请复议的案件属于行政复议机关受理的范围，不在复议范围内的案件复议机关不予受理。同时，申请复议必须向有管辖权的复议机关提出，受理复议案件的机关对复议案件有管辖权，复议机关无权受理不属于自己管辖的复议案件。

5. 法律法规规定的其他条件。如申请期限、申请方式等程序性要求。

拓展训练——行政复议的条件

大方建筑公司因违反建设程序，存在不规范经营行为，某市建委作出《关于对大方建筑公司不规范经营等问题的处理决定》，对大方建筑公司罚款20万元，并要求该公司写出书面检查，通报批评。但该处理决定作出后未直接送达给大方建筑公司，而是在大方建筑公司参加的一次会议上作为会议材料下发，被大方建筑公司发现。大方建筑公司对该处理决定不服，申请复议。

请问： 1. 大方建筑公司能否对某市建委的处理决定申请行政复议？

2. 如果可以申请行政复议，则行政复议被申请人、行政复议机关分别是谁？

3. 如果行政复议机关受理了本案，应当如何做出处理？为什么？

参考答案

（二）申请行政复议的期限

申请行政复议的期限是指提出复议申请的时间限制。明确申请复议的期限，有利于督促申请人及时行使复议申请权，提高行政复议的效率。行政相对人在法定期限内不提出复议申请，行政复议机关将不予受理案件。

根据《行政复议法》的规定，公民、法人或者其他组织认为具体行政行为侵犯其合法权益的，可以自知道该具体行政行为之日起60日内提出行政复议申请，但是法律规定的申请期限超过 60 日的除外。

关于行政复议申请期限的计算，区分不同情况依法办理：①当场作出具体行政行为的，自具体行政行为作出之日起计算。②载明具体行政行为的法律文书直接送达的，自受送达人签收之日起计算。③载明具体行政行为的法律文书邮寄送达的，自受送达人在邮件签收单上签收之日起计算；没有邮件签收单的，自受送达人在送达回执上签名之日起计算。④具体行政行为依法通过公告形式告知受送达人的，自公告规定的期限届满之日起计算。⑤行政机关作出具体行政行为时未告知公民、法人或者其他组织，事后补充告知的，自该公民、法人或者其他组织收到行政机关补充告知的通知之日起计算。⑥被申请人能够证明公民、法人或者其他组织知道具体行政行为的，自证据材料证明其知道具体行政行为之日起计算。行政机关作出具体行政行为，依法应当向有关公民、法人或者其他组织送达法律文书而未送达的，视为该公民、法人或者其他组织不知道该具体行政行为。

《行政复议法》还对复议申请期限的延长作了规定，因不可抗力或者其他正当理由耽误法定申请期限的，申请期限自障碍消除之日起继续计算。

对于行政机关未履行法定职责的，如行政机关没有依法颁发许可证、执照、资质证、资格证等证书或者不予审批、登记，没有依法履行保护人身权利、财产权利、受教育权利的法定职责，没有依法发放抚恤金、社会保险金或者最低生活保障费等情况，行政复议申请期限按下列规定计算：①有履行期限规定的，自履行期限届满之日起计算；②没有履行期限规定的，自行政机关收到申请满 60 日起计算。公民、法人或者其他组织在紧急情况下，请求行政机关履行保护人身权、财产权的法定职责，行政机关不履行的，行政复议申请期限不受以上规定的限制。

（三）行政复议申请的形式

1. 书面申请。申请人书面申请复议的，可以采取当面递交、邮寄或者传真等方式提出行政复议申请。有条件的行政复议机构可以接受以电子邮件形式提出的行政复议申请。申请人应当在行政复议申请书中载明下列事项：①申请人的基本情况，包括公民的姓名、性别、年龄、身份证号码、工作单位、住所、邮政编码，法人或者其他组织的名称、住所、邮政编码和法定代表人或者主要负责人的姓名、职务；②被申请人的名称；③行政复议请求、申请行政复议的主要事实和理由；④申请人的签名或者盖章；⑤申请行政复议的日期。

2. 口头申请。申请人口头申请复议的，行政复议机关应当当场记录申请人的基本情况、行政复议请求、申请行政复议的主要事实、理由和时间，将行政复议申请笔录交申请人核对或者向申请人宣读，并由申请人签字确认。

应当注意的是，在特殊情况下，申请人除提交申请书外，还应当提供相关的证明材料。申请人应当提供证明材料的情形有以下几种：①认为被申请人不履行法定职责的，提供曾经要求被申请人履行法定职责而被申请人未履行的证明材料；②申请行政复议时一并提出行政赔偿请求的，提供受具体行政行为侵害而造成损害的证明材料；③法律法规规定需要申请人提供证据材料的其他情形。

二、行政复议的受理

行政复议的受理是指行政复议申请人提出复议申请后，行政复议机关经审查认为符合行政复议的条件而决定予以立案并进行审理的活动。

行政复议机关在收到行政复议申请后，应在 5 日内予以审查，根据不同情况作出决定：

1. 决定予以受理。受理的前提是复议申请必须符合下列条件：①有明确的申请人和符合规定的被申请人；②申请人与具体行政行为有利害关系；③有具体的行政复议请求和理由；④在法定期限内提出；⑤属于《行政复议法》规定的行政复议范围；⑥属于收到行政复议申请的行政复议机构的职责范围；⑦其他行政复议机关尚未受理同一行政复议申请，人民法院尚未受理同一主体就同一事实提起的行政诉讼。

2. 对不符合条件的行政复议申请，决定不予受理。

3. 对符合条件但不属于本行政机关受理的行政复议申请，应当告知申请人向有关行政机关提出。接受行政复议申请的县级地方人民政府，对属于其他行政复议机关受理的行政复议申请，应当自接到该行政复议申请之日起 7 日内，转送有关行政复议机关，并告知申请人。

4. 行政复议申请材料不齐全或者表述不清楚的，行政复议机构可以自收到该行政复议申请之日起 5 日内书面通知申请人补正。补正通知应当载明需要补正的事项和合理的补正期限。无正当理由逾期不补正的，视为申请人放弃行政复议申请。补正申请材料所用时间不计入行政复议审理期限。

5. 申请人就同一事项向两个或两个以上有权受理的行政机关申请复议的，由最先收到行政复议申请的行政机关受理；同时收到行政复议申请的，由收到行政复议申请的行政机关在 10 日内协商确定；协商不成的，由其共同上一级行政机关在 10 日内指定受理机关。协商确定或者指定受理机关所用时间不计入行政复议审理期限。

6. 上级行政机关认为行政复议机关不予受理行政复议申请的理由不成立的，可以先行督促其受理；经督促仍不受理的，应当责令其限期受理，必要时也可以直接受理；认为行政复议申请不符合法定受理条件的，应当告知申请人。

三、行政复议的审理

（一）审理前的准备

审理前的准备包括行政复议人员的确定、发送申请书、接受书面答复、收集证据材料等一系列准备工作。根据《行政复议法》第23条的规定，行政复议机关负责法制工作的机构应当自行政复议申请受理之日起7日内，将行政复议申请书副本或者行政复议申请笔录复印件发送被申请人。被申请人应当自收到申请书副本或者申请笔录复印件之日起10日内，提出书面答复，并提交当初作出具体行政行为的证据、依据和其他有关材料。申请人、第三人可以查阅被申请人提出的书面答复、作出具体行政行为的证据、依据和其他有关材料，除涉及国家秘密、商业秘密或者个人隐私外，行政复议机关不得拒绝。行政复议机关应当为申请人、第三人查阅有关材料提供必要条件。

（二）审理方式

根据《行政复议法》及《行政复议法实施条例》的规定，我国行政复议的审理方式遵循以书面审查为主的方式。书面审查是指行政复议机关仅对申请人、被申请人提供的书面材料进行审查并作出决定的一种审理方式。行政复议以书面审查为主，但也不排除其他审理形式。申请人提出要求或者行政复议机关负责法制工作的机构认为有必要时，可以实地向有关组织和人员调查情况，核实证据，听取申请人，被申请人和第三人的意见；申请人提出要求或者行政复议机构认为必要时，可以采取听证的方式审理。

行政复议机构审理行政复议案件，应当由两名以上行政复议人员参加。行政复议人员向有关组织和人员调查取证时，可以查阅、复制、调取有关文件和资料，向有关人员进行询问。调查取证时，行政复议人员不得少于两人，并应当向当事人或者有关人员出示证件。被调查单位和人员应当配合行政复议人员的工作，不得拒绝或者阻挠。

拓展训练——行政复议的审理

某市的市场监督局对甲公司未取得出版物经营许可销售电子出版物100套的行为，罚款6000元。甲公司向所在市政府申请行政复议，并提出采取听证的要求。某市复议机构由一名行政复议人员未采取听证方式进行了审理，复议审理中，市政府复议人员认为事实不清，直接变罚款6000元为2000元。

请问：在此案中，复议程序有哪些问题？

参考答案

（三）行政复议申请的撤回

行政复议申请的撤回是指申请人在复议决定作出前要求撤回行政复议申请，经复议机关同意，终止审理的制度。申请人在行政复议决定作出前自愿撤回行政复议申请的，经行政复议机构同意，可以撤回。撤回行政复议申请的，行政复议终止。申请人撤回行政复议申请的，不得再以同一事实和理由提出行政复议申请。但是，申请人能够证明撤回行政复议申请违背其真实意思表示的除外。

（四）行政复议的和解

公民、法人或者其他组织对行政机关行使法律法规规定的自由裁量权作出的具体行政行为不服申请复议，申请人与被申请人在行政复议决定作出前自愿达成和解的，应当向行政复议机构提交书面和解协议；和解内容不损害社会公共利益和他人合法权益的，行政复议机构应当准许。

（五）行政复议期间不停止执行

根据《行政复议法》第21条的规定，行政复议期间具体行政行为不停止执行；但是，有下列情形之一的，可以停止执行：①被申请人认为需要停止执行的；②行政复议机关认为需要停止执行的；③申请人申请停止执行，行政复议机关认为其要求合理，决定停止执行的；④法律规定停止执行的。

（六）行政复议的中止与终止

根据《行政复议法实施条例》第41条的规定，行政复议期间有下列情形之一，影响行政复议案件审理的，行政复议中止：①作为申请人的自然人死亡，其近亲属尚未确定是否参加行政复议的；②作为申请人的自然人丧失参加行政复议的能力，尚未确定法定代理人参加行政复议的；③作为申请人的法人或者其他组织终止，尚未确定权利义务承受人的；④作为申请人的自然人下落不明或者被宣告失踪的；⑤申请人、被申请人因不可抗力，不能参加行政复议的；⑥案件涉及法律适用问题，需要有权机关作出解释或者确认的；⑦案件审理需要以其他案件的审理结果为依据，而其他案件尚未审结的；⑧其他需要中止行政复议的情形。行政复议中止的原因消除后，应当及时恢复行政复议案件的审理。行政复议机构中止、恢复行政复议案件的审理，应当告知有关当事人。

根据《行政复议法实施条例》第42条的规定，行政复议期间有下列情形之一的，行政复议终止：①申请人要求撤回行政复议申请，行政复议机构准予撤回的；②作为申请人的自然人死亡，没有近亲属或者其近亲属放弃行政复议权利的；③作为行政复议的法人或者其他组织终止，其权利义务的承受人放弃行政复议权利的；④申请人与被申请人依照《行政复议法实施条例》第40条的规定，经行政复议机构准许达成和解的；⑤申请人对行政拘留或者限制人身自由的行政强制措施不服申请复议后，因申请人同一违法行为涉嫌犯罪，该行政拘留或者限制人身自由的行政强制措施变更为刑事拘留的；⑥依照《行政复议法实施条例》第41条第1款第1~3项规定中止行政复议，满60日行政复议中止的原因仍未消除的，行政复议终止。

四、行政复议的决定

（一）对行政规定和行政依据的审查

根据《行政复议法》第26条的规定，申请人在申请行政复议时，一并提出对《行政复议法》第7条所列有关规定的审查申请，行政复议机关对该规定有权处理的，应当在30日内依法处理；无权处理的，应当在7日内按法定程序转送有权处理的行政机关依法处理，有权处理的行政机关应当在60日内依法处理。处理期间，中止对具体行政行为的审查。

根据《行政复议法》第27条的规定，行政复议机关在对被申请人作出的具体行政行为进行审查时，认为其依据不合法，本机关有权处理的，应当在30日内依法处理；无权处理的，应当在7日内按照法定程序转送有权处理的国家机关依法处理。处理期间，中止对具体行政行为的审查。

（二）对具体行政行为的复议决定

行政复议决定是指行政复议机关对行政复议案件进行审理后，依据法律和事实，就有关具体行政行为是否合法、适当所作出的裁判。行政复议机关负责法制工作的机构应当对被申请人作出的具体行政行为进行审查，提出意见，经行政复议机关的负责人同意或者集体讨论通过后，针对不同的情况作出不同的复议决定。

1. 维持决定。行政复议机关对具体行政行为进行审查后，认为其认定事实清楚、证据确凿、适用依据正确、程序合法、内容适当的，应当作出维持决定，从而否定申请人的复议申请，肯定被审查具体行政行为的合法性、正确性。

2. 履行职责决定。复议机关经过审查，认定被申请人未履行法律法规所规定的职责，应当决定其在一定期限内履行法定职责。

3. 撤销、变更和确认违法决定。具体行政行为有下列情形之一的，决定撤销、变更或者确认该具体行政行为违法；决定撤销或者确认该具体行政行为违法的，可以责令被申请人在一定期限内重新作出具体行政行为：①主要事实不清、证据不足的；②适用依据错误的；③违反法定程序的；④超越或者滥用职权的；⑤具体行政行为明显不当的。

此外，被申请人未提出书面答复、提交当初作出具体行政行为的证据、依据和其他有关材料的，视为具体行政行为没有证据、依据，行政复议机关应当决定撤销该具体行政行为。行政复议机关责令被申请人重新作出具体行政行为的，被申请人应当在法律、法规、规章规定的期限内重新作出具体行政行为；法律、法规、规章未规定期限的，重新作出具体行政行为的期限为 60 日。公民、法人或者其他组织对被申请人重新作出的具体行政行为不服，可以依法申请行政复议或者提起行政诉讼。

4. 驳回行政复议申请决定。有下列情形之一的，行政复议机关应当决定驳回行政复议申请：①申请人认为行政机关不履行法定职责申请行政复议，行政复议机关受理后发现该行政机关没有相应法定职责或者在受理前已经履行法定职责的；②受理行政复议申请后，发现该行政复议申请不符合《行政复议法》和《行政复议法实施条例》规定的受理条件的。

上级行政机关认为行政复议机关驳回行政复议申请的理由不成立的，应当责令其恢复审理。

5. 责令被申请人赔偿的决定。公民、法人或者其他组织在申请行政复议时可以一并提出行政赔偿请求，行政复议机关对符合《国家赔偿法》的有关规定应当予以赔偿的，在决定撤销、变更具体行政行为或者确认具体行政行为违法时，应当同时决定依法给予被申请人赔偿。申请人在申请行政复议时没有提出行政赔偿请求，行政复议机关在依法决定撤销、变更罚款，撤销违法集资、没收财物、征收财物、摊派费用，以及对财产的查封、扣押、冻结等具体行政行为时，应当同时责令被申请人返还财产，解除对财产的查封、扣押、冻结措施，或者赔偿相应的价款。

拓展训练——行政复议的决定

潘某驾驶未悬挂前车牌的车辆上路行驶，交警遂对其车辆进行拦截。在交警尚未开始询问时，潘某在主驾驶位置连续多次作出前车牌被人偷了的陈述。某县公安局交通警察大队经调查核实，潘某对其主张车牌照被盗一事无报警记录，无挂失记录，该项主张不成立。执法记录仪记录的执法全过程足以证明潘某对其未悬挂前车牌照上路行驶的事实是明知的，认为潘某违反了《中华人民共和国道路交通安全法》规定，以其不按规定安装号牌出具了行政处罚决定书。潘某主张其不存在此种情形，请求复议机关撤销该行政处罚决定书。复议机关依据该执法影像资料还原案件事实，作出了公正的行政复议决定。

请问：某县公安局交通警察大队的行为是否合法？

参考答案

（三）行政复议中的调解

在行政复议中，行政复议机关可以按照自愿、合法的原则进行调解。调解适用的情形主要有两种：①公民、法人或者其他组织对行政机关行使法律法规规定的自由裁量权作出的具体行政行为不服申请复议的；②当事人之间的行政赔偿或者行政补偿纠纷。当事人经调解达成协议的，行政复议机关应当制作行政复议调解书。调解书应当载明行政复议请求、事实、理由和调解结果，并加盖复议机关印章。行政复议调解书经双方当事人签字，即具有法律效力。调解未达成协议或者调解书生效前一方反悔的，行政复议机关应当及时作出行政复议决定。

（四）行政复议决定的期限

行政复议决定的期限是指行政复议机关受理复议申请、进行复议审查以及作出复议决定的全过程所需的时限。根据《行政复议法》第31条的规定，行政复议机关应当自受理申请之日起60日内作出行政复议决定；但是法律规定的行政复议期限少于60日的除外。情况复杂，不能在规定期限内作出行政复议决定的，经行政复议机关负责人批准，可以适当延长，并告知申请人和被申请人；但是延长的期限最多不超过30日。行政复议机关作出行政复议决定，应当制作行政复议决定书，并加盖印章。行政复议决定书一经送达，即发生法律效力。

五、行政复议决定的执行

行政复议决定书是行政复议机关对具体行政行为进行审查之后作出的结论性的书面裁决形式。双方当事人均受行政复议决定书的制约，应当自觉履行决定书的内容，否则就要承担相应的法律后果。

根据《行政复议法》第32条的规定，被申请人应当履行行政复议决定。被申请人不履行或者无正当理由拖延履行行政复议决定的，行政复议机关或者有关上级机关应当责令其限期履行。

根据《行政复议法》第33条的规定，申请人逾期不起诉又不履行行政复议决定的，或者不履行最终裁决的行政复议决定的，按照下列规定分别处理：①维持具体行政行为的行政复议决定，由作出具体行政行为的行政机关依法强制执行，或者申请人民法院强制执行；②变更具体行政行为的行政复议决定，由行政复议机关依法强制执行，或者申请人民法院强制执行。

本章小结

本章内容主要由行政复议概述、行政复议范围、行政复议主体与管辖、行政复议参加人以及行政复议程序构成。

行政复议，是公民、法人或者其他组织认为行政主体的具体行政行为侵犯其合法权益，依法向行政复议机关提出复议申请，由受理机关按照法定程序对具体行政行为的合法性和适当性进行审查并作出处理决定的法律活动。行政复议范围，是指法律规定的行政复议机关受理并解决行政争议案件的权限范围，即公民、法人或者其他组织认为行政机关作出的具体行政行为侵犯其合法权益，依法向行政复议机关请求重新审查的范围。我国《行政复议法》对行政复议范围的规定既有概括式规定，又有明确的列举式规定。可申请复议的行政行为包括可申请复议的具体行政行为和附带申请复议的抽象行政行为。行政复议机关不能受理的事项包括内部行政行为、对民事纠纷的调解或者其他处理行为。行政复议机关是依照法律规定承担行政复议职能，受理复议申请，依法对被申请的行政行为进行审查并作出决定的行政机关。行政复议机构是行政复议机关内部设立的专门负责处理复议案件的机构。行政复议管辖，是指不同行政复议机关之间受理复议案件的权限和分工，即某一具体行政案件应由哪一个行政机关来行使行政复议权。管辖是行政复议机关复议活动发生的基础，也是其复议活动合法化的前提。行政复议参加人通常包括行政复议申请人、被申请人、第三人和代理人。行政复议程序包括行政复议的申请、受理、审理、决定、执行等环节。

实务训练

一、示范案例

案情：苏某是河北邯郸市某县从事商品批发的个体工商户。2018 年 9 月 20 日，某县市场监督管理局以苏某违法经营为由吊销其营业执照并在当日给苏某送达了处罚决定书，决定书上日期为 9 月 10 日。11 月 16 日，苏某申请复议，邯郸市市场监督管理局以超过复议期限为由不予受理。

问：①本案的被申请人是谁？为什么？②本案应由哪一个复议机关管辖？为什么？③作为复议机关的邯郸市市场监督管理局的做法正确吗？

分析：①本案的被申请人是某县市场监督管理局。根据《行政复议法》的规定，公民、法人或其他组织对行政机关的具体行政行为不服申请复议，该行政机关为被申请人。②本案应由邯郸市市场监督管理局或某县人民政府管辖。根据《行政复议法》的规定，对县级以上的地方各级人民政府工作部门具体行政行为不服申请复议，由上一级主管部门或同级人民政府管辖。③邯郸市市场监督管理局的做法错误。根据《行政复议法》的规定，公民向有管辖权的行政机关申请复议，应当自知道具体行政行为之日起60日内提出。本案中，某县市场监督管理局的处罚决定虽然是9月10日作出的，但送达给苏某是9月20日，即苏某在9月20日才知道具体行政行为。因此，苏某在11月16日提出复议申请是符合法律规定的。

二、习作案例

某村村民吴某因家里人口多，住房紧张，向乡政府提出建房申请。经乡人民政府土地员刘某批准后，即开始画线动工。左邻申某与右邻崔某发现吴某占用了自己使用多年的宅基地，即同吴某交涉。吴某申辩说建房是按批准文件画线动工的，不同意改变施工计划。

参考答案

问：①如申某与崔某申请行政复议，应向哪一个机关提出？②本案中各法律关系主体的地位分别是什么？

复习与思考

1. 如何理解行政复议的概念？

2. 行政复议的基本原则有哪些？其内涵是什么？

3. 公民、法人或者其他组织可以对哪些事项申请行政复议？

4. 申请人申请行政复议的条件是什么？

5. 复议申请人在行政复议中有哪些权利？

自测习题及参考答案

自测习题

参考答案

第七章 行政诉讼概述

学习目标:

- 理解行政诉讼的基本内涵、行政诉讼与行政复议的关系;
- 掌握行政诉讼原则的内容,明确行政诉讼的基本制度,能够运用行政诉讼原则与制度解决行政案件;
- 了解行政诉讼法的基本渊源。

第一节 行政诉讼概念

导入案例

2015 年 7 月 28 日,某镇人民政府依据其上级机关区人民政府(2015)17 号文件的精神,与赵某签订了一份拆迁协议书,并于 2015 年 9 月 28 日前拆除了赵某所有的坐落于某北路的房屋一套(拆除房屋建筑面积为 84.32 平方米,宅基地使用面积为 126 平方米),但未对赵某进行安置长达 5 年之久。双方在对房屋被拆除后的安置、补偿等问题发生争议。赵某于 2020 年 11 月 21 日诉至法院,要求某镇人民政府履行安置义务并赔偿损失。

本案知识点:行政诉讼的概念;行政诉讼的特征

一、行政诉讼的概念

行政诉讼是公民、法人或者其他组织认为行政主体的行政行为侵犯自己的合法权益,依法向人民法院提起诉讼,由人民法院进行审理并作出裁决的制度或活动。

(一) 行政诉讼是解决行政争议的一种制度或活动

行政诉讼的任务是解决在国家行政权运行的过程中发生的争议,即行政争议。具体而言,行政诉讼是解决行政主体实施的行政行为引发的与行政相对人之间的权利义务争议。行政行为可分为具体行政行为与抽象行政行为。1990 年生效的《行政诉讼法》规定人民法院只受理对具体行政行为不服而引起的争议,但 2015 年实施的《行政诉讼法》则将部分抽象行政行为引起的纠纷纳入了人民法院的受案范围，这意味着无论是具体行政行为抑或抽象行政行为（行政立法行为除外）所引起的纠纷，人民法院都可以受理。

（二）行政诉讼的主管机关是人民法院

这里应当注意两个问题：①这里所称的"人民法院"，是指按照我国行政区划设立的"普通"人民法院，而非指专门人民法院。根据《最高人民法院关于适用〈中华人民共和国行政诉讼法〉的解释》（以下简称《行政诉讼法解释》），专门人民法院、人民法庭不审理行政案件，也不审查和执行行政机关申请执行其行政行为的案件。②为了解决因普通法院与行政诉讼被告之间的关系而影响司法公正的问题，经最高人民法院批准，高级人民法院可以根据审判工作的实际情况，确定铁路运输法院等管辖行政案件。

（三）行政诉讼的目的是保护行政相对人的合法权益

在行政法律关系中，行政机关拥有法律赋予的广泛管理权力和手段，而行政相对人则处于被管理的地位。这种地位的差异性，决定了国家必须动用一种强力资源，在行政机关与行政相对人之间进行"抑强扶弱"，使弱者掌握一定的"话语权"。建立行政诉讼制度就是国家利用审判权纠正行政机关的违法行政，从而保护行政相对人的合法权益。

二、行政诉讼的特征

（一）诉讼主体的恒定性

所谓恒定性，主要表现在两个方面：①被告是恒定的。行政诉讼制度得以发生的前提是行政行为，而行政行为是行政机关行使行政权力的逻辑结果，因而被告也只能是行政主体。②原告是恒定的。行政诉讼的原告只能是行政相对人，这是因为行政相对人与行政行为有直接利害关系。虽然被告与行政行为也存在着利害关系，但由于它是行政行为的作出者，即使发现错误也可以依法定程序加以改变，而无需通过诉讼这一手段。

（二）审查对象的特定性

《行政诉讼法》第2条规定："公民、法人或者其他组织认为行政机关和行政机关工作人员的行政行为侵犯其合法权益，有权依照本法向人民法院提起诉讼。"第6条规定："人民法院审理行政案件，对行政行为是否合法进行审查。"这表明，行政相对人只能就行政机关的行政行为所引起的争议向人民法院提起行政诉讼；人民法院也只能对行政行为进行审查。对于与行政机关行使行政职权无关的行为不服的，只能通过民事诉讼等途径解决。

（三）审查范围的有限性

就一般意义而言，人民法院审查行政行为只能审查其合法性，尽管行政行为还包含着合理性问题，但这不属于人民法院审查的范围（除非行政处罚明显不当或者其他行政行为涉及对款额的确定、认定确有错误）。这主要是因为，行政诉讼的主要任务在于督促行政机关依法行政，这就决定了行政诉讼的重点是审查行政行为的合法性。事实上，行政行为所带来的其他问题，如行政赔偿问题等，都是以此作为前提的。行政行为的合法性问题若得不到解决，其他问题就无从谈起。

（四）审理依据的多样性

尽管行政诉讼与其他诉讼一样，都涉及法律依据即实体法依据和程序法依据，但是，由于在行政实体法领域，国家立法机关与行政机关、地方国家权力机关分享立法权的现象极为普遍，因此，行政诉讼的审理依据与其他诉讼产生了较大差异。从实体法依据而言，法律、法规、规章等都是人民法院审理行政案件时应当考虑的，同时这些规范性文件中有关行政程序的内容，人民法院同样不能回避。即便是从诉讼程序法的角度而论，行政诉讼活动除了要遵循《行政诉讼法》的规定外，对于《民事诉讼法》的相关规定，人民法院也应当予以遵守。

拓展训练——行政诉讼的特征

周红英系浙江省遂昌县三仁畲族乡高碧街村村民，2018年4月8日，周红英向村民委员会提交了《农村私人建房用地申请表》和《农户申请建房用地资格审查表》，申请建房用地资格。遂昌县三仁畲族乡高碧街村村民委员会于2018年4月18日对周红英作出"不同意申请"的审查意见。周红英不服，以村民委员会为被告，向法院提起行政诉讼。但一、二审法院均认为案涉建房用地资格审查事项属于村集体经济组织行使自治权的范畴，不属于行政诉讼受案范围，不能提起行政诉讼。周红英不服，向浙江省高级人民法院申请再审。浙江省高级人民法院认为该案属于行政诉讼的受案范围，指令一审法院即松阳县人民法院继续审理。

请问：周红英能否提起行政诉讼？

参考答案

三、行政诉讼法

（一）行政诉讼法的概念和调整对象

从广义上说，行政诉讼法是规范人民法院及诉讼参加人的行政诉讼活动，调整行政诉讼法律关系的法律规范的总和。而狭义上的行政诉讼法则仅指行政诉讼法典，即《中华人民共和国行政诉讼法》。

作为我国三大诉讼法之一，行政诉讼法以行政诉讼活动为其规制对象，主要用以调整人民法院及行政诉讼参加人在行政诉讼活动中所发生的各种关系。根据行政诉讼法律关系的性质和特点，主要可分为行政诉讼权力关系和行政诉讼权利关系两大类。

1. 行政诉讼权力关系。行政诉讼中的权力关系，指的是"不同功能的国家权力机关之间在行政诉讼中所形成的权力分工与制约的法律关系"，[1] 包括立法权与审判权、检察权与审判权、行政权与审判权之间的关系等。从根本上说，行政诉讼权力关系是享有不同性质的国家权力的国家机关之间的分工与制约关系。

2. 行政诉讼权利关系。行政诉讼权利关系是指人民法院与行政诉讼参加人之间以及行政诉讼参加人相互之间所形成的权利与义务关系。如行政诉讼当事人的权利与义务关系、其他诉讼参与人的权利与义务关系等。

（二）行政诉讼法的渊源

作为一个诉讼法律规范系统，从渊源上看，行政诉讼法既包括《行政诉讼法》这一法典，同时也包括体现在其他法律、法规中的行政诉讼法律规范。具体而言，行政诉讼法的渊源主要由以下几个部分构成：

1. 宪法。宪法是我国的根本法，也是一切国家立法的基础。除此之外，宪法关于国家基本政治经济制度、司法制度、国家机关的组织、职权与活动原则，以及关于公民批评、建议、控告、检举权，取得国家赔偿权等规定，均构成行政诉讼法的宪法渊源。

2. 法律。法律作为行政诉讼法的渊源，主要包括以下三种情形：①行政诉讼法典，即《行政诉讼法》，这是广义的行政诉讼法最主要、最基本的组成部分；②单行法律中有关行政诉讼问题的规定，如《税收征收管理法》《行政处罚法》《行政复议法》等法律中有关行政诉讼的受案范围、诉前程序、起诉条件与时限等方面的规定。

3. 法规和规章。这里所谓的法规，既包括国务院制定的行政法规，也包括特定的地方国家权力机关制定的地方性法规和民族自治地方自治机关人民代表大会制定的自治法规（自治条例和单行条例）。规章则包括国务院各部门制定的部门规章和特定的地方人民政府制定和发布的地方政府规章。在这些法规和规章中，有许多规定都涉及行政诉讼问题。对此，《行政诉讼法》规定，人民法院审理行政案件，以法律、行政法规和地方性法规为依据，审理民族自治地方行政案件的，并以该民族自治地方的自治条例和单行条例为依据；同时参照行政

---

〔1〕 胡玉鸿主编：《行政诉讼法教程》，法律出版社1997年版，第74页。

规章。

4. 法律解释。在我国，构成法律渊源的法律解释有立法解释、行政解释、检察解释和审判解释等。从一般意义上说，这些法律解释中与行政诉讼有关的，都可成为行政诉讼法的渊源。但从实践上看，构成行政诉讼法渊源的法律解释主要是审判解释。2014 年和 2017 年全国人大常委会修改了《行政诉讼法》以后，为了更好地贯彻实施，最高人民法院发布了《行政诉讼法解释》，全文共163 条。这些司法解释已经成为人民法院审理行政诉讼案件最重要的依据之一。

另外，行政诉讼法的渊源还包括国际条约和国际惯例等。

（三）行政诉讼法的任务

《行政诉讼法》第 1 条规定："为保证人民法院公正、及时审理行政案件，解决行政争议，保护公民、法人和其他组织的合法权益，监督行政机关依法行使职权，根据宪法，制定本法。"这一规定，既明确了行政诉讼法的立法依据和立法目的，也对行政诉讼法的任务进行了明确。根据这一规定，《行政诉讼法》的任务可以概括为以下三个方面：

1. 保证人民法院公正、及时地审理行政案件。行政诉讼法是人民法院审理行政案件的程序法，也是人民法院公正、及时行使行政审判权的重要法律保障。为了准确、公平地审理和裁判行政案件，《行政诉讼法》第 5 条要求："人民法院审理行政案件，以事实为根据，以法律为准绳。"而为了提高行政审判效率，及时审理和判决行政案件，行政诉讼法还规定了一系列时限方面的要求，如关于立案时限的规定、审判时限的要求等。

2. 保护公民、法人和其他组织的合法权益。从根本上说，行政诉讼制度是司法权监督行政权，保护人民不受行政权侵犯的法律制度。建立行政诉讼制度最基本的目的是，在公民、法人或者其他组织（即行政相对人）受到行政权的不法侵害时，为行政相对人提供司法保护。为了充分实现对行政相对人合法权益的保护，行政诉讼法在多方面作了规定。例如，为了便于行政相对人行使诉权，也为了便于人民法院受理行政相对人提起的行政诉讼，行政诉讼法一方面概括性地规定了行政诉讼的受案范围，同时另一方面，又一一列举了人民法院受理的行政案件的具体种类以及不属于人民法院行政诉讼受案范围的事项。

3. 监督行政机关依法行使行政权。保护行政相对人的合法权益与维护和监督行政机关依法行使职权，是一个问题的两个方面。《行政诉讼法》一方面通过规定人民法院对行政案件的受理与审判权，对行政机关行政行为的撤销权与变更权等，实现对行政权的监督与制约，督促行政机关依法行使行政职权。另一方面规定人民法院对行政行为证据确凿，适用法律、法规正确，符合法定程序的，应当判决驳回原告的诉讼请求。同时，公民、法人或者其他组织对行政行为在法定期间不提起诉讼又不履行的，行政机关可以申请人民法院强制执行或者依法强制执行。

第二节 行政诉讼原则

导入案例

袁某某的住房位于江西某县中心城区规划范围。该县人民政府委托县自来水公司，依据该县人民政府办发〔2010〕4号《某县人民政府办公室关于印发某县城市污水处理费征收工作实施方案的通知》，根据袁某某使用自来水情况，向其征收了户污水处理费1273.2元。袁某某以该县政府对其征收污水处理费违法为由，诉至法院，请求依法判决县政府全部退还已征收的污水处理费，并对某县政府办发〔2010〕4号文件的合法性进行审查。江西省高级人民法院经审理认为，某县府办发〔2010〕4号文所确定的污水处理费征收范围超过了省发改委及赣州市物价局规定的征收污水处理费的范围，违反法律、法规、规章及上级行政机关规范性文件规定，不能作为县政府征收袁某某污水处理费的合法依据。据此，判决撤销县政府征收袁某某城市污水处理费的行为，责令县政府于判决生效之日起30内向袁某某返还1273.2元污水处理费。同时向某县政府发送司法建议，建议对某府办发〔2010〕4号文中与上位法相冲突的内容进行修改。

本案知识点：合法性审查原则的含义；合法性审查原则的内容；对规范性文件的审查

一、合法性审查原则

（一）合法性审查原则的含义

合法性审查原则是指人民法院原则上只对行政行为的合法性进行审查，对行政行为是否合理，人民法院一般不作裁决。[1] 我国《行政诉讼法》第6条规定："人民法院审理行政案件，对行政行为是否合法进行审查。"这就从立法上界定了人民法院对行政行为的审查范围。合法性审查原则是行政诉讼制度特有的原则，同时也是各国行政诉讼制度的共有原则。

---

〔1〕 行政诉讼法所确立的原则很多，如以事实为根据，以法律为准绳原则；人民法院依法独立行使审判权原则；当事人诉讼地位平等原则；使用本民族语言、文字进行诉讼原则；辩论原则；检察监督原则；等等。由于法理学、宪法学以及民事诉讼法、刑事诉讼法等均对上述原则有所涉及，为避免教材内容的重复，本教材只介绍合法性审查原则等行政诉讼的特有原则，对于其他原则，兹不赘述。

对合法性审查原则的理解，主要从以下几个方面进行：①审查的主体是人民法院。对行政行为合法性的审查只能由人民法院进行。按照《行政诉讼法》第12条的规定，公民、法人或者其他组织对行政机关所作的行政行为不服的，可以向人民法院提起行政诉讼。但是，由于行政最终裁决权的存在，使某些行政行为可以实行司法豁免。如公民在出境、入境管理方面，公安机关作出的行政处罚，如果当事人选择通过申请复议的方式解决，那么人民法院则无权进行审查。然而，从司法的某种理念上说，人民法院仍是解决行政争议的最终机关。②审查的对象属于行政行为。前面已经提及，对于非行政行为引起的纠纷和争议，不能通过行政诉讼的方式予以解决。③审查的范围是行政行为的合法性。一般说来，行政权力表现为羁束与自由裁量两方面。由于羁束行政权的判断标准是现行的法律法规，因此产生的是合法与否问题；而对自由裁量行政权进行判断，不仅要以现行的法律法规作为标准，而且要以人们的公平、正义等价值理念作为衡量指标，因而其产生的主要是合理性问题。作为人民法院来说，原则上只审查行政行为的合法性，对于是否合理只有在特殊的情况下才予以审查。

（二）合法性审查原则的依据

合法性审查原则所要解决的问题主要包括两个方面：首先是行政权力为什么要受到司法权的审查，其次是司法权审查的力度和限度应当被界定在怎样的范围。解决了这两个问题，其实就解决了合法性审查原则的依据问题。

行政权力之所以要受到司法权的审查，其基本依据是权力制约原则。权力制约原则的设定时刻警示人们，任何国家权力都必须受到制约，不受制约的权力必将陷入专制的泥潭，这是人们对权力运作进行科学判断后得出的基本结论。行政权力作为国家权力的重要组成部分，具有其他权力所不具有的特征。"在所有国家权力中，行政权是最为桀骜不驯的，因为它是唯一不需要借助程序就能行使的权力，所以它有极大的随意性和广阔的空间。严格的法治，首先应建立对行政权的严格控制制度。"[1] 因此，在权力制约关系中，行政权首先成为制约的对象。尽管在权力制约体系中，立法权和司法权都可以对行政权力予以规制，但是，立法权仅仅为行政权设定了运行的基本框架，立法权的制约只是静态意义上的制约，对于行政机关超出法定范围行使行政权，立法权显然无可奈何。因此，现代国家主要借助于司法权来监控行政权。

司法权对行政权制约的力度和限度确定在"合法性"审查，其主要原因就在于行政自由裁量权的存在。应当说，行政权在绝大多数情况下都表现为自由

---

〔1〕　胡玉鸿主编：《行政诉讼法教程》，法律出版社1997年版，第40页。

裁量权。而自由裁量权意味着，法律对行政机关权力的行使只规定了一个相对的范围和幅度，行政机关可以在该范围和幅度内自由选择。从理论上说，行政机关应当严格按照法律的规定进行执法，选择的余地越小，就越能体现法律的精神。但是社会生活总呈现丰富多彩、纷繁复杂的特点，法律与其相比，总体现出操作性较弱的特点。因此，要求行政机关客观公正地处理社会事务，就必须赋予其灵活处置的权力。事实上，"由于行政管理要求有自己的权力和权威，有行使行政权力的自主性和自由度，因此，法律不可能也没有必要对行政的方方面面、层层级级事无巨细地都加以规范，机械地对行政实行法律统治"。[1]如果人民法院对行政机关行使权力的方式、范围及幅度都横加干涉，那无异于剥夺行政机关的自由裁量权。

（三）合法性审查原则的内容

1. 事实是否清楚。事实是行政行为成立的基础，任何行政行为的产生都是以一定的事实为基础的。这就是说，行政行为必须具备相应的"事实要件"才能成立，它不允许行政机关及其工作人员凭借自己的主观想象，限制或剥夺行政相对人的权利，或者对行政相对人科以义务。《行政处罚法》第 5 条第 2 款规定："设定和实施行政处罚必须以事实为依据，与违法行为的事实、性质、情节以及社会危害程度相当。"这一规定表明，行政机关在作出行政行为时，要全面了解违法事实的发生、经过及原因，按照法律规定调查、收集证据，否则，其所作的行政行为就可能被判定为无效。

2. 职权是否合法。"职权"是行政行为效力的界限。从法律上说，被法律所规范、调整的行政权称之为行政职权。行政职权一旦被国家法律所确定，就成了行政机关进行行政管理活动的范围和界限。因此，行政职权也就是特定行政机关作出行政行为的权力限度。一般认为，决定行政职权范围的因素主要有：①事项上的限度，也称为实质限度，是指行政机关对某一行政事项实施管理权的限度问题。②地域上的限度。这是指行政机关行政职权所涉及的地域范围。③对象上的限度。行政机关的行政行为是根据特定对象的行为来作出的，这就要求必须按照法律的规定，来确定对特定行为人如何适用法律、法规进行处理。

3. 法律依据是否正确。正确适用法律，是依法行政原则的基本要求之一。我国《行政诉讼法》不仅将"合法性审查"作为一项原则加以确认，而且在第 70 条将行政行为"适用法律、法规错误"作为人民法院可以撤销该行为的法定事由之一。根据这一规定，人民法院在对行政行为进行审查时，首先必须审查

---

〔1〕 刘瀚等：《依法行政论》，社会科学文献出版社 1993 年版，第 89 页。

行政主体在作出行政行为时，对法律依据的选择，包括法律文件、具体法律条款以及对法律文本的解释等是否准确，所适用的法律依据是否公开，等等。我国《行政处罚法》第5条第3款规定："对违法行为给予行政处罚的规定必须公布；未经公布的，不得作为行政处罚的依据。"

4. 程序的合法性。"重实体，轻程序"是我国传统法制观念的主要特点之一。表现在立法上，则为实体法的规定多，程序法的内容却显得过于单薄；在法律执行中，则表现为重实体结果，轻程序的执行，很多行政管理案件往往因结果的正确而忽视了程序是否合法。然而，行政行为的合法性本身就包含着程序合法的要求。例如，我国《行政处罚法》第4条规定："公民、法人或者其他组织违反行政管理秩序的行为，应当给予行政处罚的，依照本法由法律、法规、规章规定，并由行政机关依照本法规定的程序实施。"

拓展训练——行政诉讼合法性审查原则

房某某雇佣第三人驾驶其所属的轮船，在上海浦东机场码头外围海域运输无合法手续的成品油，被三甲港边防派出所当场抓获。上海市公安局边防和港航公安分局（原上海市公安边防总队边防支队）根据《关于严格查禁非法运输、储存、买卖成品油的通知》第3条规定，决定给予没收船载成品油的行政处罚。边港公安分局在处罚决定作出前制作了告知笔录，房某某在告知笔录中明确放弃陈述和申辩，但没有在听证权利告知书上签字。房某某不服，向法院提起行政诉讼，请求判决撤销边港公安分局作出的行政处罚决定。法院经审理后认为，边港公安分局的行政处罚决定程序违法，遂判决撤销边港公安分局作出的行政处罚决定，并责令其重新作出行政处罚。

参考答案

请问：法院的判决是否正确？

二、被告负主要举证责任原则

所谓"举证责任"，是指有关当事人对自己提出的主张有提出证据、确认事实、加以证明的义务。在民事诉讼中，举证责任是"谁主张、谁举证"。在刑事诉讼中，举证责任是由指控的一方即公诉机关或自诉人承担。在行政诉讼中，由被告负主要举证责任。我国《行政诉讼法》第34条第1款规定："被告对作出的行政行为负有举证责任，应当提供作出该行政行为的证据和所依据的规范性文件。"这就是通常理解的被告负主要举证责任原则。同时，《行政诉讼法》第38条列举了原告负举证责任的几种情况。根据我国行政诉讼的实践，行政诉讼的举证责任应该表述为：被告负举证责任是原则，原告负举证责任是例外；或被告负主要举证责任原则。

三、诉讼期间不停止行政行为的执行原则

不停止执行，是指在行政诉讼中当事人争议的行政行为，不因原告提起诉讼而停止执行。为了保护行政管理活动的稳定性和连续性，我国《行政诉讼法》第 56 条规定："诉讼期间，不停止行政行为的执行。……"如果行政处理决定因行政相对人不服提起诉讼而可以中断执行，那么在大量的行政处理决定都被提起诉讼的情况下，整个行政管理活动将出现极端的混乱，从而造成整个管理系统的瘫痪和社会秩序的混乱。因此，这一原则为世界各国所通用。当然，诉讼期间不停止行政行为的执行也有例外情况。我国《行政诉讼法》第 56 条规定，有下列情形之一的，可以停止行政行为的执行：①被告认为需要停止执行的；②原告或者利害关系人申请停止执行，人民法院认为该行政行为的执行会造成难以弥补的损失，并且停止执行不损害国家利益、社会公共利益的；③人民法院认为该行政行为的执行会给国家利益、社会公共利益造成重大损害的；④法律、法规规定停止执行的。

四、不适用调解原则

我国《行政诉讼法》第 60 条第 1 款规定："人民法院审理行政案件，不适用调解。……"不适用调解原则是指人民法院对行政案件不应进行调解，也不能以调解的方式结案，只能通过审查行政行为的合法性，从而作出驳回诉讼请求或撤销、变更的判决。这一原则同民事诉讼法着重调解原则相区别，形成了行政诉讼法的特有原则。

在行政诉讼中不适用调解的主要原因是：①行政权是国家法定权力，任何机关和个人都不能作转让、放弃的处置，即不能处分。而调解的前提是当事人有处分权。在行政诉讼中，行政机关只能根据法律规定的权限履行自己的职责，而无权处分国家法定的行政权力。②行政管理法律关系是在行政主体与行政相对人地位不平等的基础上形成的，这种管理与被管理、命令与服从的关系，使得双方当事人无法在产生行政争议后，平等自愿地去协商并达成协议。③行政诉讼是人民法院根据事实和法律，依法审查行政机关作出的行政行为是否合法、正确，所以没有必要调解。

当然，行政案件也不是绝对不能调解，有些行政案件与行政行为是否合法无关，只是在已经确认了行政行为违法的情况下，如何对其后果进行补救，而这属于调解的范围。因此，《行政诉讼法》规定，行政赔偿、补偿以及行政机关行使法律、法规规定的自由裁量权的案件可以调解。

第三节　行政诉讼基本制度

◉ 导入案例

2020 年 2 月，某县城建局认为彭某的一栋两层楼房属于违章建筑，遂作出限期拆除的决定。彭某不服，向市城建局申请复议。市城建局依法作出了维持县城建局决定的复议决定。彭某仍不服，向某县人民法院提起诉讼。县人民法院依法组成合议庭，邀请了具有陪审员资格的某专家参加合议庭。经过公开审理，合议庭评议，依法作出了维持县城建局决定的判决。彭某仍不服，向某市中级人民法院上诉。市中级人民法院经过审理，作出驳回上诉，维持原判的终审判决。

◉ **本案知识点**：合议制度；两审终审制度；公开审判制度

一、行政诉讼基本制度概述

行政诉讼基本制度，是人民法院审理行政案件所必须遵守的基本操作规程。在行政诉讼过程中，作为审判主体的法院及法官必须在行政诉讼法律原则的指导下，按照具体的诉讼规则来指挥诉讼活动，进行审理和作出裁决。因而，在诉讼活动中，审判主体依法独立行使审判权所指的"依法"，主要就是适用法律原则与法律规则。但如果将诉讼规则进行细化，则可以发现它还包括两个分析层面的内容：一是制度，是对诉讼活动中具有重大意义的法律规则加以固定化、集合化；二是程序，是将一系列规则组合起来，使规则之间具有连续性、先后性的关系。从这个意义上说，行政审判制度与行政诉讼规则并无质的区别：制度是规则的组合，规则是制度的细化。

至于行政诉讼法律原则与行政诉讼基本制度的区别，大致可以通过以下几个方面表现出来：

1. 从内容上说，两者是抽象与具体的关系。法律原则对一部法律来说是具有全局性指导意义的纲领性规定，较为抽象。行政诉讼基本制度是就某一具体的操作规程进行确定，其内容明晰、具体，可操作性强。

2. 从确定性程度看，法律原则的运用灵活性较大，它给予行为者以较大范围的裁量自由。行政诉讼基本制度则不同，一般来说它不允许有任何伸缩的余地。即使制度中有些例外情况，但这也是法律规定了的例外。

3. 从适用范围上看，行政诉讼法律原则与行政诉讼基本制度之间存在着大小之别。法律原则贯穿于整个法律之中，在法律缺乏明文规定的情况下，还可以根据原则的规定寻求案件的解决办法，如法律推论。行政诉讼基本制度则不同，它只存在于一定的阶段上，不是整个诉讼活动的通则。

《行政诉讼法》将合议、回避、公开审判和两审终审等制度确定为我国行政诉讼的基本制度。其共同特点是：①规范性。即都以法律规则的形式表现出来，引导着人们的行为模式与行为方向。②普遍性。审判制度不仅是本国历史经验的总结与法律文化的延续，同时也是民主社会普遍施行的制度。③强制性。审判制度主要是有关审判机关与审判人员所必须遵守的行为通则，不得违反或作任意解释。如果审判主体违反制度的规定，必须承担相应的法律责任。以下我们根据《行政诉讼法》第 7 条的规定，阐述行政审判制度的具体内容。

二、合议制度

（一）合议制度的含义

行政诉讼中的合议制度，是指由 3 名以上的审判人员组成审判集体，代表人民法院行使国家审判权，对行政案件进行审理并作出裁判的制度。

1990 年施行的《行政诉讼法》规定人民法院必须以合议庭的方式对行政案件进行审理和裁判。这主要是因为行政诉讼在我国刚起步不久，行政审判经验有一个逐步积累和提高的过程，而合议制便于发扬民主、集思广益，对行政案件的正确裁决有着重要的意义。但是，随着公民权利意识的提升，某些"很小"的争议也被起诉到法院，如果使用合议庭进行审理，势必会造成司法资源的浪费，据此全国人大常委会于 2014 年对《行政诉讼法》进行了修改，规定"事实清楚、权利义务关系明确、争议不大"的行政案件可以使用简易程序，由审判员 1 人独任审理。

（二）合议庭的组织形式

从组织形式上看，我国人民法院审理各类诉讼案件的合议庭有两类：一类是由审判员组成的合议庭，另一类是由审判员和人民陪审员组成的合议庭。根据《行政诉讼法》第 68 条的规定，合议庭的组成人员，应当是 3 人以上的单数。人民法院审理再审案件，应当另行组成合议庭。在一个审判程序中参与过本案审判工作的审判人员，不得再参与该案其他程序的审判，但发回重审的案件，在一审法院作出裁判后又进入第二审程序的，原第二审程序中合议庭组成人员则不受限制。

（三）合议庭的活动原则

合议庭的活动采取民主集中制的原则。在合议庭中，每一组成人员均享有同等的权利，履行同等的义务。在对案件进行评议或者作出决定时，合议庭成员意见不一致的，按照少数服从多数的原则，以多数人的意见为合议庭的意见，但少数人的意见应当记录下来。

三、回避制度

(一) 回避制度的含义

行政诉讼中的回避，是指根据法律的有关规定，行政审判人员或者其他有关人员在遇有法律规定应当予以回避的情形时，退出某一具体行政案件的审判或者诉讼活动的制度。

回避范围与回避事项由法律明确规定，是回避制度的一个显著特点。从内容上说，行政诉讼中的回避是一种公务回避或者说是职务回避。在现代社会，人事行政管理的回避制度包含了任职回避、公务回避、地区回避以及卸任回避等形式，但行政诉讼中的回避则仅仅是指公务回避或者说是职务回避，而不包括任职回避、地区回避、卸任回避等内容。

(二) 回避制度的意义

设立回避制度的目的是保证行政诉讼活动的正常进行，使案件得到客观、公正的处理。作为一种解决行政争议的最后途径，客观、公正地处理行政案件，维护和实现司法正义是行政诉讼制度的价值所在。具体来说，在行政诉讼中实行回避制度的意义是：

1. 相对于民事诉讼、刑事诉讼而言，行政诉讼中回避制度具有更加重要的意义。这是因为行政诉讼属于一种"民告官"的诉讼活动，由于原告的社会弱者地位，其提起诉讼，即使有理，往往也会信心不足。如果审判人员再与被告有某种可能影响公正审判的关系，原告更会顾虑重重，对取得公正的诉讼结果完全失去信心。通过建立回避制度，有利于增强当事人通过诉讼途径解决行政争议的信心。

2. 回避制度的建立，得以使与某一具体案件存在利害关系的审判人员不参与审判或者有关诉讼活动，从而在一定程度上能够有效地防止审判人员或者其他有关人员因利益或情感因素造成的先入为主、徇私舞弊、枉法裁判等现象，维护法律的公正性与严肃性，维护当事人的合法权益。

(三) 回避的条件

根据《行政诉讼法》及有关法律的规定，回避主要适用于与本案有利害关系或者其他关系可能影响案件公正处理的审判人员，包括书记员、翻译人员、鉴定人以及勘验人等。具体来说：①属于本案的当事人或者本案当事人的近亲属、诉讼代理人的近亲属等；②与本案有利害关系的人，即回避对象与案件存在某种程度的关联，案件的处理结果会涉及他们的利益；③与本案有其他关系可能影响案件的公正处理的人。所谓其他关系，是指当事人一方与回避对象有亲戚、师生、朋友等有可能导致案件审理不公的社会关系。

（四）回避的程序

回避的提出既可由当事人申请，也可以由有关人员自行申请。前者是当事人依法向人民法院提出申请，要求有关人员予以回避；后者则是指审判人员或者其他有关人员认为自己与本案有利害关系或者其他关系，而主动提出回避申请，退出本案的审判或者诉讼活动。

当事人申请回避的，应当在案件开始审理时提出，但回避事由在案件开始审理后知晓的，也可以在法庭辩论终结前提出。审判人员或者其他有关人员的回避申请则应自知晓回避事由后即行提出。当事人申请回避的，可以以口头方式提出，也可以用书面形式提出。院长担任审判长时的回避，由审判委员会决定；审判人员的回避，由人民法院院长决定；其他人员的回避，应当由审判长决定。

人民法院应当在回避申请提出的 3 日内，以口头或者书面形式作出决定，对该决定不服的，可以申请复议一次；对当事人提出的明显不属于法定回避事由的申请，法庭可以依法当庭驳回。申请人对驳回回避申请决定不服的，可以向作出决定的人民法院申请复议一次。复议期间，被申请回避的人员不停止参与本案的工作。

四、公开审判制度

（一）公开审判制度的含义

行政诉讼中的公开审判制度，是指人民法院审理行政诉讼案件，除合议庭评议程序外，都应当依法向社会公开的制度。其意义是将行政审判活动置于人民群众和社会舆论的监督之下，增强审判人员依法办案的责任感，提高办案质量，正确解决行政争议。同时，公开审判制度也是对旁听人员进行法治教育，增强其法治观念的重要途径。

公开审判制度的内容主要有三个方面：①公开案件的当事人姓名、案由及开庭的时间和地点，便于群众旁听和新闻舆论机构采访；②公开审判过程，也就是说，除依法不予公开审理的案件外，人民法院应当将其对案件审理的整个过程向社会公开；③公开审理结果，根据法律规定，无论案件是否公开审理，其审理结果都必须予以公开宣告。

（二）依法不公开审理的案件

公开审判是我国《宪法》确认的一项重要诉讼原则，也是《行政诉讼法》确认的一项基本制度，但是，如果案件本身的性质或者特点使得审理活动的公开进行将产生消极的社会影响，则不应当公开审理。根据《行政诉讼法》的规定，案件不公开审理的情形主要有：

1. 涉及国家秘密的案件。国家秘密是指关系国家的安全和利益，依照法定程序确定的，在一定的时间内只限一定范围的人知晓的事项。保守国家秘密是公民的基本义务，也是维护国家安全和利益的一项重要制度。如果案件涉及国家秘密，则依法应当不公开审理。

2. 涉及个人隐私的案件。所谓个人隐私，是指依法受国家和法律保护而不应公开的私人资料与情况。这一方面是为了保护公民个人的隐私权，另一方面也是为了防止此类案件的公开审理可能对社会产生不良影响。

3. 法律另有规定的案件。除上述两类依法不公开审理的案件外，国家法律另有关于不公开审理的规定的，从其规定。比如案件涉及未成年人的，由于未成年人的身心并不健全，公开审理并不利于其健康成长，因此法律规定不公开审理。

另外，涉及商业秘密的案件，当事人申请不公开审理的，可以不公开审理。与前三项不同的是，涉及国家秘密、个人隐私以及法律另有规定的案件属于绝对不公开审理；而涉及商业秘密的案件不公开审理属于相对不公开审理，也就是说，一般情况下公开审理，但是当事人申请不公开审理的情况下，人民法院可以不公开审理。

五、两审终审制度

审级制度是一个国家诉讼制度的重要内容。不同国家，其审级制度各不相同，有实行三审终审制度的，也有实行四审终审的。在多审级制度下，初审和上诉审审理的范围也各不相同。在实行三审制或四审制的国家里，上诉审主要是进行法律审而不是事实审，即仅仅对初审法院或下级法院的法律适用进行审查。我国则实行两审终审制，并且无论是一审还是二审，都采取全面审理原则，即同时对事实和法律进行审理。

（一）两审终审制度的含义

行政诉讼中的两审终审制度，是指一个行政诉讼案件，至多经过两级人民法院的审判，案件即告终结的制度。具体来说，一个行政诉讼案件，在经过一审法院审理并作出判决裁定后，当事人不服的可依法向上一级人民法院提出上诉，二审法院经过对案件进行审理后，所作出的判决或者裁定即是终审的判决或者裁定，一经宣布即发生法律效力。

当然，并非所有的行政诉讼案件都必须经过两级法院的审理才告终结，例如最高人民法院的一审判决或者裁定即为发生法律效力的终局性判决或者裁定。此外，地方各级人民法院的一审判决或者裁定作出后，当事人未在法定期限内提出上诉的，上诉期限届满后，一审判决或者裁定即为发生法律效力的判决或者裁定。

（二）建立两审终审制度的依据

1. 行政复议前置为行政案件的正确处理奠定了坚实的基础。根据我国现行的行政救济制度，行政争议在起诉之前，一般都经过了行政复议程序，有关行政争议的焦点、主要事实与法律依据等方面都在行政内部救济程序中进行过细致的审查，为人民法院审理行政案件奠定了良好的事实和法律基础，而无需实行三审终审或更多审级的审判制度。

2. 两审终审制度基本上能够保证案件得到客观、公正的处理。这是因为：①行政机关、行政复议机关、一审法院及二审法院这四级机关对行政争议的不同处理，能够基本上做到对行政争议的正确裁决；②在两审终审制之外，我国还规定了审判监督程序，以解决生效判决、裁定违反法律、法规规定的情形；③无论是一审还是上诉审，都牵涉对行政行为的全面审查，不受当事人请求或上诉范围的限制；④在人民法院内部普遍建立了错案追究制度，有助于提高人民法院及其工作人员行政审判工作的责任感，保证诉讼案件得到合法、适当、及时的解决。

3. 降低诉讼成本，提高办案效率，减轻当事人的讼累和人民法院的负担。多级审判制度虽然可以更好地保证诉讼案件的公正合理解决，但是审级规定过多，一方面意味着人民法院势必要投入更多的人力、物力资源，另一方面也必然会加重当事人的诉讼负担，从而导致诉讼成本的急剧上升。同时，多审级制度使行政行为长期处于不确定的状态，有碍国家行政管理职能的实现。

（三）两审终审制度的内容

根据两审终审制度的要求，除最高人民法院依法作出的一审判决或者裁定属终局判决、裁定外，地方各级人民法院的一审判决、裁定，当事人不服的，均可以在法律规定的上诉期限内向上一级人民法院提起上诉，由上一级人民法院进行第二审。二审人民法院作出的判决、裁定为终审判决、裁定，当事人即使不服，也不得向其他人民法院再次提起上诉。

第四节 行政诉讼与行政复议

◎ 导入案例

根据《治安管理处罚法》第 64 条第 1 项的规定，偷开他人机动车的，处

500 元以上 1000 元以下罚款；情节严重的，处 10 日以上 15 日以下拘留，并处500 元以上 1000 元以下罚款。小王因偷开单位的轿车被县公安局处以拘留 12日，并处罚款 800 元。小王承认自己确实偷开单位的轿车，但认为县公安局的处罚太重而向市公安局申请复议。在复议过程中，经市公安局调解，小王与县公安局达成对小王不罚款只拘留的调解协议，市公安局认为调解协议内容违法，不予认可。并作出拘留 10 日，维持罚款 800 元的复议决定。小王对复议决定不服，向人民法院提起诉讼。

● **本案知识点**：行政诉讼与行政复议的关系；行政诉讼直接起诉

行政复议和行政诉讼是目前我国解决行政争议的主要途径。前者是在行政系统内部解决纠纷的制度，属于行政救济程序；后者则是由行使国家审判权的司法机关裁决行政争议的制度，属于司法救济程序。两者在目的与功能、客体、原则等诸多方面存在相通之处，但也在性质、审查范围、适用的具体程序规则等方面存在许多差异。[1] 除此之外，二者之间也存在程序上的衔接与互补关系，共同构成我国解决行政争议最基本的程序。《行政诉讼法》第 44 条规定："对属于人民法院受案范围的行政案件，公民、法人或者其他组织可以先向行政机关申请复议，对复议决定不服的，再向人民法院提起诉讼；也可以直接向人民法院提起诉讼。法律、法规规定应当先向行政机关申请复议，对复议决定不服再向人民法院提起诉讼的，依照法律、法规的规定。"结合我国的相关立法，可将行政复议与行政诉讼的衔接与互补关系概括为以下几种情况：

一、自由选择

我国现行立法，特别是 20 世纪 90 年代以后的立法，在行政复议与行政诉讼的关系上，大多数都是赋予行政相对人以行政复议或者行政诉讼的选择权，规定行政相对人如对行政机关的行政行为不服，可以申请复议或者提起诉讼。如《行政处罚法》第 7 条规定："公民、法人或者其他组织对行政机关所给予的行政处罚，享有陈述权、申辩权；对行政处罚不服的，有权依法申请行政复议或者提起行政诉讼。"《证券法》第 223 条规定："当事人对证券监督管理机构或者国务院授权的部门的处罚决定不服的，可以依法申请行政复议，或者依法直接向人民法院提起诉讼。"

法律赋予行政相对人以选择权，是为了充分保障公民、法人和其他组织的民主权利，尊重当事人的意志，方便当事人行使诉讼权利，保障其合法权益在受到行政机关侵害时，能够得到充分补救，但当事人不得在同一时间里既申请

---

〔1〕 杨临宏："论行政复议与行政诉讼的关系"，载《学术探索》1998 年第 6 期。

行政复议又提起行政诉讼。根据我国法律的规定，行政相对人的自由选择分为两种情况：

1. 行政相对人选择行政复议后，对复议决定不服的，可以向人民法院起诉。这也是目前大多数立法所采用的模式。例如，《反垄断法》第 53 条第 1 款规定："对反垄断执法机构依据本法第二十八条、第二十九条作出的决定不服的，可以先依法申请行政复议；对行政复议决定不服的，可以依法提起行政诉讼。"

2. 规定可以选择复议或诉讼，但未规定选择了复议之后是否可以再提起行政诉讼。如《民用航空器适航管理条例》第 26 条规定，任何单位或个人对民航局作出的罚款决定不服的，可以在接到罚款通知书之日起 15 日内向民航局申请复议，也可以直接向人民法院起诉……我们认为，只要这种情况属于行政诉讼的受案范围，在法律未规定行政复议为终局裁决的情况下，即使未明确规定可以提起行政诉讼，依照《行政诉讼法》第 44 条的规定，对复议决定不服的，也可以提起行政诉讼。

二、复议前置

所谓复议前置，是指法律、法规规定应当先向行政机关申请复议，对复议不服再向人民法院提起诉讼，即依照法律法规规定，未经复议不得先向人民法院起诉。作出复议前置规定的法律法规有《税收征收管理法》及其他税收法律法规、《专利法》中关于专利发明权的确认、《海关法》等。例如，《海关法》第 64 条规定："纳税义务人同海关发生纳税争议时，应当缴纳税款，并可以依法申请行政复议；对复议决定仍不服的，可以依法向人民法院提起诉讼。"

法律之所以作出如此规定，主要是基于以下考虑：①将行政复议作为行政诉讼的前置条件，可以发挥行政复议"分流闸"的作用，使大部分行政案件在进入诉讼之前获得妥善解决，使人民法院能够集中精力审理难度较大的行政案件。对公民来说，增加了行政救济的渠道；对行政机关来说，加强了行政监督职能。[1] ②实行复议前置是考虑到行政争议涉及专业知识，需要由专家首先鉴定，同时也有利于行政相对人诉权的保障，行政相对人申请复议后，如果复议机关不予答复，诉诸人民法院也能保障行政相对人诉权的行使。③规定复议后还可提起诉讼，是出于司法最终裁决原则的考虑。行政复议是行政机关裁决自己为一方当事人的争议，存在"自己审理自己案件"的嫌疑，有悖于"任何人不得为自己法官"的法治理念。因而在保存行政复议的同时，要留有司法救济途径，以确保裁决的公正性。

---

[1] 杨海坤："论建立我国统一的行政复议制度"，载《政治与法律》1990 年第 3 期。

当然，这种模式在实践中也存在不少问题，如实行行政复议后再诉讼，使得行政复议成了无效劳动，行政诉讼成了重复劳动，造成各方人、财、物的浪费，同时也影响了行政复议的权威性和生命力。复议作出决定后还可以起诉，不免使各方产生"复议不算数"的想法，久而久之使大众失去对行政复议制度的信任。基于以上考虑，有学者提出建立单纯的"或议或审"制度。[1] 从立法实践看，近年来的国家立法已很少采用此种立法模式。事实上，将复议前置改为由当事人自由选择行政复议或者行政诉讼的模式已在我国的立法中悄然进行。典型的例子是《治安管理处罚法》在救济模式方面已经对《治安管理处罚条例》进行了修正。《治安管理处罚条例》第 39 条规定："被裁决受治安管理处罚的人或者被侵害人不服公安机关或者乡（镇）人民政府裁决的，在接到通知后五日内，可以向上一级公安机关提出申诉，由上一级公安机关在接到申诉后五日内作出裁决；不服上一级公安机关裁决的，可以在接到通知后五日内向当地人民法院提起诉讼。"而《治安管理处罚法》第 102 条则规定："被处罚人对治安管理处罚决定不服的，可以依法申请行政复议或者提起行政诉讼。"

拓展训练——复议前置

A 村与 B 村为两个相邻的谢姓村庄。A 村对其中一块林地（约 5 亩左右，该土地与 A 村、B 村均不相邻）取得了所有权，县林业局已经进行了权属登记，但所有权主体登记为谢家村，导致 B 村对该地块也提出了所有权。A 村多次要求县林业局进行更正，但林业局一直未更正过来。A 村遂向县人民政府申请行政复议，请求县人民政府确认县林业局的行为违法，责令县林业局予以更正。县人民政府认为，A 村提供的证据不足以证明涉案林地的所有权为 A 村，遂决定驳回 A 村的行政复审请。A 村不服，向某铁路运输法院提起行政诉讼。经审理，铁路运输法院判决撤销县人民政府的复议决定。

请问：本案所经历的救济途径是否正确？

三、复议终局

复议终局，是指行政复议决定为终局裁决，不可再提起行政诉讼。《行政诉讼法》第 13 条第 4 项规定，对法律规定由行政机关最终裁决的行政行为，不得提起行政诉讼。由于复议终局在事实上使行政相对人丧失了获得司法救济的机会，有违司法最终裁决这一基本的法治原则要求，因而在立法上，设定行政最终裁决权的理由通常仅限于关涉国家秘密、行政行为本身不会或极少可能损害

〔1〕 冯玉庭、徐祝："行政案件'或议或审'制初探"，载《现代法学》1996 年第 3 期。

行政相对人的合法权益、专业性极强且异常复杂等原因，而且其范围也正日趋缩小。[1] 目前我国设定了行政最终裁决权的法律有《出境入境管理法》等少数单行法律及《行政复议法》。其中，《出境入境管理法》第 64 条第 1 款规定："外国人对依照本法规定对其实施的继续盘问、拘留审查、限制活动范围、遣送出境措施不服的，可以依法申请行政复议，该行政复议决定为最终决定。"《行政复议法》第 14 条则规定："对国务院部门或者省、自治区、直辖市人民政府的具体行政行为不服的，向作出该具体行政行为的国务院部门或者省、自治区、直辖市人民政府申请行政复议。对行政复议决定不服的，可以向人民法院提起行政诉讼；也可以向国务院申请裁决，国务院依照本法的规定作出最终裁决。"从总体上看，设定行政最终裁决权的立法呈现出逐步减少的趋势，如修改后的《商标法》和《专利法》就取消了关于行政最终裁决权的规定。

除上述几种情形外，也有个别立法未对行政复议和行政诉讼问题作出明确规定。例如，1997 年 12 月 29 日第八届全国人大常委会第二十九次会议通过的《价格法》，规定价格行政主体在价格管理中分别实施制定政府定价、价格检查以及对价格违法行为实施行政处罚等行政行为，但对于行政相对人如不服行政主体的价格管理行为，是否能够申请行政复议或者提起行政诉讼的问题，却未作任何规定。对于这种情况，可以根据《行政复议法》以及《行政诉讼法》的立法精神，由行政相对人申请行政复议，或者向人民法院提起行政诉讼。

本章小结

本章内容主要由行政诉讼概念、行政诉讼原则、行政诉讼基本制度以及行政诉讼与行政复议的关系构成。

行政诉讼俗称"民告官"，具体是指公民、法人或者其他组织认为行政主体的行政行为侵犯自己的合法权益，而依法向人民法院提起诉讼，由人民法院进行审理并作出裁决的制度或活动。行政诉讼与民事诉讼不同，行政诉讼的主体是恒定不变的，原告只能是行政相对人，被告则只能是行政主体；行政诉讼的审查对象是行政主体作出的行政行为，而且人民法院只能审查行政行为的合法性，除非行政处罚明显不当，或者其他行政行为涉及对款额的确定、认定确有错误的，人民法院可以判决变更；从审判依据上而言，行政诉讼亦与民事诉讼

---

[1] 姜明安主编：《行政法与行政诉讼法》，北京大学出版社、高等教育出版社 1999 年版，第 320~321 页。

存在较大区别。当然，行政诉讼与民事诉讼也有相通之处，例如行政诉讼的基本制度实际上就是对民事诉讼基本制度的"移植"，合议制度、公开审判制度、回避制度、两审终审制度并非行政诉讼所独有。另外，在行政诉讼与行政复议的关系上，由当事人选择行政复议与行政诉讼模式是当代立法的基本趋势，但不排除行政复议前置的诉讼模式。

实务训练

一、示范案例

案情：某市土地管理机关作为出让方将某块国有土地的土地使用权先后出让给几个单位。其中，A 单位是最先签订该块土地的使用权出让合同的；B 单位虽然没有签订合同但是最先交付土地转让款；C 单位虽然签订合同和交付土地转让款慢一步，但是办理了土地使用权变更登记手续。最后，C 单位获得了该土地的使用权。A、B 单位不服，欲起诉该市土地管理机关，要求确认该市土地管理机关为 C 单位办理土地使用权变更登记的行为违法并予以撤销。

问：A、B 单位应该提起民事诉讼还是行政诉讼？

分析：要解决是提起民事诉讼还是行政诉讼的问题，首先应当解决国有土地使用权出让合同纠纷的性质是民事合同还是行政合同性质。与民事合同相比，行政合同主要包括五个方面的要素：①目的要素。行政合同目的是实现公共利益或者行政管理目标。②主体要素。行政合同的主体是行政主体与行政相对人，两者地位并不完全对等，行政主体处于主导地位。③职责要素。行政合同是在行政主体法定职责范围内签订的。④意思要素。行政合同须是行政主体与行政相对人经过协商，意思表示一致的基础上订立的。⑤内容要素。行政合同的内容须是行政法上的权利义务。

本案中，土地管理机关基于土地管理的职权与职责，为了实现行政管理目标，出让国有土地使用权，与多个单位签订合同，具备行政合同的要素，应认定为行政合同。根据《行政诉讼法》第 12 条第 1 款"……认为行政机关不依法履行、未按约定履行或者违法变更、解除政府特许经营协议、土地房屋征收补偿协议等协议的……"的规定，本案中土地管理机关与 A、B、C 三个单位分别签订的出让土地使用权合同，属于其他行政协议的范围，A、B 两单位不服土地管理机关未按照约定履行协议，并且为 C 单位办理土地使用权变更登记的行为，有权向人民法院起诉，人民法院应当受理。

二、习作案例

滨江市市场监督管理局和市消费者协会在对该市化妆品市场联合检查的过程中，认为三 A 商场销售的名牌化妆品以假充真，遂根据《消费者权益保护法》，共同署名对该商场作出罚款、销毁剩余伪劣化妆品的处理决定，并于当日将价值 7 万元的化妆品予以销毁。三 A 商场不服，未向上一级市场监督管理局申请复议，即向市人民法院提起行政诉讼。

参考答案

请问：A 商场未向上一级市场监督管理局申请复议，即直接向人民法院起诉是否正确？为什么？

复习与思考

1. 行政诉讼的特征包括哪些？
2. 如何理解行政诉讼合法性审查原则？
3. 行政诉讼法律制度有哪些？其具体内涵是什么？
4. 如何理解行政复议与行政诉讼的关系？

自测习题及参考答案

自测习题

参考答案

第八章 行政诉讼受案范围与管辖

学习目标：

- 了解行政诉讼法确定受案范围的原则和方式；
- 理解行政诉讼指定管辖、移送管辖和管辖权的转移；
- 掌握人民法院受理和不受理的案件范围以及级别管辖、地域管辖的相关内容，能够运用行政诉讼受案范围以及管辖的规定，解决行政案件的审判主体问题。

第一节 行政诉讼受案范围

导入案例

坐落于江西省瑞金市象湖镇谢洞口 64 号原钟启川太祠堂内的房产，在 20 世纪 50 年代初用于驻军后，于 1953 年被收归国有。1988 年 12 月 8 日，瑞金市人民政府向瑞金市房产公司和钟某波、黄某某等 5 户颁发了房产证，确定了谢洞口 64 号房产所有权。2013 年 11 月 4 日，钟某山等人向法院提起行政诉讼，请求法院撤销瑞金市政府颁发的上述房产证，判令其将相关房产确定给钟启川的后辈人共同所有。江西省赣州市中级人民法院一审认为，瑞金市政府 1988 年 12 月 8 日颁发房屋所有权证的行为，至钟某山等人 2013 年 12 月 12 日起诉时已经超过法定期限；且本案属于历史遗留的落实政策性质的房地产纠纷，根据最高人民法院《关于房地产案件受理问题的通知》第 3 条的规定，不属于人民法院主管工作的范围；故裁定对该案不予受理。

本案知识点：人民法院受理行政案件的范围

一、行政诉讼受案范围概述

（一）行政诉讼受案范围的含义

行政诉讼受案范围，也称法院的主管范围，是指人民法院审理行政案件的范围，即法律规定的法院审理一定范围内行政案件的权限。由于行政争议涉及司法权和行政权的关系，行政活动也日益复杂，所以并不是所有的行政纠纷都适合人民法院审理。纵观世界各国，根据自身的政治、经济、文化等不同国情，均对行政诉讼的受案范围作出了法律规定，并不同程度地排除司法权对一些行政争议的主管。我国行政诉讼法对法院的主管范围也作出了明确规定。

明确人民法院的受案范围具有重要意义，主要体现在以下三个方面：①从法院与行政机关的关系而言，它是法院对行政机关行政活动实施司法审查的权限范围；②从公民、法人或其他组织而言，它是对行政机关的哪些行政行为不服可以向法院起诉，以寻求司法救济及行使诉权的范围；③受案范围还决定着法院与权力机关、行政机关在处理行政案件上的权限分工。

（二）行政诉讼受案范围的确立原则和方式

我国行政诉讼受案范围的确立不是主观臆想的，它取决于我国政治、经济、文化以及法治水平的实际状况。《行政诉讼法》主要是依据以下原则确定人民法院的受案范围：①合理解决人民法院与行政机关在受理行政案件上的分工。行政诉讼以行政争议为解决对象，而行政争议的范围和种类极其广泛，法院不可能受理并审理所有的行政争议。否则会使人民法院在受理案件上的负担过重，也不利于其及时、有效地解决纠纷。②最大限度地保护公民、法人或者其他组织的合法权益，尽可能地扩大人民法院的受案范围，给当事人的合法权益提供更有力的司法保护，同时也要适应我国行政诉讼制度发展水平的实际状况。③稳定性和灵活性相结合。为了保证人民法院在受理行政案件上明确职责和充分行使职权，保障公民、法人或者其他组织能有效行使诉讼权利，行政诉讼受案范围的确定应相对稳定。

同时，受案范围还需要运用一定的方式才能得到明确的表达，这种方式越科学，受案范围的划定就越准确。各国确立行政诉讼的受案范围的方式不尽相同，英、美等国通过判例来确立受案范围，而德、日等国则以制定法形式来确立。大致而言，各国确立受案范围的方式主要有三种：①概括式，即由统一的行政诉讼法典对受案范围作出原则性的概括规定。概括式的优点是简单、全面，不致发生遗漏，但过于宽泛，不易具体掌握。②列举式，即通过肯定和否定的两种列举方法，由单行法律、法规分别列举或由行政诉讼法典分类列举。其优点是具体、细致，受理或不受理的界限分明，易于掌握，却有繁琐且难以列举全面的缺点。③混合式，亦称结合式，是将上述两种方式混合使用，兼具概括式和列举式的优点，因此混合式不失为确定行政诉讼受案范围的较好方式。

《行政诉讼法》根据我国具体情况，在确定人民法院的受案范围上采取了混合式，但又具有中国特色。《行政诉讼法》第2条第1款对受案范围进行了总体概括，规定"公民、法人或者其他组织认为行政机关和行政机关工作人员的行政行为侵犯其合法权益，有权依照本法向人民法院提起诉讼"。《行政诉讼法》

第 12 条第 1 款具体列举了 11 种人民法院可以受理的行政案件，同时针对一些目前难以列举全面，而且今后将逐步纳入行政诉讼范围的行政案件又运用概括方式作为补充；第 13 条则以否定列举的方式对不属于行政诉讼受案范围的事项作了排除规定，明确列举了 4 种人民法院不受理的事项。

从上述可知，我国行政诉讼法对受案范围是采取概括式与列举式相结合、肯定与否定相结合的方式进行规定，既简单明确又不失全面，而且考虑到了今后逐步扩大受案范围的可能，因此较为科学，而且符合我国的实际情况。

二、人民法院受理的行政案件范围

（一）行政处罚案件

行政处罚是指行政机关依法对违反行政管理秩序的公民、法人或者其他组织，以减损权益或者增加义务的方式予以惩戒的行为，是最为常见的一种行政行为。行政处罚的种类较多，行政诉讼法并未全面列举。根据我国《行政处罚法》及其他法律法规的规定，行政处罚种类主要有警告、通报批评、罚款、没收违法所得、没收非法财物、暂扣许可证件、降低资质等级、吊销许可证件、限制开展生产经营活动、责令停产停业、责令关闭、限制从业、行政拘留及其他形式。

行政处罚是一种较常用的行政管理手段，其本身带有惩戒性，往往对行政相对人的精神、财产、生产经营能力、人身自由等方面产生重大影响。例如，警告、通报批评属于一种声誉罚，给行政相对人的名誉、荣誉、信誉或其他精神上的利益造成一定损害；罚款、没收违法所得和非法财物则不是直接影响行政相对人的精神或人身自由，而是使其在财产上的权益受到减损；暂扣或吊销许可证和执照、降低资质等级、责令停产停业、限制从业、责令关闭是限制或剥夺行政相对人从事某种行为的能力或资格，使其不能从事某种特定活动，也可称之为能力罚或资格罚；行政拘留是最为严厉的一种行政处罚种类，它在一定期限内对行政相对人的人身自由权进行限制或剥夺，又称为人身自由罚。实践中，由行政处罚引发的行政争议是最为常见的，因此，行政相对人不服行政机关的行政处罚决定，向人民法院提起行政诉讼，既有利于保护行政相对人的合法权益，也可以防止行政主体滥用行政处罚权。

（二）行政强制案件

行政强制包括行政强制措施和行政强制执行。行政强制措施，是指行政机关在行政管理过程中，为制止违法行为、防止证据损毁、避免危害发生、控制危险扩大等情形，依法对公民的人身自由实施暂时性限制，或者对公民、法人或者其他组织的财物实施暂时性控制的行为。行政强制措施的种类包括限制公民人身自由；查封场所、设施或者财物；扣押财物；冻结存款、汇款；其他行政强制措施。行政强制执行，是指行政机关或者行政机关申请人民法院，对不履行行政决定的公民、法人或者其他组织，依法强制履行义务的行为。行政强制执行方式包括加处罚款或者滞纳金；划拨存款、汇款；拍卖或者依法处理查封、扣押的场所、设施或者财物；排除妨碍、恢复原状；代履行；其他强制执行方式。

行政强制的设定和实施，应当依照法定的权限、范围、条件和程序，而且应当适当，采用非强制手段可以达到行政管理目的的，不得设定和实施行政强制。无论是行政强制措施还是行政强制执行都可能对公民、法人或其他组织的人身权或财产权产生直接影响，如果不依法设定或实施，势必侵害行政相对人的合法权益，行政相对人对行政强制措施或行政强制执行行为不服的，可依法向人民法院提起行政诉讼。

（三）行政许可案件

行政许可是行政机关根据公民、法人或者其他组织的申请，经依法审查，准予其从事特定活动的行为。行政许可案件是公民、法人或者其他组织申请行政许可，行政机关拒绝或在法定期限内不予答复，或者对行政机关作出的有关行政许可的其他决定不服而提起诉讼的案件。

1. 不服拒绝颁发或不予答复的案件。此类案件形成的条件主要有：①须由公民、法人或者其他组织提出申请。颁发有关证照对行政机关来说是一种依申请的行政行为，从法定程序上讲，必须由公民、法人或者其他组织提出申请为前提。②依法律或者法规规定应当由行政机关颁发许可证照。③行政机关拒绝颁发或者不予答复。拒绝颁发是行政机关对公民的申请明示不予同意或不予办理；不予答复是行政机关对公民的申请不理睬、推诿或无故拖延不办理等。总之，行政机关的行为表现主要有两种：一是不予答复，二是拒绝颁发。前者意味着默示的拒绝，即消极的不作为；后者则为明示的拒绝。其行为后果均是行政相对人不能从事所申请的活动，给行政相对人带来权益损害，因此，上述两种行为引发的争议均属于人民法院的受案范围。

2. 不服有关行政许可的其他决定案件。公民、法人或者其他组织认为行政机关作出就行政许可的变更、延续、撤回、注销、撤销等事项作出的有关行政行为及其相应的不作为，侵犯其合法权益，提起行政诉讼，人民法院应当依法受理。

需要注意的是：判断行政机关的行为是否是行政许可行为，要以行为的内在特征而不是外在名称为标准。行政许可涉及公安、卫生、土地、城建、取用水、开采矿等各行各业，立法分散，名称不统一，如登记、批准、许可、检验、准许、特许、注册、审核、检定等。因此，在认定行政机关的一个行为是否属于行政许可时，应当着眼于内容和内在的特征，而不是外在名称。

拓展训练——行政许可案件

甲、乙、丙共同向县市场监督管理局申请办理公司登记。县市场监督管理局要求他们提交公司章程、申请人身份证明等资料。县市场监督管理局审查发现其中申请人丙是公务员，不适合担任该公司股东和董事，故要求丙退出公司设立登记的申请。丙对此不服，可否提起行政诉讼？为什么？

（四）行政确权案件

行政确权是行政机关依法对当事人之间就财产所有权或使用权的归属发生的争议予以确认裁决的行为。根据《土地管理法》《草原法》《矿产资源法》等法律的规定，对土地、矿藏等自然资源所有权或者使用权予以确认和核发证书，是县级以上人民政府的法定职权。公民、法人或者其他组织对各级人民政府关于确认土地、矿藏、水流、森林、山岭、草原、荒地、滩涂、海域等自然资源的所有权或者使用权的决定不服，提起行政诉讼的，人民法院应当依法受理。

依照有关法律规定，确认自然资源所有权或使用权包括两种形式：①直接确认的形式。比如，对于土地，《土地管理法》规定，土地所有权除由法律规定为集体所有的农村土地、宅基地、自留山或者城市郊区的土地外，其他均为国家所有。对于矿藏，《矿产资源法》规定，矿产资源属于国家所有，由国务院行使国家对矿产资源的所有权，对于矿产资源的探矿权、采矿权，必须依法申请，经批准办理登记。对于森林、草原等的所有权或者使有权相关法律也有类似规定。②因发生争议而确认的形式。公民、法人或者其他组织因对自然资源的权属或者使用发生纠纷的，由人民政府或者有关部门处理，这种处理结果是确认所有权或者使用权的另一种形式。公民、法人或者其他组织对于上述两种形式的确认行为不服的，均可提起行政诉讼。

（五）行政征收、行政征用及其补偿决定案件

行政征收是行政机关为了公共利益的需要，依法强制取得公民、法人或者其他组织的财产所有权，并给予相应补偿的行政行为。对于行政征收的可诉性，在一些法律法规中也有明确规定。比如，《土地管理法》规定的基本农田、基本农田以外的耕地、其他土地的征收；《森林法》规定的林地的征收；《草原法》规定的草原植被的征收；等等。

行政征用是行政机关为了特定的行政管理目的，依法强制取得公民、法人

或者其他组织财产或者对于有关劳务进行征用，并给予相应补偿的行政行为，被征用的动产或者不动产使用后应当返还给被征用人。对于行政征用的法律规定主要有：《防洪法》对防洪征用的规定；《消防法》对消防征用的规定；《传染病防治法》对防病征用的规定；等等。

公民、法人或者其他组织认为行政征收或者行政征用侵犯了其合法权益，或者是对行政征收或行政征用并无异议，只是对于行政征收的土地补偿费、安置补助费、草原植被恢复费等不服，或者是对于征用所给予的相关动产或不动产的使用补偿、劳务报酬补偿等不服，均可依法提起行政诉讼。

（六）不履行保护人身权、财产权法定职责案件

不履行保护人身权、财产权法定职责案件是指公民、法人或者其他组织在面临人身权、财产权方面的侵害时，向具有相应法定职责的行政机关申请保护，行政机关不履行法定职责而提起的行政诉讼。保护公民、法人或者其他组织的人身权、财产权是行政机关法定职责的重要内容，不同的行政机关受自己法定权限的限制，其保护职责的范围也就不同，这取决于单行法律法规的规定。如公安机关有维持管辖区域内社会治安的法定职责；市场监督管理机关有权制止侵害商标权、专利权行为，打击制造销售假冒伪劣商品的职责；等等。这种案件的形成条件是：①公民向行政机关提出了保护申请。申请的作用在于使行政机关知晓情况，以便履行保护职责。但是，行政机关已经通过其他途径知道有关情况的除外。此时，无论当事人是否提出请求保护的申请，都不是案件形成的条件。如当某公民遭到歹徒抢劫时，被进行治安巡逻的民警看见，即使该公民未申请民警保护，民警也必须主动履行保护职责，否则，该公民有权对民警所在的公安机关起诉。②接到申请的行政机关负有法定职责。行政机关各有自己的法定职责分工，如果公民选择了错误的行政机关，该行政机关予以拒绝的，不构成拒不履行法定职责。但是，接到申请的行政机关有告知正确机关的义务。③行政机关拒绝履行或者不予答复。拒绝履行是一种明示的"作为"行为，因此，拒绝履行实际上是一个否定性的"作为"行政行为，但又与通常的"作为"类行政行为有很大不同，因为从行政相对人角度而言，拒绝履行与不予答复给相对人的带来的结果都是"零"，两者的法律效果几乎没什么区别。一般而言，不予答复是公民、法人或者其他组织向行政机关提出申请之后，行政机关完全置之不理，或者不完全答复，或者拖延、推脱答复。不予答复是一种在形式上和实质上都不作为的情形。从形式上看，行政机关并未对行政相对人作出任何有意思表示的行为；在实质上，行政机关没有作出任何有法律约束力的行政行为。

行政机关不履行保护人身权、财产权法定职责的后果有两种：①影响行政相对人权益的实现；②给行政相对人的人身权、财产权造成实际损害。如果行政机关不履行职责已造成实际损害的，行政相对人可以依法请求行政赔偿。

（七）侵犯经营自主权或者农村土地承包经营权、农村土地经营权的案件

经营自主权是公民、法人及其他经济组织依法享有的支配和使用其人力、物力以及原材料供应、生产、销售环节中自主决定不受干涉的权利。根据企业所有权与经营权相分离的原则，给经营者以充分的经营自主权，是深化企业改革，增强企业活力的重要内容。经营自主权包括全民所有制企业、集体所有制企业、私营企业、个体工商户、中外合资企业、中外合作企业、外商独资企业等的经营自主权。这类侵犯经营自主权的案件，侵权的主体必须是行政机关，其他国家机关、社会团体或其他组织侵犯或者干预经营的，不属于这类情形。侵犯的对象必须是法律明确规定由公民、法人或者其他组织享有的经营自主权，不包括行政机关依法对生产经营者进行经济管理的行为。

农村土地承包经营权是指农村土地承包人对其依法承包的土地享有占有、使用、收益和一定处分的权利。根据《农村土地承包法》的规定，农村土地承包人依法享有承包地使用、收益和土地承包经营权流转的权利，有权自主组织生产经营和处置产品；承包地被依法征用、占用的，有权依法获得相应的补偿；法律、行政法规规定的其他权利。

农村土地经营权是指农村家庭保留对承包土地的承包权，通过合法的形式将土地经营权流转给其他农户或者其他经济组织，由其他农户或者其他经济组织进行生产经营的一种权利。农村土地流转是农村经济发展到一定阶段的产物，通过土地流转，可以开展规模化、集约化、现代化的农业经营模式。

公民、法人或者其他组织认为行政机关侵犯其经营自主权或者认为行政机关侵犯其农村土地承包经营权、农村土地经营权的，依法向人民法院提起行政诉讼的，人民法院应予受理。

（八）滥用行政权力排除或者限制竞争的案件

根据《反垄断法》的规定，"滥用行政权力排除或者限制竞争"的行为主要包括：

1. 指定交易行为。即行政机关滥用行政权力，限定或者变相限定单位或者个人经营、购买、使用其指定的经营者提供的商品。比如公安交通部门强制车辆到指定检测点进行车检；又如公安机关在办理身份证件时限定办证申请人到指定照相馆照相；等等。

2. 限制商品流通。即行政机关滥用行政权力，实施下列行为，妨碍商品在

地区之间的自由流通；对外地商品设定歧视性收费项目、实施歧视性收费标准或者歧视性价格，从而排除或限制了公平竞争；对外地商品规定与本地商品不同的技术要求、检验标准，或者对外地商品采取重复检验、重复认证等歧视性技术措施，限制外地商品到本地市场；采取专门针对外地商品的行政许可；设置关卡或者其他手段，阻碍外地商品进入或者本地商品输出；妨碍商品在地区之间自由流通的其他行为。

3. 排除或者限制招标投标。即行政机关滥用行政权力，以设置歧视性资质要求、评审标准或者不依法发布信息等方式，排斥或者限制外地经营者参加本地的招标投标活动。

4. 排斥或限制投资或者设立分支机构。即行政机关滥用行政权力，采取与本地经营者不平等待遇等方式，排斥或者限制外地经营者在本地投资或者设立分支机构。

5. 强制经营者从事垄断行为。即行政机关滥用行政权力，强制经营者从事垄断法所规定的垄断行为。这里的"强制"既包括发布行政规章的方式，也包括直接发布行政命令的方式，强制经营者从事垄断法规定的垄断行为。

6. 制定含有排除、限制竞争内容的规定。行政机关滥用行政权力，通过制定规范性文件的方式，发布含有排除、限制竞争的内容，由于其针对的对象、事项均是特定的，所以属于可诉性的行政行为。

公民、法人或者其他组织对于上述行政机关滥用行政权力排除或者限制竞争行为不服的，依法可向人民法院提起行政诉讼。

（九）违法要求履行义务的案件

行政相对人在行政法上的义务应由法律、法规加以设定，任何单位或个人，包括行政机关均不能要求行政相对人履行法定义务以外的义务，否则就是侵权，行政相对人就有权提起行政诉讼。行政机关违法要求履行的义务包括财产上的义务和行为上的义务。违法要求履行财产上的义务主要是指"三乱"，即"乱罚款""乱摊派""乱收费"。其中，"乱罚款"属于行政处罚案件，"乱摊派"和"乱收费"属于行政征收案件。违法要求履行行为上的义务是指要求行政相对人作出或不作出一定的行为，如要求行政相对人重复提供劳务、强制不满18周岁的公民服兵役等。

违法要求履行义务的行为不仅违反了依法行政原则，也侵犯了行政相对人的人身权和财产权，由此而引发的行政争议属于行政诉讼的受案范围。但是，行政机关在民事活动中以民事主体的身份要求对方履行民事义务而引发争议，则是民事纠纷，不能提起行政诉讼。

（十）不依法支付抚恤金、最低生活保障待遇或者社会保险待遇的案件

抚恤金是国家为因公牺牲或伤残的军人、参战民兵、民工、国家机关工作人员的家属或者伤残者本人设立的一项基金，用以抚慰和保障他们的生活，维持其本人或家属的日常生活。主要分为两种：①伤残抚恤金，发放对象是革命残废军人、因公致残的职工及其他人员；②死亡抚慰金，发放对象是革命烈士、牺牲人员或者其他死亡人员的遗属。抚恤金的发放是行政给付的一种，依法发放抚恤金是行政机关的法定职责，享受社会保障是公民的一项权利。因此，负有发放抚恤金法定职责的行政机关若不依法发给公民抚恤金，不仅是失职行为，也是对公民人身权和财产权的侵犯。如果抚恤对象认为行政机关没有严格执行法律、法规规定的抚恤优待标准、发放范围、方式、数额，使其未能享受到应有的待遇，则可以根据行政诉讼法的规定，向人民法院提起行政诉讼，人民法院应予受理。

支付最低生活保障待遇或者社会保险待遇，是公民依法享有的，国家提供保障人民获得物质帮助的一种权利，是当代法治社会公平正义的体现，也是行政给付的一种。国家提供给付的形式可以是通过行为的给付（如举办教育），也可以通过金钱、物品的给付（如提供最低生活保障金）等方式。我国《宪法》第 45 条规定："中华人民共和国公民在年老、疾病或者丧失劳动能力的情况下，有从国家和社会获得物质帮助的权利。国家发展为公民享受这些权利所需要的社会保险、社会救济和医疗卫生事业。国家和社会保障残废军人的生活，抚恤烈士家属，优待军人家属。国家和社会帮助安排盲、聋、哑和其他有残疾的公民的劳动、生活和教育。"宪法这条规定的物质帮助权、保险权利、抚恤权利只是抽象规定，而《社会保险法》则进一步具体规定了基本养老保险、基本医疗保险、工伤保险、失业保险、生育保险等社会保险制度，并明确规定个人依法享受社会保险待遇。最低生活保障待遇是指国家对家庭人均收入低于当地政府公告的最低生活标准的人员给予一定现金资助，以保证该家庭成员基本生活所需的社会保障制度。行政机关对于符合法定条件的相对人应当支付最低生活保障待遇或者社会保险待遇，是落实社会保障制度的具体表现，公民认为自己符合法定条件，依法应该享有最低生活保障待遇或者社会保险待遇，而行政机关不依法履行支付义务，向人民法院提起行政诉讼的，人民法院应当受理。

（十一）行政协议案件

公民、法人或者其他组织认为行政机关不依法履行、未按照约定履行或者违法变更、解除政府特许经营协议、土地房屋征收补偿协议等协议的，可向人民法院提起行政诉讼。行政协议是指行政机关为了实现行政管理或者公共服务

目标，与公民、法人或者其他组织协商订立的具有行政法上权利义务内容的协议。行政协议与民事合同相比，在主体要素、目的要素、内容要素、意思要素等方面都不同。

根据 2020 年 1 月 1 日起施行的《最高人民法院关于审理行政协议案件若干问题的规定》（以下简称《行政协议的规定》）第 2 条，行政协议的具体类型包括：①政府特许经营协议，即行政机关在有限自然资源开发利用、公共资源配置以及直接关系公共利益的特定行业的市场准入等领域，与公民、法人或者其他组织协商一致，授予其参与公共工程或者基础设施建设的特许权的协议。②土地、房屋等征收征用补偿协议，即房屋或者土地征收征用部门与被征收人就补偿方式、补偿金额和支付期限、用于产权调换房屋的地点和面积、搬迁费、临时安置费等事项而订立的补偿协议。③矿业权等国有自然资源使用权出让协议，即行政机关将国家所有的自然资源使用权出让给行政相对人，并收取出让费所签订的协议。④政府投资的保障性住房的租赁、买卖等协议，即行政机关与行政相对人就保障性住房的标准、价格或者租金等签订的协议。⑤具有行政法上权利义务内容的政府与社会资本合作协议。⑥其他行政协议。行政协议不限于上述类型，还有一些如对除土地、房屋以外的其他不动产或者动产的征收征用，行政机关与相对人之间订立的行政协议。

（十二）认为侵犯其他人身权、财产权等合法权益的案件

认为行政机关侵犯其他人身权、财产权等合法权益的案件，应从两个方面来理解。一是认为行政机关侵犯其他人身权、财产权的。人身权是指与人身相联系的没有直接财产内容的权利，包括生命健康权、姓名权、名称权、肖像权、名誉权、荣誉权、婚姻自主权等。财产权是指具有经济利益的权利，包括物权、债权、继承权、知识产权等。侵犯行政相对人人身权、财产权案件仅靠列举是难以穷尽的，侵犯其他人身权、财产权案件是在立法技术上对前述 11 种案件列举性规定的衔接和补充，是指前述 11 种行为之外的其他行政行为涉及行政相对人的人身权和财产权的案件，也属于行政诉讼的受案范围。二是侵犯其他人身权、财产权等合法权益中的"等"应理解为"等外等"，而非"等内等"。也就是说，其他不是人身权、财产权的合法权益，如受教育权、环境权等权利受到侵犯，依法向人民法院提起诉讼的，人民法院应当受理。

（十三）法律、法规规定可以提起诉讼的其他行政案件

《行政诉讼法》第 12 条第 1 款明确列举规定了公民、法人或者其他组织认为行政机关侵犯其人身权、财产权等合法权益的，均可以提起行政诉讼。本条第 2 款规定："除前款规定外，人民法院受理法律、法规规定可以提起诉讼的其

他行政案件。"这里的法律、法规是指除行政诉讼法之外的其他各种法律、行政法规和地方性法规。例如《政府信息公开条例》第51条规定:"公民、法人或者其他组织认为行政机关在政府信息公开工作中侵犯其合法权益的,可以向上一级行政机关或者政府信息公开工作主管部门投诉、举报,也可以依法申请行政复议或者提起行政诉讼。"

三、人民法院不受理的事项

(一) 国防、外交等国家行为

国家行为是指国务院、中央军事委员会、国防部、外交部等根据宪法和法律的授权,以国家的名义实施的有关国防和外交事务的行为,以及经宪法和法律授权的国家机关宣布紧急状态等行为。国家行为主要有对外和对内两种:①对外意义上的国家行为,指国防部、外交部等中央国家机关,在国际事务中,代表整个国家行使国际法权利和履行国际法义务的国防、外交行为。②对内意义上的国家行为,是指经宪法和法律授权的特定国家机关,在对国内全局性、重大性的国家事务中,代表整个国家对内实施的统治行为。它区别于一般行政行为之处在于其全局性和危急性,主要包括为了防止国家、民族分裂,抗救巨大自然灾害等而采取的宣布总动员、戒严和其他紧急措施等。

无论是对外还是对内意义上的国家行为,其行为的名义、行为相对方、行为的依据等方面,与一般行政行为都具有不同的特点。国防、外交等国家行为不能被提起行政诉讼,是各国行政诉讼制度的通例。因为,国家行为不是行政机关纯粹以自己的名义实施的行政管理行为,而是特定行政机关代表整个国家以国家的名义实施、体现国家主权的行为,其权力具有国家的整体性和统一性,关系到国家和民族的整体利益。因此,我国也不例外地将其排除在行政诉讼的受案范围之外。

(二) 行政法规、规章或者行政机关制定、发布的具有普遍约束力的决定、命令

行政机关制定行政法规、规章或者行政机关制定、发布的具有普遍约束力的决定、命令的行为,通常被称为抽象行政行为。行政机关制定行政法规、规章具体包括:国务院制定行政法规的行为;国务院各部委制定部门规章的行为;省、自治区、直辖市人民政府,设区的市人民政府制定地方规章的行为。行政机关发布具有普遍约束力的决定、命令的行为,即行政机关针对不特定对象发布的能反复适用的行政规范性文件的行为。这些抽象行政行为不能被提起诉讼,主要是因为:①这些抽象行政行为可以由本级人民代表大会和上级行政机关依照宪法和法律的规定,通过监督的方式确保其合法性;②抽象行政行为的对象范围大、不确定,其合法性问题不适合通过诉讼途径解决。

但是，公民、法人或者其他组织认为行政行为所依据的国务院部门和地方人民政府及其部门制定的规范性文件不合法，在对行政行为提起诉讼时，可以一并请求对该规范性文件进行审查。这里所说的规范性文件不包括规章。

（三）行政机关对其工作人员的奖惩、任免等决定

行政机关对其工作人员的奖惩、任免等决定，是指行政机关作出的涉及该行政机关公务员权利义务以及行政机关对其工作人员作出的培训、考核、离退休、工资、休假等方面的决定，这些都是行政机关的内部人事管理决定，属于内部行为，不影响社会上其他公民、法人或者其他组织的合法权益。

行政诉讼法没有将行政机关的内部人事管理行为纳入行政诉讼受案范围的主要原因是：这类行为往往涉及高度经验性的判断，例如机关领导对工作人员日常工作态度和水平的印象，需要靠日积月累形成，人民法院没有这方面的条件；另外，这类行政行为一般不涉及其他公民的基本权益。因此而导致的行政纠纷原则上由行政机关自行解决或由当事人依法向上级行政机关、人事、监察机关申诉，按内部行政监督程序解决，人民法院不予干预。

（四）法律规定由行政机关最终裁决的行政行为

法律规定由行政机关最终裁决的行政行为是指全国人民代表大会及其常务委员会制定、通过的规范性法律文件规定的，由行政机关最终裁决的行政行为。例如《行政复议法》第 30 条第 2 款规定："根据国务院或者省、自治区、直辖市人民政府对行政区划的勘定、调整或者征收土地的决定，省、自治区、直辖市人民政府确认土地、矿藏、水流、森林、山岭、草原、荒地、滩涂、海域等自然资源的所有权或者使用权的行政复议决定为最终裁决。"行政终局裁决行为是一种具有终局法律效力的行政行为，只能由全国人民代表大会及其常务委员会制定的法律加以规定，行政法规、规章以及其他规范性文件均不能设定行政机关的裁决为终局裁决。当事人不服行政终局裁决行为，只能向作出最终裁决的行政机关或者其上级机关申诉，而不能向人民法院起诉。

（五）公安、国家安全等机关依照刑事诉讼法的明确授权实施的行为

公安、国家安全等机关依照刑事诉讼法的明确授权实施的行为，从性质上而言不属于行政行为，被视为司法行为，即公安、国家安全机关等机关依照刑事诉讼法的明确授权实施的行为。主要包括拘传、取保候审、监视居住、拘留、逮捕等刑事强制措施，以及在侦查过程中的搜查、勘验、检查、扣押、鉴定、通缉等行为。如何区分行政行为和刑事司法行为的界限，应当注意以下几个问题：一是刑事司法行为的主体，只限于公安机关、国家安全机关、海关、军队保卫部门、监狱等特定机关。二是所实施的行为必须是刑事诉讼法所明确授权

的行为。三是刑事侦查行为的目的，是查明犯罪事实，而不是其他目的。

鉴于实践中存在公安机关假借刑事侦查之名介入经济纠纷的现象，最高人民法院、最高人民检察院和公安部三令五申严格禁止。对于此类案件的理解须注意以下两点：①公安机关、国家安全机关等所实施的行为必须有刑事诉讼法依据；②"明确授权"不仅仅应限定为有明确的授权依据，还应包括满足授权的目的，即刑事强制措施的采取是为了保障刑事诉讼活动的顺利进行，为查明犯罪事实而实施的。比如某相对人的行为明显不构成犯罪，而公安机关实施了上述强制措施来干预经济纠纷或者为另一方当事人讨债，虽然行为表面上可能具备刑事强制措施的所有合法手续，但也不能认定该行为为刑事司法行为，而应认为是可诉的行政行为。

拓展训练——是行政强制措施还是刑事司法行为？

Y 先生经营木材生意，有木材经营许可证和木材出省运输证。一天，他将收购的半成品木材运往省外，途经某县时，遭某县森林公安分局拦截，以非法运输为由，将木材扣押并未出具扣押清单。一个月后，该森林公安分局擅自将木材出售。Y 先生对森林公安分局的扣押和出售木材的行为不服，向法院提起行政诉讼。

参考答案

请问：本案中县森林公安分局的行为是一种行政行为还是刑事司法行为？Y 先生对此不服可否提起行政诉讼？

（六）调解行为以及法律规定的仲裁行为

调解行为是指行政机关进行的调解，具体是指由行政机关主持的，以争议双方自愿为原则，通过行政机关的调停、斡旋等活动，促成民事争议双方当事人互谅互让以达成协议，从而解决争议的一种行政管理手段。行政调解行为虽然也是行政机关的活动，但不是严格意义上的行政行为，因为这种调解所遵循的是当事人意思自治的原则，不是行政机关强加给行政相对人意志的行为。双方当事人若对调解协议不满意，仍可以民事争议向法院起诉，不以行政机关为被告提起行政诉讼。

仲裁行为是指法律规定的行政机关或者法律授权的组织，根据法律的授权，依法定仲裁程序，对平等主体之间的民事争议进行处理，并作出具有法律拘束力的裁决行为。"法律规定的仲裁行为"中的"法律"，仅指全国人民代表大会及其常务委员会制定、通过的规范性文件，其他任何规范性文件所规定的行政仲裁行为，不能排除在人民法院的受案范围之外。行政仲裁与行政裁决表面相似，实质不同。行政仲裁带有民间、自愿的性质，行政裁决则是法定、强制的，是行政机关职责的体现。因此，对行政仲裁不服的，不能提起行政诉讼，而对行政裁决不服的，则有权提起行政诉讼。

（七）行政指导行为

行政指导是指国家行政机关在其所管辖的事务范围内，对特定的公民、法人或其他组织，运用说服、教育、建议、示范、政策指导等非强制性手段，或以提供经费、知识、技术帮助等方法，取得该行政相对方的同意或协助，以实现一定的行政管理目的的行为。

这类行政指导行为具有灵活性、简便性和经济性，其最重要的特征在于非强制性。公民对行政机关的行政指导行为可以遵从，也可以不响应，完全取决于自己的意愿，对行政相对人不具有法律约束力，行政机关与行政相对人之间不产生法定的权利义务关系。因此，行政诉讼法未将其纳入受案范围。如某乡政府鉴于市场兔毛销路好，故发出通知，号召农民养殖兔子即属此类。这里需要注意的是，如果行政机关在实施行政指导时，通过利益引诱、反复说服教育甚至威胁等方式强迫行政相对人服从的，实际上是具有强制力的行政命令，行政相对人不服则可以起诉。

（八）驳回当事人对行政行为提起申诉的重复处理行为

重复处理行为是指行政机关所作出的没有改变原有行政法律关系、没有对当事人的权利义务产生新的影响的行为。当事人不服行政机关的行政行为提起申诉，行政机关对此予以驳回，实际上是告知当事人前一个行政行为的正确性，是对前一个行政行为所确定的权利、义务状态的维持，并没有形成新的权利义务关系。这种行为通常发生在以下情形：当事人对历史遗留的行政行为、对已经超过起诉期限的行政行为或者行政机关具有终局裁决权的行为不服，向行政机关申诉，行政机关经过审查，维持原有的行为，驳回当事人的申诉，即为重复处理行为。

把握此类行为有两个要点：①要有重复处理行为。原行政行为是第一次处理，对申诉的处理是第二次行为，第二次行为只是驳回申请，没有新的内容产生，此为重复处理，对这类行为不能提起行政诉讼。②程序上必须是已经超过了对原行政行为的诉讼时效，如果在程序上没有超过诉讼时效，法院也应当受理对原行政行为的起诉。

（九）行政机关作出的不产生外部法律效力的行为

不产生外部法律效力的行为是指行政机关在行政程序内部所作的行为。例如行政机关的内部沟通、会签意见、内部报批等行为，并不对外发生法律效力，不对公民、法人或者其他组织合法权益产生影响，不具有对外性。而对外性是可诉的行政行为的重要特征之一，因此，行政机关作出的不产生外部法律效力的行为不属于人民法院的受案范围。

（十）行政机关为作出行政行为而实施的准备、论证、研究、层报、咨询等过程性行为

过程性行为是指行政机关在作出行政行为之前，一般要为作出行政行为进行准备、论证、研究、层报、咨询等，尚不具备最终的法律效力的行为。这些过程性行为不具备成熟性，而可诉的行政行为需要具备成熟性，所以，这些过程性行为不属于可诉的行政行为，公民、法人或者其他组织对此不服，不能向人民法院提起诉讼。

（十一）行政机关根据人民法院的生效裁判、协助执行通知书作出的执行行为

协助执行行为是指行政机关根据人民法院的生效裁判、协助执行通知书作出的执行行为。行政行为是行政机关运用行政职权，基于自身的意思表示作出的行为。而协助执行行为则是根据人民法院生效裁判作出的行为，本质上属于履行生效裁判的行为，并非行政机关自身依职权主动作出的，故而不属于人民法院的受案范围。但是，如果行政机关根据人民法院生效裁判、协助执行通知书进行协助执行时，扩大执行范围或者采取违法方式实施的，相对人对此不服向人民法院起诉的，人民法院应当受理。

（十二）行政机关内部层级监督行为

行政机关内部层级监督行为是指上级行政机关基于内部层级监督关系对下级行政机关作出的听取报告、执法检查、督促履责等行为，属于行政机关上下级之间内部管理事务。上级行政机关对下级行政机关的监督并不直接设定公民、法人或者其他组织的权利义务关系，不具有对外法律效力，因此，这类行为属于不可诉的行为。

（十三）信访办理行为

信访是指公民、法人或者其他组织采用书信、电子邮件、传真、电话、走访等形式，向各级人民政府、县级以上人民政府工作部门反映情况，提出建议、意见或者投诉请求，依法由有关行政机关处理的活动。信访办理行为是指行政机关针对信访事项作出的登记、受理、交办、转送、复查、复核意见等行为。依据《信访条例》的规定，信访工作机构依据《信访条例》作出的登记、受理、交办、转送、承办、协调处理、监督检查、指导信访事项等行为，对信访人的实体权利和义务不产生实质影响，不是行政机关行使"首次判断权"的行为，因此，这类信访办理事项不属于行政诉讼受案范围。

（十四）对公民、法人或者其他组织权利义务不产生实际影响的行为

对公民、法人或其他组织的权利、义务不产生实际影响的行为，是指行政

主体行使行政职权、履行行政职责时，作出的并未使相关公民、法人或其他组织的权利义务发生实际变化的行为。行政诉讼的性质决定了行政相对人的合法权益未受到侵害的，不能提起行政诉讼。

未对公民、法人或其他组织的权利、义务产生实际影响的行为主要指尚未成熟的行为和程序性的准备行为。前者通常指尚处于行政系统内部、未最终形成的行为。如一个需要经过上级机关批准仍处于申请批准过程中的行为；后者如行政处理决定作出之前的通知行为、调查行为等。

拓展训练——公安机关"传唤"行为是否可诉

李某因涉嫌扰乱单位秩序而被某市区公安分局适用《传唤证》传唤李某到指定的地点接受询问，并随即对李某作出了罚款 200 元的处罚决定。李某对于区公安分局的传唤行为不服提起行政诉讼。

请问：法院对此是否应当予以受理？为什么？

参考答案

第二节 行政诉讼管辖

导入案例

2017 年 7 月 7 日，某省人民政府发出某政字 25 号《关于某城电厂滑坡治理有关问题的紧急通知》。该通知第 2 条要求立即关闭上水村上水一矿等危及电厂安全的乡镇煤矿点，由某市政府会同省煤炭局监督执行。同年 11 月 8 日，某市政府按通知要求下达了关闭上水村的上水一矿的决定书。2018 年 1 月 15 日，上水村村委会以某省人民政府的通知缺乏事实根据，上水一矿与某城电厂滑坡没有关系，不服市政府作出的关闭上水一矿的决定为由，向市政府所在地的某区人民法院提起行政诉讼。该区人民法院收到原告诉状后，告知原告本法院对此案不具有管辖权，应向某市中级人民法院起诉。

本案知识点：级别管辖；地域管辖

一、行政诉讼管辖概述

（一）行政诉讼管辖的含义

行政诉讼的管辖是指上下级人民法院之间和同级人民法院之间受理第一审行政案件的分工和权限。它包括以下几个方面的含义：

1. 行政诉讼管辖是上下级法院、同级法院之间受理行政案件的权限分工。

也就是说，管辖要解决不同审级和同级不同区域法院之间的权限划分问题。它不同于行政诉讼的受案范围，行政诉讼的受案范围所要解决的是人民法院与其他国家机关之间处理行政争议的分工和权限，而在确定了受案范围之后，具体的行政案件应由哪一级的哪一个人民法院受理，则是属于行政诉讼管辖所要解决的问题。有管辖权的人民法院立案后，受诉人民法院的管辖权不受当事人住所地改变、追加被告等事实和法律状态变更的影响。

2. 行政诉讼管辖是普通人民法院受理行政案件的分工。我国人民法院有普通法院和专门法院之分。其中专门法院，如海事法院、军事法院、铁路运输法院等，不受理和执行行政案件，但依法跨行政区域管辖行政案件的除外。对此，《行政诉讼法解释》第3条规定："各级人民法院行政审判庭审理行政案件和审查行政机关申请执行其行政行为的案件。专门人民法院、人民法庭不审理行政案件，也不审查和执行行政机关申请执行其行政行为的案件。铁路运输法院等专门人民法院审理行政案件，应当执行行政诉讼法第十八条第二款的规定。"

3. 行政诉讼管辖是人民法院受理第一审行政案件的权限分工，不包括第二审以及再审案件的分工。我国审判制度实行四级两审制，第二审是第一审的继续，确定了第一审案件的管辖，第二审案件的管辖也就相应确定。另外，执行也是按第一审案件的管辖标准确定的。

（二）确定行政诉讼管辖的意义、原则及种类

确定行政诉讼的管辖具有十分重要的意义。对于人民法院来说，行政诉讼的管辖解决的是人民法院内部审理行政案件的分工问题。某一法院对某一类行政案件享有管辖权，即意味着该法院对此类案件享有审判权，明确了管辖权可以防止人民法院之间推诿和争夺审判权现象的发生。对于公民、法人或者其他组织来说，可以方便公民、法人和其他组织起诉，使其合法权益得到及时的保护。同时，管辖权的明确也便于国家机关及人民群众对人民法院的工作进行监督。

行政诉讼法对管辖权的确定考虑了我国的国情，主要体现了以下原则：人民法院内部合理分工的原则；便于人民法院公正、及时、合法审理案件的原则；根据不同情况，便于原告或者被告参加诉讼的原则；原则性与灵活性相结合的原则。

行政诉讼的管辖，按不同标准可分为级别管辖、地域管辖和裁定管辖三类。其中级别管辖和地域管辖是由法律明确规定的，又合称为"法定管辖"。

二、级别管辖

我国的审判机关一共设有四级人民法院，分别为最高人民法院、高级人民

法院、中级人民法院和基层人民法院。级别管辖是指上下级人民法院受理第一审行政案件的分工和权限。级别管辖主要是从纵向来解决哪些第一审行政案件由哪一级人民法院受理并审理的问题。我国《行政诉讼法》第 14~17 条明确地规定了不同层级的人民法院管辖第一审行政案件的权限。

（一）基层人民法院的管辖

基层人民法院管辖除行政诉讼法规定由中级人民法院、高级人民法院和最高人民法院管辖的第一审行政案件以外的其他行政案件。

《行政诉讼法》第 14 条规定："基层人民法院管辖第一审行政案件。"基层人民法院是我国审判系统中最低层级的审判机关，数量多、分布广。一般情况下，基层人民法院所在地往往也是原告和被告所在地、行政行为发生地、行政争议所在地，把大量的行政案件规定为基层人民法院审理，便于原、被告双方参加诉讼，也有利于人民法院公正、及时地处理行政争议。

（二）中级人民法院的管辖

一审行政案件原则上由基层人民法院管辖，但有的属于重大、复杂的案件，有的在本辖区内影响较大，有的涉及的行政机关级别较高，基层人民法院不便行使管辖权，则应由更高级别的人民法院管辖更为适宜。依照《行政诉讼法》第 15 条的规定，中级人民法院管辖下列第一审行政案件：

1. 对国务院部门或者县级以上地方人民政府所作的行政行为提起诉讼的案件。国务院各部门主要包括国务院组成部门、国务院直属机构、国务院直属特设机构、国务院直属事业单位、国务院部委管理的国家局等。这些机关作出的行政行为引起的行政案件，一般有着重大影响或者疑难、复杂或者涉及较强的政策性和较高的专业技术，由中级人民法院管辖。县级以上地方人民政府作出的行政行为引起的行政案件，为了避免基层人民法院审理时受到行政干预，法律规定由中级人民法院管辖，有助于排除干扰，公正审判。

拓展训练——中级人民法院管辖权的确定

某县政府组建的临时机构基础设施建设指挥部，认定有 12 户居民的小区自建的围墙及附属房系违法建筑，指令乙镇政府具体负责强制拆除。12 户居民对此决定不服欲起诉。

请问：本案应由哪个人民法院管辖？

参考答案

2. **海关处理的案件**，即公民、法人或者其他组织对海关管理机关作出的行政行为不服向人民法院提起诉讼的行政案件。海关处理的案件具有较强的专业性和技术性，由中级人民法院管辖，有利于保证案件得到合法、公正的审理，及时解决行政争议。

3. 本辖区内重大、复杂的案件。所谓重大、复杂的案件，一般是指对中级人民法院辖区内，在政治、经济、文化或社会生活方面有重大影响，案情复杂，处理难度较大的案件。根据《行政诉讼法解释》第5条的规定，本辖区内的重大、复杂案件主要包括三种情形：①社会影响重大的共同诉讼案件。共同诉讼是指当事人一方或者双方为二人以上，其诉讼标的是共同的或者同一种类的，人民法院认为可以合并审理并经当事人同意的诉讼。但社会影响较小的共同诉讼案件，仍由基层人民法院管辖，影响重大的，才由中级人民法院管辖。②涉外或者涉及我国香港特别行政区、澳门特别行政区、台湾地区的案件。其中涉外行政案件必须是案件的当事人、依据、客体或者执行涉及其他国家或者国际组织。如原告是外国的公民、法人或者其他组织；案件的审理涉及国际条约的适用；案件的客体是涉及国际关系协调的事项；裁判的执行需要外国法院承认等行政案件。这里所说的"重大"，是指影响重大，即可能对国际关系造成严重影响。③其他重大、复杂案件。这是人民法院裁定管辖的情形，即基层人民法院认为案件重大，不适合由自己管辖的，可以请求中级人民法院裁定移转管辖。

4. 其他法律规定由中级人民法院管辖的案件。如果其他法律规定由中级人民法院管辖，从其规定。

（三）高级人民法院的管辖

《行政诉讼法》第16条规定："高级人民法院管辖本辖区内重大、复杂的第一审行政案件。"根据职能分工，高级人民法院属于上诉审人民法院，其主要职能是对省、自治区、直辖市的基层和中级人民法院的审判工作进行指导、监督，审理不服中级人民法院裁判提起上诉的案件和申诉案件。只有在全省、自治区、直辖市范围内影响重大、涉及面广、案情复杂或中级人民法院不便审理的案件，才由高级人民法院管辖。

（四）最高人民法院的管辖

最高人民法院是我国的最高审判机关，其主要职能是对全国各级人民法院和各专门人民法院的审判工作进行监督和指导，运用司法解释权对审判工作中所涉及的法律具体应用问题进行司法解释，以及审理不服各高级人民法院裁判而提起的上诉案件。因此，《行政诉讼法》第17条规定："最高人民法院管辖全国范围内重大、复杂的第一审行政案件。"即主要是管辖对全国有重大影响的案件，在国际上有重大影响的涉外案件，哪些案件属于全国范围内重大、复杂，由最高人民法院决定。

三、地域管辖

地域管辖是在级别管辖的基础上确定同级人民法院之间受理第一审行政案

件的权限分工，又称"区域管辖""属地管辖"。地域管辖是从横向来解决同一层级人民法院中应由哪一个法院对某一行政案件享有第一审管辖权的问题。它实际上是确定级别管辖后对管辖权的进一步划分，使管辖权更加明确。地域管辖一般是根据人民法院的辖区与当事人所在地、诉讼标的所在地等来确定行政案件的管辖。行政诉讼的地域管辖可以分为一般地域管辖和特殊地域管辖。

（一）一般地域管辖

一般地域管辖是根据"原告就被告"的原则，即以被告所在地来确定管辖法院，也称普通地域管辖。依据《行政诉讼法》第 18 条第 1 款的规定，一般地域管辖有以下两种情况：①行政案件由最初作出行政行为的行政机关所在地的人民法院管辖；②经复议的案件，也可以由复议机关所在地人民法院管辖。一般而言，原告未经复议直接起诉原行政行为的，最初作出行政行为的行政机关为被告，所以最初作出行政行为的行政机关所在地法院具有管辖权。经过行政复议再起诉的，无论是复议机关作出何种复议决定，相对人不服复议决定提起诉讼的，可以由原告选择，向最初作出行政行为的行政机关所在地法院或者复议机关所在地法院起诉。

拓展训练——经复议的案件法院管辖权的确定

某省盐业公司从外省盐厂购进 300 吨工业盐运回本地，当地市盐务管理局认为购进工业盐的行为涉嫌违法，遂对该批工业盐予以先行登记保存，并将《先行登记保存通知书》送达该公司。其后，市盐业管理局经听证，集体讨论后，认定该公司违法购进工业盐，并处罚款 15 万元。公司不服处罚决定，向市政府申请行政复议。市政府维持市盐业管理局的处罚决定。公司不服，向法院起诉。

参考答案

请问：哪个或哪些人民法院对此案有管辖权？理由是什么？

（二）特殊地域管辖

特殊地域管辖是指适用于特殊案件、按照特殊标准来确定的管辖，具体是根据行政行为的特殊性、诉讼标的所在地或当事人与法院辖区的关系为标准确定管辖权。依《行政诉讼法》第 18 条第 2 款、第 19 条、第 20 条的规定，特殊地域管辖有下列几种情形。

1. 人民法院跨行政区域管辖。《行政诉讼法》第 18 条第 2 款规定："经最高人民法院批准，高级人民法院可以根据审判工作的实际情况，确定若干人民法院跨行政区域管辖行政案件。"人民法院跨行政区域管辖是指经最高人民法院批准，高级人民法院根据审判工作的实际情况，确定某些人民法院不仅可以审理依法享有管辖权的案件，也可以审理其他行政区域内其原本不具有管辖权的案件。人民法院跨行政区域集中管辖是行政审判体制改革中的一个重要问题，是解决行政案件"立案难""审理难""执行难"等问题的重要举措，有助于改善司法环境与提高司法公信力。在司法实践中，跨行政区域人民法院改革已经取得重大突破，有部分地区已经确立了跨行政区域的人民法院，这些跨行政区域的人民法院以审理重大的行政案件为主，同时审理跨地区的重大民商事案件、部分特殊类型的刑事案件等。例如，《最高人民法院关于同意杭州市、宁波市、合肥市、福州市、济南市、青岛市中级人民法院内设专门审判机构并跨区域管辖部分知识产权案件的批复》（法〔2017〕236 号）同意设立 10 个跨区域管辖的中级人民法院知识产权法庭，行使相应的跨行政区域的案件管辖权。目前，对"审判工作的实际情况"并无明确标准，这些行政审判体制改革工作尚在进行当中。

2. 共同地域管辖。共同地域管辖，又称为共同管辖，是指两个或两个以上的人民法院对同一行政案件都有管辖权，原告可以选择其中一个人民法院提起诉讼。行政诉讼的共同地域管辖有两种情形：

（1）经过复议的案件，由最初作出行政行为的行政机关所在地人民法院管辖，也可以由复议机关所在地人民法院管辖，由当事人选择向哪个地方的人民法院起诉。

（2）对限制人身自由行政强制措施不服提起的诉讼，既可以由被告所在地人民法院管辖，也可以由原告所在地人民法院管辖。所谓"被告所在地"，就是指作出行政行为的行政机关的主要办事机构所在地。所谓"原告所在地"，包括原告的户籍所在地、经常居住地和被限制人身自由地。其中经常居住地是指自公民离开其户籍所在地起至起诉时已连续居住满 1 年以上的地方，但公民住院就医的地方除外；被限制人身自由所在地，是指公民被羁押、限制人身自由的场所所在地。《行政诉讼法》第 19 条作此规定的主要目的是方便原告起诉，防止行政机关规避法律。这里需要注意的问题有：①凡涉及限制公民人身自由的行政强制措施，无论其名称、措施、程序和实施状态如何，一律适用该特殊管辖的规定。②对行政机关基于同一事实，既采取限制公民人身自由的行政强制措施，又采取其他行政强制措施或者行政处罚不服的，由被告所在地或者原告所在地的人民法院管辖。

总之，共同管辖实际上是赋予原告对管辖法院的选择权，是为了方便公民、法人或者其他组织行使诉权，保障其合法权益不受侵害。当然，如果原告同时向两个或者两个以上有管辖权的人民法院起诉的，则应由最先立案的人民法院管辖。

3. 专属管辖。专属管辖是指法律规定某些案件必须由特定的人民法院管辖，其他人民法院无权管辖，也不允许当事人协议变更管辖。专属管辖具有强制性和排他性。

《行政诉讼法》第 20 条规定："因不动产提起的行政诉讼，由不动产所在地人民法院管辖。""不动产"是指"不动产物"及"不动产权"，也就是说，属于不可移动的实物或者移动即损失其价值的物权。"不动产所在地"包括两种，一是不动产已登记的，以不动产登记簿记载的所在地为不动产所在地；二是不动产未登记的，以不动产实际所在地为不动产所在地。因不动产提起的行政诉讼是指因行政行为导致不动产物权变动而提起的诉讼。具体包括：①因不动产所有权、使用权归属提起的行政诉讼；②因土地征用及与此有关的行政处罚或行政强制措施所致的行政诉讼；③因违章建筑或其他建筑物的拆除而提起的行政诉讼；④其他因行政行为导致不动产物权变动的案件。这些案件专属于不动产所在地人民法院管辖，便于对不动产进行调查、勘验、测量，便于人民法院收集证据和对证据进行审查，也有利于案件审结后判决的执行。

四、裁定管辖

裁定管辖是法定管辖的补充，指在某些特殊情况下，由人民法院以裁定的方式来确定行政案件的管辖法院。裁定管辖主要有移送管辖、指定管辖和管辖权的转移三种。

(一) 移送管辖

移送管辖是指某一人民法院受理行政案件后，发现自己对该案件没有管辖权，而将该案件移送给有管辖权的人民法院审理的一种管辖。《行政诉讼法》第22 条规定："人民法院发现受理的案件不属于本院管辖的，应当移送有管辖权的人民法院，受移送的人民法院应当受理。受移送的人民法院认为受移送的案件按照规定不属于本院管辖的，应当报请上级人民法院指定管辖，不得再自行移送。"根据这一规定，移送管辖应同时具备下列条件：①移送法院已经受理了该案件；②移送法院对该案件没有管辖权；③接受移送的法院应当受理。

人民法院受理案件后，被告提出管辖异议的，应当在收到起诉状副本之日起 15 日内提出。对当事人提出的管辖异议，人民法院应当进行审查。异议成立的，裁定将案件移送有管辖权的人民法院；异议不成立的，裁定驳回。

(二) 指定管辖

指定管辖是指上级人民法院在一定情形下，以裁定的方式将某一行政案件指定由某一下级人民法院审理的一种管辖。指定管辖实质上是法律赋予上级人民法院在特殊情况下变更或者确定有关案件的管辖权，以便保证案件及时审判。根据行政诉讼法相关规定，指定管辖有下列情形：

1. 有管辖权的人民法院由于特殊原因不能行使管辖权的，由上级人民法院指定管辖。所谓特殊原因，包括事实上的原因和法律上的原因。前者如有管辖权的人民法院遇到地震、水灾、战争等自然灾害或不可抗力，使得有管辖权的人民法院不能行使管辖权；后者如有管辖权的人民法院的审判人员，因当事人申请回避或审判人员自行回避，无法组成合议庭或人民法院缺乏审理技术条件无法对案件进行审理等。

2. 人民法院之间因管辖权发生争议，协商不成的，报它们共同的上级人民法院指定管辖。人民法院对管辖权产生争议主要有两种情况：①双方都认为本法院对某一行政案件有管辖权，即争夺管辖权；②双方都认为本法院对该案无管辖权，即在管辖上出现相互推诿。无论是哪种情况引发的管辖权争议，对行政诉讼的顺利进行都是不利的，应当及时加以解决。首先应由争议的人民法院之间进行协商，协商不成的，由共同的上级人民法院指定其中的一个或争议法院以外的其他人民法院行使管辖权。

3. 当事人以案件重大复杂为由，认为有管辖权的基层人民法院不宜行使管辖权，向中级人民法院起诉，中级人民法院根据情况可以指定本辖区其他基层人民法院管辖。

4. 当事人向有管辖权的基层人民法院起诉，受诉人民法院在 7 日内既不立案，又不作出不予立案裁定的，当事人向中级人民法院起诉的，中级人民法院可以根据具体情况指定本辖区的其他人民法院审理。

5. 基层人民法院对其管辖的第一审行政案件，认为需要中级人民法院审理或者指定管辖的，报请中级人民法院决定时，中级人民法院可以根据具体情况指定本辖区的其他基层人民法院管辖。

（三）管辖权的转移

管辖权的转移是指经上级人民法院决定或同意，由下级人民法院将其有管辖权的案件移送给上级人民法院审理，或者由上级人民法院将其有管辖权的案件移交给下级人民法院审理的一种管辖。

管辖权的转移必须具备三个条件：①移交案件的人民法院是有管辖权的人民法院；②移交审理的案件必须是第一审行政案件；③移交的人民法院与接受移交的人民法院之间具有上下级审判监督关系。实际上，管辖权的转移是在行政案件的管辖权已经依法明确了由哪一个人民法院管辖的前提下，由于某些原因，上级人民法院决定或者同意将该案件的管辖权上移或者下放。

管辖权的转移主要有下列两种情况：

1. 由下级人民法院将行政案件移交上级人民法院管辖。包括上级人民法院主动审理下级人民法院管辖的第一审行政案件和下级人民法院对其管辖的第一审行政案件，认为需要由上级人民法院审判的，报请上级人民法院，由上级人民法院决定自己审理两种情况。

2. 由上级人民法院将行政案件移交下级人民法院管辖。这主要是因为上级人民法院认为由自己管辖的第一审行政案件适宜由下级人民法院管辖。

对指定管辖的裁定或管辖权转移的裁定有异议的，不适用管辖异议的规定。

本章小结

本章由行政诉讼受案范围和行政诉讼管辖构成。

行政诉讼的受案范围，也称行政诉讼的主管范围，是指法律所规定的人民法院所受理的行政案件范围，或者说是人民法院解决行政争议的范围和权限。我国《行政诉讼法》确立受案范围采取的是混合式。《行政诉讼法》第2条首先以概括的方式确立了行政诉讼受案范围的基本界限，公民、法人或者其他组织认为行政机关和行政机关工作人员的行政行为侵犯其合法权益的，有权向人民法院提起诉讼，其后第12条以肯定列举的方式列出了属于行政诉讼受案范围的行政案件。《行政诉讼法》第13条和《行政诉讼法解释》第1条进一步对受案范围进行概括式和否定列举式的规定，明确了行政诉讼的受案范围。

行政诉讼的管辖是上下级人民法院之间和同级人民法院之间受理第一审行政案件的分工和权限。包括级别管辖、地域管辖、裁定管辖。

实务训练

一、示范案例

案情：2018年下半年，合肥市庐阳区人民政府因建设需要征收了王某的商业用房，庐阳区房屋征收办公室、庐阳区亳州路街道办事处与王某签订了《房屋征收补偿协议》。协议约定补偿方式为产权调换，安置房屋位置为沿亳州路北起第二间门面房（129号商铺）。安置房屋竣工后，因规划图改变，庐阳区征收办和亳州路街道办无法按照协议约定向王某交付安置房。王某不服，向法院提起诉讼，要求庐阳区征收办和亳州路街道办履行协议约定的义务，向其交付129号商铺，并赔偿安置过渡费及停产停业损失。

问：人民法院能受理王某的起诉吗？为什么？

分析：人民法院能受理王某的起诉。因为按照《行政诉讼法》第12条的规定，人民法院可以受理公民、法人或者其他组织认为行政机关不依法履行、未按照约定履行或者违法变更、解除政府特许经营协议、土地房屋征收补偿协议等协议而提起的诉讼。本案的起因就是因为庐阳区征收办和亳州路街道办事处没有按照协议向原告履行约定的义务，属于人民法院的受案范围。

二、习作案例

厦门市王某驾驶货轮在我国内海航运时，被上海市海关缉私队查获，货轮上载有我国禁止进口的货物。上海市海关对该货轮作出了处罚决定：该货轮载有国家禁止进口的产品，无合法证明，认定该货物为走私货物，依《海关法》作出对该货轮罚款 2 万元，拘留王某 10 日，并没收上述走私货物的处罚决定。王某以处罚决定认定事实不清，证据不足为由，向海关总署申请复议，请求海关总署撤销该处罚决定。海关总署经复议，作出了维持没收走私物品，改为罚款 1 万元，拘留 5 日的复议决定。王某仍不服，欲提起行政诉讼。

问：哪一些或哪一个人民法院对此案享有管辖权？为什么？

复习与思考

1. 行政诉讼的受案范围与行政诉讼的管辖是指什么？
2. 属于人民法院行政诉讼受案范围的案件有哪些？
3. 不属于人民法院行政诉讼受案范围的事项有哪些？
4. 中级人民法院受理的行政案件有哪些？
5. 移送管辖与管辖权的转移有什么区别？

自测习题及参考答案

自测习题

参考答案

第九章　行政诉讼参加人

第一节　行政诉讼原告

◎ 导入案例

2007 年 12 月 1 日，杨某向法院起诉某市国家税务局稽查局，称其于 2005 年 8 月 22 日向某市国家税务局稽查局举报厦门某厂于 2001 年 8 月至 2002 年 12 月间偷逃税款 6 万余元，2006 年 8 月 6 日被告正式立案，但至起诉时被告仍未对该案进行处理。起诉人以被告负有法定职责却不作为影响了其权益为由（因被告已公告举报偷漏税查实有奖），要求判令被告在一定期限内履行法定职责，对偷逃税案予以结案。法院经审查认为，起诉人的请求与其本身的利益没有关系，其起诉不符合人民法院行政诉讼的受案范围。故依照《行政诉讼法》第 2 条第 1 款 "公民、法人或者其他组织认为行政机关和行政机关工作人员的行政行为侵犯其合法权益，有权依照本法向人民法院提起诉讼" 的规定，裁定对杨某的起诉不予受理。

◉ **本案知识点**：行政诉讼原告的范围；行政诉讼原告的资格条件

一、行政诉讼原告的概念

行政诉讼原告是指认为行政机关的行政行为侵犯其合法权益而以自己的名义向人民法院起诉，要求人民法院予以裁决的公民、法人或者其他组织。由于行政诉讼实行不告不理原则，因此，原告的起诉行为是行政诉讼得以发生的前提条件。没有原告的起诉，行政诉讼程序就不可能启动，行政诉讼制度也就没有任何意义。应当注意的是，并非任何人都可以成为行政诉讼的原告，作为原告必须具备以下条件：

1. 原告必须是行政相对人或利害关系人。行政相对人与行政主体共同构成了行政法律关系的双方当事人。然而，两者的地位却是相互对立的，行政主体始终处于指挥者的角色，而行政相对人则处于从属地位。因此，行政相对人对行政主体依据行政权力作出的行政行为，只能选择服从而不能加以直接对抗，即便对行政行为提出异议，也只能通过法定的救济途径加以解决。但行政主体则不同，如果其认为行政行为发生错误，只需通过法定程序加以纠正，而无需通过诉讼渠道。

2. 原告必须与被诉的行政行为有利害关系。根据《行政诉讼法解释》第12条的规定，所谓"与行政行为有利害关系"，包括以下情形：①被诉的行政行为涉及其相邻权或者公平竞争权的；②在行政复议等行政程序中被追加为第三人的；③要求行政机关依法追究加害人法律责任的；④撤销或者变更行政行为涉及其合法权益的；⑤为维护自身合法权益向行政机关投诉，具有处理投诉职责的行政机关作出或者未作出处理的；⑥其他与行政行为有利害关系的情形。

3. 原告必须以自己的名义向人民法院起诉。原告之所以必须以自己的名义起诉，是因为原告是权利义务的承受者，是否需要寻求救济必须以自己的主观意志为转移。除此之外的任何人都不能取代原告向人民法院起诉，即使是公民因被限制人身自由而不能提起诉讼的，其近亲属也只能依其口头或者书面委托以该公民的名义提起诉讼。当然，在诉讼中也存在着以别人的名义向人民法院起诉的，但这显然不属于原告的范畴而是诉讼代理人。

4. 原告必须受人民法院裁判约束。原告是行政诉讼的当事人，人民法院的裁判也是针对双方当事人而作出的，因此对双方当事人都有拘束力。虽然诉讼也离不开证人等诉讼参与人，但是证人只是负责证明案件事实，人民法院如何判决与其无关，无须承担人民法院裁判所确定的义务。

拓展训练——原告资格的确定

原告沈某等26人经营的赣E69703号班车、赣E69683号班车、赣E60699号班车均为某长途汽车运输有限公司所有的班车，原告高某是赣E69703号班车的承包人，原告舒某是赣E69683号班车的承包人，第三人英某是赣E60699号班车的承包人。经某长途汽车运输有限公司申请，被告某公路运输管理所经所长办公会议研究同意将赣E60699号班车放在石门街发车，众原告认为赣E60699号班车不按核准经营线路发车而改放在石门街发车的行为违法，多次向省、市、县道路运输管理机关反映要求查处未果，遂向江西省鄱阳县人民法院提起诉讼。

参考答案

问：沈某等人是否具有原告资格？

二、行政诉讼原告范围

（一）公民

公民是指具有一国国籍并根据该国法律规定享有权利、承担义务的自然人。我国公民即指具有中华人民共和国国籍的人。

在行政诉讼中，公民是最主要的原告。在我国，行政主体的行政行为大多数都是针对公民而作出的。从现有的法律关系来看，公民作为法律关系主体广泛地参与社会活动，几乎每一种法律关系中，公民都可以成为法律关系的参加者。不但如此，有的行政法律关系的对象只能是公民。如行政拘留法律关系、婚姻登记法律关系等。

公民因被限制人身自由而不能提起诉讼的，其近亲属可以依其口头或者书面委托以该公民的名义提起诉讼。近亲属起诉时无法与被限制人身自由的公民取得联系，近亲属可以先行起诉，并在诉讼中补充提交委托证明。没有诉讼行为能力的公民，由其法定代理人代为诉讼。法定代理人互相推诿代理责任的，由人民法院指定其中一人代为诉讼。

（二）法人

法人是具有民事权利能力和民事行为能力，依法独立享有民事权利和承担民事义务的组织。作为行政诉讼原告的法人，根据《民法典》的规定，必须具备下列条件：①依法成立；②有必要的财产和经费；③有自己的名称、组织机构和场所；④能够独立享有民事权利和承担民事义务。

根据设立法人的目的和任务，可以对法人作如下分类：①营利法人。以取得利润并分配给股东等出资人为目的成立的法人，为营利法人。营利法人包括有限责任公司、股份有限公司和其他企业法人等。营利法人经依法登记成立，依法设立的营利法人，由登记机关发给营利法人营业执照。营业执照签发日期为营利法人的成立日期。②非营利法人。为公益目的或者其他非营利目的成立，不向出资人、设立人或者会员分配所取得利润的法人，为非营利法人。非营利法人包括事业单位、社会团体、基金会、社会服务机构等，如公立学校、公立医院等。非营利法人经依法登记成立，取得法人资格；依法不需要办理法人登记的，从成立之日起，具有法人资格。③特别法人。根据《民法典》第96条的规定，特别法人包括机关法人、农村集体经济组织法人、城镇农村的合作经济组织法人、基层群众性自治组织法人。机关法人是指依法成立，有独立经费的各级国家管理部门。有独立经费的机关和承担行政职能的法定机构从成立之日起，具有机关法人资格，可以从事为履行职能所需要的民事活动。应当注意的是，包括行政机关在内的所有国家机关都可能成为行政诉讼的原告，特别是行政机关在法律上具有双重的身份，既可能是行政主体，也可能成为行政相对人，因此，不能认为行政诉讼的被告只能是行政机关而否定其行政诉讼原告的资格。

（三）非法人组织

非法人组织是不具有法人资格，但是能够依法以自己的名义从事民事活动的组织。这类组织虽然不具备法人条件，但是它们的合法权益往往又会因为国家机关违法行使职权的行为而受到侵犯。因此，行政诉讼法同样赋予它们提起行政诉讼的权利。根据《民法典》第102条第2款的规定，非法人组织包括个人独资企业、合伙企业、不具有法人资格的专业服务机构等。

实践中，公民、法人或者其他组织成为行政诉讼的原告会出现一些特殊情况。《行政诉讼法解释》对于特殊情况下的原告情形作了相关规定，具体有下列几种：①合伙企业向人民法院提起诉讼的，应当以核准登记的字号为原告。未依法登记领取营业执照的个人合伙的全体合伙人为共同原告；全体合伙人可以推选代表人，被推选的代表人，应当由全体合伙人出具推选书。②个体工商户向人民法院提起诉讼的，以营业执照上登记的经营者为原告。有字号的，以营业执照上登记的字号为原告，并应当注明该字号经营者的基本信息。③股份制企业的股东大会、股东会、董事会等认为行政机关作出的行政行为侵犯企业经营自主权的，可以企业名义提起诉讼。④联营企业、中外合资或者合作企业的联营、合资、合作各方，认为联营、合资、合作企业权益或者自己一方合法权益受行政行为侵害的，可以自己的名义提起诉讼。⑤非国有企业被行政机关注销、撤销、合并、强令兼并、出售、分立或者改变企业隶属关系的，该企业或者其法定代表人可以提起诉讼。⑥事业单位、社会团体、基金会、社会服务机构等非营利法人的出资人、设立人认为行政行为损害法人合法权益的，可以自己的名义提起诉讼。⑦业主委员会对于行政机关作出的涉及业主共有利益的行政行为，可以自己的名义提起诉讼。⑧业主委员会不起诉的，专有部分占建筑物总面积过半数或者占总户数过半数的业主可以提起诉讼。

需要注意的是，根据《行政协议的规定》第5条，在行政协议案件中，下列与行政协议有利害关系的公民、法人或者其他组织有权提起行政诉讼：①参与招标、拍卖、挂牌等竞争性活动，认为行政机关应当依法与其订立行政协议但行政机关拒绝订立，或者认为行政机关与他人订立行政协议损害其合法权益的公民、法人或者其他组织；②认为征收征用补偿协议损害其合法权益的被征收征用土地、房屋等不动产的用益物权人、公房承租人；③其他认为行政协议的订立、履行、变更、终止等行为损害其合法权益的公民、法人或者其他组织。

三、行政诉讼原告资格转移

行政诉讼原告资格转移是指有权提起诉讼的公民、法人或者其他组织死亡或者终止时，由有特殊利害关系的公民、法人或者其他组织"继受"其原告资格。也就是说，具有原告资格的公民死亡或者法人、其他组织终止时，它们的"继承人"可以以原告身份向人民法院提起行政诉讼。根据《行政诉讼法》的规定，原告资格转移发生在下列两种情形下：

1. 有权提起诉讼的公民死亡，其近亲属可以提起诉讼。这里的"近亲属"，包括配偶、父母、子女、兄弟姐妹、祖父母、外祖父母、孙子女、外孙子女和其他具有扶养、赡养关系的亲属。这里需注意两个问题：①这里的近亲属与继承法所指的近亲属并不完全相同。继承法所讲的近亲属有严格的顺序限制，不能越位继承；而行政诉讼中的近亲属则不存在顺序问题，任何一个近亲属或者有扶养关系、赡养关系的亲属都可以成为原告。②近亲属即使成为原告，某些权利义务并不能转移。例如，被拘留的公民在提起诉讼前死亡，他的近亲属以原告的身份提起诉讼，如果败诉，公安机关不能对其近亲属执行拘留。

2. 有权提起诉讼的法人或者其他组织终止，承受其权利的法人或者其他组织可以提起诉讼。根据我国法律的规定，法人或者其他组织终止通常有两种情况：①法人或者其他组织被撤销、破产，包括提起诉讼的权利在内的所有权利，均由其开办单位、决定撤销的单位或者法人的清算组织依法承受；②法人或者其他组织申请分立或者合并的变更登记，以新的法人或组织的形式参与的民事活动，并且在新、旧法人或者组织之间具有明确的继承关系的，原法人或组织的包括提起诉讼的权利在内的所有权利，均由变更后的新的法人或者其他组织承受。

四、人民检察院作为行政公益诉讼的起诉人

人民检察院在履行职责中发现生态环境和资源保护、食品药品安全、国有财产保护、国有土地使用权出让等领域负有监督管理职责的行政机关违法行使职权或者不作为，致使国家利益或者社会公共利益受到侵害的，应当向行政机关提出检察建议，督促其依法履行职责。行政机关不依法履行职责的，人民检察院依法向人民法院提起诉讼。

第二节 行政诉讼被告

○ 导入案例

江西省山里货科技有限公司租用了位于新建区的一块土地建设禽畜养殖场，2011 年该公司经批准取得该地块的设施农用地使用权。2015 年 8 月 1 日，南昌市新建区（2015年以前为新建县）人民政府以山里货科技有限公司取得设施农用地使用权的上述地块，已被《新建县乐化镇总体规划（2012~2030）》及《新建县乐化镇控制性详细规划》调整为绿化用地为由，作出《关于撤销山里货养殖场项目设施农用地使用审核的决定》，决定撤销涉案设施农用地使用审核。该决定经南昌市人民政府复议维持。山里货科技有限公司不服上述决定，提起行政诉讼。

◉ **本案知识点**：行政诉讼被告资格；行政诉讼被告确立的规则

一、行政诉讼被告的概念

行政诉讼被告主要是指被原告指控实施了侵犯其合法权益的行政行为而由人民法院通知应诉的行政机关。行政诉讼的被告与原告一样是诉讼的基本主体，是构成行政诉讼法律关系不可或缺的基本要素。其法律特征主要表现在以下几方面：

1. 行政诉讼的被告必须是行政主体。根据行政法理论，行政主体包括行政机关和法律、法规、规章授权的组织。行政主体掌控着国家的行政资源即行政权力，而行政权力的行使必然对行政相对人的合法权益产生重要影响，行政相对人为消除这种影响，只能通过法定的方式进行救济——起诉，作为政府的行政机关自然就成为行政诉讼的被告。由于其他国家机关并非行政权力的控制者，即使引起纠纷也不能通过行政诉讼的方式加以解决，因此不能成为行政诉讼的被告。

2. 必须作出了行政行为。这是被告得以存在的事实基础，如果没有行政行为，也就没有行政诉讼的产生。这是因为，行政诉讼的目的是解决行政机关与行政相对人由于行政行为而引起的行政纠纷，因此没有行政行为，也就不可能产生行政纠纷，行政诉讼也就失去了事实根据。

3. 行政行为必须被原告起诉到法院。如果原告认为行政主体的行政行为合法而予以服从，也不可能产生行政诉讼。当然，原告认为行政行为侵犯其合法权益是主观标准，至于是否在事实上构成侵权还有待于法院的审查。因此，完全"合法"的行政行为也可能被引入诉讼轨道。

4. 由人民法院通知参加诉讼。这是对被告参加诉讼方式的界定，也是被告与原告的重要区别。

二、行政诉讼被告确定的一般规则

（一）作出行政行为的行政机关

《行政诉讼法》第26条第1款规定："公民、法人或者其他组织直接向人民法院提起诉讼的，作出行政行为的行政机关是被告。"直接起诉是相对于复议而言的。在我国的行政诉讼制度中，作为起诉的程序条件包括两大类：①复议必经型。当事人在向人民法院起诉前，必须先向复议机关申请复议，否则不能起诉。②直接起诉型。当事人对行政行为不服可直接向人民法院起诉，而无需经过行政复议。对于直接起诉的，根据"谁行为、谁负责"的原则，由作出行政行为的行政机关作为被告。

（二）法律、法规或者规章授权的组织

法律、法规或者规章授权的组织在法律、法规或者规章授权范围内，能以自己名义自主地行使行政职权，并承担相应的行政职责，具有行政主体资格。相对人对该法律、法规或者规章授权组织的行政行为不服提起诉讼的，以该授权组织为被告。当然，如果法律、法规或者规章授权的组织，超出法定授权范围实施行政行为的，该授权组织也应当独立承担法律责任，当事人不服其作出的行政行为提起诉讼的，仍然以实施法律、法规或者规章授权的组织为被告。

（三）作出行政复议决定的复议机关

对于行政相对人在经过行政复议后，对复议决定不服而起诉的案件，如何确定被告，要视复议决定而定。①如果复议机关决定维持原行政行为的，作出原行政行为的行政机关和复议机关是共同被告。"复议机关决定维持原行政行为"包括复议机关驳回复议申请或者复议请求的情形，但以复议申请不符合受理条件为由驳回的除外。复议机关改变原行政行为所认定的主要事实和证据、改变原行政行为所适用的规范依据，但未改变原行政行为处理结果的，视为复议机关维持原行政行为。复议机关维持原行政行为说明复议机关对原行政行为从事实和结果上予以认可，其后果应当由作出原行政行为的行政机关和复议机关共同承担，所以应当将两个行政机关列为共同被告。如果原告只起诉作出原行政行为的行政机关或者复议机关的，人民法院应当告知原告追加被告。原告不同意追加的，人民法院应当将另一机关列为共同被告。②如果复议机关改变原行政行为的，复议机关是被告。根据《行政诉讼法解释》第22条的规定，"复议机关改变原行政行为"包括：①复议机关改变原行政行为的处理结果；②复议机关确认原行政行为无效；③复议机关确认原行政行为违法，但复议机关以违反法定程序为由确认原行政行为违法的除外。复议机关改变原行政行为，意味着复议机关作出了新的行政行为，原行政行为归于无效，因此被告只能是复议机关。

（四）委托的行政机关

受委托的组织与法律、法规、规章授权的组织在形式上有相同之处，但实质却不同。法律、法规、规章授权的组织其本身就属于行政主体，而受委托的组织由于不能以自己的名义行使职权，而必须以委托行政机关的名义为之，因此不属于行政主体的范畴，无法取得行政主体的地位。对该组织所为的行为，其责任只能由委托的行政机关承担。这也是"权力可以委托，责任不能豁免"原则的具体体现。必须注意的是，行政机关在没有法律、法规或者规章规定的情况下，授权其内设机构、派出机构或者其他组织行使行政职权的，应当视为委托。当事人不服提起诉讼的，应当以该行政机关为被告。

（五）共同作出行政行为的行政机关

两个以上行政机关作出同一行政行为的，共同作出行政行为的行政机关是共同被告，这是针对共同行政行为而言的。所谓共同行政行为，是指两个或两个以上的行政机关共同署名而作出的行政行为。这种共同行政行为可能由不同职能的行政机关共同作出，也可能由相同职能的行政机关共同作出，但不管是何种形式的共同行政行为，如果被原告起诉到人民法院，作出该行为的行政机关均为被告。

（六）继续行使职权的行政机关

行政机关的撤销、合并及分立是机构改革的必然结果。但行政机关被撤销后并不意味着所遗留的问题可以一笔勾销，否则将损害当事人的合法权益。因此，对于被撤销机关的"债权债务"应由继续行使其职权的行政机关"继承"，行政诉讼的被告也理所当然地由其充任。行政机关被撤销或者职权变更，没有继续行使其职权的行政机关的，以其所属的人民政府为被告；实行垂直领导的，以垂直领导的上一级行政机关为被告。

拓展训练——被告资格的确定

2013 年 4 月 26 日，原告饶某以特快专递的方式向被告临川区温泉镇人民政府邮寄了政府信息公开的申请，其申请事项为：请求被告公开 2010 年、2011 年、2012 年社会抚养费总数及用途。被告于 2013 年 4 月 28 日收到了原告的政府信息公开申请书，但是超过法定期限未予答复。原告遂依据相关的法律规定向法院提起行政诉讼。被告辩称：原告饶某诉请公布社会抚养费的征收情况与其没有法律上的利害关系，其不具有提起行政诉讼的主体资格。社会抚养费的征收机关是当地计划生育行政部门，被告温泉镇人民政府是受委托的机关，不存在直接向原告饶某公开社会抚养费的征收情况，原告诉请的对象错误，被告主体不适格。

请问：临川区温泉镇人民政府能否成为本案的被告？

参考答案

三、特殊情形下的被告确定

(一) 文书署名的行政机关

当事人不服经上级行政机关批准的行政行为，向人民法院提起诉讼的，应当以在对外发生法律效力的文书上署名的机关为被告。有些行政行为在行政机关作出之后还必须经过上级行政机关的批准，否则不能发生法律效力。如《土地管理法》第58条规定："有下列情形之一的，由有关人民政府自然资源主管部门报经原批准用地的人民政府或者有批准权的人民政府批准，可以收回国有土地使用权：(一) 为实施城市规划进行旧城区改建以及其他公共利益需要，确需使用土地的；(二) 土地出让等有偿使用合同约定的使用期限届满，土地使用者未申请续期或者申请续期未获批准的……"在此类案件中，不能将土地管理部门的实施行为与县级以上人民政府的批准行为视为共同行为。从法理上说，没有县级以上人民政府的批准，注销土地使用证的决定不能发生法律效力，所以应将县级以上人民政府作为被告。

(二) 组建机构的行政机关

行政机关组建并赋予行政管理职能但不具有独立承担法律责任能力的机构，以自己的名义作出行政行为，当事人不服提起诉讼的，应当以组建该机构的行政机关为被告。行政诉讼被告的确定是以作为被告的行政机关能否独立承担法律责任为前提条件的，如果行政机关或行政机构能够独立承担法律责任，那么它才可能成为被告；如果行政机构不能独立承担法律责任，则就失去了作为被告的资格。行政机关组建的行政机构虽然被赋予了一定的行政管理职能，但是由于不能独立承担法律责任，因此不能成为行政诉讼的被告。

(三) 设立内设机构或派出机构的行政机关

行政机关的内设机构或者派出机构在没有法律、法规或者规章授权的情况下，以自己的名义作出行政行为，当事人不服提起诉讼的，应当以该行政机关为被告。行政机关的内设机构或者派出机构是否具有独立的法律地位，这主要看法律、法规或者规章是否存在授权情况。如果法律、法规或者规章对行政机关的内设机构或者派出机构有授权，则它具有独立的法律地位，对行政管理产生的后果由自己负责；反过来，如果法律、法规或者规章对之没有授权，那么它只是行政机关的一个组成部分，没有独立的法律地位，只是接受所属行政机关的委托进行管理，所产生的法律后果要由行政机关承担。

(四) 不履行法定职责的复议机关

复议机关在法定期限内未作出复议决定，公民、法人或者其他组织起诉原行政行为的，作出原行政行为的行政机关是被告；起诉复议机关不作为的，复议机关是被告。根据《行政复议法》的规定，复议机关在受理行政相对人的复议申请时，应当在法定的时间内作出复议决定，否则即构成失职。如果复议机关在法定的期限内没有作出复议决定，行政相对人不服，欲提起行政诉讼，谁是被告呢？这主要取决于行政相对人对何种行政行为不服，如果行政相对人对原行政行为不服，则以作出原行政行为的行政机关作为被告；如果行政相对人是对复议机关不作复议决定的行为不服，那么应当以复议机关作为被告。应当注意的是，这里的以"复议机关作为被告"与"复议机关改变行政行为，复议机关是被告"的规则是不同的。前者是针对复议机关的不作为行为，而后者则是针对复议机关的作为行为。

（五）经批准设立的开发区管理机构

我国的开发区是随着改革开放，国家大力发展经济而产生的，目前并没有一个严格的统一定义。一般而言，开发区是国家或者地方为促进经济发展、吸引外部经济力量而划出的特定区域。开发区管理机构则是经国务院或者省、自治区、直辖市人民政府批准设立的，同时授予一定的管理权限的管理机构（一般称"管理委员会"）。对于开发区管理机构是否具有行政主体资格，能否成为行政诉讼的被告，行政法学界存在很大争议。根据《行政诉讼法解释》第21条的规定，当事人对由国务院、省级人民政府批准设立的开发区管理机构作出的行政行为不服提起诉讼的，以该开发区管理机构为被告；对由国务院、省级人民政府批准设立的开发区管理机构所属职能部门作出的行政行为不服提起诉讼的，以其职能部门为被告；对其他开发区管理机构所属职能部门作出的行政行为不服提起诉讼的，以开发区管理机构为被告；开发区管理机构没有行政主体资格的，以设立该机构的地方人民政府为被告。由上述规定可知，开发区管理机构是否具有行政主体不能一概而论。

（六）村民委员会或者居民委员会

村民委员会或者居民委员会是村民或者居民自我管理、自我教育、自我服务的基层群众性自治组织，具有法人资格，可以从事为履行职能所需要的民事活动。一般没有行政主体资格，但依据法律、法规或者规章的授权，享有相应行政管理职权，当事人对村民委员会或者居民委员会依据法律、法规、规章的授权履行行政管理职责的行为不服提起诉讼的，以村民委员会或者居民委员会为被告。当事人对村民委员会、居民委员会受行政机关委托作出的行为不服提起诉讼的，以委托的行政机关为被告。

（七）高等学校等事业单位以及行业协会

事业单位是指国家为了社会公益目的，由国家机关举办或者其他组织利用国有资产举办的，从事教育、科技、文化、卫生等活动的非营利法人。行业协会往往是政府与企业的桥梁和纽带，是一种民间性组织，属于民法意义上的社团法人。事业单位和行业协会一般都没有行政管理职权，不具有行政主体资格。但当事人对高等学校等事业单位以及律师协会、注册会计师协会等行业协会依据法律、法规、规章的授权实施的行政行为不服提起诉讼的，以该事业单位、行业协会为被告。当事人对高等学校等事业单位以及律师协会、注册会计师协会等行业协会受行政机关委托作出的行为不服提起诉讼的，以委托的行政机关为被告。

（八）房屋征收管理部门

市、县级人民政府确定的房屋征收部门组织实施房屋征收与补偿工作过程中作出行政行为，被征收人不服提起诉讼的，以房屋征收部门为被告。征收实施单位受房屋征收部门委托，在委托范围内从事的行为，被征收人不服提起诉讼的，应当以房屋征收部门为被告。

行政诉讼被告适格与否，直接影响到原告的起诉是否会被受理。如果原告所起诉的被告不适格，人民法院应当告知原告变更被告；原告不同意变更的，裁定驳回起诉。应当追加被告而原告不同意追加的，人民法院应当通知其以第三人的身份参加诉讼，但行政复议机关作共同被告的除外。

第三节　行政诉讼第三人

导入案例

1997年，何某以3600元价款购买了某县房管所公房两间，合同、公证等手续齐全。因原临时住户王某、李某无理占住不腾房，致使何某8年时间无法搬入。某县城乡建设环境保护局（系某县房管所的上级主管局，以下简称城建局）于2005年4月23日作出了《关于何某所购房管所公房与王某、李某因管理房产权纠纷的处理决定》（以下简称《决定》）。其主要内容是：我局维护县长办公会决议，何某购房买卖成立，应予承认；王某、李某应在接到通知15日内搬离，否则后果自负。该《决定》于次日送达，王某、李某在法定期限内既没有提起行政复议，也没有向人民法院起诉。由于该《决定》没有执行，何某于2007年1月8日以民事腾房案起诉，状告某县房管所，要求交付所购房屋，王某、李某作为第三人参加诉讼。在该案尚未作出判决之前，王某、赵某（王某岳父）于2007年2月25日提起行政诉讼，状告某县城建局，要求撤销2005年

4 月 23 日作出的行政决定，何某作为第三人参加诉讼。

◉ **本案知识点**：行政诉讼第三人的特征；行政诉讼第三人的范围

一、第三人概述

（一）第三人的概念

行政诉讼第三人是指同提起诉讼的行政行为有利害关系并因而参加到他人正在进行的行政诉讼程序中的公民、法人或者其他组织。行政诉讼设立第三人制度的根据在于：由于诉讼当事人双方之间所发生的行政争议涉及第三方的权利和义务，如果不让他们参加诉讼，就可能会在相关利益方缺席的情形下作出不利于其权益维护的裁决。行政诉讼法的宗旨是保护公民、法人或者其他组织的合法权益，第三人的合法权利和利益自然也在法律的保护之列，因而由第三人参加诉讼既是可行的，也是必要的。

《行政诉讼法》第 29 条第 1 款规定："公民、法人或者其他组织同被诉行政行为有利害关系但没有提起诉讼，或者同案件处理结果有利害关系的，可以作为第三人申请参加诉讼，或者由人民法院通知参加诉讼。"如何确定有关公民、法人和其他组织同提起诉讼的行政行为"有利害关系"，成为正确理解第三人的关键。"与行政行为有利害关系"，《行政诉讼法解释》第 12 条作了明确规定，前文已述，在此不再赘述。

（二）第三人的特征

1. 与被诉的行政行为有法律上的权利义务关系。这种权利义务关系实际上就是行政法律关系，而不包括那些仅与诉讼结果有利害关系或者同原告存在的民事法律关系。具体来说，这种法律上的权利义务关系大致可分为三种情况：①在被诉行政行为以两个或两个以上行政相对人为对象所形成的行政法律关系中，原告以外的行政相对人与作出被诉行政行为的行政主体所形成的权利义务关系；②被诉行政行为影响到原告与他人之间特定的民事法律关系；③被诉行政行为涉及与其他行政主体之间的特定行政法律关系。

2. 参加到他人正在进行的行政诉讼程序中。如果公民、法人或者其他组织尚未对行政主体的行政行为提起诉讼，就不存在第三人参加诉讼的问题；如果该诉讼业已审理完结，其他的公民、法人或者其他组织即使与该案的处理结果有利害关系，也不能以第三人的身份参加诉讼；如果当事人单独就行政行为提起诉讼，则他不是第三人而是原告。由此决定了第三人的特殊诉讼地位：既非原告，又非被告，其参加诉讼的目的是避免权利丧失或者承担某些义务。

3. 参加诉讼的方式为申请参加或人民法院通知参加。根据《行政诉讼法》的规定，第三人参加诉讼的方式有两种：①在已经意识到被诉的行政行为与自已有利害关系，而主动向人民法院提出申请，经人民法院审查批准后，加入到正在进行的诉讼中来；②对于被诉的行政行为与其之间的利害关系不知情，或虽然知晓但未及时申请加入诉讼，人民法院为了正确、及时地解决案件，可以直接通知符合条件的第三人参加诉讼。

拓展训练——如何确定第三人

史某某系原告某公司员工。2015 年 4 月 20 日，史某某以受工伤为由，向北京市怀柔区人力资源和社会保障局提交《工伤认定申请表》，要求对其所受之伤认定为工伤。怀柔区人力资源和社会保障局经核实后，认为史某某受到的事故伤害属于工伤，故作出《认定工伤决定书》。某公司对此不服，认为史某某所受之伤并非因工作原因所致，怀柔区人保局作出的《认定工伤决定书》认定事实不清、执法程序不当，故向北京市怀柔区政府申请行政复议，要求撤销该《认定工伤决定书》。怀柔区政府经审理后作出维持决定。该公司对此不服，向怀柔区人民法院起诉，要求撤销被告怀柔区人保局和怀柔区政府作出的处理决定。北京市怀柔区人民法院将史某某列为第三人，并经审理认为两被告作出的处理决定是正确的，判决驳回原告的诉讼请求。

请问：北京市怀柔区人民法院将史某某列为第三人是否正确？

二、第三人的范围

行政机关的同一行政行为涉及两个以上利害关系人，其中一部分利害关系人对行政行为不服提起诉讼，人民法院应当通知没有起诉的其他利害关系人作为第三人参加诉讼。与行政案件处理结果有利害关系的第三人，可以申请参加诉讼，或者由人民法院通知其参加诉讼。人民法院判决其承担义务或者减损其权益的第三人，有权提出上诉或者申请再审。在实践中具体主要表现为下列情形：

（一）行政处罚案件中的受害人或者受处罚人

在行政处罚领域，受害人和受处罚人同时存在。一般来说，行政主体的行政行为对双方的合法权益都可能产生影响，因而法律上往往授权当事人双方均可提起诉讼，如《治安管理处罚法》的规定。然而，由于受害方与受罚方的权益和对权益的主张往往是对立的，因而只要其中一方起诉的，即排除了另一方的原告资格。另一方要参加诉讼的，只能作为第三人。

（二）共同被处罚人中未起诉的人

行政机关就同一违法事实处罚了两个以上共同违法的人，其中一部分人对处罚决定不服，向人民法院起诉的，人民法院发现没有起诉的其他被处罚人与被诉行政行为有法律上的利害关系，应当通知他们作为第三人参加诉讼。这表明，人民法院通知其他被处罚人作为第三人参加诉讼，是根据案件的具体情况来决定的，如果其他被处罚人与被诉的行政行为没有法律上的利害关系，人民法院就不应把他们列为第三人，以免增加当事人的讼累与案件的审理难度。

（三）涉及赔偿问题的非行政机关

非行政机关与行政机关共同署名作出行政行为，当事人不服提起诉讼的，只能以行政机关为被告。但涉及侵犯行政相对人合法权益造成损害而需要进行赔偿的，由于赔偿责任的连带性，人民法院可以通知非行政机关作为第三人参加诉讼。

（四）确权案件中主张权利的人

行政机关在确认、授予发明权利和土地、森林、草原等自然资源的所有权后，申请权利而被驳回的人以及被授予权利的人都是行政行为的行政相对人。权利申请被驳回的一方不服行政机关的行政行为提起诉讼的，被授予权利的人可以作为第三人参加诉讼。

（五）侵权案件中未起诉的另一方

公民、法人或者其他组织对行政机关就赔偿问题所作的裁决不服的，可以依法向人民法院提起诉讼；公民、法人或者其他组织对行政机关依照职权作出的强制性补偿决定不服的，可以依法提起行政诉讼。在专利、商标等侵权案件中，行政机关都可能责令侵权人赔偿、补偿权利人所受到的损失。如果其中一方提起诉讼，未起诉的另一方可以作为第三人参加诉讼。

（六）与原告受罚事实有直接因果关系的行政机关

在行政管理领域，有时原告受行政机关处罚是因为其他行政机关的过错，此时与原告受罚事实有直接因果关系的行政机关可以成为第三人。例如原告经城市建设规划部门批准后在某地建筑房屋，房屋落成后，水利部门以违章建筑为由而强制拆除该房屋。原告对水利部门的处理决定不服向人民法院起诉，由于原告与城市规划部门之间特定的权利义务关系的存在，城市规划部门应当作为第三人参加诉讼。

三、第三人诉讼地位

在行政诉讼中，第三人既不同于被告，又不完全等同于原告，而是具有特定诉讼地位的诉讼参加人。表现在以下几个方面：

1. 第三人享有当事人具有的诉讼权利，同时也承担当事人的各种诉讼义务，如委托代理人、申请回避、提供证据、服从法庭指挥、履行法院的判决、裁定等。

2. 有权提出与本案有关的诉讼请求。由于行政诉讼第三人在诉讼中具有独立的诉讼行为和独立的利害关系，因而其诉讼请求也往往有别于原告和被告。在实践中，第三人提出的诉讼请求大致包括两种情形：①要求维持行政行为，即对争议的标的提出主张，提供证据，进行辩论，反驳原告的诉讼请求；②要求撤销或变更行政行为。在这种情形下，第三人实际上是将行政机关作为被告，自己居于原告的法律地位上。

3. 对人民法院的一审判决、裁定不服的，有权提出上诉。人民法院判决第三人承担义务或者减损第三人权益的，第三人有权依法提起上诉。

本章小结

本章内容主要由行政诉讼原告、行政诉讼被告以及行政诉讼第三人构成。

行政诉讼与民事诉讼一样，都实行不告不理原则，没有原告的起诉，也就没有行政诉讼的展开。行政诉讼原告是指认为行政机关的行政行为侵犯其合法权益而以自己的名义向人民法院起诉，要求人民法院予以裁决的公民、法人或者其他组织。一般情况下，原告资格不能转移，但当出现有权提起诉讼的公民死亡或者有权提起诉讼的法人、其他组织终止的情形时，原告资格可以转移。行政诉讼被告是指被原告指控实施了侵犯其合法权益的行政行为而由人民法院通知应诉的行政主体。确定行政诉讼被告的一般原则是"谁行为、谁负责"。必须注意的是，由于行政机关具有双重身份，既可以是行政主体，也可以是民事主体，因此行政机关在行政诉讼中既可以成为行政诉讼被告，也可以成为行政诉讼原告。行政诉讼第三人是指同提起诉讼的行政行为有利害关系因而参加到他人正在进行的行政诉讼程序中的公民、法人或者其他组织。行政诉讼第三人的实质条件是必须与被诉的行政行为有利害关系。人民法院判决其承担义务或者减损其权益的第三人，有权提出上诉或者申请再审。

实务训练

一、示范案例

案情：张某未办理卫生许可证，亦未经兽医卫生部门检疫，私自宰杀一匹马、两头驴，加工成熟食后分别卖给甲、乙副食商店。两商店又出售给附近居民，致使12人食用后中毒。县疾控中心认为张某应对这起中毒事件负主要责任，两家商店亦应负重要责任。于是，根据有关法律、法规的规定，对张某和两副食商店各作出了罚款 500 元的处罚。两副食店不服，共同向有关行政机关申请复议。复议机关受理后，经审理，作出罚款 200 元的复议决定。两家副食店仍不服，即向人民法院提起行政诉讼。

问：①两副食店不服复议决定向人民法院提起行政诉讼，谁是被告？为什么？

②在这一行政诉讼案件中，有无第三人？如没有，请说明理由；如有，请指出。

分析：①复议机关是被告。《行政诉讼法》第 26 条第 2 款规定："经复议的案件，复议机关决定维持原行政行为的，作出原行政行为的行政机关和复议机关是共同被告；复议机关改变原行政行为的，复议机关是被告。"本案中，复议机关经过审理，作出了罚款 200 元的复议决定，属于"改变原行政行为"。既然复议决定改变了原行政行为，那么被告就是复议机关。关于这一点，要注意与确定管辖的原则区别开来。在行政诉讼管辖中，只要复议机关改变原行政行为，那么，作出原行政行为的行政机关所在地人民法院与复议机关所在地的人民法院均有权管辖。

②本案中，张某和中毒的 12 人是第三人。行政诉讼第三人必须与被诉的行政行为存在利害关系，换言之，只有与被诉的行政行为有利害关系的人才具有行政诉讼第三人的资格。因此，共同被处罚人中未起诉的人以及行政处罚案件中的受害人都能成为行政诉讼第三人。本案中，张某属于共同被处罚人中未起诉的人，中毒的 12 人属于行政处罚案件中的受害人，因此张某和中毒的 12 人是本案的第三人。

二、习作案例

某县政府决定搬迁其辖区内的新兴村，因新迁入地址及房屋质量等问题，新兴村大部分村民（共 103 户）不服县政府决定，准备向人民法院提起行政诉讼，村民委员会也认为县政府的决定不甚合理，但考虑到与县政府的关系，认为不宜提起行政诉讼，而应当先申请复议解决。少部分村民（共 30 户）认为应该听从政府决定。

问：①在上述事例中，谁能够充当行政诉讼原告？②若新兴村 103 户村民向人民法院提起行政诉讼，诉讼中有无第三人？若有，请指出；若无，请说明理由。

参考答案

复习与思考

1. 如何理解行政诉讼的原告？
2. 如何确定行政诉讼的被告？
3. 行政诉讼第三人包括哪些？
4. 根据所学知识，谈谈行政诉讼原告与行政诉讼第三人的区别。

自测习题及参考答案

自测习题	参考答案

第十章　行政诉讼证据

学习目标：

- 理解并应用行政诉讼证据的举证责任制度；
- 掌握行政诉讼证据的法定种类，明确当事人向人民法院提供各种证据应当符合的要求，能够将法律规定的证据原理正确运用于行政案件的事实认定和诉讼程序；
- 了解人民法院对行政诉讼证据的处理。

第一节　行政诉讼证据概述

导入案例

2017 年 8 月，某甲对某公安局以其实施盗窃为由处以 15 日拘留的处罚不服，向人民法院提起行政诉讼。该局向人民法院提供的证据有：报案人的报案电话记录、公安人员询问笔录、失窃现场勘验笔录、现场提取指纹一枚，以及该指纹系某甲左手拇指所留的鉴定书。

本案知识点：行政诉讼证据的概念；行政诉讼证据的法定种类

一、行政诉讼证据的概念

行政诉讼证据是指由当事人收集、提交或者由人民法院依法调取的用以证明行政案件真实情况的材料。准确理解这一概念，应注意：①行政诉讼证据是一种诉讼证据，它由当事人收集并提交给人民法院或者由人民法院依法调取。当事人未提交或者未依法提交的材料不能成为证据。②证据是用以证明案件真实情况的材料，最终能否成为定案根据，还要经法庭质证、认证，只有同时具备可定案证据要件的证据，才能达到证据的证明目的。③能够成为证据的材料在形式上有法定要求，它必须符合法律规定的书证、物证、视听资料、电子数据、证人证言、当事人陈述、鉴定意见、勘验笔录、现场笔录等法定形式。

证据与证据材料是两个不同的概念。证据首先就表现为证据材料，证据材料是证据的载体，或者说证据材料是证据的表现形式。然而，证据材料并不能等同于证据，两者的区别表现在：①确认主体不同。证据是通过证据材料表现出来的，但证据材料不一定就是证据，只有经过人民法院审查认可的证据材料才可以作为定案的依据。没有人民法院的确认，证据材料不可能转化为证据。②外延范围不同。证据材料是在案发现场或者案发后收集的，没有得到国家司法权的认可，证据则是在人民法院审查的基础上认定的，因此，证据材料的范围大于证据的范围。③构成要件不同。合法性、真实性与关联性是构成证据的三个主要标准，凡不同时具备这三个要件的，都不能成为证据。但证据材料则不一定具备上述三个特征，只要当事人自己认为可以作为佐证材料的都可向人民法院提交。④法律效力不同。证据是具有法律意义的事实材料，它对案件事实具有证明作用。实际上，任何案件的裁判都必须建立在证据的基础上。然而，证据材料只是形成证据的依据，其本身是否具有证明力，有待于人民法院的审查认定。

二、行政诉讼证据的构成要件

（一）合法性

1. 证据的主体合法，是指证据的提供者要符合法律规定。比如，不能正确表达意志的人不能作证，没有鉴定资格的人或机构提供的鉴定意见没有证明力等。

2. 证据的形式合法，是指证据必须符合法律规定的外在表现形式。我国法律明确规定了证据的表现形式，即证据的法定种类，包括书证、物证、视听资料、证人证言等，作为定案根据的证据必须符合法律规定的证据形式。

3. 证据的收集、提取、审查、判断、运用合法，是指证据的收集、提取、审查、判断、运用的方法和程序必须符合法律规定。比如，法律规定，在诉讼过程中，被告及其诉讼代理人不得自行向原告、第三人和证人收集证据；证据必须经法庭审查属实，才能作为认定案件事实的根据；等等。

（二）真实性

作为定案根据的证据必须是真实的。证据的真实性，是指证据必须是客观存在的，是不依人的意志转移的事实。从内容看，证据应是客观存在的，而不是虚构、想象、幻觉、臆断的，也不能是迷信、邪说；从外在形式上看，证据应具有客观存在的载体，是能为人们感知的，是看得见摸得着的。任何虚假或者不真实的证据都不能作为定案的根据。

（三）关联性

作为定案根据的证据必须与待证案件事实之间具有关联性。证据的关联性，是指证据与待证案件事实之间具有内在联系，能够对待证案件事实起到证明作用。证据关联性有时还表现在证据之间的相互关联上，也就是证据与证据之间可以相互印证，以反映证据的真实性，并由此共同反映案件事实，即形成证据链来证明案件的真实情况。

以上是作为定案根据的证据所必须具备的三个要件，它们是一个不可分割的有机整体，缺少任何一个要件，都不能作为定案根据。

三、行政诉讼证据的特殊性

（一）行政诉讼证据的证明对象具有特定性

《行政诉讼法》第6条规定："人民法院审理行政案件，对行政行为是否合法进行审查。"这一法律规定明确了行政诉讼的核心问题就是审查被诉行政行为是否合法。由此决定了行政诉讼当事人提供证据及人民法院审查证据主要是围绕着证明被诉行政行为合法与否进行。因此，被诉行政行为是否合法也就成为行政诉讼证据集中证明的对象。

（二）行政诉讼中的举证责任主体具有特定性

行政诉讼中的举证责任主体是被告，即在行政诉讼中被告承担举证责任，应当向人民法院提供证据，证明其所作出的行政行为是合法的，否则将承担败诉的后果。

（三）行政诉讼中被告收集和提供证据的规定具有特殊性

在诉讼过程中，被告及其诉讼代理人不得自行向原告、第三人和证人收集证据。被告对作出的行政行为负有举证责任，应当提供作出该行政行为的证据和所依据的规范性文件。被告不提供或者无正当理由逾期提供证据，视为没有相应证据。

（四）行政诉讼中的证据种类具有广泛性

由行政诉讼的特点所决定，行政诉讼证据的种类相对其他诉讼更为广泛，现场笔录是行政诉讼特有的证据种类。

四、行政诉讼证据的法定种类

（一）书证

书证是指用文字、图画、符号等记载的内容来证明案件真实情况的材料。当事人向人民法院提供书证的，应当符合下列要求：

1. 提供书证的原件。原本、正本、副本均必须是原件。提供原件确有困难的，可以提供与原件核对无误的复印件、照片、节录本。

2. 提供由有关部门保管的书证原件的复制件、影印件或者抄录件的，应当注明出处，经该部门核对无异后加盖其印章。

3. 提供报表、图纸、会计账册、专业技术资料、科技文献等书证的，应当附有说明材料。

4. 被告提供的被诉行政行为所依据的询问、陈述、谈话类笔录，应当有行政执法人、被询问人、陈述人、谈话人签名或盖章。

5. 提供外文书证的，应当附有由具有翻译资质的机构翻译的或者其他翻译准确的中文译本，由翻译机构盖章或者翻译人员签名。

（二）物证

物证即用物品或痕迹的外形、特征、质量等证明案件真实情况的材料。当事人向人民法院提供物证的，应当符合下列要求：

1. 提供原物。提供原物确有困难的，可以提供与原物核对无误的复制件或者证明该物的照片、录像等其他证据。

2. 原物为数量较多的种类物的，可以提供其中一部分。

（三）视听资料

视听资料是指通过先进的科学技术手段，用录音、录像、电子储存资料以及其他科技设备所反映的资料来证明案件真实情况的证据。当事人向人民法院提供计算机数据或者录音、录像等视听资料的，应当符合下列要求：

1. 提供原始载体。提供原始载体确有困难的，可以提供复制件。

2. 注明制作方法、制作时间、制作人和证明对象等。

3. 声音资料应当附有该声音内容的文字记录。

4. 提供外国语视听资料的，应当附有由具有翻译资质的机构翻译的或者其他翻译准确的中文译本，由翻译机构盖章或者翻译人员签名。

拓展训练——提供证据的要求

于某拟大修房屋，向县规划局提出申请，该局做出不予批准答复。于某向市规划局申请复议，在后者做出维持决定后，向法院起诉。县规划局向法院提交县政府批准和保存的于某房屋所在中心村规划布局图的复印件一张。于某提交了其房屋现状的录像，证明其房屋已破旧不堪。

参考答案

问：县规划局提供的复印件和于某提供的录像分别属于何证据种类，提供这些类型的证据有何要求？

（四）电子数据

电子数据是指以电子、光学、磁或其他类似手段生成、发送、接受或存储的信息证明案件事实的一种证据，包括电子交易信息、网络 IP 地址、通讯记录、电子邮件等。作为一种新型的证据，电子证据具有综合性、易变性、隐蔽性、可挽救性、微缩性、扩散激增性等特征。同时由于电子数据具有载体多样、复制简单、容易被删改和伪造等特点，对电子数据证据的形式要求和审核认定应较其他证据更为严格。[1]

（五）证人证言

证人证言是指直接或者间接了解案件情况，并符合法律规定的人向人民法院所作的用以证明案件真实情况的叙述。当事人向人民法院提供证人证言的，应当符合下列要求：

1. 写明证人的姓名、年龄、性别、职业、住址等基本情况。

2. 有证人的签名，不能签名的，应当以盖章等方式证明。

3. 注明出具日期。

4. 附有居民身份证复印件等证明证人身份的文件。

（六）当事人陈述

当事人陈述是指当事人在诉讼中，向人民法院就案件真实情况所作的陈述和承认。在我国，刑事诉讼法、民事诉讼法、行政诉讼法都对当事人陈述的证据效力进行了确认。但是，"西方国家一般都不把当事人的陈述作为独立的证据形式，甚至独立的证据方式，而是把当事人的陈述和在诉讼中的承认与他们在诉讼中实行的自由处分原则与辩论原则相联系"。[2]

由于当事人与诉讼结果有着直接的利害关系，因此，人民法院对当事人的陈述必须认真进行审查，只有符合证据基本特性的当事人陈述，才能作为证据使用并以此作为定案的依据。

（七）鉴定意见

鉴定意见是指专门鉴定部门借助鉴定人的专门知识、技能和经验，利用专门仪器、设备对案件中出现的专门问题所作的书面意见。被告向人民法院提供的在行政程序中采用的鉴定意见，应当载明委托人和委托鉴定的事项、向鉴定部门提交的相关材料、鉴定的依据和使用的科学技术手段、鉴定部门和鉴定人鉴定资格的说明，并应当有鉴定人的签名和鉴定部门的盖章。通过分析获得的鉴定意见，应当说明分析过程。

（八）勘验笔录、现场笔录

勘验笔录是指行政机关工作人员或者人民法院的审判人员对与行政案件有关的现场或者物品进行勘查、检验、测量、绘图、拍照等所作的记录。现场笔录，是指行政机关工作人员对行政违法行为当场给予处罚或处理而制作的文字记载材料。被告向人民法院提供的现场笔录，应当载明时间、地点和事件等内

---

〔1〕 江必新、邵长茂：《新行政诉讼法修改条文理解与适用》，中国法制出版社 2015 年版，第 120 页。

〔2〕 毕玉谦：《民事证据法及其程序功能》，法律出版社 1997 年版，第 61 页。

容，并由执法人员和当事人签名。当事人拒绝签名或者不能签名的，应当注明原因。有其他人在现场的，可由其他人签名。

第二节 行政诉讼举证责任

◎ **导入案例**

某县烟草专卖局在一次执法检查时发现刘某销售某品牌外国香烟，执法人员表明了自己的身份并制作了现场笔录。因刘某拒绝签名，随行电视台记者张某作为见证人在笔录上签名。该局当场制作了《行政处罚决定书》，没收刘某15条外国香烟。刘某不服该处罚决定，以县烟草专卖局为被告提起诉讼。诉讼中，县烟草专卖局向人民法院提交了现场笔录、县电视台拍摄的现场录像、张某的证词。

● **本案知识点**：行政诉讼举证责任的分担

一、行政诉讼举证责任的概念

行政诉讼举证责任，是指法律规定由特定当事人对特定的事项承担的提供证据证明其诉讼主张的责任，负有举证责任的一方不能提供证据时，则对自己的主张承担败诉或者不利的法律后果的制度。

举证责任概念是诉讼制度的基础性概念，没有当事人提供的证据，人民法院的正确裁判就失去了前提和基础。尽管法律赋予了人民法院调查取证的权利，但将证据的取得完全寄托于人民法院显然是不现实的。另外，举证责任对于能否达到当事人所预期的诉讼效果具有决定性作用，因为"确定举证责任问题常常就是决定谁胜谁负的问题"。[1] 如果当事人对其所提出的诉讼主张不能提供相应的证据加以证明，那么通过诉讼使其合法权益受到司法保护的目的就无法实现。

二、行政诉讼被告的举证责任

《行政诉讼法》第6条规定："人民法院审理行政案件，对行政行为是否合法进行审查。"第34条第1款规定："被告对作出的行政行为负有举证责任，应当提供作出该行政行为的证据和所依据的规范性文件。"由此可以确定，在行政诉讼中由被告负主要举证责任。

---

〔1〕 ［美］伯纳德·施瓦茨：《行政法》，徐炳译，群众出版社1986年版，第321页。

（一）由被告负主要举证责任的理由

1. 由"先取证，后裁决"的行政程序规则所决定。被告在行政程序中作出行政行为时，应当具有事实根据和法律依据，否则，它作出的行政行为就是违法的。因此，进入诉讼程序时，被告应当已有证据在手，要求被告对此负举证责任，顺理成章。同时，这样规定也符合行政诉讼法监督并促使行政机关依法行使职权的立法目的。行政机关要想在行政诉讼中立于不败之地，非常重要的一条就是在行政程序中做到证据确凿充分，适用法律正确，也就是要依法行政，严格遵守"先取证，后裁决"的规则，坚决杜绝恣意妄为，凭空裁决。

2. 有助于实现双方当事人在诉讼法律地位上的实质平等。行政程序中的行政行为是单方行为，行政行为的作出，并不以行政相对人，即诉讼中原告的意志为转移。因此，行政相对人在行政程序中处于被动地位。在行政诉讼中，让原告承担由被告单方作出的行政行为是否合法的举证责任，显然有失公允。要求在行政程序中占优势的一方举证，有助于实现双方当事人在诉讼中法律地位实质上的平等。

3. 被告的举证能力明显高于原告。被告在行政管理中拥有强大的行政权，掌握着原告所不具有的各种权力资源，拥有先进的科学技术手段和素质较高的工作人员。同时，由于被诉行政行为是由被告自行依据法律、法规和相应事实作出的，它应当掌握着作出行政行为的所有证据。

（二）被告举证规则

1. 被告的举证范围。被告应当提供证明行政行为合法的证据。对于"积极作为"要提供"作为"合法的证据，对于"消极不作为"要提供"不作为"合法的证据。在行政协议案件中，被告对于自己具有法定职权、履行法定程序、履行相应法定职责以及订立、履行、变更、解除行政协议等行为的合法性承担举证责任。

2. 被告收集证据的时间限制。《行政诉讼法》第 35 条规定："在诉讼过程中，被告及其诉讼代理人不得自行向原告、第三人和证人收集证据。"据此，被告收集证据必须在诉讼开始前，严格地说，应当在被诉的行政行为作出前。由"先取证，后裁决"的原则所决定，行政行为一旦作出，则用于证明该行政行为合法的证据就不能是在该行政行为作出后收集的。这样规定，可以促使行政机关依法行政，防止行政机关轻率、片面地作出行政行为，防止行政机关在重新取证时向原告和证人施加压力，以更好地保护公民、法人和其他组织的合法权益。

3. 被告的举证期限。举证期限，是指负有举证责任的当事人应当在法律规定和人民法院指定的期限内，向人民法院提供证明其主张的相应证据材料，无正当理由逾期提供的，人民法院不予采纳。在行政诉讼中，被告应当在收到起诉状副本之日起 15 日内向人民法院提交作出行政行为的证据和所依据的规范性文件，并提交答辩状。被告不提供或者无正当理由逾期提供证据，视为没有相应证据。被告在作出行政行为时已经收集了证据，但因不可抗力等正当事由不能提供的，经人民法院准许，可以延期提供。被告申请延期提供证据的，应当在收到起诉状副本之日起 15 日内以书面方式向人民法院提出。人民法院准许延期提供的，被告应当在正当事由消除后 15 日内提供证据。逾期提供的，视为被诉行政行为没有相应的证据。

拓展训练——行政诉讼被告逾期不举证

原告周某和第三人于某两家系南北邻居。自 2005 年乡镇建设统一规划，原告周某家的宅基地南北宽 22 米，第三人于某家的宅基地南北宽 20 米。2019 年有关部门对 2005 年的乡镇建设规划进行复查，将原告周某家宅基地邻接第三人于某家宅基地 1 米宽的部分划归第三人于某使用，形成两家宅基地各 21 米宽的状况。被告某县政府依据该复查后的数据为第三人于某核发了《集体土地建设用地使用证》。周某在与于某进行民事诉讼时，知道了该使用证，遂于 2021 年 7 月提起行政诉讼，在诉讼过程中，被告未向法院提交为于某核发该使用证的依据和证据。

参考答案

问：被告为提供当初作出具体行政行为的依据和证据要承担何法律后果，法院该作何种判决？

三、行政诉讼原告的举证责任

（一）原告的举证范围

1. 证明起诉符合法定条件。起诉是原告的权利，证明起诉符合法律规定也是原告的义务。根据《行政诉讼法解释》的规定，公民、法人或者其他组织提起诉讼时应当提交以下起诉材料：①原告的身份证明材料以及有效联系方式；②被诉行政行为或者不作为存在的材料；③原告与被诉行政行为具有利害关系的材料；④人民法院认为需要提交的其他材料。由法定代理人或者委托代理人代为起诉的，还应当在起诉状中写明或者在口头起诉时向人民法院说明法定代理人或者委托代理人的基本情况，并提交法定代理人或者委托代理人的身份证明和代理权限证明等材料。这些材料都是用以证明原告起诉是符合法定条件的。

2. 在起诉被告不履行法定职责的案件中，原告应当提供其向被告提出申请的证据。不履行法定职责即行政不作为，所谓行政不作为，是指行政机关在行政程序中依申请或者依职权应当作出行政行为，而没有作出的情况。原告在起诉被告，诸如行政许可这样的依申请应当作而不作的行政不作为时，应当提供证据证明自己申请过。但被告应当依职权主动履行法定职责或者原告因正当理由不能提供证据的除外。

3. 在行政赔偿、补偿的案件中，原告应当对行政行为造成的损害提供证据。无论在单独就行政赔偿提起的诉讼中，还是在提起行政诉讼时一并提起的赔偿诉讼中，原告均应当对被诉行政行为造成损害的事实提供证据。但因被告的原因导致原告无法举证的，由被告承担举证责任。

4. 在行政协议案件中，原告主张撤销、解除行政协议的，对撤销、解除行政协议的事由承担举证责任。但是，双方对行政协议是否履行发生争议的，由负有履行义务的当事人承担举证责任。

（二）原告的举证期限

原告应当在开庭审理前或者人民法院指定的交换证据清单之日提供证据。因正当事由申请延期提供证据的，经人民法院准许，可以在法庭调查中提供。逾期提供证据的，视为放弃举证权利。原告在第一审程序中无正当事由未提供证据而在第二审程序中提供证据的，人民法院不予接纳。

原告的举证期限与被告的举证期限相比更为宽泛。被告的举证期限是收到起诉状副本后 15 日内，依法逾期提供证据的时间限制在"正当理由消除后的 15 日内"，逾期提供证据的条件是"不可抗力等正当事由"。原告的举证期限是在开庭审理前或者人民法院指定的交换证据之日，依法逾期提供证据的最后时间限制在一审程序开庭审理的法庭调查阶段，逾期提供证据的条件是可以进行宽泛解释的"正当事由"，而不是"不可抗力等正当事由"。这样规定主要是考虑原告在行政程序中处于弱势地位，其取证手段有限，取证较为困难等因素。对原告的举证期限作宽泛规定，有利于保护原告在诉讼中的合法权益，有利于实现公平裁判。

第三节　人民法院对行政诉讼证据的处理

▶ 导入案例

2018 年 1 月，某市食品卫生监督检验所工作人员刘某对王某经营的餐厅进行卫生检查，发现该餐厅工作人员操作均不符合卫生标准，并且餐厅内卫生状况极差。刘某遂当场制作了现场笔录。市食品卫生监督检查所依据该现场笔录对王某进行了行政处罚。王某不服，向人民法院提起行政诉讼。在诉讼过程中，被告自行向相关的证人收集了证据证明该餐厅当时的卫生状况确实不好，法庭经查证认为证人证言属实。

◉ **本案知识点**：人民法院对行政诉讼证据的审查

一、人民法院对行政诉讼证据的收集

人民法院对证据的收集，是指人民法院为证明案件真实情况，依照法定程序，运用科学方法，对相关证据进行调查、提取。人民法院对证据的收集包括调查、调取有关证据，对专门问题委托或者指定鉴定和对有关物品和场所进行勘验等。

（一）如何正确理解人民法院在行政诉讼中的取证权

1. 人民法院在行政诉讼中有权向行政机关以及其他组织、公民调取证据。行政诉讼法赋予了人民法院在行政诉讼中的调查取证权。在必要的时候，人民法院依法行使取证权，收集相关证据，有利于其全面客观地了解案件真实情况，准确运用法律对有争议的行政行为作出正确的裁判。人民法院依职权收集证据时，当事人及其他公民、组织均有配合的义务。在行政诉讼中，人民法院既可以依职权调取证据，也可以经由当事人申请，由人民法院决定调取证据。

2. 应当对人民法院在行政诉讼中的取证权给予明确的限制。在不断推进审判制度改革的进程中，各级各类人民法院逐渐采用抗辩式审判模式，人民法院的司法审判活动逐步用"当事人主义"取代传统的"职权主义"，体现在证据制度上，应当是更多地由当事人提供证据，举证方各自提供证据用以证明自己的主张。人民法院在行政诉讼中应当把主要精力放在庭审中的质证和认证上，在双方当事人的对抗中，认真审查当事人提供的证据，通过审核、质证，对当事人提供的证据与案件的关联性及其合法性、真实性进行审查，并将符合定案根据要件的证据合法、科学、合理地运用到对案件事实的认定中，正确适用法律，作出准确公正的裁决。应当改变传统的由人民法院"大包大揽""包打官司""处处代替当事人去寻找证据"的做法。《最高人民法院关于行政诉讼证据若干问题的规定》（以下简称《行政诉讼证据规定》）在行政诉讼法的基础上，对人民法院的取证权作出了明确的限制性规定。具体表现在：

（1）人民法院只有在以下两种情况下能够依法主动行使取证权，向有关行政机关以及其他组织、公民调取证据：①涉及国家利益、公共利益或者他人合法权益的事实认定的；②涉及依职权追加当事人、中止诉讼、终结诉讼、回避等程序性事项的。除上述两种情况，人民法院不得主动行使取证权。

（2）人民法院在根据当事人申请行使取证权时，必须遵守以下规定：①原则上只能根据原告或者第三人的申请调取证据，而不能根据被告的申请调取证据。②任何情况下，人民法院不得为证明行政行为的合法性调取被告作出行政行为时未收集的证据。③原告或第三人申请人民法院行使取证权调取的证据，必须符合下列条件之一：一是国家有关部门保存而须经人民法院调取的；二是涉及国家秘密、商业秘密、个人隐私的；三是确因客观原因不能自行收集的。同时，还要向人民法院提供确切的线索。原告或者第三人申请人民法院调取证据必须在举证期限内书面提出申请，在申请中应写明证据持有人的姓名或名称、住址及拟调取证据的内容、申请调取证据的原因及其要证明的案件事实。对于第三人而言，其参加诉讼有可能同被告有着一致的利益，如果该第三人申请调取的证据是用以证明被诉行政行为合法的，则属于滥用申请权，人民法院应当驳回申请。

（二）人民法院对专门问题的鉴定和对有关现场的勘验

1. 人民法院对专门问题的鉴定。在行政诉讼中，人民法院认为对专门性问题需要鉴定的，应当交由法定鉴定部门鉴定，没有法定鉴定部门的，由人民法院指定鉴定部门鉴定。经由鉴定得出的鉴定意见是一种独立的证据。当事人对人民法院委托的鉴定部门作出的鉴定意见有异议的，有权申请重新鉴定。当事人提出证据证明鉴定意见有下列情形之一的，人民法院应当准许重新鉴定的申请：①鉴定部门或者鉴定人不具备相应的鉴定资格的；②鉴定程序严重违法的；③鉴定意见依据明显不足的；④经质证不能作为证据使用的其他情形。

2. 人民法院对有关现场的勘验。人民法院可以依当事人申请或者依职权勘验现场，经由对现场的勘验形成勘验笔录，勘验笔录是一种独立的证据种类。人民法院在对有关现场勘验时应当注意：

（1）无论是由审判人员还是人民法院认可的其他人员进行现场勘验时，都必须出示人民法院的证件。

（2）人民法院主持勘验时，应当邀请当地居委会或者村委会派人参加，当事人有固定单位的，应当邀请单位派人参加。

（3）人民法院应当通知当事人或其成年亲属到场，当事人或其成年亲属拒不到场的，不影响勘验的进行，但应当在勘验笔录中说明情况。

（4）勘验笔录由审判人员制作，笔录中应当载明勘验的时间、地点、勘验人、在场人、勘验的经过和结果，由勘验人、当事人、在场人签名；勘验现场时绘制的现场图应当注明绘制的时间、方位、绘制人姓名和身份等内容。

（5）当事人对勘验结论有异议的，可在举证期限内申请重新勘验，是否准许由人民法院决定。

二、人民法院对证据的审查

人民法院对证据的审查，是指在法庭的主持和诉讼参加人及其他诉讼参与人的参加下，运用证据规则对证据进行鉴别，找到可定案证据的诉讼活动。人民法院对证据的审查活动应当在法庭上进行。其审查范围包括当事人向人民法院提供的证据和人民法院依法收集的证据。

在行政诉讼中，法庭应当对经过庭审质证的证据和无需质证的证据进行逐一审查和对全部证据综合审查。法庭对证据的审查包括以下几项。

（一）关联性审查

由法庭组成人员遵循法官职业道德，运用逻辑推理和生活经验，对证据进行全面、客观、公正地分析判断，确定证据与案件事实之间的证明关系，排除不具有关联性的证据材料，准确认定案件事实。

（二）合法性审查

法庭应当根据案件的具体情况，从以下几个方面审查证据的合法性：证据是否符合法定形式；证据的取得是否符合法律、法规、司法解释和规章的要求；是否有影响证据效力的其他违法情形。

（三）真实性审查

法庭应当根据案件的具体情况，从以下几个方面审查证据的真实性：证据形成的原因；发现证据时的客观环境；证据是否为原件、原物；复制件、复制品与原件、原物是否相符；提供证据的人或者证人与当事人是否具有利害关系；是否有影响证据真实性的其他因素。

拓展训练——人民法院对证据的审查

原告黄某驾驶厢式小货车欲在便道上停车，在打开车门准备下车时，车门与骑电动车的赵某侧面相撞，造成赵某受伤。被告某市交警大队作出道路交通事故责任认定书，认定黄某临时停车，开门时未注意观察避让过往车辆，应负全责，之后制作处罚决定书，决定给予黄某罚款 105 元，暂扣驾驶证 4 个月的处罚。原告黄某不服，经复议维持后向某市人民法院提起行政诉讼。

被告在法定的举证期限内提供了以下证据：黄某的询问笔录、证人毛某的询问笔录、交通事故现场勘验、勘查记录、交通事故责任认定书、作出行政处罚程序的证据材料等。在诉讼中原告对证人毛某书面证言的真实性提出异议，认为被告提供的该书面证言未同时附有居民身份证复印件等证明毛某身份的文件，该证据法院不应采信。

参考答案

请问：本案中毛某的书面证言法院是否应当予以排除？

三、人民法院对行政诉讼的证据保全

证据保全，是指在证据可能灭失或者以后难以取得的情况下，人民法院根据诉讼参加人的请求或者依职权采取措施对证据加以确定和保护的制度。

（一）证据保全的条件

证据保全的条件包括：①证据可能灭失。如证人即将死亡，可作为物证的物品即将腐烂变质等。②证据在以后难以取得。如证人即将出国，短期不能回来等。符合以上条件之一，即可对证据进行保全。

（二）证据保全的途径

证据保全的途径主要有：①当事人提出申请，人民法院决定。在行政诉讼中，当事人可以向人民法院提出证据保全申请。当事人向人民法院申请证据保全的，应当在举证期限届满前，以书面形式提出，并说明证据的名称、地点、保全的内容和范围、申请保全的理由等事项。当事人申请证据保全的，人民法院可以要求其提供相应担保。②人民法院依职权主动进行。人民法院审判人员如果发现证据可能灭失或者以后难以取得的，应当依职权采取保全措施。

（三）证据保全的措施

人民法院进行证据保全可根据不同的证据种类，本着固定本来面貌、保存证据证明作用的宗旨，采取查封、扣押、拍照、录音、录像、复制、鉴定、勘验、制作询问笔录等保全措施。实践中，对证人证言可以录音或者制作询问笔录，或者由证人写下证人证言。对物证，可以封存原物，或者进行勘验，制作勘验笔录，进行拍照录像，等等。人民法院在保全证据时，可以要求当事人或其诉讼代理人到场。

四、关于行政诉讼中的"补充证据"

（一）补充证据的概念

补充证据，是指在行政诉讼中当事人在举证期限届满后，经申请人民法院准许或者应人民法院要求进一步提供证据的行为。

（二）经申请人民法院准许补充证据

此种情况仅适用于被告，具体指在行政诉讼中原告或者第三人提出了其在行政处理程序中没有提出的理由或者证据的，经人民法院准许，被告可以补充证据。之所以准许被告在此种情况下补充证据，主要是因为原告或者第三人在行政程序中因各种原因未提出理由或证据，却在行政诉讼中提出，这将使被告无从应对。此种情况下，准许被告补充相应的证据，符合程序公正的原则。应强调的是，准许被告补充的必须是与原告或者第三人在行政程序中没有提出而在行政诉讼程序中提出的理由或证据相关的证据，也就是只能补充反驳原告或第三人的理由或证据的证据，不能乘机补充其他证据，特别不能补充用以证明被诉行政行为合法的证据。

（三）人民法院要求当事人补充证据

当事人在行政诉讼中有提供或补充相关证据的义务。根据《行政诉讼法》

第 39 条的规定，人民法院有权要求当事人提供或者补充证据。根据《行政诉讼法解释》第 37 条的规定，对当事人无争议，但涉及国家利益、公共利益或者他人合法权益的事实，人民法院可以责令当事人提供或者补充有关证据。

在行政诉讼中，有时会出现双方当事人对案件某些事实并无争议，但会涉及国家利益、公共利益或者他人合法权益的情况。因此，人民法院审理行政案件，在对行政行为是否合法进行审查时，应当一并审查行政行为是否侵犯了国家利益、公共利益或者他人合法权益。如行政机关颁发住宅小区的建房许可证，而该小区设计临近严重污染源或过于临近高压输电线路。再如，行政机关为有可能严重污染环境的化工企业颁发营业执照。如果由此引起的行政诉讼中原告、被告双方对行政许可行为本身并无争议，若不对行政许可涉及国家利益、公共利益或者他人合法权益的事实进行审查，住宅小区的建设可能会损害将来小区居民的利益，化工企业的生产活动会严重污染周边的环境。为此，人民法院应当责令被告或者原告提供或者补充用以证明小区规划设计或化工企业建设投产不会危害国家利益、公共利益或他人合法权益的证据。根据立法精神，人民法院依法责令当事人提供或补充证据，既可以在第一审程序中，也可以在第二审程序中。

（四）关于"补充证据"的质证

无论是在庭审前，还是在法庭质证中，只要是经人民法院准许补充的证据，都要进行质证。司法实践中，被告往往是在法庭质证过程中发现原告或者第三人提出了行政程序中没有提出过的理由或证据，此时，被告可以请求人民法院准许其补充相应的证据。被告在被准许的情况下补充的相应的证据，必须在法庭上出示并质证。如果人民法院责令当事人提供或补充有关证据，也必须在法庭上出示并经过庭审质证，未经法庭质证的证据，不能作为定案的依据。

五、人民法院在行政诉讼中的证据排除

证据排除，是人民法院审理行政案件过程中依据法律规定，排除相关证据适用的诉讼活动。证据排除主要有：违法证据的排除、当事人违反举证规则提供的证据排除及行政程序中获得的不合格证据的排除等。一般说来，下列证据不能作为定案的根据，应予排除：

1. 严重违反法定程序收集的证据材料。无论是被告还是原告或者第三人，也无论是在行政程序还是在行政诉讼中，只要是"严重"违反法定程序收集的证据，人民法院均不能采纳。例如，在应当回避而没有回避等情况下收集的证据等。对于轻微违反法定程序所收集的证据，如果不足以否定其证据能力和证据效力，法庭可以采纳。

2. 以违反法律强制性规定的手段获取且侵害他人合法权益的证据材料。这里包括两个条件：①以违反法律强制性规定的手段获取证据材料；②获取证据材料的手段侵害了他人的合法权益。例如，通过偷拍、偷录和窃听等手段获取证据材料，如果侵犯了他人的合法权益，如隐私权等，则属于不合法的证据，应属排除之列；但是反过来，如果没有给他人的合法权益造成侵害，则属于合法证据，能够作为诉讼证据使用，经法庭审查属实可以作为定案的依据。

3. 以利诱、欺诈、胁迫、暴力等不正当手段获取的证据材料。这些情况下收集的证据是典型的违法证据，违背证据合法性要件，应予排除。

4. 当事人无正当事由超出举证期限提供的证据材料。这是当事人违背举证规则提供的证据，应当予以排除。

5. 当事人向人民法院提供的在中华人民共和国领域外形成的证据，应当说明来源，经所在国公证机关证明，并经中华人民共和国驻该国使领馆认证，或者履行中华人民共和国与证据所在国订立的有关条约中规定的证明手续。

当事人提供的在中华人民共和国香港特别行政区、澳门特别行政区和台湾地区内形成的证据，应当具有按照有关规定办理的证明手续。

6. 当事人无正当理由拒不提供原件、原物，又无其他证据印证，且对方当事人不予认可的证据的复制件或者复制品。复制件、复制品等属于传来证据，其证明力不够完全，不能单独作为认定案件事实的根据，只有在结合其他证据补强其证明力的情况下，才能作为定案证据使用，这样的证据被称为补强证据。因此，当事人仅提供复制件或者复制品，其不能单独作为定案根据，在其尚未补强时应予排除。

7. 被当事人或者其他人进行技术处理而无法辨别真伪的证据材料。此类证据材料也属于补强证据，不能单独作为定案根据，在其尚未补强时应予排除。

8. 不能正确表达意志的证人提供的证言。不能正确表达意志的证人的证言是证据主体不合法的情形之一，是不合法的证据，应予排除。

9. 不具备合法性和真实性的其他证据材料。

10.《行政诉讼证据规定》第58、59条还规定，以违反法律禁止性规定或者侵犯他人合法权益的方法取得的证据，如刑讯逼供取得的证据，不能作为认定案件事实的证据；被告在行政程序中，依照法定程序要求原告提供证据，原告依法应当提供而拒不提供，在诉讼程序中提供的证据，人民法院一般不予采纳。

本章小结

本章由行政诉讼证据概述、行政诉讼举证责任和人民法院对行政诉讼证据的处理构成。

行政诉讼证据是指由当事人收集、提交或者由人民法院依法调取的用以证明行政案件真实情况的材料。行政诉讼证据有书证、物证、视听资料、电子数据、证人证言、当事人陈述、鉴定意见、勘验笔录、现场笔录等法定形式。在行政诉讼中，被告对作出的行政行为负有举证责任，原告负一定的举证责任。人民法院依法对行政诉讼证据进行收集、审查、保全。

实务训练

一、示范案例

案情：某县公安局以郭某因邻里纠纷殴打并致邱某轻微伤为由，对郭某作出拘留 10 天的处罚。郭某不服该处罚决定，向法院提起行政诉讼。某县公安局向法院提交了处罚的主要证据：华某和邱某舅舅叶某二人的证言及该县中心医院出具的邱某的伤情证明。

问：①华某的证言和叶某的证言哪个证明效力更高？

②如果某县公安局申请华某出庭作证，是否应当在开庭前提出？

分析：①华某的证言证明效力更高。根据《行政诉讼证据规定》第 63 条的规定，其他证人证言的证明效力优于与当事人有亲属关系或者其他密切关系的证人提供的对该当事人有利的证言。因此，华某作为与当事人无亲属或其他密切关系的证人，其证言的证明力更高。

②不应当在开庭前提出，而是举证期限届满前提出。根据《行政诉讼证据规定》第 43 条的规定，当事人申请证人出庭作证的，应当在举证期限届满前提出，并经人民法院许可。

二、习作案例

A 市某区有一私营副食店，店主是张三。2019 年 3 月 20 日某区市场监督管理局接到张三商店出售假冒高档烟酒的举报。当日，某区市场监督管理局对张三罚款 5000 元。张三拒绝缴纳，并与区市场监督管理局发生争议。3 月 21 日某区市场监督管理局责令张三停业。张三于 4 月 1 日向区人民法院提起行政诉讼，要求撤销某区市场监督管理局的罚款和责令其停业的决定。人民法院受理后，通知被告应诉，并要求其提供作出处罚决定的证据和所依据的规范性文件。某区市场监督管理局接到应诉通知后，觉得当初处罚时调查不充分，可能会败诉，于是自行派人进行补充调查，向张三和证人收集证据。

问：①本案中，谁对罚款和责令停业的处罚负有举证责任？为什么？②某区市场监督管理局能否自行向张三和证人收集证据？为什么？

复习与思考

1. 行政诉讼证据有哪些特殊性？
2. 行政诉讼证据有哪些法定种类？
3. 在行政诉讼中举证责任是如何分担的？
4. 如何正确理解人民法院在行政诉讼中的取证权？
5. 人民法院对行政诉讼证据的处理有哪些形式？

自测习题及参考答案

自测习题

参考答案

第十一章 行政诉讼审理

学习目标：

- 理解并应用行政诉讼的起诉条件；
- 掌握行政诉讼第一审程序的基本内容，明确行政诉讼第一审程序、第二审程序与审判监督程序的相互关系，能够运用行政诉讼起诉与程序理论，解决行政案件的审理问题；
- 了解行政诉讼的受理。

第一节 行政诉讼起诉和受理

○ **导入案例**

何某系江西江铃集团轻型汽车有限公司物流部员工，居住在江西抚州市临川区某住宅小区，公司所在地位于何某居住地南面一条大道上，其上午上班时间为8点30分。何某年近90岁的母亲的居住地与何某居住地间隔一条抚河。何某常年从其居住地往返工作单位上下班途中看望、照顾其母亲，而去其母亲居住地需途经抚河上的赣东大桥。2016年11月28日早上7时38分许，何某在赣东大桥路段因发生同等责任交通事故受伤。抚州市人力资源和社会保障局认为何某在其给母亲送早餐途中遭遇车祸，不是在合理的上班时间范围，也不是在合理的上班路线，决定不予认定工伤。何某不服于2017年2月20日向抚州市人民政府申请行政复议，2017年4月3日抚州市人民政府作出复议决定维持原决定。何某不服复议决定，于2017年4月10日向人民法院提起行政诉讼。

◉ **本案知识点**：行政诉讼的起诉条件；行政诉讼的起诉期限

一、行政诉讼起诉

（一）行政诉讼起诉概述

行政诉讼起诉，是指公民、法人或者其他组织认为行政机关和行政机关的工作人员作出的行政行为侵犯其合法权益，依照行政诉讼法的规定，向人民法院提起诉讼，要求人民法院予以审查并裁决的诉讼行为。行政诉讼起诉具有如下特点：

1. 起诉的主体是公民、法人或者其他组织，即行政相对人。起诉权是法律赋予当事人的一项重要权利，它行使的前提条件是当事人之间的权益争议。然而，权益争议只是起诉的必要条件而非唯一条件，当事人欲启动诉讼程序还要取决于其对争议的权益是否有利害关系。众所周知，行政机关在行政法律关系中始终处于主导地位，即使认为权利义务的分配存在错误，也可以通过法定程序予以纠正而无需借助于司法程序。因此，作为行政法律关系一方的行政机关是不能向人民法院提起诉讼的。尽管法律规定无强制执行权的行政机关可以申请人民法院强制执行，但申请强制执行与起诉是两个完全不同的法律概念。

2. 起诉的对象是行政行为。1990 年实施的《行政诉讼法》将起诉的对象限定为具体行政行为，对抽象行政行为引发的行政争议不能向人民法院起诉。这种限定存在着不尽合理之处，因为实践中很多侵权行为从形式上看是源于具体行政行为，但实质上却是由抽象行政行为造成的。近年来，由于我国行政立法的滞后，尤其是行政机关的抽象行政行为不作为（不及时修改相关的规定），造成当事人遭到的损害无法得到及时、合理的救济，以致出现了以非法手段抗议政府行为的现象。这些行为既危及社会秩序的稳定，又损害了政府的形象。因此，2015 年实施的《行政诉讼法》将抽象行政行为纳入司法救济的轨道，是从源头上消解行政机关与当事人之间的行政争议，是《行政诉讼法》的一次自我修正。

3. 起诉的依据是行政诉讼法。从性质上说，起诉是一种诉讼行为，是法律行为的一个类别。凡是法律行为都必须遵循相应的程序限制，这也是法律行为与事实行为的重要界限。行政诉讼法作为诉讼程序法，对起诉行为进行相应的限定是其基本内容。对当事人能否提起行政诉讼、针对何种行为提起诉讼、起诉应当符合什么条件以及应当遵循何种程序等，行政诉讼法都作了明确规定。这些规定对于当事人而言，具有强制约束力。如果原告的起诉不符合行政诉讼法的规定，起诉行为在保护其合法权益方面将没有任何意义。

（二）行政诉讼起诉条件

1. 原告是符合《行政诉讼法》第 25 条规定的公民、法人或者其他组织。对原告资格进行法律上的限定，乃世界各国的通例，否则滥诉的形成将不可避免。我国《行政诉讼法》同样对原告的起诉权进行了限定。根据《行政诉讼法》第 25 条的规定，行政诉讼的原告必须与行政行为存在直接利害关系，所谓"利害关系"，是指行政法上的权利义务关系，而"直接"则表明原告是该权利义务的承载者。根据这一标准，行政诉讼的原告包括行政行为的相对人以及与行政行为有利害关系的其他公民、法人或者其他组织。当然，有权提起诉讼的公民死亡，其近亲属可以提起诉讼；有权提起诉讼的法人或者其他组织终止，承受其权利的法人或者其他组织可以提起诉讼。

另外，根据《行政诉讼法》第25条第4款的规定，人民检察院在履行职责中发现生态环境和资源保护、食品药品安全、国有财产保护、国有土地使用权出让等领域负有监督管理职责的行政机关违法行使职权或者不作为，致使国家利益或者社会公共利益受到侵害的，应当向行政机关提出检察建议，督促其依法履行职责。行政机关不依法履行职责的，人民检察院依法向人民法院提起诉讼。

2. 有明确的被告。当事人是诉讼构成的基本要素，没有当事人，诉讼无法进行。从狭义的角度上讲，当事人包括原告和被告。没有原告，诉讼程序无法启动；没有被告，权利义务就缺少了具体的承担者。因此，原告向人民法院起诉时，必须要有明确的被告。应当注意的是，原告起诉时所提供的被告只需是明确的，而不一定要求正确。明确的被告与正确的被告是两个不同的概念，"明确的被告"强调的是"有"，而"正确的被告"则要求不仅要有被告，而且被告还必须是适格的。根据《行政诉讼法解释》第67条的规定，原告提供被告的名称等信息足以使被告与其他行政机关相区别的，可以认定为"有明确的被告"。

3. 有具体的诉讼请求和事实根据。诉讼请求是原告要求人民法院进行权益保护的范围和内容。由于诉讼请求在人民法院的审判中起到一定的"指南针"作用，因而这种请求必须是明确、具体的，否则人民法院的审判将会"迷失方向"。按照《行政诉讼法解释》第68条的规定，"有具体的诉讼请求"是指：①请求判决撤销或者变更行政行为；②请求判决行政机关履行特定法定职责或者给付义务；③请求判决确认行政行为违法；④请求判决确认行政行为无效；⑤请求判决行政机关予以赔偿或者补偿；⑥请求解决行政协议争议；⑦请求一并审查规章以下规范性文件；⑧请求一并解决相关民事争议；⑨其他诉讼请求。当事人单独或者一并提起行政赔偿、补偿诉讼的，应当有具体的赔偿、补偿事项以及数额；请求一并审查规章以下规范性文件的，应当提供明确的文件名称或者审查对象；请求一并解决相关民事争议的，应当有具体的民事诉讼请求。

4. 属于人民法院受案范围和受诉人民法院管辖。一个行政纠纷从其发生到最后的司法裁判，至少要经历两个"过滤器"的筛选。一个是受案范围，另一个则是管辖。受案范围是确定人民法院与其他国家机关在解决行政纠纷上的分工和权限。不属于人民法院受案范围的，人民法院无权裁决，当事人也不能向人民法院提出权利主张，如对内部行政行为不服，当事人只能向人事机关、监察机关提出。管辖则是人民法院之间受理行政案件的分工和权限。由于我国的人民法院体制共分为四级，每一级人民法院都有自己的管辖范围，因此，对于不属于自己管辖的案件不能受理。即使已经受理的，也要按照法律的规定进行移送。

（三）起诉时限

起诉时限是指提起行政诉讼所必须遵循的法定期间。如果超过了法律所规定的期限，则当事人丧失了起诉权，不能再向人民法院提起诉讼，人民法院也不能受理。根据《行政诉讼法》的规定，起诉时限因起诉程序的不同而有所不同：①直接起诉的，当事人应当在知道或应当知道作出行政行为之日起6个月内提起诉讼；②先申请行政复议，对复议决定不服或者复议机关逾期不作出决定的，当事人可以在收到复议决定之日起或者复议期满之日起15日内提起诉讼。由于行政诉讼在规定起诉时限时使用了"法律另有规定的除外"这种但书性质的条款，因此实践中所出现的起诉时限较行政诉讼法的规定要复杂得多。但要注意的是，这里的"法律"是就狭义层面上而言的，即专指全国人民代表大会及其常务委员会制定的规范性文件，其他规范性文件对起诉时限的规定不得与行政诉讼法相抵触。

需要注意的是，《行政协议的规定》第25条对行政协议案件的诉讼时效作了专门规定："公民、法人或者其他组织对行政机关不依法履行、未按照约定履行行政协议提起诉讼的，诉讼时效参照民事法律规范确定；对行政机关变更、解除行政协议等行政行为提起诉讼的，起诉期限依照行政诉讼法及其司法解释确定。"

《行政诉讼法解释》对起诉时限的计算规则进行了界定：①行政机关作出行政行为或复议机关作出复议决定时，未告知公民、法人或者其他组织起诉期限的，起诉期限从公民、法人或者其他组织知道或者应当知道起诉期限之日起计算，但从知道或者应当知道行政行为内容之日起最长不得超过1年。②公民、法人或者其他组织不知道行政机关作出的行政行为内容的，其起诉期限从知道或者应当知道该行政行为内容之日起计算；但是，因不动产提起诉讼的案件自行政行为作出之日起超过20年，其他案件自行政行为作出之日起超过5年提起诉讼的，人民法院不予受理。③公民、法人或者其他组织申请行政机关履行保护其人身权、财产权等合法权益的法定职责，行政机关在接到申请之日起2个月内不履行的，应当在行政机关履行法定职责期限届满之日起6个月内提出。

拓展训练——起诉的条件

2020年2月4日，被告辉县市市场监督管理局根据上级统一部署，下乡执法检查，在检查过程中发现丁某某在未办理营业执照的情况下，擅自从事互联网上网服务经营活动，遂于 3 月 12 日对丁某某作出了行政处罚决定。3 月 13 日，被告辉县市市场监管局工作人员采取直接送达方式，将处罚决定书向原告送达，因原告不在家，其女儿丁某（15 岁）签收了该处罚决定，同日被告又采取特快专递的方式向原告邮寄送达了该处罚决定，特快专递"文件品名"处写有"工商处字（2020）第 374 号"，但该邮件被邮局退回，邮件详情单上有"用户拒收"的备注，改退批条上注有"本人拒收"字样。原告于 2020 年 12 月 25 日向辉县市人民法院提起了行政诉讼。法院审理认为，原告的起诉已经超过了诉讼时效，起诉不符合法定条件，裁定驳回起诉。

请问：法院驳回起诉的裁定是否正确？

二、行政诉讼受理

（一）受理的概念

受理是指人民法院对公民、法人或者其他组织提起的行政诉讼进行审查后，认为符合法定条件而决定立案审理的诉讼行为。受理实际上也就是立案，人民法院对当事人的起诉予以立案，也就意味着受理了当事人的起诉，行政纠纷就进入了解纷的诉讼模式。立案包括登记立案和审查立案。根据《行政诉讼法》第 51 条和《行政诉讼法解释》第 53 条的规定，人民法院在接到起诉状时对符合本法规定的起诉条件的，应当登记立案；对当场不能判定是否符合本法规定的起诉条件的，应当接收起诉状，出具注明收到日期的书面凭证，并在 7 日内决定是否立案；7 日内仍不能作判断的，应当先予立案。由此可知，登记立案的前提是人民法院在接收起诉状时就可判断起诉符合起诉条件；而审查立案则是人民法院对当事人的起诉是否符合起诉条件不能当场判断，需经审查后才能决定是否应当立案。

受理作为一种法律行为在整个司法程序中具有十分重要的意义：①受理是行政纠纷转化为行政案件的必要前提。案件首先表现为纠纷，但案件只是一种特殊社会纠纷，具有评价标准的法律性和解纷机制的诉讼性等特点，如果人民法院不予受理，行政纠纷是不可能转化为行政案件的。②受理可以防止不合条件的纠纷进入诉讼领域，从而节约有限的司法资源。在任何社会，包括司法资源在内的社会资源都是有限的，人民法院排解社会冲突的能力也不可能是无限的，因此在受理阶段将不合条件的纠纷拒之于诉讼外，可以使人民法院集中精力解决重大、复杂的案件。③受理标志着人民法院对原告诉讼请求的初步接受，为进一步审查、肯定或者否定诉讼请求打下了坚实的基础。

（二）对起诉的审查和处理

1. 人民法院对起诉的审查。根据《行政诉讼法解释》第 55 条的规定，人民法院应当依照《行政诉讼法》第 51 条的规定，就起诉状内容和材料是否完备以及是否符合行政诉讼法规定的起诉条件进行审查。因此人民法院对起诉进行审查的内容主要包括：

（1）审查起诉状的内容和材料。根据《行政诉讼法解释》第 54 条的规定，公民、法人或者其他组织提起诉讼时应当提交以下起诉材料：①原告的身份证明材料以及有效联系方式；②被诉行政行为或者不作为存在的材料；③原告与被诉行政行为具有利害关系的材料；④人民法院认为需要提交的其他材料。另外，由法定代理人或者委托代理人代为起诉的，还应当在起诉状中写明或者在口头起诉时向人民法院说明法定代理人或者委托代理人的基本情况，并提交法定代理人或者委托代理人的身份证明和代理权限证明等材料。人民法院应当对这些材料进行审查。

（2）审查起诉是否符合起诉条件。起诉条件是起诉必须具备的法定要件，如果当事人的起诉不符合法定条件，则人民法院不能立案。对起诉条件的审查主要从下列几个方面进行：原告是否有相应的资格；被告是否明确；诉讼请求是否明确、具体，是否具有事实根据；是否属于人民法院的受案范围和受诉人民法院管辖；当事人是否经过了行政复议；当事人提起诉讼的行政行为是否属于法律规定的由行政机关最终裁决的事项；当事人是否在复议期间提起行政诉讼以及是否重复起诉；等等。

2. 人民法院对起诉的处理。

（1）当场立案。根据《行政诉讼法》和《行政诉讼法解释》的规定，当场立案主要适用于：①在当事人递交起诉状时，人民法院能够判断起诉符合起诉条件的；②起诉状内容或者材料欠缺，人民法院给予指导和释明，并一次性全面告知当事人需要补正的内容、补充的材料及期限后，当事人在指定期限内补正并符合起诉条件的。

（2）依法立案。依法立案是指人民法院对当事人的起诉进行审查后，认为符合起诉符合法定条件时，依照法律的规定予以立案的行为。根据《行政诉讼法》和《行政诉讼法解释》的规定，当事人的起诉具有下列情形之一的，应当依法立案：①依照《行政诉讼法》第 45 条的规定，复议机关不受理复议申请或者在法定期限内不作出复议决定，公民、法人或者其他组织不服，依法向人民法院提起诉讼的；②法律、法规未规定行政复议为提起行政诉讼必经程序，公民、法人或者其他组织向复议机关申请行政复议后，又经复议机关同意撤回复议申请，在法定起诉期限内对原行政行为提起诉讼的；③原告或者上诉人未按规定的期限预交案件受理费，又不提出缓交、减交、免交申请，或者提出申请未获批准的，按自动撤诉处理。在按撤诉处理后，原告或者上诉人在法定期限内再次起诉或者上诉，并依法解决诉讼费预交问题的；④人民法院判决撤销行政机关的行政行为后，公民、法人或者其他组织对行政机关重新作出的行政行为不服向人民法院起诉的；⑤行政机关作出行政行为时，没有制作或者没有送达法律文书，公民、法人或者其他组织只要能证明行政行为存在，并在法定期限内起诉的。

（3）不予立案。不予立案主要适用于：①起诉状内容或者材料欠缺，人民法院一次性全面告知当事人需要补正的内容、补充的材料及期限后，当事人拒绝补正或者经补正仍不符合起诉条件，并坚持起诉的；②法律、法规规定应当先申请复议，公民、法人或者其他组织未申请复议直接提起诉讼的；③法律、法规未规定行政复议为提起行政诉讼必经程序，公民、法人或者其他组织已经申请行政复议，在法定复议期间内又向人民法院提起诉讼的；④人民法院裁定准许原告撤诉后，原告以同一事实和理由重新起诉的；⑤起诉状列写被告信息不足以认定明确的被告，人民法院可以告知原告补正，原告补正后仍不能确定明确的被告的。

人民法院既不立案，又不作出不予立案裁定的，当事人可以向上一级人民法院起诉。上一级人民法院认为符合起诉条件的，应当立案、审理，也可以指定其他下级人民法院立案、审理。

（三）受理的法律后果

行政纠纷一经人民法院立案受理，即产生一定的法律后果，具体表现在：

1. 人民法院依法取得案件的管辖权。人民法院受理当事人的起诉后，行政纠纷正式进入司法程序，人民法院依法取得管辖权，其他任何机关都不能对该案再行处理。

2. 当事人依法取得原告和被告的诉讼地位。其中提起诉讼的一方取得原告的资格，而另一方则取得被告的资格。在诉讼中，双方当事人的法律地位平等，不再是行政法律关系中的管理者与被管理者。

3. 诉讼时效中断。法院受理起诉后，诉讼时效即行中断，不再继续进行。同时第一审程序的审判期限开始计算。

4. 原告不得再行起诉。起诉一经人民法院受理，当事人不得就同一事实、以同一理由对同一行政机关提起行政诉讼。即使行政机关在一审程序改变其行政行为，但原告不申请撤诉的，也应当由人民法院继续审理，而不应当另行起诉。

第二节　第一审程序

○ 导入案例

2017年8月，江苏省启东市富士达纺织公司向启东市人民政府申请信息公开，请求查询和复印该公司在拆迁时的赔偿款明细及该公司机器设备动迁费及设备去向。2017年8月30日，受启东市人民政府委托，启东市公路建设大会总指挥部作出答复，启东市富士达纺织公司所申请公开的拆迁赔偿款已支付给江苏华安资产监管有限公司抵偿部分债务，因公开赔偿款明细涉及第三方公司的隐私，经书面征询其意见，该第三方公司不同意公开，故总指挥部决定不予公开。机器设备也一并由其自行拆迁，不属于总指挥部制作和保存的信息，故该信息不存在。

启东市富士达纺织公司不服，于2017年9月4日向南通市中级人民法院提起行政诉讼，请求撤销该答复书，责令启东市人民政府依照申请公开信息。考虑到该案系政府信息公开案件，且事实清楚，权利义务关系较为明确，双方矛盾也并未激化，南通市中级人民法院决定直接适用行政简易程序，由院长曹某某担任独任审判员，公开开庭审理。

◉ 本案知识点：行政诉讼一审程序；行政诉讼简易程序

一、第一审程序概述

所谓第一审程序，是指人民法院对行政案件进行初次审理时必须遵循的时限、步骤、方式等要素所构成的一个连续过程。一审行政诉讼程序包括普通程序和简易程序两种。

在《行政诉讼法》修改之前，行政诉讼的一审程序只设了普通程序，绝对排斥了简易程序的适用，也就是说，不管行政案件是简单还是复杂，也不管行政诉讼的标的"大"抑或"小"，一律使用普通程序。随着时间的推移，这种制度设计已显得相对滞后和保守。对于一些简单的行政案件使用普通程序加以审理，不仅浪费了有限的司法资源，而且阻却了诉讼的解纷效率；另外，我国民事诉讼法和刑事诉讼法均设立了简易程序，并在司法实践中发挥了极其重要的作用，而作为三大诉讼法之一的行政诉讼法却将简易程序排除在外，无疑使行政诉讼法成为诉讼法中的"另类"。因此修改后的《行政诉讼法》第82条规定人民法院可以使用简易程序。

二、第一审程序类别

（一）第一审普通程序

1. 第一审普通程序的概念。第一审普通程序是指人民法院审理第一审行政案件时通常适用的最基本的审判程序。第一审普通程序具有如下特点：

（1）第一审普通程序是行政诉讼的完整性程序。行政诉讼法及其他相关法律对行政诉讼第一审普通程序作出了明确规定，从立案受理到案件裁判的整个过程都进行了相关设计。它既有程序性的操作问题，也有实体性的裁判问题；它既有诉讼期间等静态方面的问题，也有开庭审理等动态方面的问题；既有被告负主要举证责任等原则性问题，也有回避、合议等制度性问题。因此，相对其他程序来说，第一审程序是相对较为完备的程序。

（2）第一审普通程序是行政诉讼的基础性程序。第一审普通程序是案件审理的初次程序，其他诉讼程序都是直接或间接以一审普通程序作为基础的，没有第一审普通程序的进行，也就没有其他程序的展开。例如，第二审程序是以当事人的上诉为前提的，因此，没有第一审裁判，也就没有第二审程序。同样，审判监督程序是以生效的裁判为前提的，没有第一审程序或者第二审程序，也就没有审判监督程序的发生。虽然第一审程序还包括了简易程序，但简易程序只是在普通程序的基础上简化了某些步骤而已，没有普通程序同样没有简易程序。

（3）第一审程序是行政诉讼的普适性程序。凡是进入诉讼领域的案件，都必须经历一审程序，这明显与行政诉讼的其他程序不同。第二审程序或者审判监督程序并非是所有的行政案件都要经历的。如果当事人对第一审裁判没有异议，则第一审程序的终结也就意味着行政纠纷的解决。如果当事人对生效的裁判不申诉，检察机关也不抗诉，则无须启动审判监督程序。

2. 普通程序的内容。

（1）审理前的准备。

第一，发送起诉状和答辩状副本。人民法院应当在立案之日起 5 日内，将起诉状副本发送被告。被告应当在收到起诉状副本之日起 15 日内向人民法院提交作出行政行为的证据和所依据的规范性文件，并提出答辩状。被告不提出答辩状的，不影响人民法院审理。人民法院应当在收到答辩状之日起 5 日内，将答辩状副本发送原告。

第二，组成合议庭。人民法院适用普通程序审理行政案件，应当组成合议庭。合议庭的组成方式包括两种：①由审判员组成合议庭；②由审判员、陪审员组成合议庭。至于按照何种方式组成合议庭，要结合具体的个案而定。但必须明确的是，不管是按何种方式组成合议庭，其成员都应当是 3 人以上的单数。

第三，审查证据材料。开庭审理前，合议庭应当认真审阅原、被告双方的诉讼文书以及双方提交的各种证据材料，了解双方争议的焦点问题。如果人民法院在开庭审理前认为有必要，可以要求当事人补充证据或者自行调查取证。

第四，决定是否停止执行行政行为。行政行为的效力原理表明，行政行为一经作出，应当立即执行。但是，人民法院发现具有下列情形之一的，可以停止执行行政行为：①被告认为需要停止执行的；②原告或者利害关系人申请停止执行，人民法院认为该行政行为的执行会造成难以弥补的损失，并且停止执行不损害国家利益、社会公共利益的；③人民法院认为该行政行为的执行会给国家利益、社会公共利益造成重大损害的；④法律、法规规定停止执行的。

第五，审查有无不公开审理的法定情形。按照行政诉讼法的规定，人民法院公开审理行政案件，但涉及国家秘密、个人隐私和法律另有规定的除外。因此，人民法院应当对案件进行详细审查，一旦发现具有上述情形之一的，应当决定不公开审理，否则应进行公开审理。必须注意的是，公开审理与开庭审理是两个不同的概念。开庭审理是与书面审理相对应的，是法院庭审的两种方式，而公开审理则属于行政诉讼的制度范畴。

（2）开庭审理。

第一，宣布开庭。①由书记员查清当事人和其他诉讼参加人是否到庭，并宣布法庭纪律。如果应当到庭的当事人没有到庭，书记员应当向审判长报告，由审判长根据具体情况决定按期审理或延期审理。②由审判长宣布开庭，核对当事人及其他诉讼代理人身份。核对当事人应当依次核对原告、被告、第三人的姓名、年龄、民族、工作单位、职务和住址；当事人是组织的，还要核对法定代表人的姓名、年龄和职务。③宣布案由和合议庭组成人员、书记员名单，询问当事人对审判人员、书记员是否有提出回避的申请。如果当事人有回避申请的，应当根据法律的有关规定作出处理。④告知当事人有关的诉讼权利和义务，必要时应当根据当事人的实际情况，对有关告知的内容作通俗、简要的解释，使当事人能够明确其在庭审中的有关诉讼权利和诉讼义务。

第二，法庭调查。法庭调查是指审判人员在当事人和诉讼参与人的参加下，全面调查案件事实，审查判断各项证据的诉讼活动。

法庭调查的主要内容包括：①当事人陈述。行政诉讼当事人可以向法庭就自己所提出的诉讼主张、诉讼理由以及相关的证据进行陈述。当事人陈述的顺序依次为原告、被告和第三人。诉讼代理人也可以在被代理人陈述后根据需要作补充性陈述。审判人员在必要时也可以就案件的事实进行询问。②告知证人的权利义务，宣读未到庭的证人证言。对当庭作证的证人，应当告知其如实作证的义务和作伪证的法律责任。证人陈述完毕，审判人员可以提问的方式对证人进行询问；当事人及其诉讼代理人经法庭许可，可以向证人进行发问。证人未到庭的，由法庭宣读书面的证人证言，并允许当事人发表意见。③出示书证、物证、视听资料和电子数据。对当事人提供和人民法院收集的书证、物证、视听资料和电子数据应当庭出示，以查明真伪。对法庭所出示的证据，审判人员应当询问当事人对这些证据的意见，当事人可以就证据发表自己的看法。④宣读鉴定意见。经法庭许可，当事人可以向鉴定人发问。如鉴定人未出庭的，在审判人员宣读鉴定意见后，应当询问当事人是否有意见。⑤宣读勘验笔录、现场笔录。对现场和物证进行勘验而制作的笔录，应当由勘验人员或审判员宣读，如附有照片或图像的，应当一并出示。审判人员应当询问当事人对此类证据是否有意见。经法庭许可，当事人可以向勘验人员发问。

第三，法庭辩论。法庭辩论是指在审判人员的主持下，双方当事人针对本案的事实问题以及法律问题阐述自己的主张和根据，并反驳对方诉讼请求的诉讼活动。法庭辩论按照下列顺序进行：①原告及其诉讼代理人发言；②被告及其诉讼代理人答辩；③第三人及其诉讼代理人发言或者答辩；④互相辩论。法庭辩论终结，由审判长按照原告、被告、第三人的先后顺序征询各方最后意见。在法庭辩论中，当事人、第三人及其诉讼代理人如果提出了与案件有关的新事实、证据，审判长有权决定停止辩论，恢复法庭调查，如果有的事实、证据在法庭上难以查清，而又是对作出裁判有重要影响的，则应对案件作出延期审理的决定。

第四，合议庭评议。法庭辩论结束后，合议庭成员应当对案件的综合情况进行评议。合议庭评议案件时，采取不公开形式进行并遵循少数服从多数的原则。评议应当制作笔录，由合议庭成员签名。评议中的不同意见，必须如实记入笔录。对于重大、复杂的行政案件，应当提交审判委员会讨论决定。

第五，宣告判决。宣告判决是人民法院向当事人以及社会公开宣告案件审理结果的诉讼活动。宣告判决适用于人民法院审理的任何行政案件，尽管人民法院对行政案件的审理形式有公开审理和不公开审理，但是无论是公开审理抑或不公开审理，其判决结果应当一律公开。宣告判决可分为当庭宣告和定期宣告。对于当庭宣判的，应当在 10 日内发送判决书；定期宣判的，宣判后立即发给判决书。宣告判决时，必须告知当事人上诉权利、上诉期限和上诉的人民法院。

（二）简易程序

1. 简易程序的概念。简易程序是指人民法院审理简单行政案件所适用的一种简便易行的诉讼程序。简易程序虽然是在普通程序的基础上简化了某些步骤和环节，但简易程序却是独立存在的一种程序，并不是普通程序的附庸。简易程序与普通程序共同构成了行政诉讼一审审判程序。简易程序具有如下特点：

（1）适用主体的唯一性。适用行政诉讼简易程序的人民法院一般只能是基层人民法院。尽管行政诉讼法对简易程序适用的主体即哪级人民法院可以适用简易程序并没有明确的指向，但结合中级人民法院的管辖范围以及简易程序的适用范围来看，中级及以上人民法院适用简易程序审理行政案件的可能性并不大。

（2）审判组织的特殊性。适用简易程序审理的行政案件，只能使用独任庭，由审判员一人独任审理，而不能组成合议庭，否则就属于普通程序。

（3）审理期限的绝对性。从是否可以延长的角度，审理期限可分为绝对期限和相对期限。绝对期限是不能延长的期限，而相对期限则是规定了可以延长的情形。如普通程序审理的期限一般为 6 个月，但如果需要，在经审批程序后可以延长，这就是相对期限。按照法律的规定，人民法院适用简易程序审理的案件应当在立案之日起 45 日内审结，不得延长。因此，这种期限就属于绝对期限。

2. 简易程序的适用条件。按照《行政诉讼法》第 82 条的规定，简易程序适用的前提条件是案件事实清楚、权利义务关系明确、争议不大。

（1）事实清楚。"事实清楚"，是指被诉行政行为认定的基础性的事实清晰、完整，负有举证一方的当事人能够提出有关证据，人民法院也不需要进行调查取证。

（2）权利义务关系明确。所谓"权利义务关系明确"，是指被诉行政行为等涉及的权利义务关系简单、明晰、准确，当事人之间的行政纠纷形成过程也不复杂。

（3）争议不大。所谓"争议不大"，是指当事人之间对他们之间的法律关系的产生、变更或者消灭的法律事实，以及纠纷产生的原因、权利义务的归属等不存在较大争议。[1]

符合上述条件的行政案件不一定能适用简易程序，还必须符合另外一个条件，即第一审行政案件。因为根据法律的规定，如果是第二审行政案件，或者发回重审、按照审判监督程序再审的案件，人民法院不得适用简易程序进行

---

[1] 江必新、梁凤云：《行政诉讼法理论与实务》，法律出版社 2016 年版，第 1173 页。

审理。

3. 简易程序的案件范围。

（1）被诉行政行为是依法当场作出的案件。所谓当场作出，是指行政机关在执法或审查现场直接作出行政行为。在我国的一些法律法规中，明确规定了行政机关在某些情况下，可以当场作出行政行为。如根据《行政处罚法》第51条的规定，违法事实确凿并有法定依据，对公民处以200元以下、对法人或者其他组织处以3000元以下罚款或者警告的行政处罚的，可以当场作出行政处罚决定。又如，根据《行政许可法》第32条的规定，行政机关对申请人提出的申请事项依法不需要取得行政许可的，应当即时告知申请人不受理。

（2）涉及款额2000元以下的案件。在行政征收、行政处罚、行政给付、行政强制、行政许可、行政合同等纠纷中都有可能涉及款额争议，尤其是行政征收、行政处罚、行政给付等案件大部分争议都集中在金钱给付上。如果涉及的金额在2000元以下，人民法院可以适用简易程序，否则只能适用普通程序。当然，这里的"2000元"是一个普适性标准，即在全国范围内适用的标准，任何人民法院不得根据居民收入等因素而提高或降低。

（3）属于政府信息公开案件。根据《政府信息公开条例》，政府信息公开案件主要包括两类，一是行政机关主动公开政府信息导致侵犯行政相对人合法权益的；二是行政相对人申请信息公开而行政机关不作为的。无论是哪一种，政府信息公开案件都不复杂，权利义务关系也是比较明确的，因此可以适用简易程序审理。

另外，《行政诉讼法》第82条第2款规定，当事人各方同意适用简易程序审理的行政案件，人民法院可以适用简易程序。这说明：①这里的"行政案件"本身是不能按照简易程序而应按照普通程序审理的；②经当事人各方同意适用简易程序审理；③经人民法院审查同意。只有同时符合这三个条件，人民法院才可以将适用普通程序审理的案件改由适用简易程序审理。

拓展训练——行政诉讼简易程序适用的情形

原告彭某某向长沙县国土资源局提出政府信息公开申请，申请获取本组村民高细贵建房用地审批信息。长沙县国土资源局作出答复：根据《档案法实施办法》第25条的规定，集体和个人寄存于档案馆和其他单位的档案，任何单位和个人不得擅自公布，如需公布必须征得档案所有者的同意。故查询高细贵建房用地审批资料必须依照上述法律规定到本局档案室办理。彭某某不服，向长沙县人民法院提起行政诉讼，请求法院撤销被告作出的答复，并责令被告公开相关信息。长沙县人民法院适用简易程序审理此案，认为被告长沙县国土资源局依法应适用《政府信息公开条例》的规定对原告申请公开的信息进行答复，而被告却适用《档案法实施办法》，属于适用法律、法规错误，判决撤销被诉答复，责令被告 30 个工作日内重新予以答复。

参考答案

请问：长沙县人民法院适用简易程序审理此案是否合法？

4. 简易程序的审理。

（1）适用简易程序审理的行政案件，人民法院可以用口头通知、电话、短信、传真、电子邮件等简便方式传唤当事人、通知证人、送达裁判文书以外的诉讼文书。以简便方式送达的开庭通知，未经当事人确认或者没有其他证据证明当事人已经收到的，人民法院不得缺席判决。

（2）适用简易程序案件的举证期限由人民法院确定，也可以由当事人协商一致并经人民法院准许，但不得超过 15 日。被告要求书面答辩的，人民法院可以确定合理的答辩期间。人民法院应当将举证期限和开庭日期告知双方当事人，并向当事人说明逾期举证以及拒不到庭的法律后果，由双方当事人在笔录和开庭传票的送达回证上签名或者捺印。当事人双方均表示同意立即开庭或者缩短举证期限、答辩期间的，人民法院可以立即开庭审理或者确定近期开庭。

（3）人民法院发现案情复杂，在简易程序的法定期限内无法审结，需要转为普通程序审理的，应当在审理期限届满前作出裁定并将合议庭组成人员及相关事项书面通知双方当事人。案件转为普通程序审理的，审理期限自人民法院立案之日起计算。

三、第一审程序制度

（一）撤诉

撤诉是指人民法院受理行政案件后作出判决之前，由于某种原因，原告基于自己的主观意愿而向人民法院撤回起诉的诉讼行为。撤诉权与起诉权一样都是原告享有的基本诉讼权利。法律在保护起诉权的同时也应当保护原告的撤诉权。

由于撤诉是原告自由处分自己的诉讼权利，其自由处分行为可能涉及公共利益，因此，法律对原告的撤诉规定了相应的限制条件：①撤诉申请必须在行政案件受理后、人民法院判决作出之前提出。这是对原告申请撤诉在时间上的限定。在人民法院受理案件之前，不存在撤诉的问题，而当人民法院对案件作出判决后，由于司法权已经对实体权利义务作了定论，原告无权撤诉。②撤诉申请必须是完全出于原告的真实意愿。撤诉作为处分权利的一种行为，必须是原告的真实意思表示。如果原告是受欺诈或者受胁迫而申请撤诉，则不产生撤诉的法律后果。③撤诉不得损害国家、社会的公共利益和其他人的合法权益。如果原告与被告相互串通以致损害国家利益、社会公共利益和他人的合法权益而产生撤诉，法律将不予支持。④撤诉必须经人民法院审查，是否准许，由人民法院裁定。也就是说，原告申请撤诉并不必然导致人民法院终结诉讼程序，是否终结，人民法院具有裁定权。

根据《行政诉讼法》和《行政诉讼法解释》的规定，撤诉可以分为申请撤诉和视为申请撤诉。申请撤诉是原告主动向人民法院提出撤回起诉请求的一种诉讼活动。申请撤诉又分为两个方面：①原告基于自己的主观认识，认为被诉的行政行为合法、正确，而向人民法院申请撤诉；②被告改变行政行为，原告同意而向人民法院申请撤诉。这种情形下的撤诉与被告对行政行为的改变具有直接关系。原告一旦认可改变后的行政行为，其诉讼目的已经达到而没有继续进行诉讼的必要，因而向人民法院申请撤诉。但是，被告改变原行政行为，原告不撤诉，人民法院经审查认为原行政行为违法的，应当作出确认其违法的判决；认为实体行政行为合法的，应当判决驳回原告的诉讼请求。视为申请撤诉，是原告没有履行相关的诉讼义务而由人民法院推定原告申请撤诉。视为申请撤诉包括两种情况：①原告经合法传唤，无正当理由拒不到庭或者未经法庭许可中途退庭的，可以按撤诉处理；②原告在法定期限内未交纳诉讼费用且又未提出暂不交纳诉讼费用的申请，或者提出的申请未获批准的，按撤诉处理。

（二）缺席判决

缺席判决是指人民法院在开庭审理时，在一方当事人或者双方当事人未到庭陈述、辩论的情况下，合议庭经过审理所作的判决。缺席判决是相对于当事人双方都到庭的对席判决而言的。它是为保证诉讼活动的正常进行，防止诉讼的久拖不决而设立的程序性制度。缺席判决虽然是在一方或者双方当事人不到庭的情况下作出的，但对于人民法院而言，仍然应当全面查清案件事实，准确适用法律，否则缺席判决就没有任何意义。

缺席判决主要包括以下几种情形：①对被告的缺席判决。被告经法院合法传唤，无正当理由拒不到庭的，人民法院可以作出缺席判决。②对原告的缺席判决。原告申请撤诉，人民法院裁定不予准许的，原告经合法传唤无正当理由拒不到庭，或者未经法庭许可而中途退庭的，人民法院可以缺席判决。③对原告、被告均不到庭的缺席判决。从理论上讲，原告、被告均不到庭，开庭审理就失去了基础，人民法院的审判也就没有意义。然而，在实践中，原告、被告均不到庭的原因是比较复杂的。既有客观上的原因，同时也不乏主观因素。如果原告、被告相互串通而为人民法院的审判活动设置障碍，那么人民法院就应当充分利用审判权，对当事人之间的行政争议进行处理，以保障国家利益、社会公共利益以及其他人的合法权益不受侵害。应当注意的是，第三人经合法传唤无正当理由拒不到庭，或者未经法庭许可中途退庭的，不影响案件的审理。

（三）诉讼中止

诉讼中止，是指在诉讼进行中，由于发生某种特定原因，使诉讼程序暂时停止。

根据《行政诉讼法》和《行政诉讼法解释》的规定，诉讼中止的法定情形包括：①原告死亡，须等待其近亲属表明是否参加诉讼的；②原告丧失诉讼行为能力，尚未确定法定代理人的；③作为一方当事人的行政机关、法人或者其他组织终止，尚未确定权利义务承受人的；④一方当事人因不可抗力不能参加诉讼的；⑤案件涉及法律适用问题，需要送请有权机关作出解释或者确认的；⑥案件的审判须以相关民事、刑事或者其他行政案件的审理结果为依据，而相关案件尚未审结的；⑦其他应当中止诉讼的情形。

诉讼中止的原因消除后，恢复诉讼程序。诉讼程序的恢复，依当事人的申请，或者由人民法院依职权主动提出。恢复诉讼程序时，人民法院应向双方当事人及其他诉讼参与人发出通知。诉讼程序恢复后，当事人在诉讼中止前所进行的诉讼行为，依然继续有效。

（四）诉讼终结

诉讼终结，是指在诉讼进行中，由于出现特定情形，使诉讼程序不能继续进行下去，或者失去了继续进行的意义，从而结束诉讼程序。

根据《行政诉讼法》和《行政诉讼法解释》的规定，诉讼终结的法定情形包括：①原告死亡，没有近亲属或者近亲属放弃诉讼权利的；②作为原告的法人或者其他组织终止后，其权利义务的承受人放弃诉讼权利的；③原告死亡，等待其近亲属表明是否参加诉讼，诉讼中止满90日仍无人继续诉讼的；④原告丧失诉讼行为能力，尚未确定法定代理人，诉讼中止满90日仍无人继续诉讼的；⑤作为一方当事人的行政机关、法人或者其他组织终止，尚未确定权利义务承受人，诉讼中止满90日仍无人继续诉讼的。

上述情形出现后，人民法院应当作出诉讼终结的裁定。诉讼终结的裁定一经作出，就意味着诉讼程序进行完毕，已经进行的程序具有法律效力，还未进行的程序不再进行。当事人不能对同一诉讼请求以同一事实和理由向人民法院起诉，人民法院也无权受理此类诉讼。

第三节 第二审程序

导入案例

2019 年 7 月 11 日，李某向浙江省临海市应急管理局提出申请，要求临海市应急管理局履行监督职责，督促台州某工贸有限公司为其提供职业健康体检，同时另外申请公开工作场所职业危害检测报告。因该工贸有限公司注册地址位于路桥区，不在临海市辖区，临海市应急管理局无监督管辖权，无法履行李某所提请求，在信息公开答复中一并予以告知。李某不服，认为其 2013 年离开台州某工贸有限公司进入位于临海市的某制冷有限公司工作，两家公司是关联公司，属于同一法人，于是向台州市应急管理局提起行政复议，台州市应急管理局予以维持。李某不服台州市应急管理局的复议决定，向临海市人民法院提起诉讼，请求判决被告履行法定职责。

本案知识点：上诉主体；上诉条件；上诉程序；二审判决

一、第二审程序的概念

第二审程序是指上一级人民法院基于当事人的上诉，对第一审人民法院未发生法律效力的判决、裁定进行审理并重新作出裁决的一种诉讼程序。人民法院审理行政案件与审理其他案件一样，一般都实行两审终审制度。《行政诉讼法》第 85 条规定："当事人不服人民法院第一审判决的，有权在判决书送达之日起十五日内向上一级人民法院提起上诉。当事人不服人民法院第一审裁定的，有权在裁定书送达之日起十日内向上一级人民法院提起上诉。逾期不提起上诉的，人民法院的第一审判决或者裁定发生法律效力。"

行政诉讼第二审程序是在第一审程序的基础上为当事人设置的又一救济途径，其目的是最大限度地实现社会公平。因此，没有第一审程序，也就没有第二审程序的产生。然而，第二审程序并非所有行政案件的必经程序，只有当事人对第一审裁判提出"抗议"时，才有可能产生第二审程序。第二审程序与第一审程序的区别表现在：

1. 启动主体不同。第二审程序的启动主体是第一审程序中的当事人，包括原告、被告和第三人；而第一审程序的启动主体只能是行政相对人，行使国家行政权的行政主体没有起诉权，因而无法启动第一审程序。

2. 审理对象不同。在第一审程序中，人民法院审理的对象是被诉行政行为的合法性问题（特殊情况下还需审查合理性问题）；而在第二审程序中，人民法院的审理对象则是被上诉的第一审判决或裁定。

3. 审理方式不同。在第一审程序中，人民法院审理行政案件必须实行开庭审理；而在第二审程序中，人民法院审理行政案件，原则上实行开庭审理，但在特殊情况下也可实行书面审理。

4. 审理期限不同。按照行政诉讼法的规定，人民法院适用普通程序审理的案件，应当在立案之日起 6 个月内作出第一审判决。人民法院适用简易程序审理的案件，应当在立案之日起 45 日内作为一审判决；而人民法院审理上诉案件，应当在收到上诉状之日起 3 个月内作出终审判决。

5. 对行政主体的要求不同。在第一审程序中，作为被告的行政主体可以改变其所作的行政行为；而在第二审程序中，行政主体对行政行为无改变权。

二、上诉的提起

（一）上诉的条件

上诉的条件是指当事人向人民法院提起上诉时必须具备的合法要件。根据行政诉讼法的规定，并结合《行政诉讼法解释》，当事人提起上诉必须具备以下要件：

1. 上诉对象符合法律规定。这里必须注意三个问题：①当事人只能就一审裁判提出上诉，对于人民法院在第一审程序中所作的各种决定，当事人不得提起上诉。②提起上诉的一审裁判必须未发生法律效力，如果已经发生法律效力，当事人不得提起上诉。另外，由于最高人民法院实行一审终审，因此对最高人民法院所作的一审裁判不得提起上诉。③当事人提起上诉的裁判必须是法律规定可以上诉的裁判。如果是第一审人民法院作出的判决，当事人不服的，只要在法定的上诉期限内都可以提出上诉。但是，当事人对一审裁定上诉的，则只限于不予受理裁定、驳回起诉裁定和管辖异议裁定。

2. 上诉主体符合法律规定。按照行政诉讼法的规定，作为原告的行政相对人、作为被告的行政主体以及第三人，只要对第一审裁判不服的，都有权提起上诉。其他诉讼参与人，如证人、鉴定人员、勘验人员等，由于与第一审裁判没有实体上的权利义务关系，因而不能提起上诉。当事人的诉讼代理人，虽然可以提起上诉，但必须以所代理的当事人的名义提出，不能以自己的名义提起上诉。

3. 上诉期限符合法律规定。按照行政诉讼法的规定，当事人不服第一审判决的上诉期限为 15 天，不服第一审裁定的上诉期限为 10 天。

（二）上诉的程序

当事人提起上诉既可通过原审人民法院提出，也可以直接向第二审人民法院提出。如果当事人直接向第二审人民法院提出上诉，第二审人民法院应当在 5 日内将上诉状发送原审人民法院。

当事人提出上诉，应当按照其他当事人或者诉讼代表人的人数提供上诉状副本。原审人民法院收到上诉状，应当在 5 日内将上诉状副本发送其他当事人，对方当事人应当在收到上诉状副本之日起 15 日内提出答辩状。原审人民法院应当在收到答辩状之日起 5 日内将副本发送上诉人。对方当事人不提出答辩状的，不影响人民法院审理。原审人民法院收到上诉状、答辩状，应当在 5 日内连同全部案卷和证据，报送第二审人民法院；已经预收的诉讼费用，一并报送。

（三）上诉的法律后果

人民法院收到上诉状后，应当对上诉状进行全面审查，对于符合法定条件的上诉，人民法院应当受理。人民法院受理当事人的上诉后，即产生以下法律后果：

1. 第二审人民法院受理当事人的上诉后，即意味着案件进入了第二审程序。但是反过来是不能成立的。也就是说，第二审程序开始的时机并不是第二审人民法院的决定受理之日，而是第二审人民法院"收到上诉状之日"。换言之，第二审程序在人民法院收到起诉状时即已开始，其决定受理的行为只是意味着当事人之间的实体权利义务进入了第二审程序。这与第一审程序的起算时间明显不同。根据行政诉讼法的规定，第一审程序始于人民法院的"立案之日"，而非收到起诉状之日。

2. 当事人可以撤回上诉。在人民法院对当事人的上诉作出了受理决定之后至第二审裁判作出之前，当事人可以申请撤回上诉。当事人对自己所拥有的诉讼权利可以按照法律的规定进行处分。对人民法院的一审裁判是否上诉，当事人有权决定，相应地，在提起上诉后，是否撤回上诉，仍然属于当事人诉讼权利的重要内容。当然，撤回上诉与第一审程序中的撤诉一样，都要经过人民法院的裁定准许。但是，撤回上诉与撤诉不同的是，撤诉一经人民法院裁定准许，则意味着第一审程序终结，而撤回上诉一经人民法院裁定准许并不意味着第二审程序终结，特别是双方当事人均提出上诉的情况下尤其如此。

3. 行政机关不得变更其行政行为。《行政诉讼法》第 62 条规定："人民法院对行政案件宣告判决或者裁定前，原告申请撤诉的，或者被告改变其所作的行政行为，原告同意并申请撤诉的，是否准许，由人民法院裁定。"这就意味着，被告在第一审程序中可以改变其所作的行政行为。但是，在第二审程序中，行政机关是不能改变其所作的行政行为的。这主要是因为，第二审人民法院的审理对象是第一审裁判，如果行政机关改变行政行为，不但会给诉讼程序带来麻烦，而且会产生行政机关改变第一审裁判的嫌疑。事实上，除了上级人民法院可以依法改变下级人民法院的裁判外，任何组织均无权对人民法院的裁判进行修改。

三、上诉的审理

（一）审理原则

《行政诉讼法》第87条规定："人民法院审理上诉案件，应当对原审人民法院的判决、裁定和被诉行政行为进行全面审查。"这里的"全面审查"实际上蕴含着两个方面的问题：①既要审查第一审裁判的合法性，又要审查被诉行政行为的合法性。它们属于一个问题的两个方面，互为联系，紧密结合。如果只审查被诉行政行为的合法性，则不符合诉讼法的基本原理，因为第二审程序的对象是一审裁判；如果只审查第一审裁判的合法性，则第二审法院的审理无法进行，因为第一审裁判是以被诉行政行为为基础的。②既要审理一审裁判和被诉行政行为的事实问题，又要审查它们的法律问题。因为判断行政行为是否正确，取决于事实是否清楚、法律适用是否正确、法律程序是否被遵守等。

拓展训练——行政诉讼二审的全面审查原则

2019年6月，上海市杨浦区生态环境局对某电子商务有限公司涉嫌违反社会生活噪声污染行为立案调查后，作出了罚款若干元的处罚决定。该公司不服，向上海市杨浦区人民政府申请行政复议。杨浦区政府作出维持的行政复议决定后，该公司仍不服而提起诉讼。上海市静安区人民法院一审认为杨浦生态环境局作出的被诉行政处罚决定并无不当，杨浦区政府所作出行政复议决定合法，遂判决驳回某电子商务有限公司的诉讼请求。该公司向上海市第二中级人民法院提起上诉。上海市第二中级人民法院二审认为，杨浦区生态环境局作出的处罚偏重，并且某电子商务有限公司已经对噪声污染进行了整改。二审法院经综合考量，判决撤销原审判决，变更杨浦生态环境局的罚款金额，撤销杨浦区政府作出的行政复议决定。

参考答案

请问： 二审法院的判决是否正确？

（二）审理方式

《行政诉讼法》第86条规定："人民法院对上诉案件，应当组成合议庭，开庭审理。经过阅卷、调查和询问当事人，对没有提出新的事实、证据或者理由，合议庭认为不需要开庭审理的，也可以不开庭审理。"因此，人民法院审理上诉案件原则上实行开庭审理，但在特殊情况下，也可以采取不开庭审理的方式。那么"不开庭审理"方式是指什么呢？修改前的《行政诉讼法》使用的是"书面审理"，而不是"不开庭审理"，由此也可以看出，"书面审理"其实就是"不开庭审理"的一种。只要当事人没有提出新的证据或者理由的，人民法院可以进行书面审理。

（三）审理要求

审理要求，实际上就是法律法规在第二审人民法院审理上诉案件时所规定的具体做法。表现在以下几个方面：

1. 第一审人民法院作出判决和裁定后，当事人均提起上诉的，上诉各方均为上诉人。诉讼当事人中的一部分人提出上诉，没有提出上诉的对方当事人为被上诉人，其他当事人依原审诉讼地位列明。

2. 第二审人民法院经审理认为原审人民法院不予立案或者驳回起诉的裁定确有错误且当事人的起诉符合起诉条件的，应当裁定撤销原审人民法院的裁定，指令原审人民法院依法立案或者继续审理。

3. 第二审人民法院裁定发回原审人民法院重新审理的行政案件，原审人民法院应当另行组成合议庭进行审理。

4. 原审判决遗漏了必须参加诉讼的当事人或者诉讼请求的，第二审人民法院应当裁定撤销原审判决，发回重审。

5. 人民法院审理上诉案件，按照下列情形，分别处理：①原判决、裁定认定事实清楚，适用法律、法规正确的，判决或者裁定驳回上诉，维持原判决、裁定；②原判决、裁定认定事实错误或者适用法律、法规错误的，依法改判、撤销或者变更；③原判决认定基本事实不清、证据不足的，发回原审人民法院重审，或者查清事实后改判；④原判决遗漏当事人或者违法缺席判决等严重违反法定程序的，裁定撤销原判决，发回原审人民法院重审；原审判决遗漏行政赔偿请求，第二审人民法院经审查认为依法不应当予以赔偿的，应当判决驳回行政赔偿请求；原审判决遗漏行政赔偿请求，第二审人民法院经审理认为依法应当予以赔偿的，在确认被诉行政行为违法的同时，可以就行政赔偿问题进行调解；调解不成的，应当就行政赔偿部分发回重审。

6. 原审人民法院对发回重审的案件作出判决后，当事人提起上诉的，第二审人民法院不得再次发回重审。人民法院审理上诉案件，需要改变原审判决的，应当同时对被诉行政行为作出判决。

第四节　审判监督程序

○ 导入案例

某省某县市场监督管理局对该县农资公司销售劣质复混肥的行为进行处罚，农资公司不服，向某县人民法院提起诉讼。该院作出了撤销某县市场监督管理局处罚决定的判决。某县市场监督管理局不服，向某中级人民法院提出上诉。某中级人民法院依法进行了改判。随后，某省人民检察院就第二审判决向该省高级人民法院提出抗诉。该省高级人民法院经审理作出了维持第二审法院的判决。最高人民检察院对某省高级人民法院的判决提出抗诉，最高人民法院作出了维持某省高级人民法院判决的终审判决。

◉ 本案知识点：抗诉条件；抗诉程序；抗诉理由

一、审判监督程序概述

（一）审判监督程序的概念

审判监督程序是指人民法院、人民检察院对于已经发生法律效力的判决和裁定，认为其在认定事实或者适用法律上确有错误时，依法提出并重新审判的一种诉讼程序。

审判监督程序也称为再审程序。所谓"再审"，实际上是人民法院对"原审"的推倒从来，其前提是发生法律效力的裁判确有错误。对此，我们应从以下几个方面理解审判监督程序：①审判监督程序是行政诉讼中的一种特别程序，但并非是每个行政案件都必须经历的程序。当人民法院的判决或者裁定没有发生法律效力，或者虽发生法律效力但没有认定事实、适用法律上的错误时，审判监督程序不可能展开。②从严格意义上说，审判监督程序并不是一种独立的程序，除提起的主体比较特殊外，它的基本内容实际上是依第一审程序或者第二审程序确定的。③审判监督程序发生的前提是人民法院的判决和裁定必须发生法律效力。"发生法律效力的判决和裁定"主要包括超过法定上诉期限，当事人没有提出上诉的第一审判决和裁定；第二审人民法院的判决和裁定；最高人民法院的第一审判决和裁定。

（二）审判监督程序与第二审程序的区别

审判监督程序与第二审程序一样，都是对行政案件进行再次审理的一种诉讼程序，其目的都是纠正人民法院已作出的判决和裁定中可能存在的错误，保护当事人的合法权益。但两者也存在较大差异，表现在：

1. 审理的对象不同。审判监督程序针对的是已经发生法律效力的判决、裁定；而第二审程序则是对第一审人民法院还未发生法律效力的判决、裁定进行审查。

2. 提起的主体不同。审判监督程序必须由上级人民法院、上级人民检察院或各级人民法院院长提交审判委员会决定后提起；而第二审程序的提起主体是行政诉讼的当事人，包括原告、被告和第三人。

3. 提起的理由不同。审判监督程序的启动必须以生效的判决、裁定确有错误为前提。根据行政诉讼法的精神，"确有错误"意味着人民法院裁判中的"错误"是客观存在的，而非提起主体的主观臆想；而第二审程序的提起，只要当事人主观上认为人民法院的裁判存在错误即可，并不要求人民法院的裁判事实上存在错误。

4. 提起的期限不同。在审判监督程序中，如果是当事人申请再审的，应当在判决、裁定或者调解书生效后6个月内提出，逾期不发生法律效果；如果人民法院决定再审，或者因人民检察院抗诉而再审的，则在提起期限上没有限制，有权提起的机关对于已生效的判决、裁定发现其确有错误的，随时可以提起审判监督程序。而上诉则必须在法定的期限内进行，判决的上诉法定期限为15天，裁定的上诉法定期限为10天，逾期提出上诉的，不能引起第二审程序。

5. 审理的人民法院不同。按照审判监督程序对行政案件进行重新审理的人民法院既可以是原第一审人民法院、第二审人民法院，也可以是它们的上级人民法院；而按照第二审程序对行政案件进行重新审理的法院只能是第一审人民法院的上一级人民法院。

二、审判监督程序的提起

(一) 提起审判监督程序的主体

1. 作出生效判决、裁定的人民法院。《行政诉讼法》第92条规定："各级人民法院院长对本院已经发生法律效力的判决、裁定，发现有本法第九十一条规定情形之一，或者发现调解违反自愿原则或者调解书内容违法，认为需要再审的，应当提交审判委员会讨论决定。最高人民法院对地方各级人民法院已经发生法律效力的判决、裁定，上级人民法院对下级人民法院已经发生法律效力的判决、裁定，发现有本法第九十一条规定情形之一，或者发现调解违反自愿原则或者调解书内容违法的，有权提审或者指令下级人民法院再审。"据此，作出生效判决、裁定的人民法院有权提起审判监督程序。这种提起方式必须首先由院长进行审查，如果发现生效的判决、裁定确有错误，再提交本院的审判委员会讨论决定，院长本人无权直接提起再审。

拓展训练——最高人民法院的提审

1995年11月，郑州市中原区豫星调味品厂与闫垌村三组以该厂系村办企业名义向主管部门提交《关于违章用地的检查及补办征地手续的申请》。郑州市土地管理局同意补办并下达批复。1996年12月，郑州市政府给该厂颁发国有土地使用证。2006年12月，郑州市政府针对闫垌村三组的撤证申请作出注销上述国有土地使用证的决定（以下简称4号决定），理由是该厂与闫垌村三组采取欺骗手段，未如实登记。该厂进而向省政府申请复议未果，遂提起诉讼，请求法院撤销4号决定。郑州市中级人民法院一审判决维持4号决定。豫星调味品厂上诉后，河南省高级人民法院在二审及其后的两次再审中，均以基本相同的理由分别作出驳回上诉、维持原判和维持二审判决、维持初次再审判决的处理结果。最高人民法院对此案进行提审后认为，4号决定认定采取欺骗手段的证据并不充分，对于行政机关审查不严问题隐而不提，事实认定有误，遂判决撤销一、二审及两次再审判决，确认郑州市政府作出的被诉4号决定违法。

请问：最高人民法院提审的依据是什么？

2. 人民检察院。《行政诉讼法》第93条第1、2款规定："最高人民检察院对各级人民法院已经发生法律效力的判决、裁定，上级人民检察院对下级人民法院已经发生法律效力的判决、裁定，发现有本法第九十一条规定情形之一，或者发现调解书损害国家利益、社会公共利益的，应当提出抗诉。地方各级人民检察院对同级人民法院已经发生法律效力的判决、裁定，发现有本法第九十一条规定情形之一，或者发现调解书损害国家利益、社会公共利益的，可以向同级人民法院提出检察建议，并报上级人民检察院备案；也可以提请上级人民检察院向同级人民法院提出抗诉。"人民检察院对人民法院的审判活动依法行使监督权。这种审判监督权不仅贯穿于第一审、第二审程序中，而且还及于审判监督程序。人民检察院提起审判监督程序的方法是抗诉。对人民检察院按照审判监督程序提出抗诉的案件，人民法院应当再审。

另外，当事人认为判决裁定确有错误的，应当在判决、裁定或者调解书发生法律效力后6个月内申请再审。但要注意的是，当事人的申诉可能但不必然引起审判监督程序。人民法院接到当事人的再审申请后，经审查，符合再审条件的，应当立案并及时通知各方当事人，不符合再审条件的，予以驳回。可见，当事人的申诉，只是提起审判监督程序的材料来源，当事人不是提起审判监督程序的法定主体。

参考答案

（二）提起审判监督程序的理由

根据《行政诉讼法》第 91 条的规定，具有下列情形之一的行政诉讼判决、裁定，当事人申请再审，人民法院应当再审：

1. 不予立案或者驳回起诉确有错误的。无论是不予立案还是驳回起诉，其后果是一样的，即当事人之间的权益纷争无法进入诉讼程序，行政相对人的权利义务无法受到司法权的保护。因此不予立案裁定或者驳回起诉裁定一旦发生错误，人民法院应当进行再审，切实保护当事人的合法权益。

2. 有新的证据，足以推翻原判决、裁定的。法律未对"新的证据"作出详细说明，也未能列举，但根据学者的解释，再审新证据包括（但不限于）原审庭审结束之前客观上没有出现的证据；证据在原审庭审结束之前虽然出现，但在通常情况下当事人无法知道其已出现；当事人经原审人民法院准许延期举证，但因客观原因未能在准许的期限内提供，且不审理该证据可能导致裁判明显不公正的，其再审提供的证据可以视为新证据。[1] 如果这些新证据能够达到推翻原裁判的效果，那么人民法院就应当再审。

3. 原判决、裁定认定事实的主要证据不足、未经质证或者系伪造的。事实清楚，证据确凿、充分是认定判决、裁定是否正确的前提和基础。如果一个判决、裁定事实不清，主要证据不足（如证明案件主要事实的证据之间有矛盾）、未经质证或系伪造，必然会导致判决、裁定错误的发生。

4. 原判决、裁定适用法律、法规确有错误的。判决、裁定适用法律错误主要是指生效判决、裁定所依据的法律、法规不正确。如果说认定事实错误使原判决、裁定失去了可靠的基础的话，那么适用法律的错误则使生效的判决、裁定失去了法律依据。

5. 违反法律规定的诉讼程序，可能影响公正审判的。人民法院审理行政案件不仅应当严格遵守实体法，还应当严格遵守程序法。严重违反行政诉讼程序，如应当回避的审判人员不回避等，可能影响案件正确裁判的，也是提起审判监督程序的法定理由。

6. 原判决、裁定遗漏诉讼请求的。诉讼请求是原告要求人民法院予以解决的、涉及其权利义务关系的事项，人民法院的审判主要是围绕诉讼请求开展的。如果人民法院的判决、裁定遗漏当事人的诉讼请求，则当事人通过行政诉讼来保护自己合法权益的目的就没有达到，至少没有完全达到。因此，当事人提出再审申请的，人民法院应当予以再审。

---

〔1〕 江必新、邵长茂：《新行政诉讼法修改条文理解与适用》，中国法制出版社 2015 年版，第 323 页。

7. 据以作出原判决、裁定的法律文书被撤销或者变更的。如果人民法院作出判决、裁定的依据是某份或某几份法律文书，那么在法律文书被撤销或者变更后，人民法院的判决、裁定则失去了存在的依据。这些生效的法律文书应当通过再审程序予以纠正。

8. 审判人员在审理该案件时有贪污受贿、徇私舞弊、枉法裁判行为的。这里要注意三层意思：①审判人员是指能够影响本案裁判结果的人，如人民法院院长、庭长等，不包括书记员、鉴定人等参与人；②贪污受贿、徇私舞弊、枉法裁判行为必须是经过国家机关确认的，如果是当事人主观上认为存在这些行为的，则不能成为再审的理由；③贪污受贿、徇私舞弊、枉法裁判行为必须发生在本案审理过程中，如果与本案无关，同样不能申请再审。

三、再审案件的审理

1. 人民法院按照审判监督程序再审的案件，发生法律效力的判决、裁定是由第一审人民法院作出的，按照第一审程序审理，审理期限为 6 个月，所作的判决、裁定，当事人可以上诉；发生法律效力的判决、裁定是由第二审人民法院作出的，按照第二审程序审理，审理期限为 3 个月，所作的判决、裁定是发生法律效力的判决、裁定；上级人民法院按照审判监督程序提审的，按照第二审程序审理，所作的判决、裁定是发生法律效力的判决、裁定。

2. 人民法院审理再审案件，应当另行组成合议庭。合议庭的组成方式依生效的裁判种类确定。如果生效的是第一审裁判，即按照第一审程序重新组成合议庭，陪审员可以参加审判；如果生效的是第二审裁判，则按照第二审程序重新组成合议庭，合议庭的成员必须是人民法院审判员。

3. 按照审判监督程序决定再审的案件，裁定中止原判决、裁定、调解书的执行，但支付抚恤金、最低生活保障费或者社会保险待遇的案件，可以不中止执行。上级人民法院决定提审或者指令下级人民法院再审的，应当作出裁定，裁定应当写明中止原判决的执行；情况紧急的，可以将中止执行的裁定口头通知负责执行的人民法院或者作出生效判决、裁定的人民法院，但应当在口头通知后 10 日内发出裁定书。

4. 人民法院审理再审案件应当围绕再审请求和被诉行政行为合法性进行。当事人的再审请求超出原审诉讼请求，符合另案诉讼条件的，告知当事人可以另行起诉。被申请人及原审其他当事人在庭审辩论结束前提出的再审请求，符合《行政诉讼法解释》规定的申请期限的，人民法院应当一并审理。人民法院经再审，发现已经发生法律效力的判决、裁定损害国家利益、社会公共利益、他人合法权益的，应当一并审理。

5. 人民法院审理再审案件，认为原生效判决、裁定确有错误，在撤销原生效判决或者裁定的同时，可以对生效判决、裁定的内容作出相应裁判，也可以裁定撤销生效判决或者裁定，发回作出生效判决、裁定的人民法院重新审理。

6. 人民法院审理二审案件和再审案件，对原审法院立案、不予立案或者驳回起诉错误的，应当分别情况作如下处理：①第一审人民法院作出实体判决后，第二审人民法院认为不应当立案的，在撤销第一审人民法院判决的同时，可以径行驳回起诉；②第二审人民法院维持第一审人民法院不予立案裁定错误的，再审人民法院应当撤销第一审、第二审人民法院裁定，指令第一审人民法院受理；③第二审人民法院维持第一审人民法院驳回起诉裁定错误的，再审人民法院应当撤销第一审、第二审人民法院裁定，指令第一审人民法院审理。

7. 再审审理期间，有下列情形之一的，裁定终结再审程序：①再审申请人在再审期间撤回再审请求，人民法院准许的；②再审申请人经传票传唤，无正当理由拒不到庭的，或者未经法庭许可中途退庭，按撤回再审请求处理的；③人民检察院撤回抗诉的；④其他应当终结再审程序的情形。另外，因人民检察院提出抗诉裁定再审的案件，申请抗诉的当事人有前述的情形，且不损害国家利益、社会公共利益或者他人合法权益的，人民法院裁定终结再审程序。再审程序终结后，人民法院裁定中止执行的原生效判决自动恢复执行。

本章小结

本章主要由行政诉讼起诉与受理、行政诉讼第一审程序、行政诉讼第二审程序和行政诉讼审判监督程序构成。

行政诉讼的起诉是启动第一审程序的前提条件，没有原告的起诉，也就不可能引发第一审程序。但作为一个合法有效的起诉必须符合四个要件，包括：原告是认为行政行为侵犯其合法权益的公民、法人或者其他组织；有明确的被告；有具体的诉讼请求和事实根据；属于人民法院受案范围和受诉人民法院管辖。同时，原告的起诉也应当符合程序条件和时限条件。人民法院在收到原告的起诉状后，应当依照法律进行审查。对于符合法律规定的起诉，人民法院应当予以受理并按照第一审程序的步骤和要求进行审理。行政诉讼的第二审程序与审判监督程序属于纠错程序，是对第一审判决和裁定所进行的"纠偏"。但是，第二审程序与审判监督程序属于两种不同的程序。第二审程序主要是针对未生效的第一审裁判，而审判监督程序则主要针对已经发生法律效力的第一审裁判或者第二审裁判。两者在程序启动、审理方式、程序内容等方面均有较大的不同。

实务训练

一、示范案例

案情：某县卫生健康委员会以蒋某经营发霉变质食品为由处以罚款3000元，蒋某不服向人民法院起诉。诉讼期间被告拒不举证，也不出庭应诉。至第一审人民法院审结前，被告始终未能提供作出行政行为所依据的规范性文件和事实证据。第一审人民法院以事实不清、证据不足为由作出撤销行政行为的判决。被告不服提起上诉。上诉期间，上诉人向第二审人民法院提供了作出处罚决定所依据的规范性文件和事实依据。

问：①第一审人民法院的判决是否正确？为什么？②第二审人民法院能否接受上诉人在第二审期间所提出的证据？③第二审人民法院能否依据新证据直接改判本案？为什么？

分析：①一审人民法院的判决是正确的。根据《行政诉讼法》的规定，被告在第一审庭审结束前不提供或不能提供作出行政行为的主要证据和所依据的规范性文件，人民法院可以判决撤销被诉行政行为。②第二审人民法院不能接受上诉人提供的新证据。③第二审人民法院不能依县卫生健康委员会提供的新证据改判本案。因为县卫生健康委员会未能依法在第一审时提供有关证据，第二审人民法院不能再接受上诉人提供的新证据，人民法院应当裁定维持一审判决，而不能直接改判。

二、习作案例

2002年5月10日，马某（1985年9月8日出生）因聚众斗殴将李某打伤，被某县公安局给予行政拘留15日、罚款200元的处罚。马某不服，向某县人民法院提起行政诉讼。县人民法院立案受理后，公开开庭审理此案。在审理过程中，马某对担任审判员之一的江某提出回避申请。某县人民法院院长认为，回避申请应当在开庭时提出，在审理过程中要求回避不符合《行政诉讼法》的规定，遂判决驳回马某的申请。同时，县公安局认为对马某的处罚过重，将行政处罚改为拘留5日、罚款200元并书面通知了马某。马某认为，县公安局变更后的行政处罚可以接受，于是向人民法院提出撤诉申请。但县人民法院判决不予准许。

参考答案

问：上述案例中，有哪些做法不符合《行政诉讼法》的规定？简要说明理由。

复习与思考

1. 行政诉讼的起诉条件包括哪些？

2. 什么是撤诉？如何理解《行政诉讼法》第 58 条所规定的"撤诉"？

3. 什么是上诉？上诉的基本条件有哪些？

4. 提起审判监督程序的主体包括哪些？

5. 如何理解第一审程序、第二审程序以及审判监督程序之间的相互关系？

自测习题及参考答案

自测习题

参考答案

第十二章　行政诉讼裁判

学习目标：
- 理解行政诉讼裁定的适用范围；
- 掌握行政诉讼第一审判决的种类及适用条件，明确行政诉讼判决、裁定及决定之间的相互关系，运用行政诉讼判决理论分析人民法院的判决，并能解决实际问题；
- 了解行政诉讼决定的适用范围。

第一节　行政诉讼法律适用

导入案例

殷某某于 2015 年 4 月 20 日向中国传媒大学提交信息公开申请表，申请公开 2005~2014 年期间被告关于全国英语四、六级考试的考生违纪人员处分决定文件的复印件。2015 年 4 月 27 日，中国传媒大学根据《高等学校信息公开办法》第 10 条的规定，作出了不予公开的告知书。殷某某不服，向法院提起行政诉讼。北京市朝阳区人民法院经审理认为，高等学校在接到信息公开申请后，应首先对涉案信息能否公开作出判断，对于无法判断的，应当征询第三方的意见。高等学校未履行上述程序即作出不予公开决定的，应当认定为主要证据不足、违反法定程序。判决撤销中国传媒大学作出的告知书，责令中国传媒大学于本判决生效之日起 15 个工作日内对殷某某的信息公开申请重新答复。

本案知识点：行政规章；行政诉讼参照适用

一、行政诉讼法律适用概述

行政诉讼法律适用是指人民法院根据行政诉讼法的规定，将法律规范适用于具体的行政案件，以解决行政争议的活动。"以事实为根据，以法律为准绳"是一切诉讼活动的基本准则。人民法院解决行政争议的过程实质上就是认定事实、适用法律并进行裁判的过程。缺少任何一个环节或者某一环节出现错误，非但不能解决当事人之间的纠纷，相反，在当事人之间可能会进一步酝酿新的社会冲突。因此，法律适用问题在人民法院的裁判中具有十分重要的意义。行政诉讼法律适用具有如下三个方面的特点：

1. 适用范围的有限性。人民法院审理行政案件，以法律、行政法规和地方性法规为依据，并参照行政规章。《行政诉讼法》第 63 条规定："人民法院审理行政案件，以法律和行政法规、地方性法规为依据。地方性法规适用于本行政区域内发生的行政案件。人民法院审理民族自治地方的行政案件，并以该民族自治地方的自治条例和单行条例为依据。人民法院审理行政案件，参照规章。"除此之外的任何规范性文件，人民法院均可拒绝适用。这与行政机关的执法依据具有明显的不同，只要是国家机关颁布的规范性文件都可以成为行政机关执法的依据。

2. 适用对象的层次性。尽管在行政审判中，人民法院只能适用法律、法规和行政规章，但是，法律、法规和行政规章的地位并不相同。根据《行政诉讼法》的规定，人民法院在审理行政案件时，"依据"法律、法规，"参照"行政规章。前者称之为强行性依据；后者则称之为任意性依据。这种地位的差异性，与民事审判并不相同。在民事审判中，无论是法律、法规抑或行政规章，其地位是相同的，即都处于"依据"的地位。

3. 适用规则的法定性。人民法院在行政审判中，一旦遇到规范性文件之间相互冲突，该如何确定其效力？换言之，人民法院对于相互冲突的规范性文件如何适用？对此，只能按照《立法法》所确定的规则来选择应适用的规范性文件。如果是下位法与上位法发生冲突，应当适用上位法；如果是同一机关制定的规范性文件，特别规定与一般规定不一致的，适用特别规定；新的规定与旧的规定不一致的，适用新的规定。

二、强行性依据

强行性依据，是指对人民法院的审理具有绝对约束力的规范性文件。所谓绝对约束力，是指就人民法院的规范适用而言，不管这类规范性文件是否存在错误，人民法院都必须适用而不能拒绝。这类规范性文件主要包括法律、行政法规、地方性法规、自治条例和单行条例等。

1. 法律。法律是指全国代表大会及其常务委员会行使国家立法权制定的规范性文件，它包括全国代表大会制定和颁布的基本法律，以及全国人大常委会制定和颁布的其他法律。从其效力上看，它是仅次于宪法而高于其他法律规范性文件的权威性的行为准则，它体现了国家的利益和意志，除宪法以外的其他规范性文件都不得与之相抵触，因而成为全社会共同的行为准则。无论是国家权力机关、监察机关、行政机关，还是司法机关都必须加以贯彻执行，因而成为人民法院审理行政案件最基本的法律依据。

2. 行政法规。行政法规是指国务院依照宪法和法律制定和发布的规范性文件。它由最高国家行政机关即国务院根据宪法和法律制定，具有从属立法的性质，是法律的具体化和补充。同时，其制定主体作为国家最高行政机关负有领导全国地方各级人民政府和全国行政工作的职责，地方各级国家行政机关必须接受最高国家行政机关的领导，贯彻执行其决定、决议、命令以及它所制定的行政法规，人民法院审理行政案件同样必须以之为基本依据之一。

3. 地方性法规。地方性法规是指地方国家权力机关依法制定和发布的规范性法律文件。省、自治区、直辖市的人民代表大会及其常务委员会根据本行政区域的具体情况和实际需要，在不同宪法、法律、行政法规相抵触的前提下，可以制定地方性法规。设区的市的人民代表大会及其常务委员会根据本市的具体情况和实际需要，在不同宪法、法律、行政法规和本省、自治区的地方性法规相抵触的前提下，可以对城乡建设与管理、环境保护、历史文化保护等方面的事项制定地方性法规，法律对设区的市制定地方性法规的事项另有规定的，从其规定。从地方性法规制定的权限来源看，包括以下两类：一是直接行使宪法规定的地方立法权；二是行使法律授予的立法权。

地方国家行政机关是地方国家权力机关的执行机关，在其行政管理活动中，除必须贯彻执行国家的宪法、法律和行政法规外，还必须贯彻执行本行政区域内的地方性法规，地方性法规是本行政区域内行政机关进行行政管理、实施行政行为的基本依据，因而也成为审理本地方的行政案件的法律依据之一。

应当指出的是，地方性法规作为审理行政案件的依据，仅适用于"本行政区域内发生的行政案件"，并不意味着人民法院审理所有的行政案件都可以适用管辖该行政案件的人民法院所在地行政区域的地方性法规。在某些特殊情况下，人民法院审理行政案件也可能适用本行政区域外的其他行政区域的地方性法规。

4. 自治条例和单行条例。民族自治地方的人民代表大会有权依照当地民族的政治、经济和文化的特点，制定自治条例和单行条例。自治条例是指民族自治地方的人民代表大会根据本地区、本民族的政治、经济、文化特点而制定和发布的有关实施民族自治的一般事项的规范性文件；而单行条例则是指根据本地区、本民族的政治、经济、文化特点所制定和发布的规定某一方面或某一具体问题的规范性文件。自治条例和单行条例可以依照当地民族的特点，对法律和行政法规的规定作出变通规定，但不得违背法律或者行政法规的基本原则，不得对宪法和民族区域自治法的规定以及其他有关法律、行政法规专门就民族自治地方所作的规定作出变通规定。

三、任意性依据

任意性依据是根据《行政诉讼法》第 63 条第 3 款"人民法院审理行政案

件，参照规章"的规定概括出来的。所谓"参照"，是指人民法院在审理和判决行政案件时，可以根据其对被诉行政行为和予以参照的行政规章合法性的评价，裁量决定是否以之作为法律依据，既不是完全地、不加审理地以行政规章为依据，也不是绝对地加以排斥，而是赋予人民法院以一定的自由裁量权，由人民法院根据行政案件和相关行政规章的具体情况来决定是否适用。对符合法律、行政法规的规章，人民法院要参照审理，对不符合或者不完全符合法律、行政法规原则精神的规章，法律可以有灵活处理的余地。

一般而言，只有当行政机关的行政行为直接依据行政规章作出时，才存在人民法院参照规章的情形，如果行政行为本身并非以行政规章作为其法律依据，则也不存在参照规章的问题。因此，被参照的行政规章必须是可参照的而非不可参照的行政规章，即在行政诉讼中可以作为人民法院审查行政机关行政行为是否合法的参照标准的行政规章。从理论上说，可以参照的行政规章必须具备以下条件：

1. 行政规章的制定者和发布者必须是依法拥有制定和发布相应行政规章权力的国家特定行政机关。根据宪法和立法法的规定，国务院各部、委员会、中国人民银行、审计署和具有行政管理职能的直属机构，可以根据法律和国务院的行政法规、决定、命令，在本部门的权限范围内，制定规章。省、自治区、直辖市和设区的市、自治州的人民政府，可以根据法律、行政法规和本省、自治区、直辖市的地方性法规，制定规章。其他国家行政机关都不得制定和发布行政规章，否则即属违宪行为。

2. 被参照的行政规章必须是根据法律、国务院的行政法规、决定或命令制定和发布的部委规章，以及根据法律、行政法规、地方性法规制定和发布的地方规章。

3. 行政规章的内容不得与有关法律、法规相抵触。行政规章无论在立法目的上，还是在具体内容上都必须与有关法律、法规保持一致，符合法律、法规的规定。这是其合法成立的必要条件，也是人民法院在决定是否参照行政规章时对规章进行审查的主要内容。

拓展训练——人民法院如何"参照"适用行政规章

2007 年 11 月 12 日，鲁潍公司从江西等地购进 360 吨工业盐。苏州盐务局认为鲁潍公司进行工业盐购销和运输时，应当按照《江苏省〈盐业管理条例〉实施办法》（简称《江苏盐业实施办法》）的规定办理工业盐准运证，鲁潍公司未办理工业盐准运证即从省外购进工业盐涉嫌违法。2009 年 2 月 26 日，苏州盐务局经听证、集体讨论后，作出了没收鲁潍公司违法购进的精制工业盐 121.

7 吨、粉盐 93.1 吨，并处罚款 122363 元的行政处罚。鲁潍公司不服，于 2 月 27 日向苏州市人民政府申请行政复议。苏州市人民政府作出了维持的复议决定。鲁潍公司仍不服，向苏州市金阊区人民法院提起行政诉讼。法院经审理后依据《立法法》《行政许可法》《行政处罚法》的规定，判决撤销苏州盐务局的处罚决定以及苏州市人民政府的复议决定。

参考答案

请问：法院的判决是否正确？

此外，各级人民法院在审理行政案件时经常适用最高人民法院的司法解释，人民法院审理行政案件，适用最高人民法院司法解释的，应当在裁判文书中援引。

第二节 行政诉讼判决

导入案例

廖某系东华理工大学经济管理学院会计学专业 2010 级学生。在 2011 年 6 月 27 日上午的《大学英语（Ⅱ）》期末考试过程中，廖某与他人交换试卷被监考教师发现。学校于 2011 年 7 月 1 日作出决定，给予其记过处分。2014 年 6 月 24 日，廖某向东华理工大学学位委员会提出学位申请，但因存在上述考试作弊而受记过处分情形，不符合学校制定的学士学位授予条件，廖某被拒绝授予学士学位。廖某不服，向人民法院提起行政诉讼，请求人民法院判令东华理工大学向其颁发学士学位证书。抚州市中级人民法院判决驳回廖某要求东华理工大学为其颁发学士学位证书的诉讼请求。廖某上诉后，江西省高级人民法院判决驳回上诉，维持原判。

本案知识点：行政诉讼判决的种类及适用条件

一、行政诉讼判决概述

（一）行政诉讼判决的概念

行政诉讼判决是指人民法院对行政案件审理完毕后，依照法定权限和程序，以国家审判机关的名义，对引起双方争议的权利义务所作的权威性判定。作为人民法院的结案形式，判决的形成不但意味着审判程序的终结，而且在实体问题的解决上，也产生了终极性。尽管法律赋予了当事人对判决不服的救济权，但司法最终解决原则的确立，预示着即使对判决有异议，也只能在人民法院内部加以解决，而不能向其他机关寻求救济。

1. 判决主体的唯一性。"唯一性"意味着判决只能由人民法院作出，其他任何机关都无权作出判决。判决都是针对特定个案的，它只能成为审判权运作的结果形式。由于审判权只有人民法院才能行使，其他任何机关都无权行使审判权，因此作为判决自然也只有人民法院才有权作出。

2. 判决地位的权威性。人民法院判决作出之后，不管是第一审判决还是第二审判决，任何人非依法定程序都不能予以更改。就原、被告而言，如果对第一审判决不服的，只能按照法律规定向上一级人民法院提出上诉，而不能采取非法手段加以对抗。由于第二审判决一经作出立即发生法律效力，当事人对判决的内容即使存在异议，也只能先予履行，然后按照审判监督程序提出申诉。

3. 判决内容的确定性。判决是人民法院对当事人双方实体权利义务的最后判定，是在法律的基础上，对权利义务所作的第二次调整，因而判决的内容必须是确定的。判决内容的确定性表现在以下三个方面：①判决所针对的当事人是确定的，没有确定的当事人，判决中的权利义务就没有承担主体；②判决的理由是确定的，判决的理由如果不确定、不充分，判决就无法产生公信力；③判决中的权利义务是确定的，当事人应当履行何种义务、如何履行义务都必须有肯定的答案。

4. 判决产生的期限性。诉讼制度不仅要追求公正的价值目标，而且还必须兼顾效率原则。判断诉讼效率的一个重要方面就是判决的期限性。按照《行政诉讼法》之规定，第一审普通程序，人民法院应当在立案之日起6个月内作出第一审判决；人民法院审理上诉案件，应当在收到上诉状之日起3个月内作出终审判决。经批准可以延长期限或者适用简易程序的除外。

（二）行政诉讼判决的分类

1. 第一审判决和第二审判决。第一审判决和第二审判决划分的依据主要是诉讼的审级制度。第一审判决是受理原告的起诉后，由初审人民法院所作的判决；第二审判决是受理当事人对第一审判决不服提起的上诉后，由第二审人民法院所作的判决。根据我国的诉讼制度，各级人民法院均有权作出第一审判决。但由于第二审人民法院必须是第一审人民法院的上一级人民法院，因此，能够作出第二审判决的只能是中级人民法院、高级人民法院和最高人民法院，基层人民法院无权作出第二审判决。另外，在第一审程序、第二审程序之外还包括再审程序，但再审判决实质上仍分属于第一审判决、第二审判决。因为再审程序并非是一种独立的程序，而是分别按照第一审程序、第二审程序再次审理，依据再审程序所作的判决与第一审判决、第二审判决在效力上完全相同。

2. 对席判决和缺席判决。以判决时当事人双方是否到庭为标准，可以将行政诉讼判决分为对席判决和缺席判决。对席判决是指人民法院在双方当事人均到庭参加法庭调查和法庭辩论的基础上所作出的判决；缺席判决是指仅有一方当事人到庭的情况下所作出的判决。在正常的情况下，人民法院作出的判决都属于对席判决。但是，如果原告或者被告经传票传唤无正当理由拒不到庭，或者未经法庭许可中途退庭的，为了保障司法效率，人民法院可以缺席判决。

3. 肯定判决与否定判决。按照判决内容与行政行为之间的关系，可以将行政诉讼判决分为肯定判决与否定判决。肯定判决是指人民法院经审理后，认为行政机关的行政行为完全符合法律的规定，从而作出的驳回原告诉讼请求的判决形式；否定判决是指人民法院认为行政机关的行政行为构成违法并侵犯了原告的合法权益时，依法作出的否认行政行为效力的判决形式。行政诉讼的驳回原告诉讼请求判决就属于肯定判决，而撤销判决以及要求被告在法定期限内履行其职责的判决都属于否定判决。当然，在诉讼实务中，有的判决可能既有肯定的内容，同时也存在否定的内容，这种判决被称为部分肯定、部分否定判决，如变更判决一般就属于这种判决形式。

（三）行政诉讼判决的效力

行政诉讼判决的效力是指人民法院对行政案件经过审理后所作判决而产生的法律效力。由于上诉制度的确立，使得第一审判决与第二审判决在法律效力方面并不完全相同。第一审判决在生效前的法律效力主要表现为拘束力，而生效后的第一审判决（包括在法定上诉期限内未提出上诉的第一审判决和最高人民法院作出的第一审判决）以及上诉审人民法院作出的第二审判决，其法律效力除具有拘束力外，还表现为确定力和执行力。

1. 拘束力。行政诉讼判决的拘束力，是指行政诉讼判决形成之后，其内容对有关主体产生法律上的约束性。由于判决是人民法院针对双方当事人作出的，因而判决的拘束力主要表现为两个方面：一是对当事人的拘束力；二是对人民法院的拘束力。判决是司法权运作的逻辑结果，是伴随着国家强制力而产生和存在的，对当事人而言，服从判决也许是最佳的选择。即便对判决持有异议，也只能按照法定程序加以解决，否则将可能为此付出更大的代价。就人民法院而言，尽管判决是其依照法定权限范围作出的，但判决的作出并不表明人民法院的解决社会纠纷任务即已完成，同时还必须依照判决的内容履行自己的职责，否则将要承担相应的法律责任。

2. 确定力。行政诉讼判决的确定力是指在判决发生法律效力后，无论是原审人民法院还是上一级人民法院都不得加以随意变更或者撤销，即使判决确有错误也必须通过审判监督程序予以纠正。[1] 赋予判决以确定力是诚信原则的基本要求。诚信原则作为私法中的"帝王"条款，其影响力远已超出私法本身，并逐渐被移植到公法领域。特别是在市场经济条件下，诚信原则已经成为评判国家权力运作的基本标准。正如我国台湾学者所指出的，"苟无诚信原则，则民主宪政将无法实行，故诚信为行使一切行政权之准则，亦为其界限"。[2] 这虽然是以行政权立论，但司法权的行使也概莫能外。事实上，如果人民法院对其所作出的判决出尔反尔、随意更改的话，不但会使判决的公信力受到影响，同时也是对诚信原则的背叛。当然，判决的确定力并不意味着判决在任何情况下都不能进行变动，它强调的仅是对判决的纠偏必须通过法定的纠错机制。

3. 执行力。执行力是指行政诉讼判决一旦发生法律效力，双方当事人必须自觉履行判决所确定的义务，当一方当事人拒不履行时，对方则可以向人民法院申请强制执行。

二、行政诉讼第一审判决

(一) 驳回原告诉讼请求判决

行政行为证据确凿，适用法律、法规正确，符合法定程序的，或者原告申请被告履行法定职责或者给付义务理由不成立的，人民法院判决驳回原告的诉讼请求。驳回诉讼请求表明了人民法院对原行政行为的认可，因而它的作出实际上就意味着原告败诉。一般而言，判决驳回原告诉讼请求应当符合下列条件：

1. 证据确凿。这就是说，被告所提供的证据或者人民法院所收集的证据足以证明其行政行为的合法性，或者说，这些证据足以否定原告所提出的诉讼请求。按照这一要求，认定证据确凿应坚持以下标准：①各项证据必须真实可靠并且合法，如果证据本身存在疑点，就不能认定为证据确凿；②各证据之间能够构成一个完整的证据链，如果证据之间相互矛盾、冲突，也不能认定为证据确凿。

2. 适用法律、法规正确。符合法律、法规的规定，是行政行为合法有效的条件之一，它要求被告在认定事实的证据确凿的基础上，准确地选择适用相应的行政法律规范，根据法律法规的内在精神价值和立法目的来运用法律。根据这一要求，行政行为的内容、范围、幅度等都必须符合法律、法规的规定。

3. 符合法定程序。按照法定程序作出行政行为是保证该行政行为准确、公正的重要手段。符合法定程序也就意味着行政机关所作的行政行为必须按照法

---

〔1〕 对于判决的确定力，也有学者称之为既判力。参见叶自强："论既判力的本质"，载《法学研究》1995 年第 5 期。这里之所以采用确定力，是为了使判决的效力与行政行为的效力相对应。

〔2〕 李春燕："行政信赖保护原则研究"，载《行政法学研究》2001 年第 3 期。

律法规所规定的方式、步骤、时限和顺序来进行，任何违反法定程序的行为都是无效的。

此外，原告起诉被告不依法履行法定职责或者不依法履行给付义务，而人民法院经审理认为原告申请被告履行或给付的理由不成立的，判决驳回原告的诉讼请求。比如，原告向某行政机关申请颁发许可证照，而该行政机关并无该项行政许可的法定职权，并向原告说明了理由，但原告认为该行政机关不履行许可的法定职责，向人民法院起诉。人民法院审理认为原告申请被告履行法定职责理由不成立，故而作出驳回原告诉讼请求的判决。

还需要注意一点，复议机关与作出原行政行为的行政机关为共同被告的案件，人民法院应当对复议决定和原行政行为一并作出裁判。如果原行政行为合法、复议决定违反法定程序的，人民法院应当判决确认复议决定违法，同时判决驳回原告针对原行政行为的诉讼请求。

（二）撤销判决和重作判决

撤销判决是指人民法院经过审理，认为行政行为违法，应当判决撤销该行政行为。行政行为中有部分违法的情况，则应当判决撤销其违法的部分，维持其正确的部分。撤销判决与驳回原告诉讼请求判决相反，如果说驳回原告诉讼请求判决是对行政行为予以认可的话，那么撤销判决则是对行政行为的否定。由于行政行为有全部违法和部分违法之分，因而人民法院的撤销判决也就相应地包括全部撤销和部分撤销两类，并且在判决撤销的同时判决被告重新作出行政行为。

按照《行政诉讼法》第70条的规定，行政行为只要有下列情形之一的，人民法院即可以判决撤销或部分撤销，并可以判决被告重新作出行政行为：

1. 主要证据不足。从证据的证明力上看，证据包括主要证据和次要证据。主要证据是指能够作为证明行政行为基础的事实必不可少的充分而必要的证据。如果没有这种证据，则可断定行政机关所认定的事实错误。主要证据不足必须从"质"和"量"两个方面进行把握。"质"的方面要求证据必须确实，"量"的方面要求证据必须充分，足以证明待证事实。对于那些虽与案件有一定的联系但不影响事实成立的证据，则属于次要证据。如果收集的证据已能认定基本事实，即使缺少一些次要证据，也不能认为是主要证据不足。

2. 适用法律、法规错误。适用法律、法规错误表明了行政机关在实施行政行为时，对法律、法规的选择适用发生了错误。在实践中，判断行政行为适用法律、法规错误主要有以下三种情况：①适用法律文件错误，如本应适用甲法律却适用了乙法律；②适用法律条文错误，如本应适用某法律的甲条却适用了乙条；③适用法律时没有兼顾法条之间的相互限定，如后条限定前条时，仍不顾后条而一概适用前条。

3. 违反法定程序。违反法定程序也就是违反了法律所规定的基本步骤或方式。它主要包括以下几种情况：①步骤违法，如违反法定顺序，先裁决后取证就属于此种情况；②手续违法，如行政机关在实施行政处罚时拒不表明其身份；③形式违法，如不使用书面形式实施行政处罚；④时限违法，如超过法定的处罚时效而对当事人进行行政处罚。

4. 超越职权。超越职权是指行政机关在行使行政权时，超越了法律、法规赋予的职权，对不属于它职权范围内的行政管理事项进行处理。实践中，超越职权主要包括以下三种：①层级越权，即上级行政机关行使了下级行政机关的职权或者下级行政机关行使了上级行政机关的职权；②职能越权，即行政机关行使了其他国家机关的职权；③地域越权，即行政机关超越其地域上的管辖范围而行使职权。

5. 滥用职权。滥用职权是指行政机关在法定的职权范围内违背法律的目的和精神而不正当地行使职权。其具体形式一般包括目的不当、不当考虑、反复无常等方面。滥用职权与超越职权不同，超越职权的评价标准是现行的法律、法规，是客观的，是合法与否的问题；而滥用职权的评价标准则是社会主体的公正、公平等价值观念，因而属于主观范畴，是合理与否的问题。滥用职权的情形主要有：不正当的目的；不善良的动机；不相关的因素；等等。

6. 明显不当。明显不当是指行政机关行使自由裁量权时作出的看上去合法但明显不合理，而且必须加以纠正的行为。法院审查行政行为是否"明显不当"，就是要"判断裁量是否考虑相关因素、是否与立法目的和精神一致、是否遵循正当程序、是否符合比例要求、是否保障信赖利益、是否平等对待各方利益主体；等等"[1]。明显不当与滥用职权都是行政机关在行使自由裁量权的过程中出现的违法或不当情形，但两者的判断标准不同。一般而言，滥用职权以行政机关或者其工作人员有主观过错为构成要件，而明显不当则以行为的客观方面明显不合理作为标准。明显不当的行政行为主要包括以下三种：①行政行为不符合比例原则；②行政行为不平等对待相对人；③行政行为缺乏正当程序。

总之，行政行为具有上述情形之一的，人民法院即可以判决撤销或部分撤销，并可以判决被告重新作出行政行为。人民法院判决被告重新作出行政行为的，被告不得以同一事实和理由作出与原行政行为基本相同的行政行为。

---

[1] 沈岿："行政诉讼确立'裁量明显不当'标准之议"，载《法商研究》2004 年第 4 期。

拓展训练——撤销判决和重作判决

2008 年 1 月，某公司通过招拍挂程序取得怀宁县育儿路 5660.8 平方米的国有土地使用权，土地用途为商业。在土地使用过程中，某公司建设了两栋楼房，剩下的土地由陈某开发建成了十栋个人住宅。2015 年 2 月 9 日，怀宁县国土局以某公司擅自改变土地用途为由责令其交还上述土地中 4619 平方米的国有土地，并处罚款 129 332.00 元。某公司不服，提起诉讼。安庆市怀宁县人民法院经审理后判决驳回某公司的诉讼请求。某公司不服，提起上诉。安庆市中级人民法院认为，县国土局不是先责令土地使用者改正或者限期改正违法行为，而是径行剥夺土地使用权并处以罚款的行为不符合法定程序，而且在涉案土地上改变用途与符合规定用途的房屋已混合成栋，部分房屋已经规划许可并办理了不动产登记，因此交还土地的决定不具有可执行性，明显不当，遂判决撤销被诉行政处罚决定，责令怀宁县国土局对某公司擅自改变土地用途的行为重新作出处理决定。

参考答案

请问： 安庆市中级人民法院的判决是否正确？

（三）履行判决

履行判决是指人民法院对行政案件进行审理后，认定被告有不履行、拖延履行或者实际未履行法定职责的情形，而作出的责成被告履行其一定职责的判决形式。《行政诉讼法》第 72 条规定："人民法院经过审理，查明被告不履行法定职责的，判决被告在一定期限内履行。"原告请求被告履行法定职责的理由成立，被告违法拒绝履行或者无正当理由逾期不予答复的，人民法院可以根据上述条文规定，判决被告在一定期限内依法履行原告请求的法定职责；尚需被告调查或者裁量的，应当判决被告针对原告的请求重新作出处理。人民法院作出履行判决必须符合以下几个条件：

1. 被告负有法定职责。所谓法定职责，是指依据法律法规的规定，行政机关在行使职权过程中必须承担的法定义务。理解法定职责必须注意以下问题：①职责的履行必须有法律的明文规定，否则行政机关不得履行。行政相对人也不得在无法律明文规定的情况下，要求行政机关履行职责。②行政机关的职责必须是按照法律的规定应当履行的。如果行政相对人申请在法定职权职责范围之外对行政机关提出申请，行政机关自然不能履行，否则就属于越权。

2. 行政相对人向负有职责的行政机关提出了申请。行政权作为一种管理或者说是服务社会的权力，一般而言属于主动性的权力，但并不具有唯一性。有些行政权的行使是以当事人的申请为启动条件的，如行政许可行为，没有相对人的申请，也就不会行使行政许可权，当然也就不存在行政行为，此类行政诉讼也就失去了前提和基础。

3. 行政机关违法拒绝履行或者无正当理由逾期不予答复。所谓拒绝履行，是指行政机关明确表示不履行相应的职责，如拒绝受理当事人的许可证申请；无正当理由逾期不予答复则是指行政机关没有正当理由超出法定履行职责的期限，一直未向相对人作出行政行为，使该项职责的履行处于不确定的状态。拒绝履行或者无正当理由逾期不予答复均属于行政不作为的表现形态。无正当理由逾期不予答复是一种从结果上来考量履行的状况，主要表现为对相对人的申请行政机关没有任何反应、不予理睬以及不履行法律规定的某种"附随义务"等情形。

4. 行政机关继续履行法定职责具有现实意义。质言之，在人民法院判决作出之后，行政机关履行其法定职责仍然可以保护行政相对人的合法权益，这是履行判决的实质条件。如果行政机关履行其职责对于实现当事人的合法权益没有任何意义，那么人民法院不能作出履行判决，而只能在确认不作为行为违法的基础上，按照国家赔偿法的规定加以解决。

拓展训练——履行判决

原告邓某某成家后，因家中无住宅，于2018年4月29日以邮寄挂号信的形式，将建房申请书递交给被告宁乡市某村委会。被告某村委会未审批盖章也没有向原告出具不予审批的书面答复意见。原告邓某某以被告侵犯了其合法权益为由，将某村委会诉至宁乡市法院，请求判令确认某村委会未履行法定职责的行为违法，责令某村委会履行建房审批的法定职责。某村委会辩称其法人主体性质不是行政机关，职能也不具有宅基地使用权审批的行政职权，因此成为本案的被告。宁乡市法院审理认为，被告村委会虽然不是行政机关，但地方性法规授权其在农村村民住宅用地审批过程中行使管理职能，具有受理原告的申请和作出初始审批意见的职责。故判决确认被告村委会不作为的行政行为违法，并限被告在判决生效的20日内，对原告建房申请作出书面审查意见。

参考答案

请问：宁乡市人民法院的判决是否正确？

（四）给付判决

给付判决适用于给付诉讼中。给付诉讼，是指原告诉请人民法院判决被告实施某种给付为内容的行政诉讼。根据行政法律关系，行政机关应当向相对人履行一定给付义务，如果行政机关拒不履行，相对人便可以向人民法院提起给付诉讼。给付诉讼的特点是人民法院不仅要确认当事人之间存在行政法律关系，而且还要判令被告履行一定的给付义务。在行政给付诉讼中，给付的标的可以是物，也可以是行政行为。比如，认为行政机关没有依法支付抚恤金、最低生活保障待遇、社会保险待遇的案件，给付标的可能是金钱或者物品，还可能是一项社会服务。

《行政诉讼法》第73条规定："人民法院经过审理，查明被告依法负有给付义务的，判决被告履行给付义务。"以及《行政诉讼法解释》第92条规定："原告申请被告依法履行支付抚恤金、最低生活保障待遇或者社会保险待遇等给付义务的理由成立，被告依法负有给付义务而拒绝或者拖延履行义务的，人民法院可以根据行政诉讼法第七十三条的规定，判决被告在一定期限内履行相应的给付义务。"人民法院作出给付判决应当符合下列条件：①原告申请被告依法履行支付抚恤金、最低生活保障待遇或者社会保险待遇等给付义务的理由成立，且向被告提出申请。如果原告未先向行政机关提出申请的，人民法院裁定驳回起诉。②被告依法负有给付义务。如果人民法院经审理认为原告所请求履行的法定职责或者给付义务明显不属于行政机关权限范围的，可以裁定驳回起诉。③被告负有给付义务而拒绝或者拖延履行义务且无正当理由。人民法院经过审理认为，相关事实清楚、法律规定明确的，应当判决被告在一定期限内履行相应的给付义务。

（五）确认违法判决

确认违法判决是被诉行政行为违法，但撤销该行政行为将会给国家利益或者公共利益造成重大损失的，或者行政行为程序轻微违法对原告权利不产生实际影响或者符合法律规定的情形，人民法院作出的确认被诉行政行为违法的一种判决种类。根据《行政诉讼法》第74条的规定，行政行为有下列情形之一的，人民法院判决确认违法，但不撤销行政行为：

1. 行政行为依法应当撤销，但撤销会给国家利益、社会公共利益造成重大损害的。这类案件人民法院作出确认违法判决的条件有二：①行政行为违法，即完全满足撤销判决的条件。一般情况下，人民法院应当作出撤销被诉行政行为的判决。②撤销被诉行政行为将会给国家利益或者社会公共利益造成重大损失。比如，在一些重大工程建设中，撤销批准文件，公共工程面临重大损失，国家利益或者社会公共利益也将遭受重大损失。在这种情况下，人民法院可以根据实际情况作出确认行政行为违法的判决，但不撤销该行政行为。

2. 行政行为程序轻微违法，但对原告权利不产生实际影响的。行政行为虽然符合撤销判决中"违反法定程序"的条件，应当撤销，但这种违法程序并没有对原告权利产生实际影响。行政程序具有保障相对人的合法权益、提高行政效率、规范行政管理等不同目的。有些程序违反将直接影响当事人的实体权益，而有些则不必然。根据《行政诉讼法解释》第96条的规定，"程序轻微违法"包括：①处理期限轻微违法；②通知、送达等程序轻微违法；③其他程序轻微违法的情形。这些违法程序并不会对原告依法享有的听证、陈述、申辩等重要程序性权利产生实质损害，比如超过法定期限送达行政决定书，相对人不服起诉的，人民法院经审理认为该程序违法情节轻微，且并不直接影响原告权利，可以确认被诉行政行为违法但保持该行政行为的效力。

3. 行政行为违法，但不具有可撤销内容的。一般认为，这种判决结果主要针对事实行为（如在行政执法过程中殴打等暴力行为）而作出。由于这些事实行为已经实施完毕，且没有具体载体，因而在经过人民法院审查认为该类行为违法的情况下，却无法撤销。之所以会出现这种情况，主要是由于原告在起诉时，就已经知道该事实行为"不具有可撤销内容"，原告不应当请求人民法院判决撤销被诉行政行为，适当的方式应当是请求人民法院判决确认该行政行为违法并给予赔偿。

4. 被告改变原行政行为，原告仍要求确认原行政行为违法的。人民法院针对这种情况作出确认违法判决需要注意以下几点：①必须是被告改变原违法行政行为，且是在"诉讼"中进行的改变。如果是在诉讼之前就已经改变原行政行为的，原告应当以改变后的行政行为提起诉讼，被告"改变"原行政行为可以是撤销原行政行为，也可以是变更原行政行为。②必须是原告仍要求确认原行政行为违法。如果原告认为被告在诉讼中改变原行政行为，自己的诉讼目的已经达到，可以申请撤诉。但是如果原告坚持认为原行政行为已经对其造成了伤害或者基于其他原因仍然要求对原行政行为违法性确认的，人民法院判决确认原行政行为违法。③被改变的原行政行为必须是违法的，如果人民法院经审查认定原行政行为合法，则不适用此判决类型。

5. 被告不履行或者拖延履行法定职责，判决履行没有意义的。这种情况主要适用于，原告请求人民法院判决行政机关履行法定职责，但人民法院经过审查认为，行政机关已经履行或者时过境迁根本没有履行的必要和可能的，为了保证原告能够得赔偿，人民法院应当判决确认不履行或者拖延履行法定职责的行为违法。

拓展训练——确认违法判决

2014年4月18日，舒某某与繁昌县孙村镇八分村村民袁某某签订一份土地转让合同，从袁某某处购得0.9亩土地。但舒某某在未取得乡村建设规划许可证的情况下，即在该地块上建造了砖木结构平房三间。繁昌县孙村镇人民政府对该房屋实施了拆除。2015 年 2 月 3 日，舒某某对前期被拆除房屋进行了修复。
2 月 9 日上午 10 时，孙村镇城管执法分局给舒某某送达《限期拆除违法建设通
知书》，要求舒某某在 3 日内自行拆除违法建筑。2015 年 2 月 12 日凌晨 0 时 50
分，孙村镇人民政府组织人员强制拆除了舒某某所建房屋。舒某某不服，向人
民法院提起行政诉讼，请求确认孙村镇人民政府 2 月 12 日凌晨
实施的强制拆除行为违法。芜湖市三山区人民法院经审理认为，
孙村镇政府即于 2 月 12 日夜间组织实施强制拆除舒某某涉案房
屋，违反法定程序。故判决确认被告繁昌县孙村镇人民政府于 2015
年 2 月 12 日凌晨的强制拆除的行为违法。

参考答案

请问：孙村镇人民政府的强制拆除行为是否合法？

（六）确认无效判决

确认无效判决与确认无效诉讼相对应。确认行政行为无效诉讼是指公民、
法人或者其他组织请求法院确认行政行为自始无效的诉讼。无效的行政行为在
法律效力上虽无效，但因其具有行政行为的外观，可能对相对人合法权益造成
侵害，因此允许相对人对此提起行政诉讼。无效的行政行为不同于违法行政行
为。"无效"的特征有：自始无效、当然无效、根本无效。《行政诉讼法》第 75
条规定："行政行为有实施主体不具有行政主体资格或者没有依据等重大且明显
违法情形，原告申请确认行政行为无效的，人民法院判决确认无效。"故人民法
院作出确认无效判决需具备以下条件：

1. 行政行为存在重大且明显的违法情形。何为"重大且明显"的违法情
形？主要有以下几种情形：①行政行为的实施主体不具有行政主体资格。行政
主体是指具有行使行政管理职能，能够以自己名义作出行政行为和独立承担法
律后果的行政机关或者法律、法规、规章授权组织。这里所说的"实施主体"
应理解为"作出主体"。一般情况下，实施主体便是作出主体，但在特定情况
下，实施主体与作出主体并不一致，此时应以作出该行政行为的行政机关为被
告。②行政行为没有法律依据。主要是指行政主体作出的减损权利或者增加义
务的行政行为没有法律、法规、规章等规范性文件的依据。"法无明文授权即禁
止"是对行政机关行使行政权的基本要求，行政行为减损相对人权利或者增加
相对人义务却缺乏法律依据，已经达到恣意执法的程度。③行政行为内容客观
上不可能实施。行政行为的内容在客观上没有实施的可能，不具有行政行为执
行力这一效力内容。④其他重大且明显违法情形。比如行政行为要求相对人去
实施可能构成犯罪的行为、行政行为的实施将严重损害公共利益或者他人合法
权益的等。

2. 须经原告申请确认行政行为无效。无效行政行为与一般违法行政行为之间既不相同，又具有一定的相似性。判断行政行为属于无效行政行为还是可撤销行政行为，其标准就在于行政行为的违法程度是重大且明显还是一般违法。有时，公民、法人或者其他组织起诉请求撤销行政行为，人民法院经审查认为行政行为无效的，应当作出确认无效的判决。反之，有时原告起诉请求确认行政行为无效，人民法院审查认为行政行为不属于无效情形，经释明，原告请求撤销行政行为的，应当继续审理并依法作出相应判决；原告请求撤销行政行为但超过法定起诉期限的，裁定驳回起诉；原告拒绝变更诉讼请求的，判决驳回其诉讼请求。

总而言之，只有在原告请求确认行政行为无效诉讼，或者是原告提起撤销行政行为的诉讼，并请求判决行政行为无效时，人民法院经审查认为行政行为存在重大且明显违法，人民法院才可以作出确认无效判决。

人民法院经审理认为被诉行政行为违法或者无效，可能给原告造成损失，经释明，原告请求一并解决行政赔偿争议的，人民法院可以就赔偿事项进行调解；调解不成的，应当一并判决。人民法院也可以告知其就赔偿事项另行提起诉讼。

（七）变更判决

所谓变更判决，也就是由人民法院对行政行为进行审查后，对行政行为的内容作出更改的一种判决形式，旨在变更一种法律关系。《行政诉讼法》第77条第1款规定："行政处罚明显不当，或者其他行政行为涉及对款额的确定、认定确有错误的，人民法院可以判决变更。"因此，变更判决适用的情形有：

1. 行政处罚明显不当的。行政处罚行为的瑕疵必须达到明显不当的程度，否则人民法院不得行使司法变更权。那么，如何把握明显不当的界限？如何理解明显不当，无论在理论上或者在实践中都是一个难以把握的重大课题。在实践中，对于明显不当则主要是通过比较的方式予以确认。

（1）比较受处罚行为的社会危害性与所受行政处罚的严厉程度。按照《行政处罚法》第5条第2款之规定，行政处罚必须与违法行为的事实、性质、情节以及社会危害程度相当。如果行政机关在实施行政处罚时，重责轻罚或者轻责重罚而致使处罚超过一定的限度，就可以认为是显失公正，即通常所说的"畸重畸轻"。

（2）比较行政机关所实施的不同的行政处罚行为。这种比较包括前例比较和同案比较两种方式。前例比较是将同一行政主体在类似案中实施的前后两种行政处罚行为进行比较；同案比较是在一个行政处罚案件中，对两个或两个以上行为人的违法行为进行比较。如果对负有相同责任的违法者给予不同的处罚，或者过错程度不同的当事人承担相同的责任，均可认定为显失公正。

（3）考察行政处罚行为是否违背一般社会公众的善良意愿。尽管每个社会主体都有自己的公正、公平等价值观念，但是，如果社会公众普遍认为或者大多数都认为某一行政处罚是不公正、不合理的，那么，该行政处罚行为即属于违背一般社会公众善良意愿的行为而构成显失公正。

2. 其他行政行为涉及对款额的确定、认定确有错误的。这里的"其他行政行为"是指除行政处罚以外的行政行为，包括行政给付、行政裁决、行政合同、行政补偿等。"涉及对款额的确定、认定有错误"，是指其他行政行为对金钱的计算标准、数额等的确定和认定确有错误。

以上两种情形，人民法院可以判决变更，也可以不判决变更，赋予人民法院选择的权力。有些情况下，人民法院经审查发现行政处罚明显不当，可能基于种种考虑，不直接判决变更，而是判决撤销并重作行政行为。人民法院判决变更时，不得加重原告的义务或者减损原告的权益。不得加重原告的义务是指人民法院对行政机关作出的行政处罚不得予以加重。比如可以并处的行政处罚，不得加重行政处罚的数量或加重改变行政处罚的种类；不得延长行政处罚限制人身自由的期限；不得对行政机关未予处罚的人直接给予处罚；等等。不得减损原告的权益主要是针对赋予相对人权益的行政行为，人民法院在变更判决时不得减损原告的权益。比如在支付抚恤金、最低生活保障待遇或者社会保险待遇诉讼中，人民法院不能判决少于原告已经得到的抚恤金、最低生活保障待遇或者社会保险待遇的数额。人民法院判决变更不加重原告义务或不减损原告权利，并不是绝对的，存在例外情形，即"利害关系人同为原告，且诉讼请求相反的除外"。比如：①在行政处罚案件中，被处罚人和受害人同为原告，且被处罚人和受害人之间的诉讼请求完全相反（例如被处罚人认为处罚过重，受害人认为处罚过轻，人民法院为了保障受害人的权益，可以作出加重被处罚人的处罚）；②数个被处罚人同为原告，其中有被处罚人认为所受的行政处罚重于其他被处罚人，双方诉讼请求相逆；等等。

（八）行政协议履行及补偿判决

根据《行政诉讼法》第78条的规定，被告不依法履行、未按约定履行，或者违法变更、解除《行政诉讼法》第12条第1款第11项规定的协议提起诉讼的，人民法院经审理认为，可以判决继续履行、采取补救措施、赔偿损失几种结果。

1. 继续履行判决。在行政合同案件中，行政机关不依法履行、未按照约定履行或者违法变更、解除合同的，人民法院可以判决继续履行。继续履行判决适用的条件有：①行政机关存在不依法履行、未按照约定履行或者违法变更解除合同等违法违约行为。在行政合同中，作为合同当事人一方的行政机关具有法定的单方变更或解除合同的权力。所谓法定的变更、解除，就是指行政机关在法律规定的条件成就时，依照法定程序通过变更、解除的方式来终结合同效力的行为。如果行政机关没有明确的法律依据，不是为了实现国家利益或社会公共利益而变更、解除合同，就是一种违法违约行为。"不依法履行、未按照约定履行"主要表现为迟延履行、不完全履行和拒绝履行等。②行政相对人须请求人民法院判决行政机关继续履行合同义务。是否继续履行，由相对人选择，如果相对人不愿意继续履行，而是要求解除合同，则人民法院不能判决继续履行。③须是行政机关能够履行。如果行政合同在客观上不能履行，如合同标的灭失、法律上已经不能履行或者合同履行成本太高等情形时，人民法院不能判决继续履行。在判决继续履行时，为了保障相对人合法权益，应在裁判文书上载明履行期限。

2. 采取补救措施判决。关于采取补救措施的具体方式，《行政诉讼法》没有具体规定，我国相关民事法律作了规定。比如《民法典》第 179 条规定的"修理、更换、重作、恢复原状等"，《消费者权益保护法》第 52 条规定的"修理、重作、更换、退货、补足商品数量、退还货款和服务费用或者赔偿损失"。人民法院在判决行政机关采取补救措施时，应考虑行政机关是在自己权限范围内对相对人予以补救。

3. 赔偿损失判决。赔偿损失判决，是行政机关由于不依法履行、未按照约定履行合同义务或者违法变更、解除行政合同，给相对人造成财产上的损失时，由行政机关赔偿相对人财产损害的一种违约责任形式。因行政机关违法违约并造成损害以后，相对人必须采取积极措施防止损害的扩大，如果相对人扩大损害的，相对人应对扩大部分的损害承担责任。如果双方都存在违法违约行为的，应根据比例原则分别承担各自应负的赔偿责任。

4. 补偿判决。在行政合同履行过程中，出现了不能预见、不可避免或者不能克服的客观情况，致使合同不能履行的不可抗力，或者为了实现国家利益或者公共利益的需要，行政机关有权单方变更、解除行政合同，但为了实现国家利益和私人利益的平衡，行政相对人有权要求行政机关给予适当补偿，而行政机关未依法给予补偿的，人民法院判决给予补偿。

拓展训练——行政协议履行及补偿判决

2013 年 1 月 31 日，潘集区人民政府作出房屋征收决定，李某某的房屋在征收范围内。2014年11月20日，李某某与潘集区建委签订了协议，约定：潘集区建委给予其临时安置费、搬迁补助费、自建房补偿合计33万元，签约后先期支付总补偿款中10万元，余款23万元在2015年1月30日前支付，逾期视为违约，由潘集区建委每月支付给李某某所欠补偿款20%的违约金。潘集区建委在支付补偿款10万元后，剩余23万元补偿款逾期未予支付。李某某遂提起行政诉讼，请求判令潘集区建委给付其补偿款23万元及违约金18.4万元。淮南市田家庵区人民法院经审理认为，该协议系双方真实意思表示，属有效协议。故对李某某要求潘集区建委给付23万元补偿款的诉请予以支持。但违约金的比例过高，超过法律规定的范围，法院兼顾协议的履行状况和当事人过错程度，将违约金酌定为2万元。

参考答案

请问： 法院的判决是否正确？

人民法院审理行政案件，应当在立案之日起6个月内作出第一审判决。有特殊情况需要延长的，由高级人民法院批准，高级人民法院审理第一审案件需要延长的，由最高人民法院批准。宣告判决是审判程序的重要环节，也是最后一个环节。人民法院对公开审理和不公开审理的案件，一律公开宣告判决。行政诉讼的审理方式有公开审理和不公开审理两种。《行政诉讼法》第54条规定："人民法院公开审理行政案件，但涉及国家秘密、个人隐私和法律另有规定的除外。涉及商业秘密的案件，当事人申请不公开审理的，可以不公开审理。"但无论是公开审理的案件，还是不公开审理的案件，宣告判决一律公开，没有任何例外。当庭宣判的，应当在10日内发送判决书；定期宣判的，宣判后立即发给判决书。"当庭宣判"是指在开庭审理当日，合议庭评议结束之后，由审判长宣布继续开庭并宣告判决结果。"定期宣判"是指在开庭审理之日外另择日期宣告判决。宣告判决时，必须告知当事人上诉权利、上诉期限和上诉的人民法院。在一审程序，人民法院在宣告一审判决时，必须告知当事人对一审判决不服的，可以在接到判决书15日内，向本院提交上诉状及其副本，上诉到一审法院的上一级法院。

三、行政诉讼第二审判决

（一）驳回上诉、维持原判

驳回上诉、维持原判，是指第二审人民法院通过对上诉案件的审理后，认为第一审判决认定事实清楚，适用法律、法规正确，依照法律规定作出的驳回上诉人的上诉请求，维持第一审判决的判决形式。根据《行政诉讼法》第89条第1款第1项的规定，人民法院适用驳回上诉、维持原判的适用条件包括以下两个方面：

1. 认定事实清楚。所谓事实清楚，是指第一审人民法院所作判决有强有力的事实基础，无论是维持、撤销还是变更被诉行政行为，其所认定的事实都是清楚的，无任何矛盾或者疑点，并且有确凿的证据加以证明。

2. 适用法律、法规正确。所谓适用法律、法规正确，是指第一审人民法院对行政行为进行判定时，所依据的法律、法规是正确的。由于第一审判决适用的法律法规与行政行为所适用的法律法规范围有所不同，行政行为主要是适用行政实体法、行政程序法，而第一审判决适用的法律法规除行政实体法、行政程序法外，还包括行政诉讼法，因此，第二审人民法院审查第一审判决时，主要从上述三种规范性文件方面进行审查。

（二）依法改判、撤销或者变更

依法改判即改变原审判决，是指全部或者部分否定第一审判决内容的二审判决形式。改判、撤销或者变更原判决主要适用于下列情形：

1. 原判决认定事实错误。事实清楚、证据确凿充分是第一审判决成立的基础。如果认定事实错误，事实不清、证据不足可能影响到人民法院对整个案件的定性，进而影响判决的准确性。原审判决对证据和事实的认定存在根本错误，无需进一步查证，为了简化诉讼程序，减轻当事人诉累，及时审结案件，第二审人民法院可以依法改判、撤销或者变更。

2. 适用法律、法规错误的。适用法律、法规错误主要包括两种情况；一是原审人民法院适用《行政诉讼法》错误。比如超出行政诉讼受案范围受理案件、审理方式错误、裁判方式错误等。二是原审法院适用的实体法律、法规错误。比如，应当适用甲法而适用了乙法等。

3. 原判决认定事实错误，且适用法律、法规错误。即第一审判决不仅对证据和事实的认定存在根本错误，而且审理时适用的法律、法规也存在错误。二审人民法院可以直接依法改判、撤销或者变更一审判决。

4. 原判决认定基本事实不清、证据不足的，可以查清事实后改判。"认定基本事实不清、证据不足"主要是指认定基本事实不够清楚，需要进一步查明，这一错误程度应低于前面的"认定事实错误"。"认定基本事实不清"意味着当事人对于案件事实争议很大，直接改判有可能使得特定当事人的审级利益受到损害。因此，在这种情况下，二审人民法院可以发回原审法院重新审理，当然，如果二审人民法院可以查清基本事实的，也可以改判。

二审人民法院需要改变原审判决的，应当同时对被诉行政行为作出判决。

第三节 行政诉讼裁定

导入案例

某市依法发布了禁止养狗的规定，但市民王某的邻居任某不顾禁令领养了一条狼狗。由于该狗经常咬伤路人，王某对此提心吊胆，于是请求公安局处理此事，但公安局对此置之不理。王某对公安局的不作为提起行政诉讼，人民法院作出不予受理的裁定。王某依法上诉，第二审人民法院撤销第一审人民法院不予受理的裁定，并发回重审。

本案知识点：行政诉讼裁定的适用范围

一、行政诉讼裁定的概念

行政诉讼裁定是指人民法院在审理行政案件过程中，或者在执行过程中，对有关程序问题所作出的处理。裁定是人民法院为消除程序"阻隔"，保证诉讼程序的顺利进行而采取的必要措施，它只影响当事人的程序权利和义务而不涉及实体权利和义务。

与判决一样，裁定也是由人民法院作出的具有约束力的决定。但两者又存在较大的区别，具体表现在以下几个方面：①裁定除第二审人民法院使用裁定撤销原判、发回重审外，一般都是在诉讼进行中为解决具体的审判事项而作出的，属于中间裁判的性质；而判决则是对整个案件所作的全局性的裁判。②裁定一般是就程序问题所作的裁判，一般不涉及当事人的实体权利和义务；而判决是就实体问题所作的裁判，它解决的问题是行政行为是否合法。③一个行政案件的审理，其中可以出现若干个裁定，但是，判决在每一个行政审判程序中只能出现一次，即所谓"一案一判"而不是"一案多判"。④裁定可以通过书面形式作出，也可以通过口头方式作出；而判决则必须使用书面形式作出。

二、行政诉讼裁定的适用范围

1. 不予立案。人民法院在接到起诉状时对符合法律规定的起诉条件的，应当登记立案。对当场不能判定是否符合起诉条件的，应当接收起诉状，出具注明收到日期的书面凭证，并在 7 日内决定是否立案。不符合起诉条件的，作出不予立案的裁定。裁定书应当载明不予立案的理由。

2. 不予受理或者驳回起诉。合议庭对原告的起诉条件进行审查，认为不符合起诉条件的，应当在 7 日内裁定不予受理。7 日内不能决定是否受理的，应当先予受理；受理后经审查不符合起诉条件的，裁定驳回起诉。因不动产提起诉讼的案件自行政行为作出之日起超过 20 年，其他案件自行政行为作出之日起超过 5 年提起诉讼的，人民法院裁定不予受理。

3. 管辖异议。管辖异议是指当事人认为受诉人民法院对该案无管辖权，而向该人民法院提出的不服该人民法院管辖的意见或主张。受诉人民法院经审查后，认为异议成立的，应当作出书面裁定，将案件移送有管辖权的人民法院；异议不成立的，裁定驳回。

4. 终结诉讼。诉讼终结是指在诉讼进行中，由于出现特定情形，使诉讼程序不能继续进行下去，或者失去了继续进行的意义，从而结束诉讼程序。如原告死亡，没有近亲属或者近亲属放弃诉讼权利的，人民法院就应当以裁定的方式终结诉讼。

5. 中止诉讼。诉讼中止是指在诉讼进行中，由于发生某种特定原因，使诉讼程序暂时停止。例如，一方当事人因不可抗力的事由不能参加诉讼，人民法院应当作出中止诉讼的裁定；在行政诉讼中，人民法院认为行政案件的审理需以民事诉讼的裁判为依据的，可以裁定中止行政诉讼。

6. 移送或者指定管辖。当人民法院在受理行政案件后，发现没有管辖权的，应当及时作出裁定，将案件移送有管辖权的人民法院。有管辖权的人民法院由于特殊原因不能行使管辖权的，由上级人民法院以裁定的方式指定管辖。人民法院对管辖权发生争议，由争议双方协商解决。协商不成的，报它们的共同上级人民法院以裁定方式指定管辖。

7. 诉讼期间停止行政行为的执行或者驳回停止执行的申请。根据行政行为的执行力这一效力内容，行政行为一经作出，必须执行，诉讼期间，不停止行政行为的执行。但原告向人民法院申请停止执行，有下列情形之一的，人民法院裁定停止执行：①被告认为需要停止执行的；②原告或者利害关系人申请停止执行，人民法院认为该行政行为的执行会造成难以弥补的损失，并且停止执行不损害国家利益、社会公共利益的；③人民法院认为该行政行为的执行会给国家利益、社会公共利益造成重大损害的；④法律、法规规定停止执行的。

8. 财产保全。人民法院对于可能因当事人一方的行为或者其他原因，使判决不能执行或者难以执行的案件，可以根据对方当事人的申请，作出财产保全的裁定；另外，利害关系人因情况紧急，不立即申请财产保全将会使其合法权益受到难以弥补的损害的，可以在起诉前向人民法院申请财产保全。

9. 先予执行。人民法院对起诉行政机关没有依法支付抚恤金、最低生活保障金和工伤、医疗社会保险金的案件，权利义务关系明确、不先予执行将严重影响原告生活的，可以根据原告的申请，裁定先予执行。

10. 准许或者不准许撤诉。撤诉是与起诉相对应的一种诉讼权利,当事人享有诉讼权利的同时,也享有撤诉权。但是当事人申请撤诉并不一定产生撤诉的法律后果,其终局决定权在于人民法院。例如,经人民法院传票传唤,原告无正当理由拒不到庭,或者未经法庭许可中途退庭的,可以按照撤诉处理;人民法院对行政案件宣告判决或者裁定前,原告申请撤诉的,或者被告改变其所作的行政行为,原告同意并申请撤诉的,是否准许,由人民法院裁定。

11. 补正裁判文书中的笔误。补正裁判文书中的笔误是指人民法院对其作出并已送达当事人的裁定或判决书中存在的错写、误算、遗漏等失误,以及裁定或判决书正本与副本不符的错误予以更正。补正裁定或判决书中的笔误应当以裁定形式进行。

12. 中止或者终结执行。在行政诉讼执行过程中,出现法定的中止或者终结执行的情形时,人民法院应当以裁定的方式中止或者终结执行程序。

13. 提审、指令再审或者发回重审。人民法院审理上诉案件,认为原判决、裁定认定基本事实不清、证据不足的,裁定发回原审人民法院重审;人民法院审理上诉案件,原判决遗漏当事人或者违法缺席判决等严重违反法定程序的,裁定撤销原判决,发回原审人民法院重审。最高人民法院对地方各级人民法院已经发生法律效力的判决、裁定,上级人民法院对下级人民法院已经发生法律效力的判决、裁定,发现有《行政诉讼法》第91条规定情形之一,或者发现调解违反自愿原则或者调解书内容违法的,有权提审或者指令下级人民法院再审。上级人民法院决定提审或者指令下级人民法院再审的,应当作出裁定,裁定应当写明中止原判决的执行。

14. 准许或者不准许执行行政机关的行政行为。行政机关申请人民法院执行其作出的行政行为时,该行政行为必须符合法定的条件。经人民法院审查,对于合乎法定条件的行政行为,作出执行的裁定;而对于不合乎法定条件的,则裁定不予执行。

15. 其他需要裁定的事项。

三、行政诉讼裁定的效力

裁定的效力依作出裁定的人民法院审级的不同而有所不同。在第一审裁定中,绝大多数都属于终局性的,一经作出即发生法律效力,有关当事人应当予以执行。但是,由于裁定针对的问题的性质、内容以及对当事人产生的法律后果存在差异,法律对相应的裁定又设定了具体的救济措施。表现在以下两个方面:①当事人对财产保全、先予执行、停止或者不停止行政行为执行的裁定不服的,可以申请复议,在复议期间不停止裁定的执行。②对于起诉不予立案的裁定、驳回起诉裁定以及管辖异议裁定，当事人不服的，有权在裁定书送达之日起 10 日内向上一级人民法院提起上诉。逾期不提起上诉的，人民法院的第一审判决或者裁定发生法律效力。而第二审裁定属于终审裁定，当事人不服的，不能再行上诉。如果当事人认为有错误的，可以向有关国家机关提出申诉。

拓展训练——不服驳回起诉的裁定可否上诉

范某因工伤伤情复发向某区人力资源和社会保障局提出工伤复发确认申请，某区人力资源和社会保障受理后未作处理。范某诉至法院，请求判令某区人力资源和社会保障履行法定职责，受理并处理范某工伤复发确认申请。一审法院认为范某应向劳动能力鉴定委员会提出工伤复发确认申请，范某申请事项并非人力资源和社会保障的法定职责，遂裁定驳回范某的起诉。范某提起上诉，认为区劳动能力鉴定委员会由某区人力资源和社会保障局组建，因劳动能力鉴定委员会并非行政机关，无法通过诉讼途径解决问题，故其只能以某区人力资源和社会保障为被告提起诉讼，起诉符合法律规定。

请问：范某对驳回起诉的裁定进行上诉是否正确？

第四节 行政诉讼决定

○ 导入案例

2017 年 9 月，甲在一家饭店吃饭，乙给该家饭店送货，不巧将甲碰了一下，甲起身就给乙一拳，乙气急败坏，随手把甲推倒在地上。派出所对乙作出罚款 100 元的行政处罚。乙不服，委托其母向县人民法院提起行政诉讼。在人民法院进行法庭调查的过程中，乙母发现审判人员孙某与甲是堂兄弟关系，于是向人民法院提出要求孙某回避的请求，人民法院同意了乙母的请求，决定孙某回避。

● 本案知识点：行政诉讼决定的适用范围

一、行政诉讼决定的概念

行政诉讼决定是指人民法院为了保证行政诉讼的正常秩序，正确处理内部工作关系，对诉讼中发生的某些特定事项或者与诉讼有关的事项所作出的职务上的判断和处理。

行政诉讼决定与行政诉讼裁定是两个极为相似的概念，两者都是为保证诉讼的顺利进行而采取的诉讼措施。然而，两者也存在许多差异，表现在以下三个方面：①适用对象上的差异。行政诉讼裁定一般都针对当事人或者针对有关人民法院作出的，他们与行政案件存在必然的联系；而行政诉讼决定则不一定是针对上述主体作出，对于案外人，人民法院也可以使用行政诉讼决定，如对妨碍行政诉讼的人员采取强制措施。②表现形式上的差异。在行政诉讼裁定中，有些裁定必须采取书面形式，如先予执行裁定；而行政诉讼决定一般既可以用口头方式也可以用书面方式作出。③救济方式上的差异。对行政诉讼裁定的救济，确立了复议与诉讼并存的救济体制；而对行政诉讼决定的救济，行政诉讼法排斥了上诉的可能，只能采取复议的方式加以处理。

二、行政诉讼决定的适用范围

1. 回避事项。当事人认为审判人员与本案有利害关系或者有其他关系可能影响公正审判的，可以要求审判人员回避；审判人员认为自己与本案有利害关系或者有其他关系的，也应当申请回避。对回避申请，人民法院应当在 3 日内以口头或者书面形式作出决定。

2. 管辖权转移。管辖权转移主要发生在上下级人民法院之间。上级人民法院可以将自己管辖的第一审行政案件移交下级人民法院审判；下级人民法院对其管辖的第一审行政案件，认为需要由上级人民法院审判的，可以报请上级人民法院决定。

3. 诉讼期限的延长。公民、法人或者其他组织因不可抗力或者其他特殊情况耽误法定期限的，在障碍消除后的 10 日内，可以申请延长期限。人民法院对延长期限的申请进行审查后，认为符合法定条件的，可以决定延长；反之不予准许。

4. 提起再审。各级人民法院院长对本院已经发生法律效力的判决、裁定，发现有《行政诉讼法》第 91 条规定情形之一，或者发现调解违反自愿原则或者调解书内容违法，认为需要再审的，应当提交审判委员会讨论决定。应当注意的是，除上述提起再审外，还包括提审和指令再审，但后者不能使用决定，而必须使用裁定的方式加以处理。

5. 一并或者不一并审理。一并审理是指人民法院将多个在内容上有关联的诉讼合并在一起共同审理和解决的法律行为。例如，被告对平等主体之间民事争议所作的裁决违法，民事争议当事人要求人民法院一并解决相关民事争议的，人民法院可以一并审理。公民、法人或者其他组织请求一并审理应当在第一审开庭审理前提出；有正当理由的，也可以在法庭调查中提出。再如，人民法院依法作出的不予准许一并审理民事争议的决定。对不予准许的决定可以申请复议一次。

6. 采取强制措施。强制措施是人民法院为保障诉讼活动和执行活动的顺利进行，依法对实施妨碍行政诉讼行为的人采取的强制手段。从内容上说，排除妨碍行政诉讼活动的强制措施包括若干种类，但不管是何种强制措施，人民法院都必须使用决定。

7. 其他需要决定之事项。人民法院在审理行政案件过程中，对其在诉讼过程中发生的其他不能以裁定处理的事项，一般应以决定的方式予以处理。如延期审理、重大或者疑难案件提交审判委员会讨论决定等。

三、行政诉讼决定的效力

一般而言，无论是在第一审程序还是在第二审程序中，当事人不服人民法院对回避事项作出的决定，以及人民法院采取的罚款和拘留两种强制措施决定的，可以向上一级人民法院申请复议一次。除此之外，其他行政诉讼决定一经作出即发生法律效力，属于终局决定，当事人即使不服也不得向人民法院申请复议，更不能提起上诉。尽管当事人对回避决定、罚款决定和拘留决定不服可以申请复议，但救济手段却具有唯一性，而且在复议期间，原决定也不停止执行。

本章小结

本章内容主要由行政诉讼法律适用、行政诉讼判决、行政诉讼裁定和行政诉讼决定构成。

行政诉讼判决是指人民法院对行政案件审理完毕后，依照法定权限和程序，以国家审判机关的名义，对引起双方争议的权利义务所作的权威性判定。判决作为人民法院的结案形式，又分为第一审判决和第二审判决。第一审判决主要有驳回原告诉讼请求判决；撤销判决和重作判决；履行判决；给付判决；确认违法判决；确认无效判决；变更判决；行政协议履行及补偿判决；等等。第二审判决主要有驳回上诉、维持原判；改判、撤销或者变更；发回重审或者查清事实后改判；等等。

行政诉讼决定与行政诉讼裁定都是为保证诉讼的顺利进行而采取的诉讼措施。行政诉讼的裁定是指人民法院在审理行政案件过程中，或者在执行过程中，对有关程序问题所作出的处理。裁定除第二审人民法院使用裁定撤销原判、发回重审外，一般都是在诉讼进行中就程序问题所作的，一般不涉及当事人的实体权利和义务。而行政诉讼决定是指人民法院为了保证行政诉讼的正常秩序，正确处理内部工作关系，对诉讼中发生的某些特定事项或者与诉讼有关的事项所作出的职务上判断和处理。行政诉讼的裁定和决定在适用对象、表现形式、救济方式等方面存在不同之处。

行政诉讼判决主要是用来解决实体性问题，而行政诉讼裁定、决定则主要用来解决程序性问题。反之亦然，实体性问题不能使用裁定、决定，程序性问题也不能使用判决。

实务训练

一、示范案例

案情：某国家机关科研处处长赵某利用外出考察的机会，从国外带回若干违禁小物品，受到当地海关罚款 500 元的行政处罚，其所在机关了解情况后，又给予其撤职的行政处分。赵某不服，认为处罚、处分太重，分别以该海关和所在机关为被告，向人民法院提起行政诉讼，要求撤销上述处罚和处分行为。

问：①人民法院对于赵某提起的诉讼如何处理？②若人民法院受理了赵某提起的两项诉讼要求或其中的一项要求，审理后可能作出哪几种形式的判决？为什么？

分析：①人民法院应受理赵某不服海关处罚的起诉，因为行政处罚案件属于人民法院的受案范围；而对于赵某以不服其所在行政机关的行政处分提起的诉讼，则应裁定不予受理，因为行政处分属于行政机关对其工作人员进行管理的内部行为，不属于人民法院的受案范围。②对于赵某不服海关处罚的起诉，人民法院受理后，可能作出以下三种判决之一：驳回原告诉讼请求判决、撤销和重作判决、变更判决。

二、习作案例

甲和乙是邻居，因琐事而争吵，继而互相推打，各有轻微伤，但乙受伤稍重，某县公安局在得到乙报案后，未作认真查证，偏听偏信，即对甲处以拘留10日的处罚。甲不服，依法申请复议。经复议，复议机关作出将拘留10日改为拘留5日的复议裁决，甲仍不服，依法向人民法院提起诉讼。人民法院经审理，认定甲、乙间的纠纷案系民间纠纷而不是治安案件，遂判决如下：①撤销被告的处罚决定；②甲和乙互相承担对方的医药费。

参考答案

问：本案人民法院的判决是否正确？并说明理由。

复习与思考

1. 行政诉讼判决与行政诉讼裁定之间有什么区别?

2. 行政诉讼中,驳回原告诉讼请求判决、撤销判决、履行判决、确认违法判决、确认无效判决各自的适用条件有哪些?

3. 如何理解行政诉讼第二审法院作出的驳回上诉、维持原判的适用情形?

4. 如何理解行政诉讼第二审法院作出的依法改判、撤销或者变更判决的适用情形?

5. 如何理解行政诉讼第二审人民法院作出的撤销原判、发回重审的裁定的适用情形?

自测习题及参考答案

自测习题	参考答案

第十三章　行政赔偿

学习目标：

- 理解行政赔偿的概念和特征；
- 掌握行政赔偿责任的构成要件、行政赔偿的范围，明确行政赔偿请求人和行政赔偿义务机关，能够运用行政赔偿的法律规定分析和解决现实中发生的行政赔偿案件；
- 了解行政赔偿的程序、行政赔偿的方式与计算标准。

第一节　行政赔偿概述

导入案例

某晚，王某华之子王某志在饭店就餐时与店主发生纠纷，饭店所在警区的值勤人员，即某市公安局的工作人员杨某上前制止，并且带王某志到值班室处理，王某志不听劝阻，杨某遂对王某志拳打脚踢，并且用手铐击打王某志的头部导致其死亡。王某华认为杨某违法使用警械，殴打其子，造成其子死亡的严重后果，于是向杨某所属的行政机关市公安局请求国家赔偿。

本案知识点：行政赔偿责任的构成要件

一、行政赔偿的概念和特征

所谓行政赔偿，是指行政主体及其工作人员在行使职权过程中，因侵犯了公民、法人或其他组织的合法权益并造成损害，而由国家承担赔偿责任的一种法律制度。行政赔偿具有以下四个方面的特征：

1. 行政赔偿实质上是一种国家赔偿。行政主体的行政职权来源于宪法、法律、法规的规定、授予和委托，是一种公权力。行政主体以国家的名义行使行政权力，目的在于代表国家履行行政管理职能，实现国家对公共事务和社会事务的管理。从这个意义上说，行政主体及其工作人员在执行公务过程中违法行使职权给公民、法人或者其他组织合法权益造成损害的法律后果，应该由国家来承担。此外，行政赔偿的费用也来源于国家财政。因此，行政赔偿是一种国家赔偿。

2. 行政赔偿由行政主体及其工作人员违法执行职务的行为而引起。一方面，行政赔偿只能由行政主体的职务行为引起，非行政主体的行为以及行政主体的非职务行为都不能产生行政赔偿责任；另一方面，只有行政主体及其工作人员的职务行为违法时，才会产生行政赔偿责任。合法的职务行为给公民、法人或者其他组织造成损失时，只会产生行政补偿责任，而不是行政赔偿责任。

3. 行政赔偿范围以行政相对人的合法权益受具体行政行为侵害所造成的实际损害为限。行政相对人受到的损害必须是合法权益。由于非法利益缺乏法律上的正当性基础，因而不属于法律所保护的范畴。行政相对人的合法权益必须受到"损害"，该"损害"必须是已经发生的客观性损害，可能发生或者将要发生的损害则不属于赔偿的范围。此外，对于具体行政行为以外的抽象行政行为以及国防、外交等国家行为所造成的损害，国家不承担赔偿责任。

4. 行政赔偿的法律责任主体是行政主体。行政赔偿是国家赔偿的一种，但国家是个抽象的政治实体，不能直接以法律主体的名义承担法律责任。因此，只能由享有行政职权的行政主体来承担具体的赔偿责任。

二、行政赔偿的归责原则

行政赔偿的归责原则，是指法律确定的、国家承担行政赔偿责任的依据或标准。归责原则不同，赔偿的范围也不同。一个国家采取何种赔偿原则，与其法律文化、国情、国力等因素密切相关。

我国《国家赔偿法》第2条第1款规定："国家机关和国家机关工作人员行使职权，有本法规定的侵犯公民、法人和其他组织合法权益的情形，造成损害的，受害人有依照本法取得国家赔偿的权利。"这是我国对国家赔偿归责原则的重大修改，由过去单一的违法原则向多元化的归责原则转变，确立了违法归责原则和结果归责原则。但是，在行政赔偿领域，仍然沿用违法归责原则，结果归责原则只适用于刑事赔偿等领域。事实上，从国家赔偿法所列举的行政赔偿范围来看，都是以"违法"行使职权为赔偿的前提条件，没有职权行为的违法性，也就没有行政赔偿的产生。

三、行政赔偿责任的构成要件

行政赔偿以行政赔偿责任的构成为前提。根据《行政诉讼法》和《国家赔偿法》的规定，我国行政赔偿责任的构成，须具备主体、违法行为、损害事实和因果关系四个方面要件：

（一）主体要件

实施侵权行为的主体必须是享有行政职权的行政机关及其工作人员、法律法规或者规章授权的组织及其工作人员以及受委托的组织和个人，其他主体的行为不会引起行政赔偿责任。这种侵权行为主体的特性，是行政赔偿区别于民事赔偿和司法赔偿的主要根据。

（二）行为要件

行政赔偿必须有违法行使行政职权的行为即行政侵权行为。并不是行政主体所实施的一切行为都能引起国家赔偿责任，只有行政主体违法行使行政职权的行为才能引起行政赔偿责任。行政侵权行为要件包含以下两个方面的内容：①行为主体的行政侵权行为必须是行使行政职权、执行职务的行为，行政主体及其工作人员实施的与行使职权、职责无关的行为不是职务行为，不会产生行政赔偿责任，只会引起相应的民事责任或刑事责任等；②该职务行为未依照行政法律规范的要求实施，包括实体方面的要求和程序方面的要求，从而表现为违法行使职权。

（三）结果要件

行政赔偿必须要有合法权益受到损害的事实。任何赔偿制度都是针对损害而设定的，其最主要目的在于对受害人进行赔偿，行政赔偿也不例外。一定的损害事实是行政赔偿责任的结果要件，这也是确认行政赔偿责任的首要条件。合法权益受到损害的事实包括以下三层内容：①行政主体及其工作人员的侵权行为产生了相应的损害结果，这种损害是已经发生的、确实存在的客观损害；②受损害的利益必须是法律保护的该公民、法人或其他组织的合法权益，如果该项利益是不受法律保护的非法利益，即使遭受违法行政行为的侵害，也不产生行政赔偿责任；③损害事实包括物质损害事实、人身损害事实和精神损害事实。

（四）因果关系要件

行政赔偿要求违法行使职权行为与损害事实之间有因果关系。行政侵权行为与损害事实之间存在逻辑上的因果关系，是确定行政赔偿责任极为重要的因素，也是连接责任主体行为与损害事实的纽带。侵权行为与损害事实之间是一种直接的因果关系。如果没有因果关系，即使有对公民、法人或其他组织造成损害的事实，国家也不承担赔偿责任。因此，对违法行为与损害事实之间是否有因果关系进行判断，对于正确确定行为的责任有着重要的意义。

拓展训练——政府承担行政赔偿责任的条件

新冠肺炎疫情防控期间，某酒店被当地政府指定为新冠肺炎密切接触者集中医学观察隔离点，由于酒店房屋存在严重质量问题发生坍塌事故，致多名新冠肺炎密切接触者重大伤亡。

请问： 当地政府承担什么责任？

参考答案

第二节 行政赔偿范围

○ **导入案例**

江西省某县罗心坳采砂场于 2011 年取得了该县水利局颁发的《江西省河道采砂许可证》，该证经审核延期至 2014 年 1 月 20 日。2013 年 7 月 9 日该县水利局向该采砂场作出并送达了《关于吊销采砂许可证的通知》，决定吊销该采砂场的采砂许可证，并责令其立即停止采砂生产，拆除涉河设施。2013 年 8 月 6 日，该县水利局联合供电、公安、环保等部门，当场强制拆除了采砂场的电表，导致其无法继续生产。2013 年 11 月采砂场提起行政诉讼，要求确认吊销采砂许可证的行政行为违法并赔偿其损失，县人民法院判决确认吊销采砂许可证的行为违法，并以证据不足为由驳回其赔偿请求。2015 年 1 月，采砂场提交了会计事务所出具的损失专项审计报告，重新向人民法院提起行政赔偿诉讼。

● **本案知识点**：行政赔偿的范围；行政赔偿的程序

行政赔偿的范围，是指国家对行政主体及其工作人员因违法行使职权，给公民、法人或其他组织造成的损害承担赔偿责任的范围。行政赔偿的范围是国家赔偿责任的重要组成部分，它涉及受害人对哪些事项享有索赔的权利，也决定着国家对行政行为承担赔偿责任的范围。根据《国家赔偿法》的有关规定，行政赔偿的范围包括对人身权的损害赔偿和对财产权的损害赔偿两种。

一、侵犯人身权的赔偿范围

（一）违法拘留或者违法采取限制公民人身自由的行政强制措施的

1. 违法拘留。这里的拘留仅指行政拘留，即行政机关对违反行政法律规范的公民实施的在短期内限制或剥夺其人身自由的一种处罚形式，是行政处罚种类中最为严厉的一种。根据《行政处罚法》第 10 条第 2 款的规定，限制人身自由的处罚只能由法律设定。违法拘留主要表现为违反了法律关于拘留的实施机关、条件、程序及期限等方面的规定而采取拘留措施。

拓展训练——行政相对人被拘留后的救济途径

警察王某对出租屋进行治安检查时，怀疑青年朱某涉嫌嫖娼；其间王某多次殴打朱某，致使其被迫承认自己有嫖娼行为；王某及该派出所未作任何调查取证，遂将朱某行政拘留；后在有关部门督促、调查下，证明朱某确系无辜。

请问：朱某如何保护自己的合法权益？

参考答案

2. 违法采取限制公民人身自由的强制措施。限制公民人身自由的强制措施，是行政机关为实现一定的行政目的而对行政相对人的人身采取的强制性手段。违法采取限制公民人身自由的强制措施，主要是指违反法律规定采取强制治疗、强制拘留、强制戒毒、强制传唤、强制遣送、强制带离现场等。

（二）非法拘禁或者以其他方法非法剥夺公民人身自由的

非法拘禁是指行政机关及其工作人员违反法律规定，超越职权，采取拘留、禁闭、隔离、关押等方法非法剥夺他人人身自由的行为。主要表现为：①没有限制公民人身自由权的行政机关及其工作人员剥夺公民的人身自由；②具有限制公民人身自由权的行政机关违反法定程序非法剥夺公民的人身自由。这里的"其他方法"，是指行政机关采取的捆绑、药物麻醉等超出法律规定非法剥夺他人人身自由的方式。

（三）以殴打、虐待等行为或者唆使、放纵他人以殴打、虐待等行为造成公民身体伤害或者死亡的

我国《国家赔偿法》规定以暴力行为致人伤害或死亡的情况，有以下两种情形：①行政主体及其工作人员在行使职权时，直接实施了殴打、虐待等暴力行为，致使公民身体受到伤害或者死亡的；②行政主体及其工作人员虽未实施殴打、虐待等暴力行为，但用威胁、利诱等方法唆使他人以殴打、虐待等暴力行为造成公民身体伤害或者死亡。上述两种情形均由国家承担赔偿责任。

（四）违法使用武器、警械造成公民身体伤害或者死亡的

武器、警械是指枪支、警棍、警绳、警笛、手铐和其他警械。关于武器、警械的使用，国家有专门规定，如《人民警察使用警械和武器条例》。如果违反该规定，在不该使用武器、警械的场合而使用武器、警械，使用武器、警械程度与行政相对人的行为不相适应，使用武器、警械违反法定批准程序，这些都属于违法行为，若因此造成公民身体伤害或死亡的，国家予以赔偿。

（五）造成公民身体伤害或者死亡的其他违法行为

此项属于概括性规定。其他凡是行政机关的有关违法行为造成公民身体伤害或死亡的，受害人就有取得赔偿的权利。诸如行政机关执法人员利用体罚或变相体罚，人身管束，烧、冻、饿等物理手段、化学手段和生物手段侵犯公民人身自由权或者造成公民人身伤害或死亡的，国家都应当承担赔偿责任。

二、侵犯财产权的赔偿范围

（一）违法实施罚款、吊销许可证和执照、责令停产停业、没收财物等行政处罚的

行政处罚是行政主体实施行政管理的重要手段之一，其中涉及行政相对人

的财产权的处罚种类主要有罚款、没收财物、吊销许可证和执照、责令停产停业、责令关闭等。行政主体违法实施涉及财产权的行政处罚，主要表现为处罚主体违法、处罚对象错误、处罚内容错误、处罚程序错误等。

（二）违法对财产采取查封、扣押、冻结等行政强制措施的

对财产的行政强制措施，是指行政机关采取强制手段，对公民、法人或其他组织的财产加以限制或者强制处置，包括查封、扣押、冻结等。有关法律法规对采取行政强制措施的权限、条件、程序等作了规定，行政主体违反这些规定采取查封、扣押、冻结等措施并造成行政相对人损害的，由国家进行赔偿。

（三）违法征收、征用财产的

行政机关在没有法律依据的情况下，以强制方式向公民、法人或者其他组织征收财物和费用，不仅侵犯了行政相对人的合法财产权益，而且有损于政府的权威。摊派费用不仅包括没有法律法规依据的费用征收，也包括有征收依据而提高征收标准、变更征收办法的行为，强制企业赞助、资助、捐献财物、参加保险的行为，等等。

（四）造成财产损害的其他违法行为

这是财产权损害的概括性规定。除上述行政处罚、行政强制措施、行政征收等违法行为可能造成相对方财产损害外，行政机关及其工作人员违法行使行政职权，作出其他行政行为，如行政检查、行政裁决等，同样可能造成公民、法人和其他组织的财产损失。对此，国家也应承担赔偿责任。

三、国家不予赔偿的范围

（一）行政机关工作人员实施的与行使职权无关的个人行为

由于行政机关工作人员具有公民和公务员的双重身份，其行为又可分为个人行为和职务行为。根据责任权利相统一的原则，对于职务行为造成的损害，国家应当承担赔偿责任，但对于个人行为造成的损害，国家不应当承担赔偿责任。

（二）因公民、法人和其他组织自己的行为致使损害发生的

如果行政相对人的损害与行政机关违法行使职权之间有因果关系，国家应当承担赔偿责任。如果损害是行政相对人自己的个人行为造成，且与行政机关的职务行为无关的，国家不应当承担赔偿责任。若损害结果与行政相对人自己的个人行为及行政机关及其工作人员的职务行为都有一定的关系，国家仅对其应当负责的部分承担赔偿责任。

（三）国防行为、外交行为、抽象行政行为造成的损害

公民、法人或者其他组织以国防、外交等国家行为或者行政机关制定发布

行政法规、规章或者具有普遍约束力的决定、命令侵犯其合法权益造成损害为由，向人民法院提起行政赔偿诉讼的，人民法院不予受理。

（四）法律规定的其他情形

这是对国家不承担行政赔偿责任的概括性规定。此处的"法律"是指全国人民代表大会及其常务委员会依照立法程序制定、颁布的规范性文件，不包括行政法规、地方性法规和规章。这也意味着国家的免责情形只能由最高权力机关加以规定，其他任何机关都无权规定。

第三节　行政赔偿请求人和赔偿义务机关

◑ 导入案例

陈某与刘某在农贸市场发生争执，巡逻至此的民警杨某遂将二人带到派出所。因陈某态度不好，杨某对其又推又打，在扭推过程中，导致陈某摔倒，头撞在水泥地上，造成颅内出血死亡。陈某的父母双在，妻子因病早年逝世，生有一儿一女，陈某还有一姐姐和弟弟。陈某的弟弟及其妻子因车祸双亡，遗有一子，10岁，一直由陈某抚养。上述哪些人可以就陈某的死亡请求行政赔偿？

◉ **本案知识点**：行政赔偿请求人的范围

一、行政赔偿请求人

（一）行政赔偿请求人的概念

行政赔偿请求人，又称赔偿请求权人，是指依法有权向国家请求行政赔偿的人。具体讲，是因其合法权益受到违法的行政职务行为的侵犯而遭受损失，以自己的名义提出行政赔偿请求的公民、法人和其他组织。由此可以看出，行政赔偿请求人有以下特点：

1. 行政赔偿请求人是行政管理活动中的行政相对人，具体包括公民、法人或者其他组织。行政主体不能成为行政赔偿的请求人。

2. 行政赔偿请求人的合法权益受到行政活动中的违法行为侵害且造成实际损害。这里的损害发生在行政管理活动中，违法的具体行政行为或者侵权的事实行为导致行政相对人的合法权益受到实际损害。凡因民事侵权、司法侵权等其他侵权行为致害的受害人不能作为行政赔偿请求人。

3. 行政赔偿请求人必须以自己的名义提出赔偿请求。为了更好地表达意志，保护自己的合法权益，行政相对人只能以自己的名义请求赔偿。凡是代表他人或以他人名义请求国家赔偿的，都不是行政赔偿请求人。

（二）行政赔偿请求人的范围

根据我国《国家赔偿法》第 6 条和第 40 条的规定，行政赔偿请求人包括以下四种：

1. 受害的公民、法人或者其他组织。这里的"受害"有两层意思：①指受到行政机关及其工作人员违法的职权行为的侵害；②指财产权、人身自由权和生命健康权受到损害，而不包括其他权利受到损害的情况。

2. 受害公民的继承人和其他有扶养关系的亲属。受害的公民死亡的，其继承人和其他有扶养关系的亲属有权要求赔偿。继承人是指继承死者遗产的人，分为法定继承人和遗嘱继承人两种。其他有扶养关系的亲属是指继承人以外的依靠被继承人扶养的缺乏劳动能力又没有生活来源的亲属，或者继承人以外的对被继承人扶养较多的亲属，包括由该公民主动扶养的亲属，也包括扶养该公民的亲属。

3. 受害法人或者其他组织的权利承受者。受害的法人或者其他组织终止，承受其权利的法人或者其他组织可以作为赔偿请求人要求国家赔偿。法人或者其他组织的终止，是指法人资格的丧失和组织解散。终止的原因有依照法律、法规或者主管机关的命令撤销、解散、依法宣告破产以及其他原因。

4. 外国人、外国企业和组织。外国人、外国企业和组织可以作为行政赔偿请求人依法提出赔偿请求。

二、行政赔偿义务机关

（一）行政赔偿义务机关的概念

行政赔偿义务机关，是指依法代表国家接受赔偿请求，支付赔偿费用、参与赔偿复议和参加赔偿诉讼的行政主体。赔偿义务机关作为国家赔偿责任的履行者，依法向赔偿请求人具体履行赔偿义务。

（二）行政赔偿义务机关的确定

1. 单独的行政机关作为赔偿义务机关。行政机关及其工作人员行使行政职权侵犯公民、法人或者其他组织的合法权益造成损害的，该行政机关为赔偿义务机关。根据"谁致害、谁赔偿"的原则，行政赔偿义务机关即实施了侵权行为的行政主体。一般情形下的赔偿义务机关为实施致害行为的行政机关工作人员所在的行政机关，这就是说，谁的工作人员造成损失，谁就是赔偿义务机关。

2. 共同行使职权的行政机关为共同赔偿义务机关。两个以上行政机关共同行使行政职权时侵犯公民、法人或者其他组织的合法权益造成损害的，共同行使行政职权的行政机关为共同赔偿义务机关。共同赔偿义务机关共同承担赔偿义务，并且负连带责任。受害人可以向共同赔偿义务机关中的任何一个赔偿义务机关要求赔偿,该赔偿义务机关应当先予赔偿,然后要求其他有责任的行政机关根据在致害行为中应承担的责任负担部分赔偿费用。

3. 法律、法规或者规章授权的组织作为赔偿义务机关。法律、法规或者规章授权的组织在行使授予的行政权力时侵犯公民、法人或者其他组织的合法权益造成损害的,被授权的组织为赔偿义务机关。非行政机关的组织行使职权必须有法律、法规或者规章的授权,该组织在行使职权的过程中如果造成他人损害,被授权的组织为赔偿义务机关。

4. 委托机关作为行政赔偿义务机关。受行政机关委托的组织或个人在行使行政权力时侵犯公民、法人或者其他组织的合法权益造成损害的,该行政机关为赔偿义务机关。

5. 赔偿义务机关的转移。赔偿义务机关被撤销的,继续行使其职权的行政机关为赔偿义务机关;没有继续行使其职权的行政机关的,撤销该赔偿义务机关的行政机关为赔偿义务机关。

6. 经过行政复议后的赔偿义务机关。经复议机关复议的,复议机关决定维持或减轻的,应由最初作出致害行为的行政机关作为赔偿义务机关,但复议机关的复议决定加重损害的,复议机关对加重的部分履行赔偿义务。这种规定体现了侵权行为主体与赔偿义务机关一致的原则,也就是说,谁造成侵权损害,谁就应负责,作为赔偿义务机关履行赔偿义务。

拓展训练——行政赔偿请求人和赔偿义务机关的确定

陵县公安局龙泉乡派出所决定对扰乱公共秩序的王某行政拘留。执行拘留时,王某翻墙逃离,被民警谭某发现,谭某速喊人开车追赶王某。谭某与同事吴某在路上拦截王某,欲将王某抓回,王某反抗。吴某将王某抱住后,谭某气急,狠踢王某要害,致其死亡。王某之妻早死,有一母亲85岁,身体残疾,有一子,患痴呆症。对王某的拘留决定后被陵县公安局确认违法。

请问:1. 本案的行政赔偿请求人是谁?

2. 本案赔偿义务机关应当是谁?为什么?

3. 赔偿义务机关可否追偿?如果可以,应当向谁追偿?为什么?

参考答案

第四节 行政赔偿程序

○ **导入案例**

深圳市规划国土局（现为自然资源局）在对抵押登记未予注销且未收回产权证书的情况下，对同一物业的土地及地上的建筑发放了新的产权证书。于是便出现了同一物业产权证书重叠、抵押登记重复的异常情况，致使深圳市有色金属财务有限公司不明事实真相，与深圳百胜公司签订了870万元的抵押贷款，而深圳百胜公司在骗取了巨额贷款后不久就宣布破产，人去楼空。深圳市有色金属财务有限公司向深圳市中级人民法院提起行政诉讼，请求赔偿法院判令被告深圳市规划国土局赔偿870万元的损失。经过长达六年多时间的艰苦诉讼终于原告得以胜诉，广东省高级人民法院作出终审判决，判决被告深圳市规划国土局向深圳市有色金属财务有限公司支付870万元人民币的行政赔偿金。[1]

● **本案知识点**：行政赔偿的范围；行政赔偿程序

一、行政赔偿程序概述

行政赔偿程序是指行政赔偿请求人就损害事实提出国家赔偿请求，由行政赔偿义务机关、行政复议机关以及人民法院解决赔偿争议所应遵循的步骤、方式、顺序以及时限的总和。从广义上讲，行政赔偿程序还包括行政赔偿义务机关对有故意或者重大过失的国家行政机关工作人员进行追偿的程序。行政赔偿程序是对赔偿请求人获取赔偿权利的保障，也是对行政赔偿义务机关、行政复议机关和人民法院解决行政赔偿争议的程序要求。

在我国，《国家赔偿法》第9条第2款明确规定："赔偿请求人要求赔偿，应当先向赔偿义务机关提出，也可以在申请行政复议和提起行政诉讼时一并提出。"据此，行政赔偿请求人提出赔偿请求的方式分为以下两种：①单独提起。即赔偿请求人单独就赔偿问题提出请求，此时只能先向赔偿义务机关提出，对赔偿义务机关的决定行为不服，再向人民法院提起赔偿诉讼。②一并提出。又称附带提出，即赔偿请求人在申请行政复议或提起行政诉讼时，一并提出国家赔偿请求，复议机关或人民法院通常先确认行政侵权行为的违法性，然后再对行政赔偿作出处理。附带提出赔偿请求的方式有利于赔偿请求人行使赔偿请求

---

〔1〕 "中国最大一宗国家行政赔偿案结案　金额达870万"，载找法网，https://china.findlaw.cn/info/guojiafa/gjpc/gjpcal/382361.html。

权，及时获得赔偿。我国行政赔偿程序总体上由非诉程序和诉讼程序构成。非诉程序即行政程序，是行政机关（包括赔偿义务机关和行政复议机关）解决赔偿争议所适用的程序。诉讼程序即行政赔偿诉讼程序，是人民法院解决行政赔偿争议所适用的程序。

行政赔偿程序与司法赔偿程序都是国家赔偿程序，但二者的区别较为明显，主要表现在以下三个方面：①行政赔偿请求可以向赔偿义务机关提出，也可以在申请行政复议或者提起行政诉讼时附带提起；司法赔偿请求必须先向赔偿义务机关提起。②在行政赔偿中，赔偿请求经行政赔偿义务机关处理后，不需要向行政赔偿义务机关的上一级机关申请复议，即可诉请人民法院解决；在司法赔偿中，赔偿请求人对赔偿义务机关的处理不服，不能直接提请人民法院解决，必须向赔偿义务机关的上一级机关申请复议。③在行政赔偿程序中，赔偿请求人可以在赔偿义务机关先行处理后向人民法院起诉，由人民法院适用行政赔偿诉讼程序作出司法裁判；在司法赔偿程序中，赔偿请求人在赔偿义务机关的上一级机关复议后不服的，不能以赔偿义务机关为被告向人民法院起诉，只能要求人民法院就司法赔偿问题通过特别程序作出决定，即由中级以上人民法院设立的赔偿委员会作出终局裁决。

二、行政赔偿处理程序

行政赔偿处理程序是指行政系统内部解决行政赔偿争议所适用的程序，包括赔偿义务机关先行处理程序和行政复议机关处理程序。

（一）赔偿义务机关先行处理程序

赔偿义务机关先行处理程序是指行政赔偿请求人请求赔偿时，应先向有关的赔偿义务机关提出赔偿请求，由该行政赔偿义务机关依法进行处理，从而解决行政赔偿争议的一种行政程序。在赔偿义务机关不予赔偿或赔偿请求人对赔偿数额有异议时，赔偿请求人才可以向赔偿义务机关的上一级行政机关申请复议或向人民法院提起行政诉讼。

1. 受害人提出赔偿请求。行政赔偿请求人向赔偿义务机关提出赔偿请求，应当以书面形式进行，即递交行政赔偿申请书。赔偿请求人书写申请书确有困难的，可以委托他人代书，若仍然不方便，可以口头申请，由赔偿义务机关记入笔录。经赔偿请求人确认无误后签字或盖章，该笔录与正式申请书的法律效力相同。赔偿请求人当面递交申请书的，赔偿义务机关应当当场出具加盖本行政机关专用印章并注明收讫日期的书面凭证。

申请书中应当载明下列事项：①受害人的姓名、性别、年龄、工作单位和住所。如果是受害人的法定继承人或与其有扶养关系的亲属或法定代理人行使或代为行使请求权时，还应当说明与受害人的关系，并提供相应证明。如果行政赔偿请求人为法人或其他组织时，申请书应载明法人或者其他组织的名称、住所和法定代表人或者主要负责人的姓名、职务。②具体的行政赔偿要求。申请书要明确赔偿请求，赔偿请求人可以根据受到的不同损害同时提出数项赔偿请求。③要求行政赔偿的事实根据和理由。申请书必须简明叙述损害行为发生的时间、地点及事实经过，若有其他证明材料，必须一同附上。④申请的年、月、日。

2. 行政赔偿义务机关的受理。行政赔偿义务机关收到受害人的行政赔偿申请书后，应指定相应的机构和人员对赔偿申请进行初步审查，以决定是否受理。初步审查的内容主要包括以下五个方面：①申请人是否具备赔偿请求人资格；②申请书的内容和形式是否符合要求；③本机关是否是申请事项的赔偿义务机关；④赔偿请求是否属于国家赔偿法规定的赔偿范围；⑤申请人是否在法定期限内提出赔偿申请。

赔偿义务机关通过初步审查后，认为该申请符合行政赔偿条件的，应决定受理并通知赔偿请求人。如果发现以下情况，应分别处理：①申请材料不齐全的，赔偿义务机关应当当场或者在 5 日内一次性告知赔偿请求人需要补正的全部内容；②申请人不具有行政赔偿请求人资格的，应告知有行政赔偿请求人资格的人申请；③如果发现自己不是本案的行政赔偿义务机关，应当告知其向有管辖权的赔偿义务机关提出；④行使赔偿请求权已超过法定期限的，该请求权依法灭失，应告知赔偿请求人不予受理的原因。

3. 行政赔偿义务机关作出处理。行政赔偿义务机关应当自收到申请之日起 2 个月内，作出是否赔偿的决定。赔偿义务机关作出赔偿决定，应当充分听取赔偿请求人的意见，并可以与赔偿请求人就赔偿方式、赔偿项目和赔偿数额进行协商。行政赔偿义务机关决定赔偿的，应当制作赔偿决定书，并自作出决定之日起 10 日内送达赔偿请求人；行政赔偿义务机关决定不予赔偿的，应当自作出决定之日起 10 日内书面通知赔偿请求人，并说明不予赔偿的理由。行政赔偿义务机关在规定期限内未作出是否赔偿的决定或者对赔偿的方式、项目、数额有异议的，或者赔偿义务机关作出不予赔偿决定的，赔偿请求人可以自赔偿义务机关作出赔偿或者不予赔偿决定之日起 3 个月内，向人民法院提起诉讼。

（二）行政复议机关处理程序

根据《行政复议法》第 29 条和《国家赔偿法》第 9 条的规定，申请人在申请行政复议时可以一并提出行政赔偿请求，行政复议机关对申请人提出的复议申请原则上实行书面审查。行政复议机关对符合国家赔偿法的有关规定应当给予赔偿的，在决定撤销、变更具体行政行为或者确认具体行政行为违法时，应当同时决定被申请人依法给予赔偿。如果认定具体行政行为合法并予以维持的，就可以不再审查赔偿请求，而直接作出不予赔偿决定。对于当事人之间的行政赔偿纠纷，行政复议机关可以按照自愿、合法的原则进行调解，并可以以行政复议调解书的形式解决赔偿争议。调解未达成协议或者调解书生效前一方反悔的，行政复议机关应当及时作出行政复议决定。

申请人在申请行政复议时没有提出行政赔偿请求的，行政复议机关在依法决定撤销或者变更罚款，撤销违法集资、没收财物、征收财物、摊派费用以及对财产的查封、扣押、冻结等具体行政行为时，应当同时责令被申请人返还财产，解除对财产的查封、扣押、冻结措施，或者赔偿相应的价款。

三、行政赔偿诉讼程序

行政赔偿诉讼程序，是指人民法院在双方当事人和其他诉讼参与人的参加下，依法处理行政侵权赔偿争议所适用的程序。它在性质上属于一种特殊的行政诉讼程序，即作为一种行政诉讼，人民法院审理行政赔偿案件原则上适用行政诉讼法的一般程序，但《行政诉讼法》《国家赔偿法》有特别规定的，则适用特别程序规定。关于行政赔偿诉讼程序的独特之处主要表现在以下几个方面：

（一）提起方式

提起行政赔偿诉讼的方式有单独提起和一并提起两种。单独提起是指公民、法人或者其他组织单独就损害赔偿请求人民法院判令被告给予一定数额赔偿的诉讼形式。赔偿请求人单独提起赔偿诉讼，必须以赔偿义务机关先行处理为前提。一并提起是指受害人在提起行政诉讼的同时一并提出赔偿请求的诉讼形式。在这种程序中，只有人民法院通过判决确认行政职务行为违法后，原告的赔偿请求才可以得到满足。

拓展训练——行政赔偿的程序

A 镇政府准备在 B 村建设工业园区，该村村民王某、李某不同意，拒绝接受 A 镇政府征地补偿方案。A 镇政府决定对他们进行处罚，强行要求他们参加镇政府举办的"学习班"，让王某、李某理解镇政府文件精神。学习期间，不准回家，不准亲友探视，不准与外界通信或电话联系。直到 10 天后，王某、李某答应接受镇政府征地补偿方案，才被准许结束学习回家。

请问：1. 王某、李某不服镇政府办"学习班"的行为，对其权益侵害可否请求行政赔偿？为什么？

2. 王某、李某请求行政赔偿，应向哪个机关提出？如被拒绝，还有什么的救济途径？

3. 王某、李某依法可能获得哪些赔偿？

参考答案

（二）审理形式

在审理形式上，行政赔偿诉讼可以适用调解。《行政诉讼法》第 60 条第 1 款规定："人民法院审理行政案件，不适用调解。但是，行政赔偿、补偿以及行政机关行使法律、法规规定的自由裁量权的案件可以调解。"这就是说，人民法院对行政赔偿案件既可通过判决形式作出裁判，也可采取调解方式结案。行政赔偿诉讼之所以能够调解，是因为在这类案件中，行政相对人在不损害社会公共利益的前提下有权处分自己的实体权利，赔偿义务机关对于赔偿数额、方式等与行政职权无关的事项也有一定的自由处分权，因而具备调解的基础。通过调解方式处理赔偿争议必须遵循自愿、合法的原则。调解成立的，制作行政赔偿调解书。

（三）证据规则

行政赔偿诉讼实行举证责任合理分配，不完全采取"被告负举证责任"原则。也就是说，原告对自己的主张承担举证责任，应当提供证据证明自己的合法权益遭受行政机关及其工作人员行使职权行为侵害的事实。被告有权提供不予赔偿或者减少赔偿数额方面的证据。但是，赔偿义务机关采取行政拘留或者限制人身自由的强制措施期间，被限制人身自由的人死亡或者丧失行为能力的，赔偿义务机关的行为与被限制人身自由的人的死亡或者丧失行为能力是否存在因果关系，赔偿义务机关应当提供证据。

（四）诉讼时效

《国家赔偿法》第 39 条第 1 款规定："赔偿请求人请求国家赔偿的时效为 2 年，自其知道或者应当知道国家机关及其工作人员行使职权时的行为侵犯其人身权、财产权之日起计算，但被羁押等限制人身自由期间不计算在内。在申请行政复议或者提起行政诉讼时一并提出赔偿请求的，适用行政复议法、行政诉讼法有关时效的规定。"对于单独就损害赔偿提出要求的，赔偿请求人可按这一法定时效提起赔偿诉讼。如果受害人在提起行政诉讼时一并提出赔偿请求的，应当按照行政诉讼法规定的起诉期限处理。

四、行政追偿程序

（一）行政追偿的概念

行政追偿，是指行政赔偿义务机关向请求人支付赔偿费用或履行赔偿义务后，依法责令有故意或者重大过失的工作人员或者受委托的组织或者个人承担部分或者全部赔偿费用的制度。《行政诉讼法》和《国家赔偿法》均对行政追偿制度作了规定，这对于推进行政机关依法行政，进一步督促相关责任人员认真履行职责，防止权力滥用有着重要的意义。

（二）行政追偿的条件

1. 行政赔偿义务机关已经向受害人履行了赔偿义务。国家机关已经履行了赔偿义务是行使国家追偿权的前提条件。只有在赔偿义务机关代表国家向受害人支付了赔偿费用后，它才有权要求相关的工作人员、受委托的组织和个人来承担全部或者部分赔偿费用。

2. 行政机关工作人员或者受行政机关委托的组织或者个人有故意或者重大过失。故意或者重大过失是行政机关工作人员或者受行政机关委托的组织或者个人在行使职权违法侵害公民、法人或者其他组织合法权益时的主观心理状态。故意是指行政机关工作人员或者受行政机关委托的组织或者个人在执行职务过程中，明知自己的行为违法并会造成公民、法人或者其他组织合法权益的损害，却仍然希望或者放任这种结果发生的主观状态。重大过失是指行政机关工作人员或者受行政机关委托的组织或者个人在执行职务过程中，不但没有达到其身份或职务所特别要求的注意标准，而且未达到普通公民应有的注意标准的主观状态。

（三）行政追偿的对象

在行政赔偿程序中，行政追偿的对象仅限于有故意或者重大过失的行政机关工作人员或者受行政机关委托的组织或者个人。

《国家赔偿法》第16条规定，行政机关工作人员或者受行政机关委托的组织或者个人对其所造成的损害具有重大过错，应当承担以下两方面的责任：①经济方面的责任，即以赔偿义务机关向受害人所支付的损害赔偿金额为限，承担部分或全部赔偿费用。法律赋予赔偿义务机关在确定追偿金额时的一定自由裁量权，旨在要求赔偿义务机关在确定追偿金额时应全面考虑相关情况，如过错的严重程度、家庭经济状况、本人的工资水平及平时的工作态度等。②行政责任和一定条件下的刑事责任，即对有故意或重大过失的责任人员，有关机关应当依法给予行政处分；构成犯罪的，应当依法追究刑事责任。

拓展训练——行政追偿

张某和李某在同一条街上经营餐馆，因张某的餐馆生意红火，引起李某的嫉妒。于是找到在该区税务局工作的好友赵某帮忙。赵某在没有任何证据的情况下，以张某偷漏税款为由，对张某作出处罚，罚款5000元。事后，张某不服，提起赔偿请求。

请问：1. 该案中谁是赔偿义务机关？

　　　　2. 赔偿义务人在赔偿损失后，可否对赵某行使追偿权？为什么？

参考答案

第五节 行政赔偿方式和计算标准

▷ 导入案例

2019 年 4 月，某区公安分局因追赃将甲厂的机器设备连同其产品、工具等物品一并扣押，经评估价值 10 万元。甲厂雇人看管扣押的设备等物品，共花费 900 元。后市公安局通过复议决定撤销区公安分局的扣押决定，区公安分局将所有扣押物品退还甲厂。甲厂将所退物品运回场内安装，自付运输、装卸费 800 元。事后，甲厂提出国家赔偿请求。

◉ **本案知识点**：国家赔偿的计算标准

一、行政赔偿的方式

行政赔偿的方式，是指国家承担行政赔偿责任的具体形式。由于损害的性质、情节、程度不同，赔偿的方式也有所不同。我国《国家赔偿法》第 32 条规定："国家赔偿以支付赔偿金为主要方式。能够返还财产或者恢复原状的，予以返还财产或者恢复原状。"根据这一规定，我国采取金钱赔偿为主，返还财产和恢复原状为辅的行政赔偿方式。此外，在符合法定特殊条件下还可申请精神损害赔偿。

（一）支付赔偿金

支付赔偿金又叫金钱赔偿，即将受害人的各项损失折抵成金钱，以货币形式支付赔偿金额。金钱赔偿方式最具灵活性，适用面广泛，便于操作，是最常用、最普遍的支付手段。无论是人身损害还是财产损害，都可以通过计算或估价进行适当的金钱赔偿。

（二）返还财产

返还财产，是指国家机关将违法占有或控制的受害人的财产返还给受害人。返还财产只适用于物质损害，返还的财产既可以是金钱（如返还非法罚没的款项），也可以是具体的物。通常情况下，返还财产的前提是原物存在或返还原物比金钱赔偿更为便捷。

（三）恢复原状

恢复原状是指对赔偿请求人已经受到损害的财产进行修复，使之恢复到受损害前的状态或性能。赔偿义务机关采取恢复原状的前提有两个：①受损害财产没有灭失，具有可修复性；②恢复原状比金钱赔偿更为经济，不至于牵涉国家工作人员过多的精力。

（四）支付精神损害抚慰金

《国家赔偿法》第 35 条规定，行政机关及行政机关工作人员行使职权时侵犯公民人身权，致人精神损害的，应当在侵权行为影响的范围内，为受害人消除影响，恢复名誉，赔礼道歉；造成严重后果的，应当支付相应的精神损害抚慰金。这是《国家赔偿法》首次对精神损害赔偿进行的立法界定。根据这一规定，支付精神损害抚慰金必须满足下列条件：①精神损害抚慰金只适用于公民，对法人不适用精神抚慰金；②精神损害抚慰金只适用于公民的自由权和生命健康权遭受的损害，公民的其他权利受到的侵犯则不适用精神损害抚慰金；③精神损害抚慰金只适用于公民的人身权受到损害并造成严重后果，对于没有造成严重后果的，只适用消除影响、恢复名誉和赔礼道歉等方式，而不适用精神损害抚慰金。

二、行政赔偿的计算标准

行政赔偿的计算标准，是指国家支付赔偿金赔偿受害人的损失时所适用的标准。行政赔偿标准的高低直接决定了对受害人的救济程度以及行政赔偿制度的社会效益。一个国家确定赔偿计算标准，往往要与国家的经济实力和财政状况相适应。

（一）侵犯人身自由权的计算标准

《国家赔偿法》第 33 条规定："侵犯公民人身自由的，每日赔偿金按照国家上年度职工日平均工资计算。"侵犯公民人身自由，通常表现为违法羁押或限制人身自由。国家上年度职工日平均工资数额，应当以职工年平均工资除以全年法定工作日数的方法计算。年平均工资以国家统计局公布的数字为准。

（二）侵犯生命健康权的计算标准

根据《国家赔偿法》第 34 条的规定，侵犯公民生命健康权的，赔偿金根据以下不同情形处理：

1. 造成身体伤害的，应当支付医疗费、护理费，以及赔偿因误工减少的收入。减少的收入每日的赔偿金按照国家上年度职工日平均工资计算，最高额为国家上年度职工年平均工资的 5 倍。

2. 造成部分或者全部丧失劳动能力的，应当支付医疗费、护理费、残疾生活辅助具费、康复费等因残疾而增加的必要支出和继续治疗所必需的费用，以及残疾赔偿金。残疾赔偿金根据丧失劳动能力的程度，按照国家规定的伤残等级确定，最高不超过国家上年度职工年平均工资的 20 倍。造成全部丧失劳动能力的，对其扶养的无劳动能力的人，还应当支付生活费。

3. 造成死亡的，应当支付死亡赔偿金、丧葬费，总额为国家上年度职工年平均工资的 20 倍。对死者生前扶养的无劳动能力的人，还应当支付生活费。

生活费的发放标准，参照当地最低生活保障标准执行。被扶养的人是未成年人的，生活费给付至 18 周岁止；其他无劳动能力的人，生活费给付至死亡时止。

拓展训练——公安局的赔偿责任与赔偿方式

村民李某摔倒后倒地不起，接到群众报警，派出所民警刘某赶到现场后，李某仍然倒在地上，并不能回答问话。认为李某酒喝多了，就将其抬至村委会会议室。次日早晨，李某被送往医院，经抢救无效死亡。经法医鉴定，李某因外伤性颅内出血、颅脑损伤，导致死亡。李某父母（无劳动能力，仅靠独子李某生活），向该县公安局要求行政赔偿。

请问：1. 李某父母向县公安局要求行政赔偿是否合法？

2. 如果应予赔偿，应当在哪些方面给予赔偿？

3. 对刘某应当如何处理？

（三）侵犯财产权的计算标准

根据《国家赔偿法》第 36 条的规定，侵犯公民、法人和其他组织的财产权造成损害的，根据以下不同情形处理：

1. 处罚款、罚金、追缴、没收财产或者违法征收、征用财产的，返还财产。

2. 查封、扣押、冻结财产的，解除对财产的查封、扣押、冻结，造成财产损坏或者灭失的，依照下述第 3 项、第 4 项的规定赔偿。

3. 应当返还的财产损坏的，能够恢复原状的恢复原状，不能恢复原状的，按照损害程度给付相应的赔偿金。

4. 应当返还的财产灭失的，给付相应的赔偿金。

5. 财产已经拍卖或者变卖的，给付拍卖或者变卖所得的价款；变卖的价款明显低于财产价值的，应当支付相应的赔偿金。

6. 吊销许可证和执照、责令停产停业的，赔偿停产停业期间必要的经常性费用开支。

7. 返还执行的罚款或者罚金、追缴或者没收的金钱，解除冻结的存款或者汇款的，应当支付银行同期存款利息。

8. 对财产权造成其他损害的，按照直接损失给予赔偿。

三、行政赔偿的费用

为了保障受害人能够及时得到赔偿，我国相关法律对行政赔偿费用的来源作出明确规定。根据《国家赔偿法》第 37 条的规定，赔偿费用列入各级财政预算。赔偿请求人凭生效的判决书、复议决定书、赔偿决定书或者调解书，向赔偿义务机关申请支付赔偿金。赔偿义务机关应当自收到支付赔偿金申请之日起 7 日内，依照预算管理权限向有关的财政部门提出支付申请。财政部门应当自收到支付申请之日起 15 日内支付赔偿金。另外，国务院发布实施的《国家赔偿费用管理条例》又进一步对赔偿费用的支付提供了保障。行政赔偿费用由各级人民政府按照财政管理体制分级负担。各级人民政府应当根据实际情况，安排一定数额的国家赔偿费用，列入本级年度财政预算。当年需要支付的行政赔偿费用超过本级年度财政预算安排的，应当按照规定及时安排资金。

本章小结

　　本章内容主要由行政赔偿概述、行政赔偿范围、行政赔偿请求人与行政赔偿义务机关、行政赔偿程序以及行政赔偿方式与计算标准构成。

　　行政赔偿是指行政主体及其工作人员在行使职权过程中，因其侵犯了公民、法人或其他组织的合法权益并造成损害，由国家承担赔偿责任的一种法律制度。目前我国在行政赔偿领域采用的归责原则是违法原则。行政赔偿的范围包括对人身权的损害赔偿和对财产权的损害赔偿两种。行政赔偿请求人，又称赔偿请求权人，是指因其合法权益受到违法的行政职务行为的侵犯而遭受损失，以自己的名义提出行政赔偿请求的公民、法人和其他组织。行政赔偿义务机关，是指依法代表国家接受赔偿请求，支付赔偿费用，参与赔偿复议和参加赔偿诉讼的行政主体。我国行政赔偿程序总体上由非诉程序和诉讼程序构成。非诉程序即行政程序，是行政机关（包括赔偿义务机关和行政复议机关）解决赔偿争议所适用的程序。诉讼程序，即行政赔偿诉讼程序，是人民法院解决行政赔偿争议所适用的程序。行政赔偿的方式实行以金钱赔偿为主，以返还财产、恢复原状为辅，同时，对于造成当事人精神损害且后果严重的，国家还应当支付相应的精神损害抚慰金。就行政赔偿的标准而言，主要有侵犯人身自由权的计算标准和侵犯财产权的计算标准两种。

实务训练

一、示范案例

　　案情：2018 年 10 月 11 日晚，丁某酒后在某饮食店酗酒闹事，砸碎店里玻璃数块。后经人劝说，丁某承认错误并表示愿意赔偿，此时恰巧碰上某区公安局任某、赵某到店里，任某对丁某又推又打，欲将丁某带回派出所处理。在扭推过程中，导致丁某跌倒，其头部撞在水泥地上，造成颅内出血死亡。2019 年 12 月 20 日，丁某之父向某区公安局提出行政赔偿。

问：①丁某之父的赔偿请求权时效如何计算？②根据现行法律，本案损害赔偿应由谁负责？③本案赔偿义务机关应以什么赔偿方式赔偿？④公安局对受害人赔偿后，可以如何处理？

分析：①《国家赔偿法》第 39 条第 1 款规定："赔偿请求人请求国家赔偿的时效为 2 年，自其知道或者应当知道国家机关及其工作人员行使职权时的行为侵犯其人身权、财产权之日起计算，但被羁押等限制人身自由期间不计算在内。……"可见，本案中丁某之父的赔偿请求权时效应为自丁某之父认为任某的行为侵犯其权利之日起 2 年。②《国家赔偿法》第 7 条第 1 款规定："行政机关及其工作人员行使行政职权侵犯公民、法人和其他组织的合法权益造成损害的，该行政机关为赔偿义务机关。"本案中，任某的行为发生在执勤过程中，是职务行为而非个人行为，依法应由其所在机关即某区公安局赔偿。③根据《国家赔偿法》第 34 条的规定，公安局应当支付死亡赔偿金、丧葬费，总额为国家上年度职工平均工资的 20 倍。对死者生前扶养的无劳动能力的人，还应当支付生活费。④《国家赔偿法》第 16 条第 1 款规定："赔偿义务机关赔偿损失后，应当责令有故意或者重大过失的工作人员或者受委托的组织或者个人承担部分或者全部赔偿费用。"本案中，公安局可以要求任某承担部分或者全部赔偿费用，赵某并无过错，不应向赵某追偿。

二、习作案例

张某因出国，遂将自家房屋出租给李某，租期 3 年。李某住了 2 年后伪造了房产证，将房屋以 80 万元的价格卖给王某。房管局经审查后办理了房产过户手续。1 年后，张某回国，欲收回房屋。王某此时才知道李某不是该房所有权人，但李某早已无影无踪。王某遂以房管局审查不严，违法履行职责为由提起诉讼，要求房管局赔偿损失。

参考答案

问：①本案是否应由王某自己承担责任？②房管局是否应当赔偿王某的损失？为什么？

复习与思考

1. 行政赔偿责任的构成要件有哪些？

2. 我国法律对行政赔偿的范围是如何规定的？

3. 如何确定行政赔偿义务机关的范围？

4. 行政赔偿请求人如何提起行政赔偿程序？

5. 我国行政赔偿程序有哪些？

6. 如何确定国家赔偿的计算标准？

自测习题及参考答案

自测习题

参考答案